David Nguyen-Thanh

Steuerreformen in Transformationsländern und wirtschaftspolitische Beratung:
Eine Fallstudie am Beispiel der Politik des IWF in Kroatien und Bosnien-Herzegowina

Schriften zu Ordnungsfragen der Wirtschaft

Band 79: Steuerreformen in Transformationsländern und wirtschaftspolitische Beratung: Eine Fallstudie am Beispiel der Politik des IWF in Kroatien und Bosnien-Herzegowina

Lucius & Lucius · Stuttgart · 2005

Steuerreformen in Transformationsländern und wirtschaftspolitische Beratung

Eine Fallstudie am Beispiel der Politik des IWF in Kroatien und Bosnien-Herzegowina

von

David Nguyen-Thanh

Lucius & Lucius · Stuttgart · 2005

Anschrift des Autors:

David Nguyen-Thanh
Bahnhofstr. 17
69115 Heidelberg

Der Autor dankt der als gemeinnützig anerkannten Alfred-Weber-Gesellschaft e.V., Heidelberg, für die Gewährung eines Druckkostenzuschusses zur Veröffentlichung dieser Publikation.

Univ. Diss., 2004, Universität Heidelberg

Bibliografische Information der Deutschen Bibliothek

Die Deutsche Bibliothek verzeichnet diese Publikation in der Deutschen Nationalbibliografie; detaillierte bibliografische Daten sind im Internet über http://dnb.ddb.de abrufbar

ISBN 3-8282-0318-3 (Lucius & Lucius)

Druck und Bindung: Rosch-Buch, Scheßlitz

Printed in Germany

ISBN 3-8282-0318-3
ISSN 1432-9220

Inhaltsverzeichnis

Abbildungsverzeichnis

Tabellenverzeichnis

Symbol- und Abkürzungsverzeichnis

Symbole in Teil I

χ	Zahlungsbereitschaft
δ	Diskontfaktor
π	Wahrscheinlichkeit
A	Ausgaben für Public-Relations
BW_{fix}	Barwert der System-Fixkosten
BW_{var}	Barwert der variablen Systemkosten
c	Produktionskosten pro Einheit
$F(.)$	Verteilungsfunktion
$f(.)$	Dichtefunktion
G	Gewinn
I	Anzahl der Nachfrager
J	Anzahl der Anbieter
m	Qualitätsindex
m^e	erwartete Qualität
N_t	Nutzungsintensität in der Periode t
p	Preis
R	Reputation des Anbieters
r	Zinssatz
t	Zeitindex für Periode t
TK	Transaktionskosten
$U(.)$	Nutzenfunktion
$V_t(.)$	variable Kosten in der Periode t
X_t	Fixkosten in der Periode t

Symbole in Teil II

α	Grenznutzen des Einkommens

β	sozialer Grenznutzen des Einkommens
δ	Diskontrate
λ	Schattenpreis des Steueraufkommens
μ	sozialer Grenznutzen staatlicher Einnahmen
σ	kompensierte Preiselastizität
τ	Steuersatz
C	Grenzkosten der Steuerbefolgung
H	Anzahl der Haushalte
K	administrative Grenzkosten
l	Arbeitseinheit
p	Produktionspreis
q	Konsumentenpreis
R	Steueraufkommen
s_{ii}	Ableitung der kompensierten Nachfragekurve
t	Steuersatz
U	Umsatz des marginalen Unternehmers
$u(.)$	direkte Nutzenfunktion
$v(.)$	indirekte Nutzenfunktion
w	Lohnsatz
$W(.)$	soziale Wohlfahrtsfunktion
X	aggregierte Nachfrage
x	Gut
Y	Einkommen
z	Anteil des geschaffenen Mehrwerts am Umsatz
p	Produktionspreisvektor
q	Konsumentenpreisvektor
t	Steuersatzvektor

Symbole in Teil III

δ	Technische Abnutzungsrate des Kapitalbestandes
γ	Zeitpräferenzraten
μ	Gewichtungsparameter
ω	effektiver Steuerkeil auf Arbeitseinkommen
Φ	Bardividende

π	Inflation
ρ	Finanzierungskosten
σ	kompensierte Eigenpreiselastizität
τ	Steuersatz
τ_c	Steuersatz auf Veräußerungsgewinne
τ_d	Steuersatz auf Dividenden
τ_z	persönlicher Steuersatz auf Zinsen
θ	lokale Zuschläge auf die Einkommensteuerzahlung
A	marginale administrative Kosten
B	Bruttolohn
BG	Bemessungsgrundlage
C	marginale Befolgungskosten
c	Konsum
C_x	Konsum der Periode x
E	Einkommen
EK	Eigenkapital
$F(.)$	Produktionsfunktion
F_K	Grenzproduktivität des Kapitals
G	Bruttoarbeitskosten des Arbeitgebers
K	Faktor Kapital
L	Faktor Arbeit, Lohneinkommen
l	Arbeit
LC	Lebenskonsum
LE	Lebenseinkommen
MR	Grenzsteueraufkommen
N	Nettoeinkommen des Arbeitnehmers
N_{BiH}	Nettoeinkommen in Bosnien-Herzegowina
N_{Fd}	Nettoeinkommen der Föderation
N_{RS}	Nettoeinkommen der Republik Srpska
Q	Buchwert der Beteiligungen an anderen Unternehmen
R	Residualgewinn
r	Zinssatz
S	Ersparnisse

s_A	Arbeitnehmeranteil zur Sozialversicherung
s_U	Arbeitgeberanteil zur Sozialversicherung
S_x	tarifliche Einkommensschwelle
T	Einkommensteuer
t	Einkommensteuersatz
t_H	Spitzensteuersatz
t_M	mittlerer Steuersatz
t_N	Eingangssatz
t_z	Zinssteuersatz
V	Reinvermögen
w	Lohnsatz
X	potentielles Grenzsteueraufkommen
Z	Schutzzinsen
z	Schutzzinssatz
F	Freibetrag

Abkürzungen

Abb.	Abbildung
Abs.	Absatz
ADETEF	französische Entwicklungsagentur
AfA	Abschreibung für Abnutzung
AG	Arbeitgeber
AN	Arbeitnehmer
Art.	Artikel
AV	Arbeitslosenversicherung
bEStG	bosnisches Einkommensteuergesetz des Distrikt Brčko
BF	Beteiligungsfinanzierung
BG	Bemessungsgrundlage
BiH	Bosnien-Herzegowina
BIP	Bruttoinlandsprodukt
BLP	Bestimmungslandprinzip
BMF	Bundesministerium für Finanzen

BMZ	Bundesministerium für Entwicklung und wirtschaftliche Zusammenarbeit
BWTC	Basic World Tax Code
bzgl.	bezüglich
bzw.	beziehungsweise
CF	Cash-Flow
d.h.	das heißt
DBA	Doppelbesteuerungsabkommen
DDR	Deutsche Demokratische Republik
DED	Deutscher Entwicklungsdienst
DFID	Department for International Development
DG	Durchreichgesellschaft
DIE	Deutsches Institut für Entwicklungspolitik
DL	Dienstleistungen
dtEStG	deutsches Einkommensteuergesetz
dtUStG	deutsches Umsatzsteuergesetz
DV	Durchführungsverordnung
EBRD	Europäische Bank für Wiederaufbau und Entwicklung
EFF	Extended fund facility (Erweiterte Kreditvereinbarung)
EFSt	Einfachsteuer
EFStG	Einfachsteuergesetz
EG	Europäische Gemeinschaft
EIB	Europäische Investitionsbank
EK	Eigenkapital
EL	Entwicklungsländer
ESt	Einkommensteuer
EStG	Einkommensteuergesetz
EU	Europäische Union
f/ff	folgende/fortfolgende
FAD	Fiscal Affairs Department, IWF
FF	Fremdfinanzierung
Fn.	Fußnote
Föd.	Föderation; Teilrepublik Bosnien-Herzegowinas

GE	Geldeinheiten
GFSR	Global Financial Stability Report
GSt	Gewinnsteuer
GTZ	Gesellschaft für technische Zusammenarbeit
GUS	Gemeinschaft unabhängiger Staaten
HrK	Kuna; kroatische Währung
i.e.S.	im engeren Sinne
i.H.v.	in Höhe von
i.w.S.	im weiteren Sinne
IBFD	International Bureau for Fiscal Documentation
IBRD	International Bank for Reconstruction and Development
ICF	individual cash flow tax
ICMR	International Capital Markets Report
ILO	International Labor Organisation
IMF	International Monetary Fund
inkl.	inklusive
INS	IMF-Institute, IWF
insg.	insgesamt
intern.	international
InWent	Internationale Weiterbildung und Entwicklung
IO	Internationale Organisation
ITP	individual tax pre-payment method
IWF	Internationaler Währungsfonds
IÖ	Institutionenökonomik
Kap.	Kapitel
KE	Karlsruher Entwurf
KfW	Kreditanstalt für Wiederaufbau
KM	konvertible Mark, bosnische Währung
krEStG	kroatisches Einkommensteuergesetz
krGStG	kroatisches Gewinnsteuergesetz
krMWStG	kroatisches Mehrwertsteuergesetz
KSt	Körperschaftsteuer
KV	Krankenversicherung

LEG	Legal Department, IWF
LIFO	Last-in-first-out
LSt	Lohnsteuer
m.E.	meines Erachtens
MAE	Monetary and Exchange Affairs, IWF
max	maximal
MECF	marginal efficiency costs of funds
Mrd.	Milliarden
MWSt	Mehrwertsteuer
MWStG	Mehrwertsteuergesetz
n.v.	nicht verfügbar
NIÖ	Neue Institutionenökonomik
Nr.	Nummer
OECD	Organization for Economic Cooperation and Development
OHR	Office of the High Representative
ORE	kroatische ESt-Ordnungsrichtlinie
ORG	kroatische GSt-Ordnungsrichtlinie
ORM	kroatische MWSt-Ordnungsrichtlinie
Par.	Paragraf
PB	(Wirtschafts-)Politische Beratung
pers.ESt	persönliche Einkommensteuer
PR	Public Relations
RGW	Rat für gegenseitige Wirtschaftshilfe
RS	Republik Srpska; Teilrepublik Bosnien-Herzegowinas
RV	Rentenversicherung
S.	Seite
s.	siehe
s.o.	siehe oben
s.u.	siehe unten
sec.	section
SF	Selbstfinanzierung
SHS	Schanz-Haig-Simons
SIDA	schwedische Entwicklungsagentur

sog.	sogenannt
STA	Statistics Department, IWF
StVwG	Steuerverwaltungsgesetz
SV	Sozialversicherung
Tab.	Tabelle
TACIS	Technical Assistance to the Community of Independent States
tc	tax credits
TKÖ	Transaktionskostenökonomik
u.a.	und andere
u.a.	unter anderem
u.d.N.B.	unter der Nebenbedingung
u.U.	unter Umständen
UK	United Kingdom
ULP	Ursprungslandprinzip
US	United States
USAid	US-amerikanische Entwicklungsagentur
USt	Umsatzsteuer
UStG	Umsatzsteuergesetz
usw.	und so weiter
v.a.	vor allem
VAT	Value Added Tax
vgl.	vergleiche
vs.	versus
WB	Weltbank
WEO	World Economic Outlook
WPFO	World Public Finance Organization
WTO	World Trade Organization
z.B.	zum Beispiel
z.T.	zum Teil
zGSt	zinsbereinigte Gewinnsteuer

1. Einleitung

> Few countries have the luxury of redesigning their tax systems so radically, which explains why systemic reform should be of such central concern to tax theorists as well as practitioners.
>
> *Newbery (1997), S. 178*

> It is one of the more curious features of the academic (in contrast to policy) concerns of public economics that while these [tax] principles are set out very clearly in text book expositions, remarkably little effort is devoted to putting the principles into practice when it comes.
>
> *Newbery und Revesz (1998), S. 211*

1.1. Motivation der Arbeit

Seitdem Ramsey (1927) mit seiner Arbeit ein völlig neues Forschungsgebiet begründete, nimmt das Interesse an der Herleitung optimaler Besteuerungsprinzipien einen prominenten Platz in der finanzwissenschaftlichen Forschung ein. Beinahe genauso weit zurück geht die Tradition der wirtschaftspolitischen Beratung im Bereich Steuerpolitik, die mit der Tätigkeit von Kaldor (1955) begann, der im früheren Ceylon eine grundlegende Reform der persönlichen Einkommensteuer propagierte und diese als Berater begleitete. Dennoch muss der Beobachtung von Newbery und Revesz (1998) zugestimmt werden, dass es nach wie vor an Umsetzung von theoretisch fundierten Besteuerungsprinzipien in der Praxis mangelt. Erstaunlich ist in jedem Fall, in welch unzureichender Weise sich die Forschung bislang mit der Verbindung von Theorie und Praxis auseinander gesetzt hat.[1]

[1] Dies erscheint allerdings weniger erstaunlich, wenn man die Anreize betrachtet, denen ein Wissenschaftler heute unterliegt, da für die wissenschaftliche Karriere die theoretisch fundierte Beschäftigung mit steuerpolitischer Praxis wenig förderlich ist. Diese Einschätzung teilt auch Krupp (1999, S. 140): „Man schätzt die wissenschaftliche Entwicklung sicher nicht falsch ein, wenn man darauf hinweist, dass die Distanz zwischen dem, was in der Politikberatung verwendbar ist und dem, was wissenschaftlich Anerkennung vermittelt, immer größer geworden ist."

Dabei kann kein Zweifel bestehen, dass es ein enormes Interesse daran gibt, nicht nur theoretisch fundierte Prinzipien abzuleiten, sondern diese auch auf ihre Anwendbarkeit zu prüfen. Die seit den US-Steuerreformen von 1980 und 1986 losgetretene Reformwelle in den westlichen Industrieländern ist noch nicht beendet, was prinzipiell für anhaltenden Bedarf nach einem besserem Verständnis der praktischen Umsetzung theoretischer Prinzipien spricht. Das grundsätzliche Interesse an der optimalen Ausgestaltung eines Steuersystems in der Praxis wurde mit dem Zusammenbruch der sozialistischen Planwirtschaften in den 1990er Jahren nochmal verstärkt. Die seitdem stattfindende Transformation von der früheren Zentralplanung hin zu einem marktwirtschaftlichen System hat die Notwendigkeit einer Reform der Staatssektors und insbesondere der Staatseinnahmen verdeutlicht. Die von Martinez-Vazquez und McNab (2000) als „Tax Reform Experiment" bezeichneten Anstrengungen zur Reform der Steuersysteme in Ost- und Südosteuropa sind nicht nur für Praktiker, sondern gerade für die Wissenschaft von besonderem Interesse: Hier geht es – im Unterschied zu den in Industrieländern in der Regel stattfindenden Teilreformschritten – um die empirisch seltener zu beobachtende Form der grundlegenden Neukonzeption von Steuersystemen.

Die vorliegende Arbeit befasst sich mit Steuerreformen in Transformationsländern im Sinne dieses „Tax Design" und beleuchtet insbesondere die Rolle wirtschaftspolitischer Beratung. Wirtschaftspolitische Beratung im Bereich Steuerpolitik ist bislang noch weniger Gegenstand wissenschaftlicher Forschung gewesen als die steuerpolitischen Ergebnisse selbst. Dies ist – in Anlehnung an die eingangs zitierte Aussage von Newbery (1997) – umso erstaunlicher, wenn man sich die Bedeutung und die Rolle steuerpolitischer Berater vergegenwärtigt. Gerade in Transformationsländern war mit Beginn der Transformationsphase de facto kein steuerpolitisches Know-how vorhanden, so dass eine enorme Nachfrage nach Beratung bestand. Ein Großteil der in den osteuropäischen Transformationsländern verabschiedeten Steuerreformen war auch ein Ergebnis externer Beratung.

Diesbezüglich sind zwei Themenkomplexe von Interesse: Erstens, gibt es einen funktionierenden Markt für wirtschaftspolitische Beratung im Bereich Steuerpolitik? Wie funktioniert er und gelten die gleichen Mechanismen wie auf jedem anderen Markt? Zweitens, wie sieht moderne steuerpolitische Beratung aus, d.h. was unterscheidet inhaltlich „gute" von „schlechter" Beratung? Nach welchen Kriterien sollten konkrete Empfehlungen eines Beraters evaluiert werden?

Während der erste Themenkomplex grundsätzlicher Natur ist, kann die Klärung der Frage nach inhaltlicher Qualität nur bis zu einem gewissen Grad allgemein gehalten werden. Allgemein ableitbar ist sicherlich die Abgrenzung qualitativ hochwertiger Empfehlungen. Dies berührt das eingangs angesprochene Forschungsgebiet der optimalen Besteuerung, wobei es aus praxisorientierter Sicht um die Verbindung theoretischer Erkenntnisse mit praxistauglichen Konzepten zu ihrer Umsetzung gehen muss. Hier ist eine interdisziplinäre Herangehensweise erforderlich, welche die normativ ökonomischen Erkenntnisse mit der juristischen Kodifizierung verbinden sollte. Was die Evaluierung konkreter Empfehlungen betrifft, ist es jedoch sinnvoll, über allgemeine Analysen hinauszugehen und die Tätigkeit von Beratern anhand konkreter Fallstudien eines Landes zu untersuchen.

Die vorliegende Arbeit beschränkt sich deshalb auf die Darstellung und Untersuchung der Tätigkeit des Internationalen Währungsfonds (IWF) in Kroatien und Bosnien-Herzegowina. Der IWF hat sich in den vergangenen Jahren, nicht zuletzt aufgrund der gestiegenen Nachfrage nach Beratung in den Transformationsländern, zu einem „Global Player" steuerpolitischer Beratung entwickelt. Obwohl er kein explizites Mandat zur Beratung im steuerpolitischen Bereich hat, begründet der IWF sein Engagement mit der Bedeutung fiskalischer Stabilität für die makroökonomischen Ziele und für Stabilität des Zahlungsbilanzsystems. Die Politik des IWF in Kroatien und Bosnien-Herzegowina ist für die Zwecke dieser Arbeit von besonderem Interesse, weil in beiden Ländern eine grundlegende Reform des gesamten Steuersystems vollzogen wurde bzw. im Falle Bosniens derzeit vollzogen wird. Die Analyse beschränkt sich dabei auf die Reform der Mehrwertsteuer und die Reform der Einkommens- und Gewinnbesteuerung.

Die Untersuchung der Empfehlungen des IWF ist auch hinsichtlich der spätestens seit dem Meltzer-Report stark diskutierten Frage von Interesse, ob der IWF sich in seiner zukünftigen Arbeit auf wenige Kernaktivitäten beschränken sollte.[2] Die Ergebnisse der vorliegenden Arbeit sind als Beitrag zu dieser Debatte zu verstehen, in der die steuerpolitische Rolle des IWF bislang nicht thematisiert wurde. Reformpolitisch ist dies von Interesse, weil erhebliche Ressourcen auf diesen Bereich verwendet werden und es à priori keineswegs eindeutig ist, dass der IWF überhaupt steuerpolitisch aktiv sein sollte.

1.2. Zielsetzung der Arbeit

Die vorliegende Arbeit hat sich drei Ziele gesetzt. Nach einer – bislang in der Literatur nicht erfolgten – Darlegung der steuerpolitischen Arbeit des IWF in Transformationsländern geht es zunächst um die theoretische Analyse des Marktes für wirtschaftspolitische Beratung. Ziel der Analyse ist die Gewin-

[2] Die Diskussion über die Ausrichtung von IWF und Weltbank wird bereits seit langem geführt – für einen Überblick hierzu vgl. Krueger (1997). Für eine Diskussion des Meltzer-Reports vgl. Mikesell (2001).

nung einer theoretischen Basis, um den Markt für steuerpolitische Beratung besser zu verstehen. Dies wiederum steht in direktem Zusammenhang mit folgender Frage: Soll wirtschaftspolitische Beratung im Bereich Steuerpolitik überhaupt von einer internationalen Organisation wie dem IWF angeboten werden? Dieser grundsätzlichen Frage sollte nachgegangen werden, bevor es zu einer weiteren Analyse bezüglich der vom IWF vermittelten Inhalte kommt.

Ein zweites Ziel dieser Arbeit ist die Ableitung eines theoretisch fundierten Referenzrahmens (Benchmark) für die Konzeption der Mehrwertsteuer sowie der Ausgestaltung der Einkommens- und Gewinnbesteuerung. Jeweils getrennt für die einzelnen Steuerarten wird ein kurzer Überblick über die Methodik und die wichtigsten Erkenntnisse der Optimalsteuerliteratur gegeben. Auf dieser Basis wird schließlich diskutiert, inwiefern die theoretischen Ergebnisse eine Orientierung für die praktische Ausgestaltung geben können. Darauf aufbauend wird ausführlich auf die technische Ausgestaltung der jeweiligen Steuerarten eingegangen. Die Ableitung von Benchmarks stellt ein eigenständiges Ziel wissenschaftlicher Forschung dar. Im Rahmen dieser Arbeit erfüllen die Benchmarks jedoch zudem den Zweck, dass sie als Bezugspunkt für die spätere Evaluation der konkreten IWF-Empfehlungen im Rahmen der Länderfallstudien herangezogen werden sollen.

Ein drittes Ziel ist die Evaluation der Steuerreformen in den beiden hier untersuchten Ländern sowie die Evaluation der diesbezüglichen IWF-Empfehlungen. Obwohl die grundlegende Reform des kroatischen Steuersystems – mit der Reform der Einkommens- und Gewinnbesteuerung ab 1994 und der Reform der Mehrwertsteuer ab 1998 – wegen ihrer konsequenten Ausrichtung an einem lebenszeitlichen bzw. konsumorientierten Leitbild der Besteuerung international Beachtung gefunden hat, waren die konkreten Reformmaßnahmen und die konzeptionelle Ausgestaltung bislang nicht Gegenstand einer umfassenden Analyse. Mit Ausnahme eines jüngst erschienenen Beitrags von Keen und King (2002) zur kroatischen Gewinnsteuer waren die bisherigen Beiträge deskriptiver Natur.[3] Mit der vorliegenden Arbeit wird der Versuch unternommen, diese Lücke zu schließen. Dabei geht es in der Evaluierung auch um die Einordnung des Reformsystems in die theoretische Diskussion und um den Bezug zum erwähnten Benchmark. Die Steuerpolitik in Bosnien ist aufgrund ihrer Aktualität von der Forschung noch nicht thematisiert worden. Ähnlich wie in Kroatien zu Beginn der 1990er Jahre, wird derzeit das System der Einkommens- und Gewinnbesteuerung grundlegend reformiert. Dabei handelt es sich um Reformansätze, die in Anlehnung an den kroatischen Weg eine systematisch konzipierte steuerliche Belastung des Lebenseinkommens vorsehen. In einem Teilgebiet Bosniens wurde bereits eine Gesamtreform beschlossen, die

[3] Vgl. Schmidt et al. (1996), Wagner und Wenger (1996) und Rose und Wiswesser (1998).

seit 01.01.2004 in Kraft ist. Anders als die Einkommens- und Gewinnsteuer ist die Mehrwertsteuer in Bosnien noch in einer frühen Planungsphase, weshalb sie im Rahmen dieser Arbeit, auch mangels zugänglicher Daten, nicht behandelt wird.

Die Kurzdarstellung der Steuerreformen in Kroatien und Bosnien sowie die sich jeweils anschließende Evaluation der Reformen sind schließlich ein geeigneter Bezugspunkt für die Analyse der IWF-Steuerpolitik in beiden Ländern. Unter Steuerpolitik werden in dieser Arbeit lediglich die konzeptionellen Empfehlungen des IWF verstanden, nicht aber die umfassende Politik gegenüber dem jeweiligen Land, die in der Regel makroökonomische Beratung, Kreditvereinbarungen etc. umfasst. Letzteres würde den Rahmen dieser Arbeit sprengen.

1.3. Methodik und Aufbau der Arbeit

Mit Teil I wird die Grundlage für die weitere Vorgehensweise gelegt. In Kapitel 2 wird dargelegt, nach welchen Kriterien sich Steuerreformen und damit Steuerreformberatung beurteilen lassen. In der Frage der Analyse ökonomischer Sachverhalte konkurriert die traditionelle finanzwissenschaftliche Analyse, die typischerweise einen wohlwollenden Zentralplaner voraussetzt und normativ geprägt ist, mit dem Public Choice-Ansatz. Seit einigen Jahren wird der Gegensatz zwischen beiden Disziplinen aufgeweicht. Vertreter der Neuen Institutionenökonomik (NIÖ) haben auf Vorzüge und Defizite beider Ansätze hingewiesen und schlagen alternativ eine stärker institutionenorientierte Herangehensweise vor. Die vorliegende Arbeit greift methodisch auf die Ansätze von Williamson (1985, 2000b) und Dixit (1996) zurück, die das Konzept der Transaktionskosten in die wirtschaftspolitische Analyse einführen. Dabei wird argumentiert, dass der Transaktionskosten-Ansatz auch für die Analyse und Evaluation steuerpolitischer Fragen geeignet ist und eine sinnvolle Ergänzung des bisherigen normativ-analytischen Ansatzes ist. Es werden Beispiele für potentielle Anwendungen diskutiert, auf die in den späteren Kapiteln zurückgegriffen wird. Das Kapitel schließt mit zwei Abschnitten zur empirischen Relevanz steuerpolitischer Beratung, wobei die Darlegung der steuerpolitischen Arbeit des IWF in den ost- und südosteuropäischen Transformationsländern im Mittelpunkt steht.

Kapitel 3 befasst sich mit dem Markt für das Gut „wirtschaftspolitische Beratung". Es geht um die zentrale Frage, ob eine Organisation wie der IWF aus normativer Sicht überhaupt Beratung anbieten sollte. Es wird in der vorliegenden Arbeit argumentiert, dass es sich bei wirtschaftspolitischer Beratung nicht um ein gewöhnliches Gut handelt, da ein Qualitätsproblem das Zustandekommen eines perfekten Marktes u.U. verhindert. Dies kann für die Tätigkeit einer multilateralen Organisation in diesem Bereich sprechen. Dabei gilt es aber kritisch zu hinterfragen, ob hier der IWF die richtige Organisation ist.

Teil II behandelt die theoretische Konzeption der Mehrwertsteuer (MWSt) und die Analyse ihrer Umsetzung in Kroatien einschließlich der Politik des IWF. Kapitel 4 gibt zunächst einen Überblick über die theoretischen Grundlagen der Güterbesteuerung und diskutiert im Anschluss daran den Beitrag optimalsteuertheoretischer Ergebnisse für die Ausgestaltung der MWSt. Ausführlichen Raum nimmt die Herleitung eines praxisrelevanten Benchmark bezüglich der Konzeption der MWSt ein. Im Kapitel 5 wird dann untersucht, wie die Reform der MWSt in Kroatien vollzogen wurde und wie diese zu bewerten ist. In diesem Kapitel wird auch die Politik des IWF dargelegt und vor dem Hintergrund des Benchmark evaluiert.

Teil III befasst sich mit der theoretischen Konzeption der Einkommens- und Gewinnbesteuerung und ihrer Umsetzung in Kroatien und Bosnien. In Kapitel 6 wird analog zu oben zunächst ein Überblick über die theoretischen Grundlagen der Einkommens- und Gewinnbesteuerung gegeben, um daraus einen Referenzrahmen abzuleiten. An diesem Benchmark lässt sich die konkrete Ausgestaltung in der Praxis messen. In den Kapiteln 7 und 8 wird ausführlich auf die Reform der Einkommens- und Gewinnbesteuerung in Kroatien eingegangen, wie sie 1994 umgesetzt wurde. Dabei werden verschiedene Aspekte angesprochen, die in bisherigen Darstellungen nicht thematisiert wurden. An die Analyse der Steuerreform schließt sich die Evaluation der IWF-Empfehlungen. Kapitel 9 gibt eine ausführliche Darstellung und Analyse der neuen Einkommens- und Gewinnbesteuerung in Bosnien, die in einem Teilgebiet Bosniens seit 01.01.2004 in Kraft ist. Auch hier gilt es, die IWF-Empfehlungen kritisch zu betrachten.

Kapitel 10 fasst die Ergebnisse der Arbeit zusammen. Dabei sind die Erkenntnisse über die Funktionsweise des Markts für wirtschaftspolitische Beratung aus Teil I sowie die Ergebnisse hinsichtlich der IWF-Arbeit aus den Fallstudien der Teile II und III zu würdigen. Mögliche Schlussfolgerungen für die zukünftige Arbeit des IWF werden diskutiert.

Teil I

Wirtschaftspolitische Beratung, Steuern und der IWF

2. Methodische Grundlagen und empirische Relevanz wirtschaftspolitischer Beratung

2.1. Zur Analyse wirtschaftspolitischer Beratung

Im Mittelpunkt dieser Arbeit steht die Evaluation von steuerpolitischen Empfehlungen. Am Beispiel der Politik des IWF in Kroatien und Bosnien-Herzegowina soll die konkrete Tätigkeit einer Organisation evaluiert werden, die im Bereich der steuerpolitischen Beratung äußerst einflussreich ist. Damit stellt sich auch die Frage nach der „richtigen" Wahl des Analyseinstrumentariums.

Für die Evaluierung steuerpolitischer Beratung würden die meisten Ökonomen auf die normative ökonomische Analyse zurückgreifen. Diese hat typischerweise zwei Funktionen: zum einen dient sie der Evaluation konkreter ökonomischer Sachverhalte; zum anderen sollen auf ihrer Grundlage Empfehlungen abgegeben werden, die als Input in den politischen Prozess eingehen.[1]

In dieser Arbeit wird die These vertreten, dass eine Analyse ökonomischer Sachverhalte ohne eine ökonomische Fundierung im Sinne normativer ökonomischer Analyse nicht auskommt. Was darunter zu verstehen ist, soll in Abschnitt 2.1.1 dargelegt werden. Dabei sind auch die Grenzen normativer Ökonomie zu thematisieren und es ist zu erörtern, in welchem Verhältnis dieser normative Ansatz zum traditionellen Verständnis von Politikberatung steht.

Es wird in der vorliegenden Arbeit die Position vertreten, dass eine moderne Analyse erweitert werden sollte um institutionenökonomische Ansätze (siehe Abschnitt 2.1.2). Ein Ansatz, der die normativ ökonomische Analyse mit einer institutionenökonomischen Analyse verbindet, erscheint m.E. eine adequate Herangehensweise an viele steuerpolitische Fragen. Abschnitt 2.1.3 skizziert, wie eine solche Analyse aussehen könnte und geht auf einige Beispiele aus dem steuerpolitischen Bereich ein.

---

[1] Vgl. Boadway (2002).

2.1.1. Die normative ökonomische Analyse

2.1.1.1. Der normative Ansatz

Im wissenschaftlichen Diskurs ist es weitgehend unstrittig, dass unterschiedliche Fragestellungen entsprechend unterschiedliche Instrumente zu ihrer Analyse bedürfen.[2] In den Wirtschaftswissenschaften hängt die Analyse entscheidend vom Verständnis wirtschaftlichen Verhaltens in einer Ökonomie und den Rahmenbedingungen der Ökonomie ab. Es besteht kein Zweifel, dass dies wiederum das Problembewusstsein und die Wahl des zugrunde liegenden Modells für die Analyse beeinflusst.

Im Mittelpunkt steht die normativ motivierte Analyse. Sie steht im Bereich der Finanzwissenschaft bekanntlich in der Tradition von Musgrave (1959).[3] Ausgehend von der Musgraveschen Dreiteilung der Funktion staatlichen Handelns in Allokation, Stabilisierung und Verteilung, wurde der Bereich Steuerpolitik im Sinne von Steuersystemdesign im Wesentlichen als allokatives Problem verstanden. Die Wirtschaftswissenschaften, insbesondere die Finanzwissenschaft, haben demzufolge die Aufgabe, eine Analyse der allokativen Wirkungen von Steuersystem und Steuerpolitik vorzunehmen und auf dieser Basis Effizienzpotentiale im Sinne von Pareto aufzuzeigen. Dieser Ansatz ist deshalb auch normativer Natur, weil es um die Identifizierung „optimaler“ Zustände geht.

Dahinter steht offenkundig ein bestimmtes Verständnis der Ökonomie. Die Handlungen rational handelnder Akteure führen zu Allokationen, die entweder effizient sind oder aufgrund bestimmter Umstände (Externalitäten, Kollektivgutproblematik, staatliche Eingriffe etc.) ineffizient sind. Die Aufgabe der Wissenschaft und damit auch der Politikberatung ist es, diese Ineffizienzen aufzuzeigen und Empfehlungen zu ihrer Überwindung zu geben. Darin drückt sich die Auffassung aus, dass auf der politischen Ebene ein wohlmeinender Zentralplaner diese Empfehlungen umsetzt. Das Konstrukt des wohlmeinenden Zentralplaners ist eine Überspitzung, vermittelt aber recht plastisch das Selbstverständnis ökonomischer Analyse: Der Ökonom ist im Zuge der Arbeitsteilung – sowohl zwischen den Wissenschaften als auch zwischen Wissenschaft und Politik – für das Aufzeigen von Pareto-Verbesserungen zuständig, wäh-

---

[2]Dennoch ist es sinnvoll, auf diesen methodischen Konsens auch in dem Bereich wirtschaftspolitischer Analyse hinzuweisen. Denn es ist in den letzten Jahren (zumindest in der öffentlichen Wahrnehmung) oft der Eindruck entstanden, dass Ökonomen für die ihren Empfehlungen zugrunde liegende Analyse stets dieselbe Methode und Perspektive anwenden – unabhängig von der ökonomischen Fragestellung.
Allerdings scheint mir diese Beschreibung zu verallgemeinernd und wird dem Forschungsstand in den meisten Teilbereichen nicht gerecht. Damit soll wiederum nicht geleugnet werden, dass dies dennoch in einigen Bereichen zutreffend ist und immer wieder passiert.

[3]Vgl. auch Musgrave et al. (1985).

rend die Politik idealerweise die Empfehlungen zum Gemeinwohl umsetzen sollte.

Methodisch basiert dieser normative ökonomische Ansatz auf drei Säulen [Boadway (2002)]:

1. Ziele, deren Erreichung als wünschenswert betrachtet wird, müssen vorgegeben werden;

2. Annahmen bzgl. des Verhaltens von Individuen und des Marktes sind zu treffen und

3. Restriktionen in der Ökonomie sind zu formulieren.

Die erste Säule beinhaltet Werturteile, die der Analyse zugrunde liegen. Die normative ökonomische Analyse stützt sich in diesem Punkt auf die traditionelle Wohlfahrtstheorie, in der zumindest die grundliegenden Axiome für die meisten Ökonomen als unproblematisch gelten. Dazu gehört der methodische Individualismus, die gleichrangige Berücksichtigung von Individuen in einer sozialen Wohlfahrtsfunktion, die Symmetrieannahme[4] und das Pareto-Effizienzkriterium. Grundsätzlich gilt, dass konkrete Zielvorgaben über die Wünschenswertigkeit bestimmter Allokationen von der Gesellschaft – über den politischen Prozess – artikuliert werden sollten. Denn diese beinhalten Werturteile, über die der Wissenschaftler keine Aussagen treffen kann.

Die zweite Säule spiegelt im Wesentlichen das bereits genannte Verständnis der Ökonomie wider. Aus dem methodischen Individualismus resultiert die Berücksichtigung der individuellen Präferenzen in Form von (indirekten) Nutzenfunktionen. Die Vorstellung über die Funktionsweise von Märkten findet Ausdruck in Angebots- und Nachfragekurven. Die oben erwähnten Marktunvollkommenheiten, wie z.B. Externalitäten, die Kollektivgutproblematik oder Koordinationsprobleme, sind hier zu berücksichtigen.

Die dritte Säule, auf der die normative Analyse beruht, gibt die technischen Restriktionen vor, unter denen eine ökonomische Optimierung zu erfolgen hat. Darunter fallen die Technologie, die Ressourcenbeschränkung und gegebenenfalls eine Informationsbeschränkung. Die normative Analyse ist methodisch eng verbunden mit der Theorie des Zweitbesten (Theory of Second-Best). Dieses Konzept, das erstmals von Lipsey und Lancaster (1956) formalisiert wurde, behandelt im Wesentlichen die Frage, wie eine wohlfahrtsorientierte Politik aussehen könnte, wenn eine First-Best-Lösung im Sinne von Arrow-Debreu nicht möglich ist. In diesem Sinne ist der traditionelle normative Ansatz zu

[4] D.h. die symmetrische Berücksichtigung der Nutzen in der sozialen Wohlfahrtsfunktion.

verstehen als „study of how governments should behave in an imperfect world“ [Boadway (1995, S. 24)].[5]

Dieser normative ökonomische Analyseansatz ist auch heute noch von enormer Aktualität. Ein nicht unerheblicher Teil der Forschung im finanzwissenschaftlichen Bereich ist nach wie vor diesem Ansatz zuzuordnen.[6]

Für die Erkenntnisziele dieser Arbeit von großer Bedeutung ist die Frage, welche Rolle diesem normativen Ansatz in der heutigen Politikberatung zukommen sollte. Dazu ist es notwendig zu verstehen, was heute als Aufgabe wirtschaftspolitischer Beratung gesehen wird. Es ist sicher nicht abwegig davon auszugehen, dass eine wesentliche Aufgabe wirtschaftspolitischer Beratung darin besteht, Wirkungszusammenhänge aufzuzeigen und daraus normative Empfehlungen abzuleiten. Krupp (1999) weist auf erfolgreiche Bereiche wirtschaftspolitischer Beratung in Deutschland hin, wie z.B. die Auftragsforschung oder Fachkommissionen, die seiner Ansicht nach – neben dem Ziel der Unterstützung der eigenen Position eines Politikers – auch normativ-analytische Funktion haben. Auch die Verweise von Schatz (1999) auf verschiedene Beispiele erfolgreicher Politikberatung offenbaren die Vorstellung, dass der Beratung eine normative Funktion zukommt. Trotz anderer Akzentuierung sieht auch Weizsäcker (1999), der die gegenseitige Beeinflussung der Systeme Wirtschaft, Wissenschaft und Politik in den Vordergrund stellt, in den Empfehlungen an die Politik eine wichtige Aufgabe.[7]

In den folgenden Kapiteln dieser Arbeit wird deutlich werden, dass der traditionell normative Ansatz Teil einer umfangreicheren Analyse von Wirtschaftspolitik und damit wirtschaftspolitischer Beratung sein sollte. Insbesondere wird in dieser Arbeit die These vertreten, dass der normativen Theorie im engeren Sinne die Funktion zur Ermittlung von sogenannten Benchmarks, d.h. Referenzsituationen, zukommen sollte. Gerade im Bereich der Steuerpolitik ist es m.E. unerlässlich, eine ökonomisch fundierte Referenzgröße zu haben, um wirtschaftspolitische Beratung geben zu können.

---

[5] Boadway (1995) gibt einen exzellenten Überblick über Einfluss und Anwendung von Second-Best-Theorie in der Finanzwissenschaft. Richter und Wiegard (1993) gehen noch weiter und geben einen umfangreichen Überblick über die „neue“ Finanzwissenschaft, die auch, aber nicht nur die Second-Best-Theorien umfasst.

[6] Als anekdotische Evidenz lassen sich hier die Veröffentlichungen im *Journal of Public Economics* im Jahr 2003 anführen (Band 87, Nr. 1–12): Von insgesamt 111 Artikeln sind 53 Beiträge im weiteren Sinne normativ im Sinne der traditionellen Analyse (dabei wurden empirische Untersuchungen zu ansonsten normativen Fragestellungen vom Autor explizit nicht mitgezählt).

[7] Dabei unterscheidet er zwischen „naiver“ und „realistischer“ Politikberatung (S. 144 f) und plädiert aufgrund von Grenzen der Aufnahmefähigkeit sowie einer Theorieselektivität seitens der Politik für eine Politikberatung, welche „die Eigengesetzlichkeit der Politik ins Kalkül einbezieht“ (S. 145).

Dabei ist es wichtig, den normativen Ansatz nicht zu verwechseln mit dem traditionellen Politik- und Beratungsverständnis. Letzteres basiert nach Cassel (2001) auf einer traditionellen Theorie der Wirtschaftspolitik, die „durch das Denken in den Kategorien von Zielen, Mitteln und Trägern geprägt sei" (S. 9). Dabei handelt es sich weitgehend um eine instrumentalistische Sichtweise, der zufolge die Aufgabe des Beraters sich darauf beschränkt, optimale Ziel-Mittel-Kombinationen abzuleiten, die von der Politik lediglich aufgegriffen werden müssen. Frey und Gebhard (1994) sprechen diesbezüglich von einer technisch-elitären Wirtschaftspolitik. Merkmal dieses traditionellen Beratungsverständnisses sind bestimmte Annahmen, wie z.B. das Vorhandensein eines von der Politik vorgegebenen widerspruchsfreien Zielsystems, die Existenz des „richtigen" ökonomischen Modells, die Umsetzung der Empfehlungen durch den politischen Prozess und die Nichtexistenz eigener Interessen seitens der Berater.[8]

Der Teil der Literatur, der sich in jüngerer Zeit mit dem Phänomen der Politikberatung und insbesondere mit dem Verhältnis zwischen Beratern und Politik befasst hat[9], hat zu Recht auf die Defizite des traditionellen Beratungsverständnisses hingewiesen. Dabei wurde jedoch kaum auf den Unterschied zwischen der traditionellen Vorstellung von Politikberatung einerseits und einer ökonomisch fundierten normativen Analyse andererseits eingegangen. Denn letztere *kann* zwar Grundlage sein für traditionell motivierte Politikberater, was auch in vielen Fällen zutreffen mag. Jedoch ist eine ökonomische Analyse mit normativem Anspruch keineswegs mit dem traditionellen Rollenverständnis des Politikberaters identisch. Es gilt deshalb zu klären, wie eine „moderne" Politikberatung aussehen könnte und welche Rolle dabei dem normativ-analytischem Ansatz zukommt.

2.1.1.2. Normative Theorie, Public Choice und die Grenzen der Politikberatung

Will man die Anwendbarkeit der normativen ökonomischen Theorie für die wirtschaftspolitische Beratung diskutieren, sollte man sich der konzeptionellen Herausforderungen bewusst sein, vor denen der normative Ansatz steht. In Anlehnung an die Diskussion in Boadway (2002) sind diesbezüglich folgende Bereiche von Interesse: die Notwendigkeit von Werturteilen, die Schwierigkeit in der Modellierung unterschiedlicher Präferenzen und drittens die Bedeutung der Zeitinkonsistenz von normativen Politikempfehlungen.

Ein beratender Ökonom muss im Rahmen der normativen Analyse implizit oder explizit Werturteile treffen. Es gibt keine wissenschaftliche Methode der

[8] Vgl. dazu auch Cassel (2001), S. 17.

[9] Vgl. u.a. Cassel (2001), Döring (2001).

Wahl zwischen verschiedenen Werturteilen. Entscheidend ist, dass der Ökonom das von ihm gewählte Werturteil explizit kommuniziert. Dabei sollte er die Konsequenzen, die aus seiner Empfehlung resultieren, mit denen vergleichen, die sich bei Wahl einer alternativen Politik aufgrund eines anderen Werturteils ergeben. Ein Beispiel aus dem Bereich der Einkommensbesteuerung ist die Frage, ob konzeptionell die steuerliche Belastung des Lebenseinkommens oder die des Jahreseinkommens erstrebenswert ist. Die Antwort darauf hängt davon ab, was man unter dem Begriff der Fairness versteht, worüber à priori nicht alle zwingend der gleichen Auffassung sein müssen. Allerdings ist es die Aufgabe der Ökonomen die positiven bzw. negativen Konsequenzen aus der Wahl eines Besteuerungsleitbilds zu verdeutlichen (siehe dazu Kapitel 6).

Eine weitere Herausforderung ist die Modellierung unterschiedlicher Präferenzen. Dies ist gerade im Bereich der optimalen Besteuerung (siehe Abschnitt 4.1) von Bedeutung. Boadway (2002, S. 53) weist auf die Schwierigkeit hin, Personen mit unterschiedlicher Präferenz für das Gut „Freizeit" zu vergleichen. In der Literatur werden hier unterschiedliche Auffassungen vertreten, die von der Position reichen, man könne die Präferenzunterschiede bei der normativen Analyse außer Acht lassen, bis zu der Position, man müsse jeweils den Nutzen derer mit starker und schwacher Präferenz für Freizeit vergleichen. Auch hier sollte gelten, dass die Wahl der Analyse explizit offen gelegt werden sollte.

Schließlich ist hier das in den vergangenen Jahren stark thematisierte Problem der Zeitinkonsistenz zu nennen. Sieht man die Regierung in einem Prinzipal-Agenten-Verhältnis mit den Individuen in einer Ökonomie, so könnte folgendes Problem entstehen: Eine Regierung hat einen Anreiz, von einer ansonsten second-best optimalen Politik abzuweichen, sobald die Individuen ihre ökonomischen Entscheidungen getroffen haben. Dies gilt sogar für eine wohlwollende Regierung, die im normativen Sinne eine second-best optimale Politik gewählt hat. Denn wenn die ökonomischen Entscheidungen einmal getroffen sind, kann man als Bürger nicht mehr ausweichen, so dass die Regierung neu optimiert. Ein viel beachtetes Beispiel ist das sogenannte „capital levy" Problem aus dem Bereich der Kapitaleinkommensbesteuerung (siehe Abschnitt 2.1.3). Wie in Kapitel 6 ausführlich diskutiert wird, kann die Wahl einer lebenszeitlichen Einkommensteuer bzw. einer Konsumorientierung des Steuersystems second-best optimal sein. Unter bestimmten Voraussetzungen ist vor allem eine zinsbereinigte Einkommensteuer effizient. Allerdings besteht nun die Gefahr, dass es nach Einführung eines solchen Systems zu einer Neuoptimierung kommt, die ex post eine Besteuerung von Kapitaleinkommen impliziert. Da rationale Individuen eine derartige Reaktion der Regierung voraussehen, kann dies zu einem zeitkonsistenten Gleichgewicht mit ineffizienter

Besteuerung von Kapitaleinkommen führen, die von der second-best optimalen Besteuerung abweicht.[10]

Auf diese konzeptionellen Herausforderungen wird in den späteren Kapiteln, in denen es um die Ableitung von Benchmarks für die praktische Steuerpolitik geht, noch einmal Bezug genommen. Es ist keineswegs so, dass es sich hier um Probleme handelt, welche die Anwendung normativ ökonomischer Analyse verbieten. Im Gegenteil sind sie Ausdruck der Stärke normativer Ökonomie. Bevor man nun jedoch dazu übergeht, den normativ-analytischen Ansatz auf seine Anwendbarkeit in der wirtschaftspolitischen Beratung zu prüfen, ist an dieser Stelle ein Blick auf mögliche grundsätzliche Kritik an dem normativen Beratungsverständnis angebracht.

Die fundamentalste Kritik kommt dabei von der Public-Choice-Theorie, die im Wesentlichen auf Buchanan und Tullock (1962) zurück geht. Mit der Übertragung der ökonomischen Analyse auf den politischen Prozess wurde eine völlig neue Sichtweise der Ökonomie begründet. Die von Vertretern der traditionellen Sichtweise unterstellte funktionale Trennung zwischen Politik und Wissenschaft, die im übrigen jeweils als „black-box" betrachtet wurden, stieß auf Ablehnung. Stattdessen wurden Akteure in beiden Bereichen als rationale und eigennutzorientierte Individuen betrachtet, die nicht notwendigerweise die Handlungen vornehmen, die ihnen funktional von der Gesellschaft zugeordnet werden.[11] Das Verhalten von Entscheidungsträgern, ob in der Politik oder jeder anderen Prinzipal-Agenten-Beziehung, wird aus Perspektive der Public-Choice-Theorie von mehreren Faktoren beeinflusst, darunter Einkommen, Prestige, Reputation und Karrierechancen. Die Public Choice-Theorie stellt die traditionelle Beratungssicht damit grundsätzlich in Frage, da nun sogenanntes „Staatsversagen" [Tullock et al. (2002)] ebenso möglich ist wie das „Nichtfunktionieren" ökonomischer Beratung im Sinne der traditionellen Beratungsperspektive [Kirchgässner (1988), Kirchgässner (1996)].

Die positive Analyse der Public-Choice stellt nicht nur die traditionelle Sicht der Politikberatung in Frage, sondern grundsätzlich auch den normativen Anspruch ökonomischer Theorie im obigen Sinne. Buchanan (1975) unterscheidet zwischen der *Konstitution* und dem *politischen Prozess.* Erstere bestimmt langfristig, wie der politische Prozess abläuft, d.h sie gibt die Spielregeln vor. Politische Entscheidungen sind stets durch den politischen Prozess bestimmt, womit das Kräftespiel zwischen den eigennutzorientierten Akteuren gemeint ist. Normative Politik hat dann innerhalb des Prozesses keine Wirkung und verliert damit völlig an Bedeutung. Allein bei der Festlegung der Konstitution,

---

[10]Vgl. Fischer (1980), Rogers (1987), Huber (1996) und vor allem die Diskussion in Abschnitt 2.1.3.

[11]Vgl. Mueller (1976) für einen frühen Überblick über die Public Choice-Literatur und Mueller (2003) für eine aktuelle und umfangreichere Behandlung dieser Theorierichtung.

d.h. der Grundlagen des politischen Prozesses, erlangen normative Aspekte Bedeutung.[12] Diese pessimistische Sicht bezüglich der Rolle normativer Analyse findet sich auch im Bereich Steuerpolitik. Folkers (1985, S. 299) ist der Auffassung, dass „es für eine Verbesserung der Steuergesetzgebung weniger auf die Entwicklung normativer Reformkonzepte ankommt, die unter gegebenen institutionellen Bedingungen kaum eine Möglichkeit zur Realisierung haben können." Da aus dem politischen Prozess heraus keine Änderungen zu erwarten seien, solle sich die wissenschaftliche Beratung darauf beschränken, institutionelle Schranken aufzuerlegen, „um die Spielräume für Steuervergünstigungen einzuengen" (S. 299).[13]

Ungeachtet des enormen Einflusses der Public-Choice-Theorie auf die normative Ökonomie, mit der die Sichtweise von Ökonomen eindeutig bereichert wurde, kann diese Theorierichtung nicht gänzlich überzeugen. Insbesondere kann sie m.E. eine normativ-orientierte Analyse nicht ersetzen. Auf einer grundsätzlichen Ebene sind Zweifel angebracht, ob die scharfe Trennlinie à la Buchanan zwischen konstitutioneller Ebene und dem politischen Prozess existiert. Intuitiv liegt die Annahme nahe, dass in der Realität der Unterschied gradueller Natur ist und durchaus Möglichkeiten der normativen Gestaltung in vielen Bereichen bestehen. Drei wichtige Gründe können hier angeführt werden (Dixit, 1996, S. 19ff):

1. Konstitutionen sind unvollständige Verträge;

2. Konstitutionen sind von den Interessen des Verfassungsgebers beeinflusst und

3. Handlungen im Rahmen des politischen Prozesses können nachhaltige Wirkung haben.

Den ersten Einwand, wonach Konstitutionen als unvollständige Verträge zu sehen sind, hat bereits Williamson (1985) vorgebracht. Konstitutionen geben vielfältige Interpretationsspielräume, da sie niemals alle Eventualitäten abdecken könnten. Dies liege an der Unmöglichkeit, alle Entwicklungen vorherzusehen, an der Schwierigkeit, geeignete Regeln zu formulieren (auch wenn zukünftige Entwicklungen weitgehend abgeschätzt werden könnten) und auch an der Schwierigkeit, in vielen Fällen eine Objektivierbarkeit und Verifizierbarkeit zu ermöglichen.[14] Zweitens, es ist plausibel anzunehmen, dass eine

[12] In diesem Zusammenhang ist auch der Beitrag von O'Flaherty und Bhagwati (1997) zu sehen. Sie gehen noch weiter und stellen die provokante These auf, dass in bestimmten Konstellationen der politische Prozess dazu führt, dass normative Ökonomie verdrängt wird und langfristig für sie kein Bedarf mehr sein wird.

[13] Vgl. dazu auch Buchanan (1976).

[14] Dixit (1996) warnt diesbezüglich: „an incomplete constitution can be manipulated by the participants to serve their own aims" (S. 21).

konstitutive Phase immer auch von den Interessen der Verfassungsgeber beeinflusst sein wird. Die auf Rawls (1971) zurückgehende Idee, die Mitglieder einer Gesellschaft sollten sich hinter einem Schleier des Unwissens (über ihre zukünftige Stellung und ihren Werdegang in der Gesellschaft) entscheiden, ist zwar nützlich für ethisch-philosophische Gerechtigkeitsüberlegungen, aber keine adequate Beschreibung tatsächlicher verfassungsgebender Prozesse. Drittens, es ist festzustellen, dass Handlungen im Rahmen des politischen Prozesses durchaus nachhaltige Wirkung haben können. Bestimmte politische Entscheidungen können Fakten schaffen in dem Sinne, dass eine Abkehr nur zu hohen politischen und ökonomischen Kosten möglich ist. Dixit (1996, S. 25) spricht hier von einer „hysteresis of policy acts". Beispiele dafür finden sich u.a. in der derzeitigen Debatte über die Reform des Arbeitsmarkts in Deutschland. Hier zeigt sich, dass z.B. die Reform der Bundesanstalt für Arbeit äußerst schwierig ist, da sich über Jahrzehnte eine interne Organisationskultur gebildet hat, die nun zu einem Hindernis geworden ist.

Neben diesen grundsätzlichen Einwänden spricht vor allem aus empirischer Sicht einiges gegen die Public-Choice-These, wonach normative Analyse hinfällig sei. International lassen sich zahlreiche Beispiele für den nachhaltigen Einfluss von Beratern finden, die sich in der Tradition Musgraves als normativ-analytische Ökonomen bezeichnen würden. Schatz (1999) gibt einen kurzen Abriss über „erfolgreiche" Politikberatung in Deutschland und nennt hier vor allem die Geldpolitik und die Privatisierung als wichtige Beispiele. In den USA ist vor allem das Wirken des einflussreichen *Council of Economic Advisers* zu nennen, dessen Aufgabe es ist, den Präsidenten ökonomisch zu beraten.[15] In dem in dieser Arbeit untersuchten Gebiet der steuerpolitischen Beratung in Transformationsländern ist die Beratung rein quantitativ betrachtet immens (siehe Abschnitt 2.2). Neben den vielen Organisationen sticht vor allem der IWF hervor, der durch seine Omnipräsenz in nahezu allen Transformationsländern Ost- und Südosteuropas massiven Einfluss nehmen konnte (siehe Abschnitt 2.3). Auch hier ist es wenig plausibel, dass die Arbeit internationaler Politikberater im Bereich der Steuerpolitik keinen Einfluss hinterlassen haben soll. Allerdings ist einzuräumen, dass gerade der Umbruch in den Transformationsländern Osteuropas eine konstitutionelle Neuausrichtung erforderlich gemacht hat, bei der die Public-Choice-Theorie durchaus der normativen Intervention eine wichtige Rolle zuspricht (s.o.). Insofern muss auf den ersten Blick die massive Präsenz von Beratern in diesen Ländern kein empirischer Widerspruch zu den Aussagen der Public-Choice-Theorie sein. Doch wie in den weiteren Kapiteln dieser Arbeit gezeigt werden kann, ist auch über die

---

[15] Vgl. Feldstein (1992).

rein konstitutionelle Phase hinaus ein Einfluss externer Berater auf die Steuerpolitik gegeben.

Das komplette Infragestellen normativer Analysen durch die Public-Choice-Theorie ist insgesamt nicht überzeugend. Dennoch sollten dem Ökonomen die Grenzen wirtschaftspolitischer Beratung bewusst sein. Neben den diskutierten polit-ökonomischen Argumenten gibt es weitere Grenzen, die zum Teil mit den genannten Einwänden gegen die Public-Choice-Thesen zusammenhängen, aber in der Literatur eigenständig diskutiert werden. An erster Stelle sind hier die kognitiven Grenzen wirtschaftspolitischer Beratung zu nennen. Weizsäcker (1999) spricht zum einen von „systemimmanenten Grenzen der Aufnahmefähigkeit der Politik für das, was von der Wissenschaft als richtig erkannt wurde" (S. 144). Damit meint er nicht das aus polit-ökonomischer Sicht erklärbare Desinteresse, sondern schlicht eine (u.a. zeitliche) Kapazitätsbeschränkung. Dies dürfte gerade in den Transformationsländern besonders ausgeprägt sein. Zum anderen nennt er psychologische Grenzen seitens der Politik wie die „Scheu vor kognitiver Dissonanz", d.h. dem Hang zu Theorien und Beratern, die populäre Maßnahmen rechtfertigen. Ebenfalls zu den kognitiven Grenzen zählen die begrenzte Problemlösungsfähigkeit der Menschen (einschließlich der Berater) und die Komplexität wirtschaftlicher Beziehungen, die wiederum eine Theorienvielfalt[16] begünstigt.[17] Gerade diese Punkte deuten bereits an, dass die Grenzen wirtschaftspolitischer Beratung nicht nur bei den politischen Entscheidungsträgern zu suchen sind. Stellvertretend für die Auffassung vieler Autoren kritisiert Krupp (1999, S. 142): „Es ist häufig nicht das Unvermögen der Politiker, gute Ratschläge aufzunehmen, sondern es ist das Unvermögen der Wissenschaftler, die unverrückbaren Handlungsrestriktionen des Politikers in seinem Kalkül zu berücksichtigen".[18]

Angesichts der verschiedenen Restriktionen, unter denen eine realistische Politikberatung stattfinden muss, stellt sich die Frage, wie diese aussehen sollte und vor allem welche Rückwirkung diese Erkenntnis auf das Analyseinstrument im Bereich der Steuerpolitik hat. Mit anderen Worten: Es ist zu klären, wie in methodischer Hinsicht eine moderne ökonomische Analyse aussehen muss angesichts der genannten Herausforderungen für wirtschaftspolitische Beratung. Erst dann können die Beratungsleistungen inhaltlich gewürdigt und somit Kriterien für eine sinnvolle Evaluation gefunden werden.

[16] Damit soll keineswegs behauptet werden, dass Komplexität der wichtigste oder gar alleinige Faktor für die Vielfalt konkurrierender Theorien ist.

[17] Vgl. auch Cassel (2001), S. 21f.

[18] Vgl. auch Cassel (2001).

2.1.1.3. Zwischenfazit

Der normativ-analytische Ansatz – verstanden als eine auf positiver Analyse beruhenden Herangehensweise an ökonomische Fragestellungen mit dem Anspruch, Empfehlungen zur Vermeidung von Effizienzverlusten abzugeben – hat eine lange Tradition und gehört methodisch nach wie vor zu den wichtigsten Ansätzen in der Finanzwissenschaft. Die Analyse ist dabei eng mit der Theorie des Second-Best verbunden. Wie in den folgenden Kapiteln zu zeigen ist, bietet sich ein normativ-analytischer Ansatz an zur Ableitung eines Benchmark für wirtschaftspolitische Empfehlungen.

Allerdings hat die Literatur zu Recht darauf verwiesen, dass Ergebnisse aufgrund dieses Ansatzes oft vorschnell Grundlage werden für Forderungen an die Politik im Zuge eines traditionellen Politik- und Beratungsverständnisses. Ein verkürztes instrumentalistisches Verständnis von Politikberatung ist nicht nur durch die Public-Choice-Theorie in Frage gestellt, sondern auch durch diverse andere Grenzen wirtschaftspolitischer Beratung.

Ein Teil der Literatur hat sich deshalb damit befasst, allgemeine institutionelle Bedingungen für eine andere Politikberatung abzuleiten.[19] Jedoch kaum thematisiert wurde bislang, wie eine moderne Politikberatung inhaltlich aussehen und inwiefern der normativ-analytische Ansatz dabei eine Rolle spielen sollte. Da dies aus offensichtlichen Gründen nur jeweils für bestimmte Fragestellungen und Themenbereiche geklärt werden kann, beschränkt sich die folgende Analyse auf den Bereich der Steuerpolitik in Transformationsländern. Im Rahmen dieser Arbeit wird argumentiert, dass für die Evaluation von wirtschaftspolitischer Beratung der normativ-analytische Ansatz ein unverzichtbarer Bestandteil sein muss, der jedoch einer Fortentwicklung bedarf.

2.1.2. Die institutionenökonomische Analyse

2.1.2.1. Grundidee der Neuen Institutionenökonomik

Ungeachtet des nach wie vor enormen Einflusses der normativen ökonomischen Theorie ist nicht zu leugnen, dass in den vergangenen Jahren auch von der theoretischen Seite eine gewisse Unzufriedenheit mit dem bisherigen Ansatz entstanden ist. Exemplarisch dafür ist die von Hoff und Stiglitz (2001) geäußerte Kritik an der (dem normativen Ansatz zugrunde liegenden) neo-klassischen Theorie. Mit Bezug auf entwicklungsökonomische Fragestellungen argumentieren sie, dass die neoklassische Theorie viele Phänomene nicht erklären könne. Insbesondere kritisieren sie, dass bislang die Bedeutung von Institutionen, Verteilung, Geschichte und evolutionären Prozessen vernachlässigt wurde.

[19] Ein Beispiel ist die Arbeit von Cassel (2001).

Einen großen Teil der Kritik reflektiert die sich seit geraumer Zeit entwickelnde Forschungsrichtung der Neuen Institutionenökonomik (NIÖ).[20] Im Folgenden werden die wichtigsten Grundzüge der NIÖ charakterisiert und die Elemente herausgearbeitet, die für die Zwecke dieser Arbeit, nämlich die Analyse im Bereich der Steuerpolitik, in Frage kommen.

In einem Beitrag definiert North (1991, S. 97), was er unter dem Begriff Institutionen versteht und unterstreicht deren Bedeutung für eine Ökonomie:

> „Institutions are the humanely devised constraints that structure political, economic and social interaction. They consist of both informal constraints (sanctions, taboos, customs, traditions, and codes of conduct), and formal rules (constitutions, laws, property rights). Throughout history, institutions have been devised by human beings to create order and reduce uncertainty in exchange. Together with the standard constraints of economics they define the choice set and therefore determine transaction and production costs and hence profitability and feasibility of engaging in economic activity. They evolve incrementally, connecting the past with the present and the future; history in consequence is largely a story of institutional evolution in which the historical performance of economies can only be understood as a part of a sequential story. Institutions provide the incentive structure of an economy; as that structure evolves, it shapes the direction of economic change towards growth, stagnation, or decline."

Dieses Zitat steht in Einklang mit dem, was Matthews (1986, S. 903) als wesentliche Merkmale der NIÖ sieht: „institutions do matter" und „the determinants of institutions are susceptible to analysis by the tools of economic theory".[21] Williamson (2000b) sieht in der zweiten Umschreibung die wesentliche Abgrenzung zur „alten" Institutionenökonomik, deren Vertreter Thorstein Veblen und John Commons mit starker Betonung auf deskriptive Analyse die Bedeutung von Institutionen herausgestellt haben.[22]

Damit geht die NIÖ über die traditionelle neoklassische Analyse hinaus. In letzterer findet wirtschaftliches Handeln in der Regel in einem ökonomischen Umfeld statt, in dem vollständige Information zwischen den Akteuren

[20] Der Leser sei auf eine der zahlreichen Überblicksarbeiten zu diesem Gebiet verwiesen, darunter Richter und Furubotn (1996), Hodgson (1998) und vor allem Williamson (2000b).

[21] Zitiert in Williamson (2000b), S. 595.

[22] Hodgson (1998) betont die Parallelen zwischen „alter" und „neuer" Institutionenökonomik und vertritt die Auffassung, dass die in manchen Bereichen fehlende Formalisierung der alten IÖ nicht darüber täuschen sollte, dass einige zentrale Themen auch für die NIÖ relevant sind.

herrscht und keinerlei Transaktionskosten existieren (wie z.B. die Kosten eines Vertragsabschlusses oder auch die mit der Durchsetzung von Verträgen zusammenhängenden Kosten). Dies ist eine reine Tausch- und Produktionsökonomie im Sinne des Coase-Theorems, in der es immer zu effizienten Allokationen kommt, sofern die Eigentumsrechte richtig definiert sind. Kurz: es handelt sich um eine weitgehend transaktionskostenfreie Welt. Weil es keine Transaktionskosten gibt, besteht in dieser Modellwelt – außer der Definition von Eigentumsrechten – auch kein Bedarf für Institutionen, die eine mögliche Antwort auf die Existenz von Transaktionskosten sind.

Um die Bedeutung der NIÖ in Abgrenzung zum neoklassisch geprägten normativen Ansatz besser zu verstehen, ist es hilfreich, die unterschiedlichen Ebenen der Analyse sozialer Prozesse zu betrachten. Aus der an Williamson (2000b) angelehnten Abb. 2.1 geht hervor, dass sich die NIÖ mit der Ebene der institutionellen Umgebung und des politischen Prozesses befasst, sich allerdings mit der Agency-Theorie auch auf die Ebene der Ressourcenallokation bezieht. Die Ebene der institutionellen Umgebung bezieht sich auf die formalen „Spielregeln", d.h. auf das, was im vorherigen Abschnitt als *Konstitution* bezeichnet wurde. Sie ist nicht nur Gegenstand der bereits angesprochen Public-Choice-Theorie, sondern auch der zur NIÖ zuzuordnenden Property-Rights-Theorie. Auf einer tieferen Ebene befasst sich die Transaktionskostenökonomik (TKÖ) mit dem „Ablauf des Spiels", d.h. mit dem, was im vorherigen Abschnitt als *politischer Prozess* bezeichnet wurde. Auf der untersten Ebene sozialer Analyse geht es um die Ressourcenallokation. Die neoklassische Analyse und die Agency-Theory knüpfen hier an den normativen Ansatz an.

Abbildung 2.1.: **NIÖ, normative Ökonomik und Relevanz für die Analyse im Bereich Steuerpolitik**

Ebene	Wissenschaftliche Disziplin bzw. Forschungsrichtung	Ziel wissenschaftlicher Forschung	Relevanz für Analyse im Bereich Steuerpolitik
Fundamentale Institutionen: Informelle Institutionen, Traditionen, Normen, Religion	Soziologie, Wirtschaftsgeschichte	Besseres Verständnis der Entstehung und Bedeutung der Mechanismen auf dieser Ebene	Nur bedingt relevant
Institutionelle Umgebung; formale Konstitution: „Spielregeln“ Politisches System, Rechtssystem, Bürokratie und Eigentumsrechte	Politikwissenschaft, Public Choice, NIÖ: Property-Rights-Theorie	„richtige“ institutionelle Rahmengebung	Wahl des Steuersystems
Ebene des politischen Prozesses: Regierung	NIÖ: Transaktionskosten-ökonomik (TKÖ)	„richtige“ prozessuale Strukturen	
Ressourcenallokation: Preise, Mengen, Anreizstrukturen	Normative Ökonomik: Neoklassische Theorie, Agency-Theorie	„richtige“ Wahl der Anreizstrukturen (Marginalbedingungen)	Wahl konkreter steuerlicher Vorschriften

Quelle: Darstellung in Anlehnung an Williamson (2000b), S. 597.

Es soll hier kein Versuch unternommen werden, das sehr breit aufgestellte und sich dynamisch entwickelnde Gebiet der NIÖ exakt abzugrenzen.[23] Für die Zwecke dieser Arbeit ist es jedoch sinnvoll, zwei Kerngebiete der NIÖ herauszugreifen: (1) die Transaktionskostenökonomik und (2) die Vertragstheorie.[24] Auf die Vertragstheorie mit der Betonung auf Prinzipal-Agenten-Beziehungen wird in Kapitel 3 Bezug genommen, um die Besonderheit des Gutes „wirtschaftspolitische Beratung" herauszustellen und zu analysieren, inwiefern die Rolle des IWF als Beratungsorganisation gerechtfertigt ist. Von größerem Interesse für die Analyse steuerpolitischer Beratung ist jedoch die TKÖ.

2.1.2.2. Transaktionskostenökonomik

Die TKÖ hat mit den anderen NIÖ-Ansätzen gemein, dass das Objekt der Analyse die Transaktion ist. Williamson (1990, S. 1) definiert Transaktion wie folgt: „Eine Transaktion findet statt, wenn ein Gut oder eine Leistung über eine technisch trennbare Schnittstelle hinweg übertragen wird". Davon ausgehend lässt sich abgrenzen, was unter Transaktionskosten zu verstehen ist. Dixit (1996) subsumiert unter dem Begriff Transaktionskosten alle Gründe, die zu einem Zusammenbruch des Coase-Theorems führen: „Anything that impedes the specification, monitoring, or enforcement of an economic transaction is a transaction cost" (S. 38). Richter und Furubotn (1996) unterscheiden zwischen

1. fixen Kosten der Einrichtung, Benutzung, Erhaltung und Veränderung von Institutionen und

2. laufenden Betriebskosten eines Wirtschaftssystems.

Das Konzept der Transaktionskosten wurde in der Literatur angewendet auf den Bereich des Marktes, auf das einzelne Unternehmen und auf die Politik.[25] Zu den Markttransaktionskosten zählen Informations- und Verhandlungskosten, die sich mit unvollständiger Information begründen lassen und den Marktteilnehmern im Zuge der Anbahnung, des Abschlusses und der Überwachung von Verträgen entstehen. Dazu zählen Such- und Informationskosten (z.B. Kosten zur Erlangung von Informationen über die Konkurrenz), Verhandlungs- und Entscheidungskosten (z.B. Kosten der Abfassung von Verträgen) und Überwachungs- und Durchsetzungskosten (z.B. Kosten zur Wahrung eigener

[23] Richter und Furubotn (1996) geben einen guten Überblick über die Teilgebiete, die zur NIÖ gezählt werden können.

[24] Die Property-Rights-Theorie (Theorie der Verfügungsrechte) ist ebenfalls ein zentrales Gebiet der NIÖ, das aber im Rahmen dieser Arbeit nicht im Mittelpunkt steht und deshalb nicht weiter vertieft werden soll. Der Autor verweist auf die in Fußnote 20 genannten Überblicksarbeiten.

[25] Vgl. Richter und Furubotn (1996).

Rechte aus dem Vertrag). Die Unternehmenstransaktionskosten lassen sich gemäß Richter und Furubotn (1996, S. 53) gliedern in (1) Kosten der Einrichtung, Erhaltung oder Änderung einer Organisationsstruktur (z.B. Kosten der Personalverwaltung) und (2) laufende Betriebskosten einer Organisation wie z.B. Informationskosten zur Überwachung des Arbeitseinsatzes von Mitarbeitern oder Transportkosten im Unternehmen.

Analog dazu lässt sich das Konzept der Transaktionskosten auf die institutionellen Rahmenbedingungen anwenden, die auf gesamtgesellschaftlicher Ebene die Anreize der Individuen bestimmen. Richter und Furubotn (1996, S. 54ff) sprechen hier von politischen Transaktionskosten und unterscheiden zwischen (1) Kosten der Einrichtung, Erhaltung und Veränderung der formalen und informellen politischen Ordnung eines Systems und (2) den Betriebskosten eines Gemeinwesens. Zur ersten Kategorie zählen alle Kosten in Verbindung mit der Errichtung und Erhaltung des politischen Systems i.w.S., d.h. die Kosten der Errichtung einer öffentlichen Verwaltung, der Rechtsordnung etc. Auch die Notwendigkeit, das institutionelle System im Zeitablauf anzupassen – wie etwa die Reform des Föderalismus in Deutschland – impliziert Kosten, die hierunter fallen. Zur zweiten Kategorie der Betriebskosten zählen die laufenden Kosten der Verwaltung, der Legislative und der Judikative. In Anlehnung an die Begrifflichkeit bei den Markttransaktionen fallen darunter insbesondere auch Such-, Informations-, Entscheidungs- und Überwachungskosten. Diese Form von Transaktionskosten ist besser zu verstehen, wenn man das Verhältnis zwischen Bürger und Staat als eine Prinzipal-Agenten-Beziehung versteht, in der auf unterschiedlichster Ebene sogenannte Vertretungskosten (agency-costs) anfallen [Jensen und Meckling (1976)].

Man sollte einige zentrale Begriffe bzw. Themen der TKÖ kennen, um die im folgenden Abschnitt diskutierte Anwendung der TKÖ auf den Bereich der Steuerpolitik zu verstehen.[26] Dazu zählen u.a. die unvollständige Vertragsschließung, Opportunismus im Zusammenhang mit transaktionsspezifischen Investitionen („asset-specificity"), bindende Handlungen („commitments") zur Überwindung opportunistischen Verhaltens und die Machbarkeit („feasibility") von Verträgen. Eine unvollständige Vertragsschließung ist zwingende Folge kognitiver Grenzen wie sie oben diskutiert wurden. Da die Vertragspartner nicht alle denkbaren Eventualitäten vertraglich festhalten können, sind Verträge notwendigerweise immer unvollständig. Verschiedene Autoren haben diesbezüglich auf den Zusammenhang zu informationsökonomischen Problemen hingewiesen, d.h. den bekannten Problemen der adversen Selektion, des mo-

[26] Tatsächlich beschränken sich diese Themen nicht auf das Teilgebiet der TKÖ, sondern spielen generell in der NIÖ eine wichtige Rolle.

ralischen Risikos und dem Problem der Nichtüberprüfbarkeit von Verträgen durch Dritte.

Dies wiederum steht in engem Zusammenhang mit dem Problem des opportunistischen Verhaltens in strategischen Situationen. So lässt sich das Problem des moralischen Risikos auch als opportunistisches Verhalten deuten, das immer dann auftritt, wenn Handlungen von (Markt)-Akteuren ex post nicht beobachtbar sind. Das im vorherigen Abschnitt erwähnte Problem der Zeitinkonsistenz ist in diesem Zusammenhang zu verstehen. Das Phänomen des Opportunismus kann vor allem in Verbindung mit transaktionsspezifischen Investitionen auftreten. Bei letzteren handelt es sich um irreversible Investitionen einer Vertragsseite. Sobald diese vorgenommen wurden, entsteht der Anreiz für die Gegenseite zu Neuverhandlungen über die Vertragskonditionen.

Ein zentrales Thema in der TKÖ ist deshalb die Frage, ob durch bindende Zusicherungen („commitments") dem Opportunismus entgegengewirkt werden kann. Die Grundidee ist hier, eine dem Vertragsabschluss vorangehende bindende Verpflichtung einzugehen, um die eigene ex-post-Möglichkeit opportunistischen Verhaltens zu begrenzen. Offenkundig ist dieses Instrument nur effektiv, wenn es glaubhaft ist. Dies ist wiederum eng verbunden mit (1) der Beobachtbarkeit für alle Beteiligten ex ante und (2) der Irreversibilität ex post [Dixit (1996)]. Diesbezüglich wurden in der Literatur diverse „Commitments" diskutiert:[27]

Locking-in Handlung Die Idee dieses Instruments ist es, durch eine offensichtliche Handlung in eine Situation zu kommen, durch die die eigene Handlungsfreiheit für opportunistisches Verhalten beschränkt wird. Dixit (1996, S. 65) führt ein Beispiel aus der Makropolitik an, bei dem die Regierung durch eine Politik des ausgeglichenen Budgets sich glaubhaft davon befreit, die Staatsschulden ex post über eine überraschende Inflationspolitik zu reduzieren.

Delegation Eine andere Methode, sich der diskretionären Freiheit ex post zu berauben, ist die Übertragung von Kompetenzen auf eine unabhängige Instanz, die aufgrund interner Anreizstrukturen nicht zu opportunistischem Verhalten neigt. Ein viel diskutiertes Beispiel ist die Unabhängigkeit von Zentralbanken zur glaubwürdigen Bindung nicht-inflationärer Geldpolitik.[28]

Wiederholung und Reputation Von diversen spieltheoretischen Analysen her ist bekannt, dass kooperatives Verhalten durch wiederholte „Spiele", d.h.

---

[27] Die folgende Darstellung stützt sich teilweise auf die Ausführungen in Dixit (1996), S. 65ff.

[28] Vgl. Berger et al. (2001) für einen aktuellen Überblick.

durch wiederholte Transaktionen zwischen den Marktakteuren, erreicht werden kann. Die Idee ist hier, dass die eine Marktseite dann auf opportunistisches Verhalten (d.h. einen kurzfristigen Vorteil) verzichtet, wenn der abdiskontierte Vorteil aus den zukünftigen kooperativen Transaktionen größer ist. Ob dies eintrifft, hängt von verschiedenen Größen ab (siehe Kapitel 3).

Ein ähnliches Konzept ist die Reputation von Marktakteuren. Dixit (1996, S. 72) weist darauf hin, dass der Unterschied zum Konzept der Wiederholung in der unvollständigen Information liegt. In einem Transaktionsverhältnis weiß die eine Marktseite nicht, wie sich die andere verhält. Durch den Aufbau einer glaubwürdigen Reputation, die mit Kosten verbunden ist, kann der Gegenseite die gute Absicht signalisiert werden.[29]

Williamson hat in seinen Arbeiten stets betont, dass Transaktionskosten in gleicher Weise als reale Beschränkungen zu sehen sind wie die Kosten, die durch die Produktionstechnologie und die Nebenbedingungen eines Optimierungsprozesses gegeben sind. Im Mittelpunkt der TKÖ-Analyse steht demnach nicht so sehr das hypothetische Ideal einer Welt frei von Transaktionskosten, sondern die Machbarkeit („feasibility"). Diesbezüglich hat Williamson (2000b, S. 601) an Stelle des bekannten Pareto-Kriteriums das sogenannte „remediableness criterion"[30] vorgeschlagen:

> „[...] an extant mode of organization for which no superior *feasible* alternative can be described and *implemented* with expected net gains is presumed to be efficient."

Damit ergibt sich eine völlig neue Betrachtungsweise ökonomischer Phänomene. Ein mit der Analyse von Wirtschaftspolitik befasster Ökonom kann nun nicht mehr ausschließlich auf ein theoretisches Ideal verweisen, sondern muss quasi mit einem zweiten Blick das weitere Umfeld betrachten. Im Folgenden ist zu diskutieren, inwiefern eine moderne wirtschaftspolitische Analyse sich auf diesen Ansatz beziehen sollte und welche Rolle der bisherigen normativen Theorie zukommt. Es gilt zu zeigen, dass die genannten Konzepte - Opportunismus, Commitments, Machbarkeit etc. - im Rahmen der TKÖ prinzipiell geeignet sind, die Analyse von Wirtschaftspolitik zu verbessern und damit auch die Analyse wirtschaftspolitischer Beratung.

[29] In Kapitel 3 werden beide Konzepte angewendet im Rahmen einer ökonomischen Analyse über den Markt für wirtschaftspolitische Beratung im Bereich der Steuerpolitik.

[30] Man könnte es sinngemäß als Machbarkeits-Kriterium bezeichnen.

2.1.3. Normative und institutionenökonomische Analyse: Ein erweiterter Ansatz zur Analyse von Steuerpolitik

2.1.3.1. Normative und institutionenökonomische Analyse

Normative Theorie sollte immer Ausgangspunkt jeder Empfehlung sein. Sie ist methodisch gut fundiert, auch wenn permanente Weiterentwicklungen notwendig sind. Das Verständnis zentraler ökonomischer Vorgänge ist in vielen Bereichen gut, so dass ein Analyst mit entsprechendem Rüstzeug Analysen durchführen und auf Basis der Ergebnisse eine vorläufige Einschätzung über notwendige Schritte abgeben kann.

Die Entwicklung institutionenökonomischer Ansätze, insbesondere die Transaktionskostenökonomik, stellt eine Herausforderung für die neoklassische normative Analyse dar. Allerdings hat die Transaktionskostenökonomik eher komplementären Charakter. Williamson (1985, S. xii) versteht die Transaktionskosten-Analyse explizit als eine Ergänzung und nicht als alleinigen Ersatz für andere methodische Ansätze.

Überträgt man die Logik der TKÖ auf politische Prozesse, so ergeben sich auch für die Politikberatung neue Einsichten. Geht man von der alten Dichotomie zwischen traditioneller Politikberatung einerseits und der Public-Choice-Sicht andererseits aus, so lässt sich aus einer Transaktionskosten-Perspektive ein neuer Ansatz für Politikberatung finden. Dixit (1996, S. 30f) skizziert, wie hier eine Synthese aussehen könnte. Er plädiert für ein verändertes Verständnis des politischen Prozesses, welches weder dem traditionellen Politikverständnis noch der Public-Choice-Sicht entspricht:

> „This evolutionary perspective can serve as a synthesis between the normative and the contractarian approaches to policy [...]. We can view each policy act, not as a choice to be made to maximize a social welfare function, but as an episode or play of the game within the set of existing rules and institutions, but admitting some leeway to make strategic moves that are capable of affecting or altering future rules and institutions. Conversely, we should view constitutions and rules, not as sacred texts written under ideal ex ante conditions of lack of conflict, leading to unanimity and providing a complete set of rules for the making of future policy acts, but as incomplete contracts that cope with a complex and changing world and contain some provisions for procedures to deal with unforeseen contingencies, yet are subject to explicit amendments as well as changes implicitly inflicted by policy acts.“

Dieser synthetische Ansatz zur Analyse von wirtschaftspolitischen Fragestellungen beruht durchaus auf normativer Theorie im oben genannten Sinne. Allerdings wird anerkannt, dass eine wirtschaftspolitische Handlung im Rahmen bestehender Institutionen stattfindet und es nicht immer Idealsituationen gibt. Die Rolle, die der normativen ökonomischen Theorie zukommt, liegt darin, eine wohlfahrtstheoretisch fundierte Politik im Rahmen der bestehenden Institutionen abzuleiten und zugleich eine Optimierung dieser Institutionen zu forcieren, die stets als unvollständige Verträge gesehen werden müssen.

2.1.3.2. Eine Anwendung im Bereich der Steuerpolitik

Bislang wurde kein systematischer Versuch unternommen, die Idee der Transaktionskostenökonomik auf den Bereich der Steuerpolitik anzuwenden.[31] Zwar haben einige Ökonomen im Rahmen der Zeitinkonsistenz-Thematik über das im vorherigen Abschnitt erwähnte „capital levy"-Problem geschrieben[32], doch wurde die TKÖ nicht generell in die normative Diskussion über Reform und Konzeption von Steuersystemen eingeführt. Dies ist erstaunlich angesichts der Vielfalt an möglichen Anwendungen.

Das Steuersystem als Institution. Zunächst ist festzustellen, dass das Steuersystem eine Institution ist und damit im Prinzip auch für eine institutionenökonomische Analyse offen steht. Dass die Finanzierung der Staatsausgaben über Steuern eine notwendige Konsequenz daraus ist, dass die Mitglieder der Gesellschaft das Gefangenendilemma überwunden haben und sich für die staatliche Bereitstellung von Kollektivgütern entschieden haben, ist von der traditionellen Finanzwissenschaft sehr früh betont worden [Musgrave (1959)]. Dabei hat man von Beginn an das Steuersystem nicht so sehr als Institution betrachtet, sondern als ein Regelwerk, dessen Optimierung anzustreben ist. Das Streben nach optimaler Gestaltung hat Feldstein (1976) „Tax Design" genannt. Demgegenüber hat man später versucht, die Bedingungen abzuleiten, unter denen ausgehend vom Status Quo eine marginale Pareto-Verbesserung möglich ist, was Feldstein als „Tax Reform" bezeichnet hat. Das Offensichtliche wurde dabei weitgehend ignoriert, nämlich, dass sich ein Steuersystem als Institution mit den Begriffen der TKÖ analysieren lässt. Analog zu oben lassen sich diesbezüglich Transaktionskosten unterscheiden in:

1. Kosten der Einrichtung, Benutzung, Erhaltung und Veränderung des Steuersystems und

[31] Zumindest ist dem Autor keine derartige Untersuchung bekannt.

[32] Vgl. Boadway et al. (1994) und Persson und Tabellini (1994, 1995) für einen Überblick über die Literatur.

2. laufende Betriebskosten des Steuersystems.

In die erste Kategorie fallen u.a. die Kosten der Gesetzgebung, der erstmaligen Errichtung einer Finanzverwaltung und der Information von Steuerpflichtigen. Aus reformpolitischer Sicht interessanter sind die zukünftigen Kosten im Zuge der Erhaltung oder aufgrund notwendiger Veränderungen des Systems. Konzeptionell könnte man alle fixen Kostenbestandteile, X_t, der Perioden $t = 0, 1, \ldots, n$ in einem Barwert der System-Fixkosten ausdrücken

$$BW_{fix} = \sum_{t=0}^{n} \frac{X_t}{(1 + r_t)^t}. \tag{2.1}$$

In die zweite Kategorie, den Betriebskosten, fallen analog alle Such-, Informations-, Entscheidungs- und Überwachungskosten, die durch das Steuersystem entstehen. Dies sind u.a. administrative Kosten (einschließlich der Prüf- und Kontrollkosten) auf Seiten der Verwaltung, Steuerbefolgungskosten durch die Steuerpflichtigen und Kosten, die durch Korruption entstehen. In der Praxis wird das Ausmaß dieser Kosten z.B. bestimmt durch den Ermessensspielraum, den das Steuerrecht dem Finanzbeamten einräumt bei der Prüfung und Festlegung der Steuerschuld. Hier kommt dem Steuerverfahrensrecht eine wichtige Rolle zu. Auch hier könnte man die variablen Kostenbestandteile, V_t, monetarisieren, wobei $V_t = V(N)$, d.h. eine Funktion der Nutzungsintensität, N, ist. Daraus ergibt sich der Barwert der variablen Systemkosten

$$BW_{var} = \sum_{t=0}^{n} \frac{V_t(N_t)}{(1 + r_t)^t}, \tag{2.2}$$

woraus sich die Transaktionskosten dieses Steuersystems ergeben

$$TK = BW_{fix} + BW_{var}. \tag{2.3}$$

Damit wird deutlich, worin der potentielle Nutzen der TKÖ besteht. Bei zwei Vorschlägen zur Gestaltung eines Steuersystems, A und B, die auf Basis herkömmlicher normativer Analysen bei gleichem Steueraufkommen und gleichen Effizienzeigenschaften als gleichwertig eingestuft werden, sollte folgendes Entscheidungskriterium gelten

$$A \begin{smallmatrix} \succ \\ \sim \\ \prec \end{smallmatrix} B \quad \Longleftrightarrow \quad TK_A \begin{smallmatrix} < \\ = \\ > \end{smallmatrix} TK_B. \tag{2.4}$$

Die Anwendung beschränkt sich dabei nicht nur auf die Wahl eines Gesamtsystems, sondern kann sich auch auf Teilfragen beziehen. So wird in der

Literatur nach wie vor über die richtige Technik der Besteuerung im Rahmen einer konsumorientierten Neugestaltung der Unternehmensbesteuerung diskutiert. Wie in Kapitel 6 ausführlich dargelegt wird, konkurrieren hier verschiedene Formen der Cash-Flow-Besteuerung mit Alternativmodellen wie der zinsbereinigten Besteuerung von Gewinnen. Da sich von der Standardtheorie, zumindest was den engeren Effizienzbegriff anbelangt, keine normative Rangfolge ableiten lässt, benötigt ein an wirtschaftspolitischer Beratung orientierter Ökonom ein zusätzliches Entscheidungskriterium. Dies könnte das mit Gleichung (2.4) beschriebene Kriterium sein, das die (zu erwartenden) Transaktionskosten reflektiert.[33]

Damit soll nicht behauptet werden, dass diese Formen von Transaktionskosten, wie z.B. Korruption und administrative Kosten und Steuerbefolgungskosten, noch nicht theoretisch erfasst wurden. Im Gegenteil, zahlreiche Arbeiten haben in den vergangenen Jahren diese Themen aufgegriffen.[34] Bereits Slemrod (1990) hat mit seiner Forderung nach einem erweiterten Optimalitätsbegriff auf die Bedeutung dieser Aspekte für die Bewertung von Steuersystemen hingewiesen. Die Bemühungen, sie in optimalsteuertheoretischen Modellen zu berücksichtigen und sie auch zu operationalisieren, sind Teil der derzeitigen Forschung. So versuchen Slemrod und Yitzhaki (1996, 2000) die mit diesen Problemen verbundenen Kosten zusammenzuführen und in das bekannte Entscheidungskriterium der „marginal efficiency costs of funds" ($MECF$) zu integrieren, die in Kapitel 6 ausführlich diskutiert und an einem konkreten Beispiel angewendet werden.

Die TKÖ steht nicht in Widerspruch zu dieser normativen Herangehensweise, sondern ist als übergreifendes Konzept zu verstehen. Der Nutzen der TKÖ besteht darin, dass der mit der Analyse eines Steuersystems befasste Ökonom stets diese Transaktionskosten in seine Bewertung einbezieht. In vielen Fällen ist es in der Praxis nicht möglich, in ausreichendem Maße Daten für die Entscheidungsfindung auf Basis der $MECF$ heranzuziehen. Dies gilt insbesondere auch für „weiche" Fragen der Durchführung steuerlicher Regeln, d.h. zum Beispiel für die normative Frage hinsichtlich der Vorteilhaftigkeit unterschiedlicher Durchführungsbestimmungen eines Gesetzes. Hier kann der Rückgriff auf das Konzept der Transaktionskosten einen besseren Anhaltspunkt für die Entscheidungsfindung geben. So können bei ansonsten gleichen Alternativen, A und B, etwaige vorhandene Indizien für einen höheren Steuerbefolgungsaufwand bei den Steuerpflichtigen im Falle der Alternative A den Ausschlag für die jeweils andere Alternative B geben. Hier zeigt sich auch die Bedeutung des

[33] Eine ausführliche Diskussion findet sich in Kapitel 6.

[34] Cowell (1990) gibt einen Überblick über die Berücksichtigung von Steuerhinterziehung und -vermeidung in der Optimalsteuertheorie sowie den damit verbundenen administrativen Kosten. Jain (2001) gibt einen Überblick über die Literatur bezüglich Korruption.

Konzepts der Machbarkeit („feasibility"). Mit Bezug auf Williamson (2000b) lässt sich folgendes Entscheidungskriterium aufstellen:

Entscheidungskriterium 1
Ein Steuersystem, für das keine überlegene machbare und zugleich implementierbare Alternative mit zu erwartenden Nettogewinnen aufgezeigt werden kann, ist effizient.

Ausgewählte Themen der Transaktionskostenökonomik. Eine Anwendung anderer Form ergibt sich, wenn man die für die TKÖ typische Sichtweise wählt und steuerpolitische Probleme mit den Begriffen unvollständige Vertragsschließung, Opportunismus und bindende Zusicherungen analysiert. Die Idee soll hier am Beispiel des „capital levy"-Problems skizziert werden – eine ausführliche Diskussion mit weiteren Anwendungen findet sich in den späteren Kapiteln.

Fischer (1980) war einer der ersten, der auf die Zeitinkonsistenz einer second-best optimalen Kapitaleinkommensbesteuerung hingewiesen hat (s.o.). Das Problem besteht darin, dass rationale Individuen erkennen, dass eine wohlwollende Regierung ex post den Anreiz hat, Kapitaleinkommen zu besteuern, da die zugrunde liegende Allokationsentscheidung bereits getroffen ist. Dies wiederum führt dazu, dass die Individuen diese Reaktion bei ihrer intertemporalen Konsumentscheidung berücksichtigen. In dem neuen zeitkonsistenten Gleichgewicht ist die Ersparnis geringer und die Steuern auf Kapitaleinkommen höher als im second-best-Optimum. Rogers (1987) argumentiert, dass eine reine Lohnsteuer der indirekten Konsumsteuer wohlfahrtstheoretisch vorzuziehen ist. Allerdings ist diese in ihrem Modell nicht zeitkonsistent im Unterschied zur indirekten Konsumsteuer. Ein Ergebnis dieser Analyse ist deshalb, dass die Beschränkung auf eine indirekte Konsumbesteuerung durch die Regierung wohlfahrtserhöhend ist, auch wenn die Lohnsteuer aus second-best-theoretischen Überlegungen her vorzuziehen wäre. Eine in der finanzwissenschaftlichen Literatur vernachlässigte Frage ist vor diesem Hintergrund: Kann eine wohlwollende Regierung sich glaubhaft an eine second-best-optimale Politik binden?

Ein viel versprechender Weg ist hier die TKÖ. Der hier vorgeschlagene Ansatz greift auf das Konzept der *Reputation* zurück. In Anlehnung an die Argumentation in Kreps et al. (1982), die in einem Reputations-Modell zeigen, dass Kooperation in einem dynamischen endlichen Spiel mit unvollständiger Information möglich ist, lässt sich die Idee der Reputation als Mittel zur Kooperation auch in einem finanzwissenschaftlichen Kontext diskutieren. Übertragen auf die Fragestellung in dieser Arbeit ergibt sich folgende Spielstruktur: Regierung und Individuen befinden sich in einem Spiel, bei dem sich beide mit

Kooperation kollektiv am besten stellen würden. Die Kooperation seitens der Regierung besteht darin, nicht von der systematischen Besteuerung abzuweichen und überraschend Kapitaleinkommen zu belangen; nicht-kooperatives Verhalten bedeutet demnach, dass sie abweicht und Kapitaleinkommen besteuert. Die Kooperation seitens der Individuen besteht darin, keine Steuerhinterziehungsaktivitäten vorzunehmen. Dies ist das klassische Gefangenendilemma. Während bei einem „One shot game" die jeweilige nicht-kooperative Handlung rational ist, kann bei wiederholten Spielen die auf Axelrod (1984) zurückgehende Tit-for-Tat-Strategie u.U. zu Kooperation führen. Kreps et al. (1982) argumentieren, dass unvollständige Information der Spieler über die Bereitschaft der Gegenseite, Tit-for-Tat als Strategie zu wählen, zu einer Kooperation führen kann. Die Anzahl der Spiele, in denen kooperativ gehandelt wird, ist bei einer endlichen Zahl von Spielen zwar begrenzt, kann aber sehr lange anhalten. Entscheidend für dieses Ergebnis ist die Wahrscheinlichkeit π, dass es sich bei dem jeweiligen Gegenspieler um einen Tit-for-Tat-Spieler handelt.[35]

Aus Anwendungssicht im Bereich Steuerpolitik stellt sich die Frage, wie π beeinflusst werden kann, um eine anhaltende Kooperation zu gewährleisten. Ein sinnvolles Signalisierungs-Instrument könnte das Bekenntnis zur Steuersystematik sein: Nach Einführung einer systematisch aufgebauten Kapitaleinkommensbesteuerung im second-best Sinne ist die Regierung bestrebt, die Systematik zu bewahren.[36] Dadurch erhöht sich die Wahrscheinlichkeit π. Ein Abweichen von der einmal gewählten Systematik führt zu einem Vertrauensbruch, der die Individuen zu einem Abrücken von der Kooperations-Strategie veranlasst.

Dieser Ansatz könnte das Phänomen erklären, dass weltweit Bestrebungen im Gange sind, die Kapitaleinkommensbesteuerung zu reformieren und diese in eine Gesamtreform der direkten Besteuerung einzubetten, die einem systematischen Leitbild folgt.[37] Eine exakte Ableitung, unter welchen Bedingungen

[35] Auch die Auszahlungsmatrix ist natürlich entscheidend für die optimale Strategie.

[36] Der Begriff Systematik bezieht sich auf das gesamte System der Einkommensbesteuerung. Ein Bruch dieser Systematik kommt also nicht erst dadurch zustande, dass es zu der überraschenden Kapitaleinkommensbesteuerung kommt. Vielmehr kann die Systematik auch in anderen Bereichen gestört werden, wie z.B. der Lohnbesteuerung oder der Behandlung grenzüberschreitender Transaktionen.

[37] Man betrachte hier nur die derzeitige Diskussion in Deutschland, in der verschiedene Gesamtreformansätze zur öffentlichen Diskussion stehen, die zumindest teilweise den Anspruch einer inneren Systematik haben. Vgl. dazu die Entwürfe von Kirchhof (2002) und vor allem Rose (2002). Zwar sieht der Karlsruher Entwurf um Kirchhof keineswegs eine second-best optimale Besteuerung vor, doch kann zumindest die vorgesehene moderate Besteuerung von privaten Veräußerungsgewinnen als ein – zugegebenermaßen schwacher – Versuch interpretiert werden, sich in Richtung einer effizienten Kapitaleinkommensbesteuerung zu bewegen.

das Reputationsmodell in dieser Frage anwendbar ist, sowie die empirische Stützung dieser Idee würden den Rahmen dieser Arbeit sprengen. Für eine weitere Diskussion sei auf Kapitel 6 verwiesen.

2.1.3.3. Zur Evaluation wirtschaftspolitischer Empfehlungen

Wenn der in dieser Arbeit propagierte erweiterte Ansatz geeignet ist, eine bessere Analyse wirtschaftspolitischer Beratung zu ermöglichen, so muss gleiches auch für die Evaluation von Beratungsleistungen gelten. Das bedeutet zweierlei: Erstens, eine externe Bewertung konkreter Empfehlungen sollte nicht allein auf Basis eines normativen Benchmark erfolgen. Auch hier sind eventuell vorhandene Transaktionskosten zu berücksichtigen, die ein Urteil über bestimmte Empfehlungen anders ausfallen lassen kann. Zweitens, es ist vom Evaluator zu berücksichtigen, dass zum Zeitpunkt der Empfehlungen mögliche Transaktionskosten im politischen System bestanden.

Was bedeutet das für die Praxis wirtschaftspolitischer Beratung? Vor allem: Folgt daraus womöglich, dass jede Empfehlung ex post das Prädikat „gut" erhalten kann – auch wenn es offensichtlich weit von einem Benchmark abweicht –, weil ein Hinweis auf zu diesem Zeitpunkt angeblich bestehende politische Transaktionskosten die Empfehlung rechtfertigt? Dies wäre dann die Buchanan-Welt, in der an sich überhaupt kein Raum für normative Empfehlungen im politischen Prozess existiert, sondern alles Ausdruck des politischen Interessenspiels ist. Hier wäre beinahe jede Empfehlung „gut", die das politische Gleichgewicht widerspiegelt, womit eine Evaluation an Sinn verlieren würde.

Die Existenz politischer Transaktionskosten ist nicht zu verwechseln mit den Grenzen politischer Restriktionen, die sich lediglich aufgrund unterschiedlicher Interessenlagen ergeben. Beispiele für Transaktionskosten im politischen Prozess sind bestehende verfassungsrechtliche Vorgaben, ein kultureller Konsens etc. Wenn diese vorliegen und tatsächlich als politische Transaktionskosten fungieren (in dem Sinne, dass ihre Existenz die Funktion hat, Transaktionskosten in anderen Bereichen zu reduzieren) und damit die Entscheidungsfreiheit des Politikers beschränken, so sollte eine Beurteilung konkreter Empfehlungen dies berücksichtigen. Demgegenüber stehen politische Restriktionen, die womöglich Ausdruck eines Rent-Seeking-Verhaltens sind und nicht im Rahmen der Transaktionskosten-Perspektive interpretiert werden können. Sie sollten im Rahmen einer ökonomischen Analyse nicht in die Empfehlungen einfließen. Wichtige Gründe, die dagegen sprechen, sind die Unberechenbarkeit und Komplexität des politischen Prozesses und die Instabilität bestimmter Mehrheiten.[38] Politische Einstellungen und Mehrheiten zu konkreten Fragestellungen unterliegen einem stetigen Wandel, dessen Einflussfaktoren nicht leicht identifizierbar sind. Eine voreilige Beschränkung normativer Empfehlungen aufgrund bestimmter politischer Konstellationen ist deshalb m.E. nicht sinnvoll, da sie zum einen – bei plötzlich ändernden Mehrheiten – zu Widersprüchen führt und zum anderen eine wesentliche Aufgabe der normativen Ökonomik, nämlich die Informations- und Aufklärungsfunktion für Gesellschaft und Entscheidungsträger, negiert.

Zusammenfassend kann festgestellt werden, dass die Auffassung über Funktion und Sinn normativer Analyse, die in dieser Arbeit vertreten wird, deutlich optimistischer ist als es von Vertretern der Public-Choice-Schule gesehen wird. So ist es in den meisten Fällen sehr wohl möglich, zwischen guter und schlechter Empfehlung zu unterscheiden. Immer dann, wenn es nicht gelingt, konkrete Transaktionskosten zu benennen, die von dem theoretischen Ideal abweichen, sind Zweifel an der Qualität der Beratung angebracht. Insbesondere ist in einer Evaluation wirtschaftspolitischer Empfehlungen darauf zu achten, ob es den Beratern gelungen ist, überflüssige Beschränkungen ökonomischen Handelns zu reduzieren. Eine gute Beratung in diesem Sinne sollte ex post bestrebt gewesen sein, Transaktionskosten – gegebenenfalls durch Schaffung neuer Institutionen und Organisationen – abzubauen. Zumindest sollten die gegebenen Empfehlungen nicht zu einer Zementierung bestehender Transaktionskosten führen oder sogar zur Entstehung neuer. Eine nützliche Orientierung gibt hier das oben genannte erweiterte Entscheidungskriterium von Williamson.

2.2. Die Bedeutung steuerpolitischer Beratung: Ein Überblick

Die 1990er waren zweifelsohne das Jahrzehnt der Reformen in den osteuropäischen Transformationsländern. Mit dem Beginn des Transformationsprozesses trat auch die Reform des staatlichen Sektors und damit auch die Reform der staatlichen Einnahmen in den Mittelpunkt. Martinez-Vazquez und McNab (2000) geben einen Überblick über diese erste Phase der Steuerreformen in Transformationsländern.

Während die Literatur sich mit den Steuerreformen in verschiedenen Ländern inhaltlich mehr oder weniger intensiv befasst hat, wurde ein Aspekt systematisch ausgeblendet: die massive Beteiligung externer Berater am Reformprozess in Ost- und Südosteuropa. In einer Umbruchphase, die durch Defizite

[38] Vgl. Boadway (2002) für eine Diskussion, ob polit-ökonomische Restriktionen von Ökonomen bei der Formulierung normativer Empfehlungen berücksichtigt werden sollten.

in Know-how und Fachexpertise seitens der Reformstaaten gekennzeichnet ist, kann der Einfluss externer Beratung zum Teil sehr groß sein. Um so erstaunlicher ist es, dass weder die Arbeit einzelner Beratungsorganisationen noch der Markt für wirtschaftspolitische Beratung in diesem Bereich Gegenstand einer näheren Untersuchung waren.

Tabelle A.1 in Anhang A gibt einen Überblick über Art und Ausmaß steuerpolitischer Beratung in ausgewählten Transformationsländern Ost- und Südosteuropas.[39] Die Übersicht beschränkt sich auf die zwei wichtigen Bereiche Steuerpolitik und Reform der Steuerverwaltung. Die Arbeit des IWF in diesem Bereich wird im folgenden Abschnitt ausführlich diskutiert und deshalb auch in einer gesonderten Übersicht in Tabelle B.1 in Anhang B dargelegt.

Die steuerpolitische Beratung in dieser ersten Reformphase weist zwei charakteristische Merkmale auf: Erstens, der Markt wurde in diesem Bereich von einigen wenigen staatlichen oder halbstaatlichen Entwicklungshilfeagenturen und wenigen internationalen Organisationen dominiert. Zweitens, eine Vielzahl von Projekten wurde direkt oder indirekt aus Mitteln der Europäischen Union finanziert.

Zu den wichtigen Akteuren der staatlichen bzw. halbstaatlichen Organisationen gehört die Deutsche Gesellschaft für Technische Zusammenarbeit (GTZ). Sie hat sowohl von der Zahl der Partnerländer als auch von der Intensität der Projekte eine hervorgehobene Rolle. Die privatrechtlich organisierte GTZ arbeitet in der Regel im Auftrag des deutschen Entwicklungshilfeministeriums (BMZ) und gilt - im Bereich der technischen Zusammenarbeit – als wichtigste Durchführungsorganisation der offiziellen deutschen Entwicklungszusammenarbeit.[40] Dennoch darf die GTZ auch im Drittgeschäft arbeiten und handelt u.a. im Auftrag der EU. Fast alle EU-Staaten haben Durchführungsorganisationen bzw. Entwicklungsagenturen mit ähnlichen Strukturen. In Großbritannien handelt das Department for International Development (DFID) im Auftrag der Regierung, wobei z.B. auch die „Crown Agents for Overseas Development and Administration" eine Rolle spielen; in Frankreich sind es ADETEF, in Schweden SIDA und in Dänemark DANIDA. Die Schwerpunkte der Entwicklungsarbeit dieser Länder sind allerdings sehr unterschiedlich und nur teilweise im Bereich der öffentlichen Finanzen. Dagegen räumt die Entwicklungsagentur der US-amerikanischen Regierung, USAid, der Hilfe in diesem Bereich einen

[39] Die Tabelle erhebt keinen Anspruch auf Vollständigkeit. Vielmehr soll ein erster Versuch unternommen werden, einen groben Überblick über die wichtigsten Akteure zu geben.

[40] Die offizielle deutsche Entwicklungszusammenarbeit ist institutionell aufgeteilt: die finanzielle Zusammenarbeit wird von der Kreditanstalt für Wiederaufbau (KfW) und die technische Zusammenarbeit von einer Reihe von Organisationen durchgeführt – neben der GTZ sind dies z.B. der deutsche Entwicklungsdienst (DED), das Deutsche Institut für Entwicklungspolitik (DIE) und die Internationale Weiterbildung und Entwicklung gGmbH (InWent).

großen Stellenwert ein. In fast allen Ländern Osteuropas gab es in den 1990er Jahren Projekte von USAid, die zum Teil im Auftrag oder in Verbindung mit dem amerikanischen Finanzministerium, US Treasury, durchgeführt wurden.

Das zweite Charakteristikum bezieht sich auf die Rolle der Europäischen Union als Hauptfinanzierungsquelle vieler Projekte. Zwar wurden zahlreiche Projekte auf bilateraler Ebene durchgeführt, doch in vielen anderen Fällen war die EU direkt oder indirekt als Auftraggeber beteiligt. Die EU-Staaten hatten diesbezüglich diverse Finanzierungsprogramme ins Leben gerufen, darunter das Programm *EU-Phare* zur Unterstützung der EU-Beitrittsländer, *TACIS* zur Unterstützung des Transformationsprozesses in dreizehn Ländern Osteuropas und Zentralasiens und einige andere Programme. Da die jeweiligen Projekte öffentlich ausgeschrieben werden, können sich als ausführende Organisation neben den genannten (halb-)staatlichen Agenturen auch private Beratungsfirmen bewerben. Letztere sind in der Praxis auch oft Sub-Unternehmer für andere Organisationen. Zu ihnen gehören in Europa Firmen wie KPMG und PWC, aber auch spezielle Beratungsfirmen, wie die spanische Altair oder die dänische PLS Rambøll Management.

Die Übersicht zeigt, dass der Markt für steuerpolitische Beratung von empirischer Bedeutung ist. In Kapitel 3 wird versucht, wichtige Eigenschaften dieses Marktes herauszuarbeiten und darauf aufbauend zu hinterfragen, welche Rolle einer multilateralen Organisation in diesem Bereich zukommen könnte.

2.3. Steuerpolitische Beratung in Transformationsländern und der IWF

2.3.1. Die Arbeit des IWF in Transformationsländern

2.3.1.1. Zielsetzung, Tätigkeitsfelder und Instrumente des IWF

Die Aufgaben des IWF sind in den „Articles of Agreement" benannt.[41] Der IWF handelt formal nicht als selbständige Organisation, sondern stets als ausführendes Organ im Auftrag der Regierungen seiner Mitgliedsländer. Höchstes Entscheidungsgremium ist der Board of Governors, in dem jeder Mitgliedstaat durch den Finanzminister oder Notenbankchef vertreten ist. Da der Board nur einmal jährlich zusammen tritt, nimmt ein Executive Board die laufenden Geschäfte während des Jahres wahr. Die jeweiligen Regierungen nehmen über ihre Vertreter im Executive Board Einfluss auf die gewünschte Politik.[42]

[41] Vgl. Anhang B.

[42] Der Executive Board besteht aus vierundzwanzig Exekutivdirektoren. Der Vorsitzende dieses Gremiums ist zugleich Managing Director des IWF, die höchste Position im IWF.

Die Arbeit des IWF umfasst drei wesentliche Tätigkeitsfelder: Überwachung („Surveillance"), finanzieller Beistand durch Kreditgewährung im Rahmen sogenannter IWF-Programme („IMF programs") und technische/r Hilfe/Beistand („technical assistance").[43]

Unter „Surveillance" fallen verschiedenste Maßnahmen, mit denen der IWF makroökonomische Probleme der Mitgliedsländer begutachtet, die sich potentiell auf andere Länder auswirken können, wobei die allgemeine wirtschaftliche Situation und die Wirtschaftspolitik des jeweiligen Mitgliedsstaats in die Analyse einbezogen werden.[44] Die wichtigsten Maßnahmen im Rahmen der Überwachungsfunktion des IWF sind auf bilateraler Ebene die sogenannten „Artikel IV Konsultationen", d.h. jährliche Treffen zwischen Vertretern des IWF und Regierungsvertretern der Mitgliedsstaaten[45] und auf multilateraler Ebene die Anfertigung und Veröffentlichung von Analysen im World Economic Outlook (WEO) und im Global Financial Stability Report[46](GFSR).[47]

Finanzieller Beistand im Rahmen von IWF-Programmen umfasst Kredite und Darlehen, die Mitgliedsländern bei Zahlungsbilanzproblemen gewährt werden, um Maßnahmen zur Reform und Behebung der Probleme zu unterstützen.[48] Dieser Tätigkeitsbereich des IWF stützt sich auf die oben dargelegten „Articles of Agreement", in denen eine zeitlich beschränkte finanzielle Unterstützung für Mitgliedsländer im Falle von Zahlungsbilanzproblemen genannt

---

Dem Executive Board obliegt es, die Implementierung der durch den Board of Governors bestimmten Politik zu überwachen.

43 Vgl. auch Tab. 3.1.

44 Crow et al. (1999, S. 17f) argumentieren in einer externen Analyse über die „Surveillance"-Aktivitäten des IWF, dass es für diese keinen einheitlichen Begriff gebe, sondern Überwachung verschiedene Aufgaben umfasse. Neben allgemeiner wirtschaftspolitischer Beratung, Unterstützung koordinierender Maßnahmen und Informationssammlung, nennen die Autoren die Identifizierung von wirtschaftspolitischen Problembereichen und deren Mitteilung gegenüber den Regierungen; zudem verstehen die Autoren die technische Beratung des IWF als Teil der „Surveillance" des IWF. Die Einbeziehung der technischen Beratung in die Kategorie „Surveillance" ist allerdings m.E. nicht zwingend, da letztere oft auf Anfrage von Mitgliedsländern erfolgt und z.T. in Bereichen, die nicht unmittelbar mit makroökonomischen Problemen zusammenhängen (s.u.).

45 Artikel IV der „Articles of Agreement" betrifft Verpflichtungen der Mitgliedsstaaten.

46 Dieser Bericht ist Nachfolger des bis 2001 erschienenen *International Capital Markets Report* (ICMR).

47 Masson und Mussa (1995) weisen darauf hin, dass die Überwachung als zentrale Aufgabe des IWF nicht immer von dessen finanziellen Hilfsaktivitäten losgelöst betrachtet werden könne. So sei es auch bei effektiver Überwachung und konstruktiver Mitarbeit eines Landes möglich, dass dieses dennoch in Zahlungsbilanzschwierigkeiten komme, entweder aufgrund exogener Einflüsse oder weil menschliches Versagen in der Wirtschaftspolitik nicht ausgeschlossen werden könne. Schon aus diesem Grund kommt auch der Finanzierungsaufgabe eine bedeutende Rolle in der Arbeit des IWF zu (s.u.).

48 Finanzielle Hilfe des IWF findet im Rahmen sogenannter IWF-Programme statt, so dass beides oftmals als synonym verwendet wird.

wird. Diese Vereinbarungen („arrangements") über finanziellen Beistand haben trotz länderspezifischer Unterschiede gemeinsame Elemente, die über die Sicherstellung anhaltender externer Finanzierung hinausgehen[49]: Oftmals enthalten sie zum einen Maßnahmen zur Reduzierung der aggregierten Nachfrage mit dem Ziel der kurzfristigen Eindämmung von Zahlungsbilanzproblemen und zum anderen die Forderung nach strukturellen Reformen zur langfristigen Bekämpfung von Zahlungsbilanzproblemen.

Der IWF stellt die finanziellen Mittel einem betroffenen Mitgliedsland über diverse Finanzierungsmechanismen – auch Fazilitäten genannt – zur Verfügung. Wichtiges Kennzeichen beinahe aller IWF-Programme ist das Verknüpfen finanzieller Zusagen mit bestimmten Auflagen (Konditionalitäten). Der IWF ist durch seine Statute verpflichtet sicherzustellen, dass die einem Mitgliedsland zur Verfügung gestellten Mittel zurückgezahlt werden. So ist der IWF angehalten, Vorsichtsmaßnahmen zu ergreifen, die Voraussetzung für eine temporäre Nutzung von IWF- Ressourcen sind.[50] Zentrales Mittel, um dies zu gewährleisten, sind die Konditionalitäten des IWF. Erfüllt ein Land die Voraussetzungen für finanzielle Hilfe (z.B. Zahlungsbilanzprobleme), wird der IWF die Finanzhilfe in der Regel von Bedingungen abhängig machen.[51]

Technische Hilfe bildet den dritten Kernbereich der IWF-Aktivitäten. Zur Unterstützung seiner Mitgliedsländer bei der Ausbildung von Verwaltung- und Management-Personal und zur Stärkung der institutionellen Kapazitäten bietet der IWF fachliche Expertise und Beratung an – kurz technische Hilfe. Das Ziel der technischen Hilfe ist es, durch Erhöhung der Effektivität der Wirtschaftspolitik und des Managements zur Entwicklung produktiver Kräfte beizutragen.[52] Dies schlägt sich in zwei Arbeitsfeldern nieder: erstens der Stärkung institutioneller Kapazitäten einschließlich der Ausbildung und Schulung von Führungspersonal; zweitens der Ausgestaltung wirtschaftspolitischer Reformen unter Einbeziehung der Erfahrungen aus anderen Ländern.

Der IWF nutzt verschiedene Kanäle, um einem Mitgliedsland technischen Beistand zukommen zu lassen. Darunter fallen vor allem sogenannte „Staff Missions". Dabei handelt es sich um zeitlich – meist auf wenige Wochen – beschränkte Kurzeinsätze von Mitarbeitern des IWF aus der Zentrale in Washington in dem jeweiligen Land. Ein weiterer Einflussfaktor sind Experten

[49] Vgl. Masson und Mussa (1995).

[50] In Article V Section 3(a) der „Articles of Agreement" heißt es: „The Fund shall adopt policies [...] that will establish adequate safeguards for the temporary use of the general resources of the Fund"; vgl. auch Guitian (1995).

[51] Über Sinn und Ausmaß dieser Konditionalitäten in IWF-Programmen wird seit einiger Zeit intensiv diskutiert. Goldstein (2001) und Guitian (1995) geben einen kritischen Überblick und beleuchten u.a. den Zusammenhang zwischen IWF-Mandat und Struktur-Konditionalitäten.

[52] Vgl. http://www.imf.org/external/np/exr/facts/tech.htm.

mit ständiger Präsenz vor Ort. Schließlich findet technische Beratung auch Ausdruck in der Anfertigung von Berichten und im Training von Fachpersonal eines Landes im Rahmen von Kursen und Workshops.[53] Ein Teil der technischen Beratungstätigkeit vollzieht sich in Zusammenarbeit mit anderen internationalen Organisationen, wie z.B. der Weltbank und regionalen Entwicklungsorganisationen. Die Beratungsleistungen durch den IWF werden von verschiedenen Abteilungen (Departments) erbracht, darunter die Abteilungen *Fiscal Affairs Department* (FAD), *Monetary and Exchange Affairs* (MAE), *Statistics Department* (STA), *Legal Department* (LEG) und das *IMF-Institute* (INS)[54].

2.3.1.2. Die Bedeutung der Transformationsländer in der Arbeit des IWF

Mit dem Fall des eisernen Vorhangs begab sich eine große Zahl sozialistischer Planwirtschaften auf den Weg marktwirtschaftlicher Reformen. Der dramatische Umbruch mit dem Wegfall des Rats für gegenseitige Wirtschaftshilfe (RGW) und dem aufgrund der deutschen Wiedervereinigung 1990 beinahe über Nacht wegbrechenden Handel mit der DDR erforderte fundamentale Reformen.

Als vordringlich galt die Reform des Außenhandels, des Wechselkursregimes und des Kapitalverkehrs, die Liberalisierung von Preisen sowie die Reform und Privatisierung von Staatsunternehmen. Der enorme Reformbedarf gepaart mit einem akuten Mangel an eigenen Experten verlangte sowohl nach finanzieller Unterstützung als auch nach westlicher Expertise. Prädestiniert für größere und z.T. dauerhafte Beratungsprojekte waren internationale Organisationen wie der IWF, die Weltbank, die Europäische Investitionsbank (EIB) oder die 1990 neugegründete – auch Osteuropabank genannte – Europäische Bank für Wiederaufbau und Entwicklung (EBRD). Sie verfügen über umfangreichen Sachverstand aufgrund ihrer Ausrichtung und ihrer jahrelangen Erfahrung in Entwicklungsländern (z.B. IWF, Weltbank) und sind in der Lage, durch Synergieeffekte breitgefächerte Beratungsleistungen zu erbringen, die in dieser Form von einzelnen Regierungen nicht angeboten werden könnten.

Dem IWF kam mit Beginn des Transformationsprozesses eine herausragende Rolle zu unter den internationalen Organisationen.[55] Dies liegt einerseits daran, dass der IWF aufgrund seiner Statute den Auftrag zur Überwachung der Zahlungsbilanzen seiner Mitgliedsländer hat und im Falle von Währungs-

[53] Vgl. http://www.imf.org/external/pubs/ft/psta/index.htm.

[54] Das IMF-Institute wurde 1964 gegründet, um Schulungen für Experten aus den Mitgliedsländern auf regionaler Ebene durchzuführen.

[55] Henderson (1992) gibt einen Überblick über die Arbeit des IWF in Osteuropa im Lichte der Erfahrungen aus den 1980er Jahren.

krisen unterstützend eingreifen kann (s.o.). Die bei Zahlungsbilanzproblemen auftretende Notwendigkeit, über kurzfristige Kredite zur Lösung der Krise beizutragen, gibt dem IWF damit als größten Kreditgeber einen enormen Hebel in die Hand. So nahm der IWF in den neunziger Jahren starken Einfluss auf wirtschaftspolitische Reformen in den Transformationsländern u.a. über die oben genannten Konditionalitäten, an deren Einhaltung die Vergabe von Krediten, Zuschüssen und sonstiger finanzieller Hilfe geknüpft war.

In der Literatur werden vier Kanäle der Einflussnahme internationaler Organisationen auf Transformationsländer diskutiert, wobei dies insbesondere auf den IWF zutrifft:[56] Finanzierung, Katalysierung privater Finanzströme[57], Programme einschließlich Auflagen zu Strukturanpassungsmaßnahmen und technischer Beistand.

Aus Tab. 2.1 geht hervor, dass die Transformationsländer mit Beginn der 1990er Jahre in den Mittelpunkt der Arbeit des IWF gerückt sind. Dies zeigt sich an der stetigen Zunahme finanzieller Hilfe, die zwischen 1992 und 1994 fast ausschließlich an Transformationsländer ging. Erst ab 1997 – u.a. aufgrund der sich abzeichnenden Asienkrise – kam es zur Trendwende. Seit 1999 sind die Zahlungen sogar negativ, was die veränderte Ausrichtung des IWF widerspiegelt. Dieses Muster zeigt sich auch – in etwas schwächerer Form – bei der technischen Hilfe des IWF. Im Zeitraum zwischen 1992 und 1995 wurde Beratung im Umfang von 219 Personenjahren geleistet, was etwa 20 Prozent des Gesamtaufwands bei technischer Hilfe entspricht. Im Zeitraum 1996 bis 1999 fiel dieser Anteil auf 15 Prozent.

Auch wenn sich die Aufmerksamkeit nach einem Jahrzehnt der Transformation wieder etwas in Richtung anderer Entwicklungsländer richtet, so sind die Transformationsländer in Ost- und Zentraleuropa nach wie vor wichtiger Bestandteil der Arbeit des IWF.

[56] Vgl. u.a. Zecchini (1995).

[57] Hinter der Katalysator-Funktion steckt die These, dass das Engagement des IWF helfe, in der Anfangsphase der Transformation Reformen einzuleiten und das Vertrauen privater Investoren zu stärken, so dass das Land auf einen langfristigen und durch die Privatwirtschaft getragenen Wachstumspfad kommen könne. Auf diese Katalysatoren-Rolle kann im Folgenden nicht weiter eingegangen werden; vgl. dazu Zecchini (1995).

Tabelle 2.1.: **Die Bedeutung der Transformationsländer in der Arbeit des IWF**

Art des Engagements	1991	1992	1993	1994	1995	1996	1997	1998	1999	2000
Finanzielle Hilfe des IWF (in Mrd. US-$)										
Industrieländer	—	0,3	—	—	−0,1	−0,1	11,3	5,2	−10,3	—
Entwicklungsländer	1,1	−0,4	−0,1	−0,8	12,6	−2,9	0,8	8,5	1,3	−6,7
Transformationsländer	2,4	1,6	3,7	2,4	4,7	3,7	2,5	5,5	−3,6	−4,1
Mittel- und Osteuropa	2,4	0,5	1,9	0,1	−2,7	−0,8	0,4	−0,3	—	—
GUS-Staaten[0]	—	1,0	1,9	2,3	7,3	4,4	2,0	5,8	−3,6	−4,1
Technische Hilfe des IWF (in Personen-Jahren)										
Insgesamt	n.v.	n.v.	243,8	263,6	300,6	309,0	277,0	285,6	301,7	288,4
Transformationsländer	n.v.	← – – – 219,1[1] – – – →				← – – – 182,7[1] – – – →				34,5

[0]Einschließlich Russland und Mongolei.

[1]Technische Hilfe insgesamt in dem angegebenen Zeitraum.

Quelle: Eigene Aufstellung auf Basis von IMF (1996, 2000a,b, 2003).

2.3.2. Die Bedeutung der Steuerpolitik

Der IWF hat kein explizites Mandat, die Steuerpolitik eines Landes konkret zu beeinflussen. Die in den „Articles of Agreement“ aufgeführten Aufgaben lassen jedoch indirekt Fragen der Besteuerung eine große Rolle zukommen. Analog zu der Darstellung oben kann man zwischen drei Hauptaktivitäten des IWF unterscheiden, bei denen steuerliche Fragen auftreten: Überwachung („Surveillance“), finanzieller Beistand durch IWF-Programme und technische Hilfe („Technical assistance“).[58]

2.3.2.1. Überwachung

Der IWF überwacht gemäß seiner Statute makroökonomische Entwicklungen in den Mitgliedstaaten, die Auswirkungen auf andere Länder haben könnten. Fragen der Besteuerung im weiteren Sinne erlangen Bedeutung, da sich die Überwachungsaktivitäten u.a. auf das Budgetdefizit und dessen Auswirkung auf andere makorökonomische Variablen erstrecken.

Zahlungsbilanzprobleme treten meist in Kombination mit Leistungsbilanzdefiziten, geringen Devisenvorräten und Zahlungsverzug bei ausländischen Gläubigern auf, deren Ursache oft in der Budgetpolitik des Staates gesehen wird.[59] Dies erklärt sich damit, dass viele Entwicklungs- und Transformationsländer ohne nennenswerten Kapitalmarkt ihre Budgetdefizite entweder über eine Erhöhung der Auslandsverschuldung finanzieren müssen – was in vielen Ländern mit Krisensymptomen oft nur noch zu Bedingungen möglich ist, unter denen sich die Situation weiter verschärfen würde – oder über ein Geldmengenwachstum. Eine anhaltende Ausweitung der Geldmenge aber führt zu hohem Nominaleinkommen und in Folge zu Inflation und einem Anstieg (Rückgang) der Importe (Exporte), insbesondere bei Koppelung der Wechselkurse an den Dollar. Dies führt dann zu einer Situation mit steigenden Leistungsbilanzdefiziten und versiegenden Devisenreserven. Ein Weg zur Vermeidung dieser Probleme wird deshalb oft in einer Reform der Staatsfinanzen und in erster Linie in ausgeglichenen Budgets gesehen. In diesen Fällen wird der IWF eine Reduzierung des Budgetdefizits empfehlen. Dies geschieht sowohl im Rahmen sogenannter „Artikel IV Konsultationen“ als auch durch Äußerungen des Board of Executive Directors oder durch offizielle Erklärungen des IWF Managing Directors. Auch wenn damit dem Komplex Besteuerung[60] in der Arbeit des IWF potenti-

[58] Vgl. auch Tanzi (1990).

[59] Vgl. Tanzi (1987).

[60] Es besteht Konsens unter Praktikern und wirtschaftspolitisch orientierten Theoretikern, dass Steuern langfristig die einzig tragende Quelle staatlicher Einnahmen für den Staat sein müssen. Andere mögliche Quellen staatlicher Einnahmen, v.a. Einnahmen aus Staatsunternehmen, Lizenzen oder Seignorage-Gewinne durch Geldmengenpolitik sind keine

ell eine bedeutende Rolle zukommt, ist nicht zu erwarten, dass der IWF über die bloße Überwachungsaktivität Einfluss auf die Steuerpolitik nimmt. Dies gilt insbesondere für Länder, die eigenständig und ohne finanziellen Beistand seitens des IWF in der Lage sind die Probleme anzugehen. Die Rolle des IWF wird sich in der Regel darauf beschränken, das Problem anzusprechen, jedoch den konkreten Weg offen lassen.[61]

Ein größerer Einfluss auf die Steuerpolitik findet sich dagegen in Ländern, wo Zahlungsbilanzprobleme auftreten und diese ohne finanziellen Beistand nicht eigenständig durch die jeweilige Regierung gelöst werden können. Hier ist die Grenze zwischen Überwachung und finanziellem Beistand durch IWF-Programme fließend.

2.3.2.2. IWF-Programme

Die Gewährung von finanzieller Unterstützung im Rahmen von IWF-Programmen gibt dem IWF einen Hebel zur stärkeren Einflussnahme auch im Bereich der Besteuerung. Von den bereits erwähnten gemeinsamen Elementen typischer IWF-Programme sind es die Maßnahmen zur Reduzierung der aggregierten Nachfrage (Demand Management) und vor allem die Implementierung struktureller Reformen, über welche steuerpolitische Fragen Relevanz erlangen.

Hinsichtlich des Demand Managements ist offensichtlich, dass Steuern ein potentielles Mittel zur Beeinflussung der Nachfrage sind. Eine reale Erhöhung der Steuerlast schöpft private Nachfrage ab und kann so zur Eindämmung der aggregierten Nachfrage beitragen.[62] Da ein anhaltendes Defizit definitionsgemäß auf zu hohe Ausgaben oder zu geringe Einnahmen zurückzuführen ist, steht allerdings nicht nur die Einnahmenseite im Mittelpunkt des Interesses des IWF. Tanzi (1990, S. 7f) beschreibt die Rolle des IWF in dieser Frage als flexibel:

> „[...] the fund mission will often recommend either revenue increases or expenditure cuts, depending on which of these alternatives appears to be preferable from an economic and social point of view.

---

ernsthaften Alternativen, weil sie keine dauerhaft gesicherten Einnahmen bringen, mit enormen negativen Anreizeffekten verbunden sind und – wie im Fall der Geldmengenausweitung beschrieben – zu schweren makroökonomischen Problemen führen können.

61 „[...] it is only rarely that this recommendation to a country specifies whether the fiscal imbalance should be reduced by raising taxes or by reducing public spending“; vgl. Tanzi (1990), S.2.

62 Da es hier meist um das kurzfristige Management von Zahlungsbilanzproblemen geht, stellt sich allerdings die Frage, ob Steuern tatsächlich ein geeignetes Instrument zur Steuerung der gesamtwirtschaftlichen Nachfrage sind. Die Probleme des „fine-tuning“, d.h. Informationsprobleme, Implementierungslags u.a. sind aus der Literatur weithin bekannt.

> If the fiscal deficit has been caused mainly by substantial recent expansion in expenditure, and if this expansion cannot be justified on the basis of equity and efficiency considerations, Fund missions are more likely to recommend expenditure cuts. If, on the other hand, the reason for fiscal deterioration has been a fall in revenue, or if, on the basis of inter-country comparisons, tax revenues are unusually low in that particular country, then the Fund is likely to recommend revenue increases."

Die Abhängigkeit einzelner Länder von den Krediten des IWF führt dazu, dass der IWF im Rahmen der IWF-Programme sehr detaillierte Vorgaben machen kann hinsichtlich bestimmter Wege zur Reduzierung des Budgetdefizits.

Strukturelle Reformen sind neben der Stabilisierungpolitik ein zweiter Bereich, durch den der Komplex Steuern eine Rolle in der Arbeit des IWF gewinnt. In den 80er Jahren rückte der IWF bezüglich seiner IWF-Programme von der traditionellen, vorwiegend makroökonomisch orientierten Herangehensweise ab. Mit der Auflegung der Erweiterten Kreditvereinbarung (EFF) als neuer Finanzierungsfazilität standen zunehmend auch strukturelle Probleme im Mittelpunkt. Bei der Ausarbeitung von IWF-Programmen wurde nun verstärkt auf mikroökonomische Probleme geachtet, wie z.B. die Wirkung einer Abschaffung bzw. Einführung bestimmter Steuern auf das Wirtschaftswachstum.[63] Diese Entwicklung beruht auf der Einschätzung, dass eine kurzfristige Behebung von Zahlungsbilanzproblemen mittels des Demand Managements nicht ausreicht, wenn die Ursachen derselben nicht behoben werden und mit einem erneuten Auftreten zu rechnen ist. In diesem Sinne sei eine wachstumsorientierte Wirtschaftspolitik mit gegebenfalls entsprechenden Strukturreformen notwendig, um zukünftige Krisen dieser Art zu vermeiden.[64]

Wie sieht heute die typische Herangehensweise des IWF in diesem Bereich aus: Ist der IWF eher mikro- oder makroorientiert? Die gestiegene Bedeutung des Wirtschaftswachstums als eigenes Ziel lässt sich auch an Äußerungen von IWF-Vertretern verfolgen.[65] Mit dieser veränderten Ausrichtung des IWF

[63] Vgl. Tanzi (1987).

[64] Für eine frühe Diskussion über die Vor- und Nachteile einer stärkeren Einbeziehung struktureller Zielgrößen durch den IWF vgl. Tanzi (1987); Masson und Mussa (1995) geben einen Überblick über IWF-Strukturprogramme aus Sicht des IWF; für eine kritischere Sichtweise vgl. Goldstein (2001); Williamson (2000a) plädiert für eine Rückbesinnung auf die Kernkompetenzen des IWF im Makrobereich.

[65] In dem 1976 überarbeiteten Artikel IV der „Articles of Agreement" heißt es explizit, dass es der Zweck des internationalen Währungssystems sei, für einen Rahmen zu sorgen, der den Austausch von Gütern, Dienstleistungen, und Kapital zwischen den Ländern erleichtert und dauerhaftes Wirtschaftswachstum ermöglicht. Der ehemalige IWF Managing Director, Michel Camdessus, stellte in verschiedenen Reden sogar Wachstum als das primäre Ziel

rückten in den 80er Jahren verstärkt Fragen der Steuersystematik, der internationalen Kompatibilität des Steuersystems und Anreizprobleme von Steuern in den Mittelpunkt. Wird z.B. das Steuersystem eines Mitgliedslandes als wachstumsfeindlich eingeschätzt, weil es enorme Fehlanreize für das Verhalten der Wirtschaftsubjekte setzt, so liegt es aus Sicht des IWF nahe, die Reform des Steuersystems als Konditionalität in ein IWF-Programm einzubeziehen. Entsprechend finden sich auch verschiedentlich offizielle Statements des IWF, in denen die Neutralität des Steuersystems gefordert wird. So heißt es im Jahresbericht 1996 bezüglich des Zusammenhangs zwischen Steuern und Arbeitslosigkeit: „The Fund's policy advice in the area of taxation and unemployment should emphasize the enhancing of the neutrality of the tax system [and] ameliorating structural rigidities in labor markets" [IMF (1996), S. 33].

2.3.2.3. Technische Beratung

Den womöglich wichtigsten Kanal zur Beeinflussung von Steuerreformen stellen sogenannte „Staff Missions" dar, die technische Beratung im Bereich Steuern leisten. Der IWF bietet technische Beratung auf Anfrage eines Mitgliedslandes an. Dies kann unabhängig, aber auch im Rahmen von IWF-Programmen stattfinden, wobei der Einfluss auf die Steuerpolitik bei letzteren am größten ist.[66]

Wie aus Abb. 2.2 hervorgeht, hatte das FAD mit 26 Prozent – gemessen in Personenjahren – im Jahr 2003 einen wesentlichen Anteil an der technischen Beratung des IWF. Zwar nimmt auch das LEG in einzelnen Fällen Stellung zu steuerrelevanten Fragen, wie etwa beim Entwurf von Steuergesetzen und Durchführungsverordnungen, doch dominiert das FAD eindeutig die technische Hilfe im Bereich Steuerpolitik.

Ein nicht unwichtiger Aspekt bezieht sich auf die Arbeitsatmosphäre zwischen IWF-Vertretern und offiziellen Repräsentanten der jeweiligen Länder. Tanzi (1990, S. 3) beschreibt das Verhältnis zwischen IWF-Staff und Vertretern der jeweiligen Regierung als kooperativ: „[...] advice is largely shaped by the objectives of the country's authorities, either as expressed by the Minister of Finance or as outlined in budget speeches, development plans, and other official documents."

Allerdings ist zu vermuten, dass es sich nicht immer um gleichberechtigte Partner handelt. Zum einen steht dem IWF frei, einer Anfrage nach techni-

des IWF dar: „Our prime objective is growth. In my view, there is no longer any ambiguity about this. It is towards growth that our programs and their conditionality are aimed". Zitat entnommen aus Goldstein (2000), S.2.

[66] In einem Überblicksartikel bestätigt Howell Zee vom IWF, dass „[...] timely and concrete policy actions have materialized with a much higher frequency when FAD technical assistance was given in the context of Fund programs;" vgl. IMF (1993), S. 8.

Abbildung 2.2.: **Technische Hilfe des IWF in 2003 nach Abteilungen, %-Anteil an Gesamtleistung gemessen in Personenjahren**

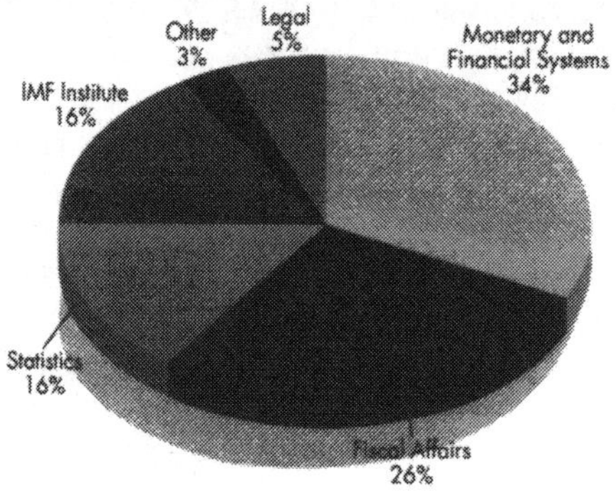

Quelle: IMF (2003)

scher Beratung nicht nachzukommen. Zum anderen finden Empfehlungen des IWF häufig in Ländern statt, die auf finanzielle Hilfe des IWF angewiesen sind und sich unter Umständen den Empfehlungen des IWF nicht widersetzen können.[67]

[67] Stiglitz (2002) berichtet über Gespräche mit Regierungsvertretern, die aussagten, dass sie sich in vielen Fällen nicht trauten, den Vorschlägen des IWF im Rahmen der technischen Hilfe zu widersprechen. Dafür spricht auch, dass sich die Umsetzung der Empfehlungen im Rahmen der technischen Beratung sowohl hinsichtlich konkreter Maßnahmen als auch in zeitlicher Hinsicht umso häufiger vollzog, wenn die Beratung im Rahmen von IWF-Programmen stattfand; vgl. IMF (1993), S. 8.

3. Steuerpolitische Beratung: Eine Aufgabe für den IWF?

3.1. Einführung

Die Kernfrage in diesem Kapitel lautet: Soll wirtschaftspolitische Beratung im Bereich Steuerpolitik von einer internationalen Organisation wie dem IWF angeboten werden? Diese Frage stellt sich zum einen angesichts des umfangreichen Engagements des IWF in diesem Bereich (siehe Abschnitt 2.3). Zum anderen handelt es sich um einen in der Literatur bislang vernachlässigten Forschungsbereich, was überraschend ist im Hinblick auf die seit einigen Jahren andauernde Diskussion über das optimale Betätigungsfeld des IWF.[1] Drittens bietet es sich im Rahmen dieser Arbeit an, dieser grundsätzlichen Frage nachzugehen, bevor es zu einer weiteren Analyse bezüglich der Inhalte kommt, die der IWF vermittelt.[2] Gegenstand des Kapitels ist es deshalb, eine theoretisch fundierte Erklärung für das Engagement des IWF im Bereich der Steuerpolitik zu finden und mögliche Grenzen seiner Arbeit aufzuzeigen.

Wirtschaftspolitische Beratung für Regierungen in Transformationsländern wird in der Praxis von unterschiedlichsten Akteuren angeboten. Dazu zählen private Anbieter (wie z.B. Unternehmensberater, die mit Forschungsinstituten assozierten Politikberater, Professoren), staatliche Anbieter auf bilateraler Ebene (wie z.B. Organisationen im Rahmen der offiziellen Entwicklungshilfezusammenarbeit eines Landes) und internationale Organisationen auf multilateraler Ebene (wie z.B. IWF, Weltbank, OECD, WTO etc.). Im Bereich der steuerpolitischen Beratung fällt auf, dass die internationalen Organisationen hier quantitativ eine besondere Rolle spielen (siehe Abschnitte 2.2 und 2.3). Aus positiver Sicht wirft dies die Frage auf, aus welchen Gründen gerade die internationalen Organisationen, insbesondere der IWF, eine solche Dominanz in diesem Bereich haben. Damit eng verbunden ist aber auch die normative Frage, ob Organisationen wie der IWF eine tragende Rolle im Bereich der steuerpolitischen Beratung in diesen Ländern wahrnehmen sollten. Dies ist Gegenstand des folgenden Abschnitts.

---

[1] Vgl. dazu den Meltzer-Report und die sich darauf beziehende Literatur, darunter u.a. Mikesell (2001).

[2] Dies ist Gegenstand der Kapitel 4 bis 9.

3.2. Die Bereitstellung wirtschaftspolitischer Beratung: Das Beratungsdilemma

3.2.1. Das Gut „wirtschaftspolitische Beratung"

Wirtschaftspolitische Beratung – kurz: politische Beratung (PB) – kann ein sehr weites Betätigungsfeld umfassen. In Bezug auf die in dieser Arbeit im Mittelpunkt stehende Steuerpolitik soll PB definiert werden als das Vermitteln von konkretem Fachwissen, die Darlegung bestimmter Wirkungszusammenhänge, die Erläuterung von Zielkonflikten und die Vermittlung konkreter Fähigkeiten bezüglich der steuerlichen Praxis. Dabei ist der Begriff PB umfassend zu verstehen, d.h. auch persönliche Gespräche, halboffizielle Seminare etc., die u.U. für das angestrebte Beratungsziel förderlich sein können, werden davon begrifflich erfasst. Zu Beginn einer Beratungstätigkeit in Transformationsländern steht in der Regel die Empfehlung über die grundsätzliche Konzeption, den Aufbau und die steuersystematische Ausrichtung des Systems im Mittelpunkt der steuerpolitischen Beratung.

Wirtschaftspolitische Beratung als die Summe dieser Tätigkeiten kann man als Vermittlung von Information abstrahieren und entsprechend als „Gut" bezeichnen, das für den Empfänger einen positiven Nutzen generiert und beim Anbieter Kosten erzeugt. Das Gut PB hat verschiedene Eigenschaften, die von den üblichen Standardannahmen über Wirtschaftsgüter abweichen. PB im Sinne der oben genannten Definition ist nicht beliebig teilbar und vor allem kein homogenes Gut (und damit nicht zeit- und ortsunabhängig). Ein Indiz für letzteres ist z.B., dass eine steuerpolitische Empfehlung für ein bestimmtes Land im Jahr 1970 sich in vielerlei Hinsicht unterscheidet von der im Jahr 2000; aber auch bezogen auf einen bestimmten Zeitpunkt verlangen die Unterschiede zwischen den Ländern hinsichtlich des Entwicklungsstandes, der Wirtschaftsstruktur, den administrativen Kapazitäten und den Präferenzen der Gesellschaft in der Regel eine ortsabhängige Differenzierung des Gutes PB.

Zentrales Merkmal des Gutes PB ist die unterschiedliche Qualität, in der es angeboten werden kann. Qualität reflektiert die Nicht-Homogenität des Gutes PB und bestimmt maßgeblich den Nutzen für die nachfragende Regierung. Aus diesem Grund wird für die Zwecke dieser Arbeit die Dimension *Qualität* in die Analyse eingeführt. Das ökonomische Grundproblem besteht darin, dass die Qualität von Gütern von den Nachfragern nur bedingt und in unterschiedlichem Ausmaß bestimmt werden kann. Will man das Gut PB kategorisieren, so müsste man es der Kategorie der sogenannten „Erfahrungsgüter" oder u.U. sogar der „Vertrauensgüter" zuordnen.[3] Aufgrund der Vielfältigkeit des Produkts PB kann erst ex post, d.h. nach einschlägiger Erfahrung bestimmt werden, ob es sich um gute Beratung gehandelt hat („Erfahrungsgüter"). Grundsätzlich ist in Transformationsländern auch denkbar, dass eine Regierung nie erfährt, ob es sich um gute Beratung gehandelt hat („Vertrauensgüter").[4] Diesbezüglich werden deshalb in Teilabschnitt 3.3.1 auch Ansätze besprochen, die zur Überwindung des Qualitätsproblems bei Vertrauensgütern in Frage kommen.

Das skizzierte Qualitätsproblem wird deutlich, wenn man das Entscheidungsproblem einer Regierung betrachtet. Eine Regierung, die an wirtschaftspolitischer Beratung im Bereich der Steuerpolitik interessiert ist, stellt sich die Frage: Soll sie als Regierung auf den Markt der „Politikberatung" treten und PB nachfragen oder nicht? Dies wird sie nur tun, wenn der Grenznutzen größer ist als die Grenzkosten der Beratung. Kann die Qualität der Beratung aber bestimmten Ansprüchen nicht genügen – d.h. handelt es sich um „schlechte" Qualität – ist es womöglich besser, keine Beratung nachzufragen. Die genaue Herleitung, unter welchen Bedingungen „schlechte Qualität" angeboten wird und die Regierung u.U. nicht mehr nachfragt, ist Gegenstand der Teilabschnitte 3.2.2 und 3.2.3. Es zeigt sich, dass der Markt der wirtschaftspolitischen Beratung unter bestimmten Bedingungen nicht mehr funktioniert und im Extremfall zusammen bricht: Es entsteht ein Beratungsdilemma.

Qualität im Bereich der wirtschaftspolitischen Beratung umfasst im Rahmen dieses Kapitels zwei Dimensionen. Zum einen sollte das Projekt wohlkonzipiert sein und zum anderen sollten sich die Berater engagieren und den bestmöglichen Input geben zur Erreichung des Projektziels. Letzteres ist in der Praxis bedeutsam, weil das Resultat steuerpolitischer Beratung durchaus vom individuellen Einsatz des jeweiligen Beraters abhängt. Dies wurde auch in der Literatur im Rahmen der Prinzipal-Agenten-Ansätze ausführlich thematisiert.[5] In der Praxis nicht weniger bedeutend ist die Konzeption der Beratung: „Gute" Qualität unterscheidet sich von „schlechter" Qualität u.a. dadurch, dass es sich bei ersterer um PB im oben definierten Sinne handelt, d.h. es wird nicht nur Fachwissen in Form von Vorträgen und schriftlichen Analysen vermittelt, sondern es wird in Form von Seminaren und persönlichen Gesprächen ausführlich auf die Bedürfnisse und Interessenlage der jeweiligen Regierung

[3]Hinsichtlich der Bestimmung der Qualität eines Gutes wurde als Klassifizierung in der Literatur vorgeschlagen, zwischen „Suchgütern" (search goods), „Erfahrungsgütern" (experience goods) und „Vertrauensgütern"(credence goods) zu unterscheiden; vgl. Nelson (1970) und Darby und Karni (1973).

[4]Da eine Regierung aber prinzipiell die Möglichkeit hat, ex post externe Evaluationen durchzuführen und dabei die erbrachten Beratungsleistungen zu untersuchen, beschränkt sich die Analyse im folgenden zunächst auf den plausibleren Fall der Erfahrungsgüter.

[5]Vgl. u.a. Gibbons (1998), der einen guten Überblick über Anreizprobleme in Organisationen gibt.

eingegangen. Umgekehrt beschränkt sich „schlechte“ Qualität auf schriftlich formulierte Kurzanalysen und zeitlich beschränkte Kurzeinsätze der Berater, die keiner Gesamtkonzeption im Rahmen des Steuerreformprojekts folgen.

Der Nutzen für die Regierung aus dem Beratungsprojekt besteht darin, dass durch die Beratung Entscheidungen getroffen werden, die zu einer Wohlfahrtssteigerung führen. Es wird demnach von polit-ökonomischen Überlegungen abstrahiert, wonach die Handelnden der Regierung eigene Interessen verfolgen, die nicht identisch sind mit der gesamtwirtschaftlichen Wohlfahrt. Da diese Wohlfahrtssteigerung bekanntlich in Geldeinheiten ausgedrückt werden kann[6], wird in der folgenden Analyse angenommen, dass eine Regierung auch eine Zahlungsbereitschaft für qualitativ hochwertige Beratung hat. Das Gut PB im Bereich Steuerreformberatung ist im übrigen dadurch gekennzeichnet, dass kein Wiederholungscharakter vorliegt, denn in der Regel handelt es sich um ein einmaliges groß angelegtes Projekt der Regierung. Aus diesem Grund beschränkt sich die folgende Analyse zunächst auf one-shot games (d.h. PB wird nur einmal nachgefragt). In Teilabschnitt 3.2.4 werden „wiederholte Spiele“ als potentielles Mittel zur Überwindung des Qualitätsproblems diskutiert.

Vor dem Hintergrund dieses Beratungsdilemmas und etwaiger Ansätze zur Überwindung des Qualitätsproblems drängt sich die Frage auf, welche Rolle multilaterale Organisationen spielen. Abschnitt 3.3 diskutiert, inwiefern es sinnvoll sein *könnte*, Qualität via eine suprastaatliche Beratungsagentur sicherzustellen: ein potentielles Betätigungsfeld für eine internationale Organisation wie den IWF.

3.2.2. Moral Hazard

3.2.2.1. Das Problem

Bei Erfahrungsgütern besteht potentiell das Problem des moralischen Risikos („Moral Hazard“). Das aus der Mikrotheorie bekannte Moral Hazard-Problem wird im Folgenden auf den Markt der wirtschaftspolitischen Beratung angewendet. Das Grundproblem besteht darin, dass ein Anbieter von PB Anreize hat, die Qualität der Beratung soweit wie möglich zu reduzieren, da die Qualität von PB nicht beobachtbar ist.[7] Der Marktpreis für das Gut ist deshalb preisunelastisch. Es liegt folglich Moral Hazard beim Anbieter vor.[8]

---

[6] Vgl. dazu Ahlheim und Rose (1989).

[7] Dies gilt dann, wenn Qualität mit Kosten verbunden ist, was eine mehr als plausible Annahme ist. Eine natürliche Grenze der Qualitätssenkung besteht allenfalls darin, dass die geringe Qualität bei Unterschreiten eines Mindestniveaus zu Tage tritt und zu einem Wegbrechen der Nachfrage führen kann.

[8] Die folgende Darstellung basiert z.T. auf Tirole (1997), S.107f.

3.2.2.2. Ein Modell

Es sei zunächst angenommen, dass die Anbieterseite durch ein Monopol beschrieben sei.[9] Die Nachfrager/Regierungen seien identisch, wobei jeder Nachfrager entweder eine Einheit des Gutes nachfragt oder keine. Das Gut („wirtschaftspolitische Beratung“) sei durch einen Qualitätsindex, m, charakterisiert. Die Nachfrager können vor Kauf des Gutes die Qualität nicht beobachten. Ein Nachfrager habe folgende Präferenzen:

$$U = \begin{cases} \chi m - p & \text{falls ein Gut mit Qualität } m \text{ zum} \\ & \text{Preis } p \text{ gekauft wird,} \\ 0 & \text{falls nicht gekauft wird,} \end{cases} \tag{3.1}$$

wobei χ den marginalen Grenznutzen einer Einheit Qualität beschreibt und p den Preis für das Gut. Die Produktionskosten pro Einheit für ein bestimmtes Qualitätsniveau m seien c_m. Die Qualität kann hoch oder niedrig sein:

$$m = \begin{cases} 1 & \text{falls} \quad c_1 > 0 \qquad \text{„hoch“} \\ 0 & \text{falls} \quad c_0 \in [0, c_1] \quad \text{„niedrig“} \end{cases} \tag{3.2}$$

Annahme 1
$\chi > c_1$. *Die Produktion wirtschaftspolitischer Beratung mit hoher Qualität sei gesamtwirtschaftlich effizient.*

Proposition 1
Für $c_0 > 0$ *existiert kein Gleichgewicht, in dem der Anbieter anbietet und zugleich hohe Qualität liefert.*

Beweis : Der Anbieter legt seinen Preis fest und wählt die Qualität m.[10] Der Gewinn des Anbieters ist damit:

$$G = \begin{cases} p - c_m & \text{falls } m \text{ zum Preis } p \text{ angeboten wird} \\ 0 & \text{falls nicht angeboten wird.} \end{cases}$$

Der Anbieter kann stets $(c_1 - c_0)$ sparen, indem er die Qualität senkt. Die Nachfrage bleibt dennoch konstant. Wenn $c_0 = 0$, gibt es in diesem Modell ein Gleichgewicht mit $m = 0$ und $p = 0$. Wenn $c_0 > 0$, bricht der Markt zusammen, da kein Nachfrager eine Zahlungsbereitschaft für ein Gut mit Qualität 0 hat

[9] Dies ist plausibel, weil der Markt für wirtschaftspolitische Beratung zum Teil monopolistische Züge aufweist.

[10] Es sei daran erinnert, dass der Anbieter annahmegemäß Monopolist ist.

und deshalb der Anbieter seine Kosten nicht erwirtschaftet.

Es zeigt sich, dass der Markt für qualitativ hochwertige Beratung in diesem Modellrahmen zum Erliegen kommt.

3.2.3. Adverse Selektion

3.2.3.1. Das Problem

Ein weiteres in Zusammenhang mit der Qualität bei Erfahrungsgütern stehendes Phänomen ist das bekannte „Lemons Problem" (adverse Selektion), das auf Akerlof (1970) zurück geht.[11] Analog zum vorherigen Abschnitt wird im Folgenden argumentiert, dass adverse Selektion auch für das hier diskutierte Gut „wirtschaftspolitische Beratung" relevant ist. Wie bei Moral Hazard kennen die Nachfrager die Qualität nicht. Allerdings besteht das Problem nicht mehr darin, dass die Qualität als Wahlparameter ex post variiert werden kann, sondern darin, dass ex ante das Wissen über die Qualität der Beratung asymmetrisch verteilt ist. Dies kann zur Folge haben, dass der Markt zusammen bricht.[12]

3.2.3.2. Ein Modell

Wie zuvor sei unterstellt, dass es „gute" und „schlechte" Qualität m gibt, wobei es sich um ein Kontinuum handelt mit $m \in [0, m_{max}]$.[13] Die Qualität unter den Anbietern sei mit $F(m)$ gleich verteilt; für die Dichte gilt: $f(m)=1$. Es gebe ein Kontinuum von risikoneutralen Nachfragern I und Anbietern J, wobei I auf eins normiert ist; für das Maß des Kontinuums an Anbietern gelte: $J > 1$. χ_1 ist die marginale Bewertung der Qualität durch die Anbieter, χ_2 die Bewertung durch die Nachfrager. Es gelte: $\chi_2 > \chi_1$, d.h. Handel („wirtschaftspolitische Beratung") ist gesamtwirtschaftlich immer effizient, unabhängig vom Qualitätsparameter m.

Ein Anbieter habe folgende Präferenzen:

$$U^1 = \begin{cases} p & \text{falls er anbietet} \\ \chi_1 m & \text{falls er nicht anbietet.} \end{cases} \tag{3.3}$$

[11] Vgl. u.a. Gravelle und Rees (1992) oder Tirole (1997).

[12] Die folgende Darstellung basiert z.T. auf Tirole (1997), S.108ff.

[13] m_{max} steht dabei für die maximale Qualität m, bei der der Anbieter gerade noch bereit ist zu handeln (vgl. die Nutzenfunktion U unten).

Ein Nachfrager habe folgende Präferenzen:

$$U^2 = \begin{cases} \chi_2 m - p & \text{falls er nachfragt} \\ 0 & \text{falls er nicht nachfragt.} \end{cases} \quad (3.4)$$

Annahme 2
$\chi_2 < 2\chi_1$, d.h. der Nutzen, den die Nachfrager aus dem Gut ziehen, weicht nicht extrem von dem Nutzen ab, den die Anbieter im Falle des Nichtanbietens selbst erzielen.

Proposition 2
Im Gleichgewicht wird das Gut PB nur mit der Qualität $m=0$ zum Preis $p=0$ gehandelt. Der Markt für wirtschaftspolitische Beratung bricht zusammen.

Beweis : Die Zielfunktion der Nachfrager ist $\chi_2 m^e - p$, wobei m^e die erwartete Qualität ist. Beweis durch Widerspruch: Es sei angenommen, es gebe einen Preis $p \leq \chi_1 m_{max}$, auf den sich beide Seiten einigen. Die Anbieter treten zum Preis p auf den Markt genau dann, wenn

$$p \geq \chi_1 m. \quad (3.5)$$

Damit liegt m im Intervall $[0, \frac{p}{\chi_1}]$. Dies bedeutet, dass

$$m^e = \frac{1}{2}\frac{p}{\chi_1}.^{14} \quad (3.6)$$

Da $\frac{p}{\chi_1} \leq m_{max}$ impliziert dies

$$m^e \leq \frac{1}{2} m_{max}. \quad (3.7)$$

Daraus folgt unmittelbar: $\chi_2 \geq 2\chi_1$.[15] Ein Gleichgewicht existiert zum Preis p folglich nur, wenn diese Bedingung hält. Dies steht aber im Widerspruch zu Annahme 2. Es gibt folglich nur ein Gleichgewicht mit $m = 0$ und $p = 0$.

Es lässt sich deshalb festhalten: Aufgrund asymmetrischer Informationsverteilung ex ante kann der Markt unter bestimmten Bedingungen zusammen brechen. Dies ist abhängig einerseits von der Verteilung der Qualität $F(m)$ unter den Anbietern und andererseits von den Wertschätzungen χ_1 und χ_2 für das Gut PB durch die einzelnen Marktteilnehmer.

---

[14] Es handelt sich um den bedingten Erwartungswert: $m^e = \frac{\int_0^{\frac{p}{\chi}} m f(m) dm}{\int_0^{\frac{p}{\chi}} f(m) dm} = \frac{[\frac{1}{2} m^2]_0^{\frac{p}{\chi}}}{[m]_0^{\frac{p}{\chi}}} = \frac{1}{2}\frac{p}{\chi}$.

[15] Dies ergibt sich durch Einsetzen von Gleichung (3.6) in die Zielfunktion der Nachfrager.

3.2.4. Alternative Mechanismen zur Qualitätssicherung

3.2.4.1. Private Regelungen

Die in den beiden vorherigen Abschnitten aufgezeigten Formen des Marktversagens sind als mögliche Randlösung zu verstehen. In vielen Fällen wird der Markt nicht zusammen brechen, sondern lediglich ein suboptimales Niveau an Qualität ermöglichen. Grundsätzlich sind sogenannte private Regelungen denkbar[16], die der Markt u.U. hervorbringt, um das skizzierte Problem eines suboptimalen Angebots an Qualität zu überwinden. Kernproblem all dieser Regelungen ist die glaubhafte Selbstverpflichtung durch die Akteure [Schelling (1960)]. Denn bei bloßem *Vertrauen* in das korrekte Verhalten des jeweils anderen Marktteilnehmers läuft man Gefahr, durch opportunistisches Verhalten ausgenutzt zu werden. Zu den in der Literatur diskutierten privaten Regelungen – insbesondere bezogen auf Märkte und Unternehmen –, mit denen kooperatives Verhalten gewährleistet werden soll, zählen u.a. die sich selbst durchsetzenden Verträge bzw. impliziten Verträge [(Telser (1980)], die „Wie-du-mir-so-ich-dir-Strategie" bzw. „tit for tat" [Axelrod (1984)], die Durchsetzung und / oder Regulierung mit Hilfe Dritter[17] und die vertikale Integration durch Vereinigung [Williamson (1985)].

Aus institutionenökonomischer Sicht ist es für die Ziele dieser Arbeit von Interesse zu untersuchen, ob diese alternativen Mechanismen auch auf den hier untersuchten Gegenstand der wirtschaftspolitischen Beratung zutreffen. In Bezug auf die Qualitätssicherung bei herkömmlichen Gütern werden in der Literatur zwei Mechanismen diskutiert, die zu den privaten Regelungen zählen:[18]

1. freiwillige Garantien durch die Anbieter und

2. wiederholte Käufe als Mittel zur Qualitätssicherung.

Freiwillige Garantien. Freiwillige Garantien seitens des Anbieters werden dann gegeben, wenn die Qualität ex post festgestellt werden kann und etwaige Abweichungen von einem zugesicherten Qualitätsniveau eindeutig auf den Anbieter zurückzuführen sind.[19] Für den hier untersuchten Markt der wirt-

[16] Vgl. zu diesem Begriff Richter und Furubotn (1996), S. 175ff.

[17] Die Durchsetzung / Regulierung kann auch durch den Staat vollzogen werden, womit es sich dann nicht mehr um eine private Regelung handelt (s. Teilabschnitt 3.3.1).

[18] Tirole (1997), S. 109f gibt einen knappen Überblick. Tirole nennt mit den „mehrdimensionalen" Verträgen einen weiteren Mechanismus, der aber für die vorliegende Untersuchung abwegig ist und deshalb an dieser Stelle nicht diskutiert wird.

[19] In diesem Fall wird im Marktgleichgewicht in der Tat jeder Anbieter eine umfassende Garantie geben. Wer dies nicht täte, würde damit schlechte Qualität signalisieren und vom Markt verschwinden.

schaftspolitischen Beratung kommen freiwillige Garantien nicht in Frage. Ein wichtiger Grund liegt darin, dass die zweite Bedingung nicht erfüllt ist. Steuerreformprojekte sind heterogene Güter, deren Erfolg von diversen Faktoren abhängt, die wiederum nicht eindeutig aufzuschlüsseln sind. Da die Qualität der dem Steuerprojekt zugrunde liegenden Beratungsleistung bis zu einem gewissen Grad mit dem Erfolg des Steuerprojekts zusammenhängt, kann sie ex post nicht eindeutig auf den Anbieter der Beratung zurückgeführt werden. Aus Sicht der Transaktionskostenökonomik sind sowohl die Vertragsschließungs- als auch die Überwachungs- und Durchsetzungskosten in diesem Fall zu hoch, so dass eine umfassende Qualitätsgarantie nicht in Frage kommt.[20]

Ein weiterer Grund gegen das Gewähren umfassender Erfolgsgarantien ist das Moral Hazard-Problem. Auch beim Gewähren von umfassenden Garantien tritt das bereits oben erläuterte Problem auf, da die Regierungen als Nachfrager nach dem Gut PB über zahlreiche Kanäle Einflussmöglichkeiten haben auf den Fortgang der Beratung und damit auf die Qualität der Beratung. Eine umfassende Garantie kann dann nicht gewährleistet werden.

Gleichermaßen erklärt auch das oben erläuterte Problem der adversen Selektion, warum freiwillige Garantien seitens politischer Berater keine Option sind. Dies würde anderenfalls dazu führen, dass „schlechte“ Regierungen, d.h. Regierungen mit hoher Wahrscheinlichkeit des Scheiterns, stets Vollkasko-Beratung nachfragen, während „gute“, d.h. kooperative und zielorientierte Regierungen, sich mit Teilgarantien zufrieden geben würden. Ein Urteil darüber, um welchen Typ Regierung es sich handelt, kann aber u.U. von dem jeweiligen Berater nicht abschließend vorgenommen werden, so dass Garantien nicht in Frage kommen.

Wiederholte Käufe. Die „wiederholten Käufe“ als zweiter der oben aufgeführten Mechanismen kommt bei herkömmlichen Gütern als Mittel zur Qualitätsüberwachung in Frage und gehört zur Kategorie der impliziten Verträge. Die Idee ist hier, dass der Anbieter durch Bereitstellung schlechter Qualität den Barwert künftiger Gewinne verlieren würde und deshalb aus Eigeninteresse hohe Qualität anbieten wird. Notwendige Bedingungen dafür, dass tatsächlich ausgeführte wiederholte Käufe – in diesem Zusammenhang die wiederholte Nachfrage nach wirtschaftspolitischer Beratung – den Anbieter zur Bereitstellung von Leistungen mit hoher Qualität bringen, sind erstens, dass die Nachfrager die Qualität zügig in Erfahrung bringen und zweitens, dass sie hinreichend oft auf dem Markt nachfragen.[21]

[20] Man müsste sich zunächst ex ante vertraglich auf Qualitätsstandards einigen und bei Gelingen ex post klären, ob diese eingehalten wurden. Dies erscheint bei einem intransparenten Gut wie PB einigermaßen heroisch.

[21] Vgl. Tirole (1997), S. 112.

Bei politischer Beratung, so ließe sich argumentieren, kommt der Mechanismus wiederholter Käufe kaum zur Anwendung. Denn die zweite der genannten Voraussetzungen ist typischerweise beim Gut PB nicht gegeben, da eine Regierung in der Regel nur einmal eine große Steuerreform plant. Dieses Steuerreformprojekt ließe sich zwar durch Teilaufträge in mehrere Beratungsphasen unterteilen, doch die Entscheidung über die steuersystematische Grundausrichtung kann innerhalb einer Steuerreform nur einmal getroffen werden. Der „One-shot-Charakter" in den oben diskutierten Modellen bliebe weitgehend erhalten. Dem ist allerdings entgegen zu halten, dass eine wiederholte Nachfrage durch die gleiche Regierung nicht notwendig ist. Informationsaustausch zwischen verschiedenen Regierungen über den Markt der wirtschaftspolitischen Beratung hätte den gleichen Effekt („Mund-zu-Mund-Propaganda"). Entscheidend ist, dass der Anbieter des Gutes PB auch in Zukunft anbieten möchte. In diesem Fall hätte er u.U. Interesse, eine Reputation aufzubauen, die den Effekt wiederholter Käufe hätte. Aus diesem Grund ist es sinnvoll zu prüfen, inwiefern wiederholte Käufe die in den Abschnitten 3.2.2 und 3.2.3 dargelegten Probleme asymmetrischer Information überwinden können.

3.2.4.2. Private Regelungen und Moral Hazard: Ein Modell

Es geht nachfolgend um die Frage, unter welchen Umständen ein Anbieter bereit ist, eine hohe Qualität des Gutes wirtschaftspolitische Beratung anzubieten, wenn er weiß, dass er bei schlechter Qualität eine Reputation zu verlieren hat und er damit zukünftige Gewinne aus Beratungsaufträgen verlieren wird. Dies lässt sich mit Hilfe eines Modells analysieren, das auf Klein und Leffers (1981) und Shapiro (1983) zurück geht.[22]

Die Grundstruktur ist wie im Modell aus Abschnitt 3.2.2, d.h. die Präferenzen der Nachfrager seien durch Gleichung (3.1) beschrieben und die Qualität mit entsprechenden Grenzkosten durch (3.2). Der Zeithorizont sei unendlich: $t = 1, 2, \ldots$. Der Diskontfaktor sei $\delta = \frac{1}{1+r}$, wobei r der gängige Marktzinssatz sei. Die Nachfrager seien wie oben identisch und lernen jeweils zu Beginn einer Periode $t+1$ die Qualität kennen, die vom Anbieter in Periode t bereitgestellt wurde.

Die Nachfrager stützen ihre Qualitätserwartung auf die Reputation des Anbieters

$$m_t^e = R_t, \tag{3.8}$$

wobei die Reputation R_t in Periode t durch die Qualität definiert sei, die in der Vorperiode angeboten wurde: $R_t = m_{t-1}$. Es sei angenommen, dass die Nach-

[22] Die folgende Darstellung ist eine verkürzte Version, die sich z.T. auf Tirole (1997, S. 122f) stützt.

frager optimistisch sind und zu Beginn von einer hohen Qualität ausgehen: $R_1 = 1$.

Der Anbieter[23] baut eine Reputation für hohe Qualität auf, indem er zu Beginn hohe Qualität zum Preis p_1 anbietet und ankündigt, in jeder folgenden Periode ebenfalls hohe Qualität bereitzustellen. Sollte er einmal eine schlechte Qualität angeboten haben, wird er dies in den Folgeperioden auch tun und einen Preis $p_0 = 0$ verlangen.

Proposition 3
Es existiert ein Gleichgewicht von Strategien, bei dem immer eine hohe Qualität bereitgestellt wird, wenn $rc_1 \geq p_1 - c_1 \geq r(c_1 - c_0)$.

Beweis : Die Strategien von Nachfragern und Anbieter, mit denen hohe Qualität gewährleistet wird, sind nur dann optimal, wenn der Anbieter durch Einhalten der Strategie einen höheren Gewinn erzielt als durch Abweichen der Strategie und Reputationsverlust. Das bedeutet, dass der Gewinn des Anbieters aus dem Einhalten der Strategie

$$(p_1 - c_1)(1 + \delta + \delta_1 + \delta_2 + \dots) = \frac{p_1 - c_1}{1 - \delta} = (\frac{1+r}{r})(p_1 - c_1)$$

größer sein muss als der Gewinn bei Abweichen von dieser Strategie

$$(p_1 - c_0).$$

Ein Gleichgewicht muss dann folgender Bedingung genügen:

$$(\tfrac{1+r}{r})(p_1 - c_1) \geq p_1 - c_0 \iff p_1 - c_1 \geq r(c_1 - c_0). \tag{3.9}$$

Gleichung (3.9) ist eine notwendige Bedingung für die Existenz der „Qualitätsstrategie“. Demnach muss der Preis von den Grenzkosten mindestens um die Verzinsung der Kostenersparnis abweichen, die sich ergäbe, wenn der Anbieter die Strategie aufgibt und eine geringe Qualität anbietet: Der Anbieter verlangt eine Qualitätsprämie.

Gleichzeitig muss gewährleistet sein, dass der Anbieter bei Verletzung dieser Strategie keinen Anreiz hat, zur Reputationsstrategie zurückzukehren und sich somit besser stellt. Da die Kosten dieser möglichen Strategie c_1 betragen und er dafür einen Gewinn $(p_1 - c_1)/r$ bekäme, muss gelten[24]:

$$-c_1 + \tfrac{p_1 - c_1}{r} \leq 0 \iff p_1 - c_1 \leq rc_1. \tag{3.10}$$

[23] Wie oben sei unterstellt, dass es sich um einen Monopolisten handelt.

[24] Die Kosten betragen c_1, da der Anbieter das Gut mit hoher Qualität eine Periode lang zum Preis $p = 0$ anbieten könnte, um wieder eine Reputation aufzubauen, was einen Verlust in dieser Höhe bedeutet.

Gleichung (3.10) verlangt, dass die Qualitätsprämie höchstens so hoch sein darf wie die Verzinsung der Kosten. Gleichungen (3.9) und (3.10) sind notwendige Bedingungen für die Existenz eines Gleichgewichts, bei dem hohe Qualität bereitgestellt wird. Durch Umformung erhält man $rc_1 \geq p_1 - c_1 \geq r(c_1 - c_0)$.

Proposition 3 besagt, dass es ein Gleichgewicht mit hoher Qualität des Gutes geben *kann*. Je höher der Zinssatz r, desto größer der Anspruch an die Qualitätsprämie. Dagegen führt ein hoher Preis p_1 für die hohe Qualität nicht unbedingt zu einem Gleichgewicht, da womöglich der Anreiz für ein Abweichen von der Strategie mit erneutem Aufbau einer Reputation vorteilhafter ist. Tirole (1997) weist darauf hin, dass dieses Strategien-Gleichgewicht nur deshalb zustande kommt, weil die Nachfrager an die Reputation glauben.[25] Würden sie stattdessen eine Strategie verfolgen, bei der sie glauben, dass der Anbieter immer die geringe Qualität wählt, wäre es auch für den Anbieter rational, nur die geringe Qualität anzubieten. Diese selbsterfüllende Prophezeiung wäre ebenfalls ein Gleichgewicht.

Aus theoretischer Sicht scheint damit prinzipiell ein marktmäßiger Ausweg aus dem Qualitätsdilemma bei Moral Hazard gefunden zu sein. Das Gut wirtschaftspolitische Beratung wird um so wahrscheinlicher mit hoher Qualität angeboten werden, je

- reibungsloser der Informationsaustausch zwischen Regierungen über die Qualität der bisherigen Beratungsleistungen des Anbieters funktioniert,
- größer die Wahrscheinlichkeit einer erneuten Marktteilnahme durch den Anbieter ist,
- kleiner der Zinssatz, mit dem der Anbieter kalkuliert.

Das könnte auch erklären, warum der Markt für wirtschaftspolitische Beratung von großen Beratungsfirmen und internationalen Organisationen dominiert wird. Nur diese werden mit ausreichender Wahrscheinlichkeit auf dem Markt bleiben und damit am Aufbau einer Reputation interessiert sein. Zudem ist der Kalkulationszinsfuß aufgrund ihrer Größe in der Regel geringer als bei selbständigen Politikberatern. Dies kann man u.a. damit erklären, dass private Beratungsfirmen, deren originäres Hauptbetätigungsfeld die Wirtschaftsprüfung, Steuerberatung und Unternehmensberatung ist, von der Mitgestaltung eines Steuerreformprojekts Informationsvorteile und damit Kundenbindung

[25] Vgl. Tirole (1997), S. 123. Es sei darauf hingewiesen, dass das Glauben an die Strategie bei gegebener Strategie des Anbieters durchaus rational ist.

und frühe Marktdurchdringung erwarten können. Damit ist deren Kalkulationszinsfuß aufgrund der Kuppelproduktionseffekte der Beratung tendenziell niedrig.

3.2.4.3. Private Regelungen und Adverse Selektion: Ein Modell

Ein Vorschlag zur Überwindung des Problems der adversen Selektion geht auf Nelson (1974) zurück, der die Frage aufwarf, ob der Anbieter die Qualität des Gutes, die nur er kennt, den Nachfragern über Public-Relations-Ausgaben (PR-Ausgaben) signalisieren kann. Dieser Vorschlag gehört zu den Signalisierungs-Ansätzen, zu denen auch das Instrument der Preissignale gehört. Da Preissignale bezogen auf das intransparente Gut PB weniger realistisch erscheinen, beschränkt sich die folgende Analyse auf die Signalfunktion von PR-Ausgaben.[26]

Die Kernfrage ist, ob der Anbieter mit hoher Qualität über Signale glaubhaft eine hohe Qualität kommunizieren kann. Da die Anbieter immer möchten, dass die Nachfrager glauben, es handele sich um hohe Qualität, auch wenn dies nicht zutrifft, muss ein Anbieter mit hoher Qualität die Reaktion der Nachfrager berücksichtigen, die dieses Kalkül erkennen. Die Grundstruktur des Modells lehnt sich zunächst an den vorherigen Teilabschnitt an. Die Nachfrager seien wie oben identisch. Demnach seien die Präferenzen der Nachfrager wieder durch Gleichung (3.1) beschrieben und die Qualität mit entsprechenden Grenzkosten durch (3.2). Der Unterschied besteht darin, dass der Anbieter die Qualität seines Produkts kennt, wogegen die Nachfrager die Qualität erst nach Auftragsvergabe kennen lernen („Erfahrungsgüter"). Es handelt sich um ein Zwei-Perioden-Modell. Der Diskontfaktor sei wie zuvor $\delta = \frac{1}{1+r}$. Es sei angenommen, dass $\pi\chi < c_0$, wobei π die à priori Wahrscheinlichkeit ist, dass es sich um eine hohe Qualität handelt. Der Anbieter kann in der ersten Periode A Ausgaben im Bereich Public-Relations tätigen, die keinen direkten Informationsgehalt haben. Wenn das Gut mit hoher Qualität von allen Nachfragern gekauft wird, so erzielt der Monopolist einen Gewinn in der ersten Periode von $p_1 - c_1 - A$.[27] In der zweiten Periode wird nur nachgefragt, wenn die Qualität der ersten Periode hoch war und der Preis der zweiten Periode p_2 höchstens der Zahlungsbereitschaft χ entspricht. Damit gilt: $p_2 = \chi$.

---

[26] Die folgende Darstellung ist eine verkürzte Version, die sich z.T. auf Tirole (1997, S. 118ff) stützt.

[27] Das Subskript bei den Preisen p steht für die jeweilige Periode. Dabei handelt es sich zugleich um den einzigen positiven Preis, da der Preis für das Gut mit geringer Qualität immer Null ist.

Proposition 4
Es existiert dann ein Trenn-Gleichgewicht (bei dem der Anbieter mit hoher Qualität durch das Signalisieren Gewinne erzielt und der Anbieter mit niedriger Qualität vom Markt verschwindet), wenn die Preis-Ausgaben-Kombination $\{p_1, A\}$ *den folgenden Bedingungen genügt:* $p_1 = c_o + A$ *und* $A \leq \chi - c_0$.

Beweis : Es sei angenommen, dass es ein Ausgabenniveau A in der ersten Periode gebe, welches die Qualität den Nachfragern signalisieren kann. Dann würde ein Anbieter mit geringer Qualität auf keine Nachfrage treffen und vom Markt verschwinden. Der Gewinn des Anbieters mit hoher Qualität beträgt dann:

$$G_1 = (p_1 - c_1 - A) + \delta(\chi - c_1). \tag{3.11}$$

In diesem Fall ist es aber erforderlich, dass das Nachahmen dieser Signalisierungsstrategie für den Anbieter mit geringer Qualität nicht profitabel ist:

$$p_1 - c_0 - A \leq 0 \iff p_1 \leq c_0 + A. \tag{3.12}$$

Einsetzen von (3.12) in (3.11) impliziert den Gewinn

$$G_1 \leq \delta(\chi - c_1) - (c_1 - c_0).$$

Damit ist eine Fallunterscheidung notwendig.

Fall 1: $\delta(\chi - c_1) < c_1 - c_0$. Dies impliziert einen Verlust $G_1 < 0$.

Fall 2: $\delta(\chi - c_1) \geq c_1 - c_0$. Dies impliziert einen Gewinn $G_1 \geq 0$. Der Anbieter mit hoher Qualität verlangt den Preis $p_1 = c_0 + A$. Der Anbieter mit geringer Qualität bietet nicht an, da er sonst Verluste macht. Der Nutzen des Nachfragers beträgt $\chi - p_1 = \chi - c_0 - A$, woraus folgt, dass $\chi \geq c_0 + A$ (da er sonst nicht nachfragt!) $\Longrightarrow A \leq \chi - c_0$.

Das Modell zeigt, dass Signalisierung von hoher Qualität nur funktioniert, wenn das Kostendifferential $c_1 - c_0$ der verschiedenen Qualitätsstufen kleiner ist als die erwartete Qualitätsprämie $\delta(\chi - c_1)$ für hohe Qualität (Fall 2). Ein Trenngleichgewicht, bei dem die Signalisierungsstrategie erfolgreich ist, existiert nur für bestimmte Preis-Ausgaben-Kombinationen $\{p_1, A\}$. Insbesondere dürfen die PR-Ausgaben A nicht beliebig groß sein, da sonst die Zahlungsbereitschaft der Nachfrager überstrapaziert wird. In allen anderen Fällen lohnt sich für den Anbieter geringer Qualität eine Nachahmung der Signalisierungsstrategie mit dem Effekt, dass Preise bzw. PR-Ausgaben ihre Funktion als glaubhafte Signalisierung verlieren.

Tirole (1997, S. 120) weist zudem darauf hin, dass das Modell stark auf der Annahme basiert, dass der Anbieter mit geringer Qualität bei vollkommener Information in der ersten Periode nicht profitabel anbieten kann. Trifft diese Annahme jedoch nicht zu, d.h. wenn $\chi m_0 > c_0$, so wäre es für diesen Anbieter profitabel, am Markt zu bleiben. Die Folge ist, dass die Signalisierungsfunktion nicht mehr wirkt und der Markt zusammen bricht.

3.3. Die multilaterale Organisation als institutionelle Antwort auf das Beratungsdilemma

3.3.1. Staatliche Intervention

Grundsätzlich besteht auf typischen Produktmärkten neben den oben genannten privaten Mechanismen die Möglichkeit, durch staatliche Intervention das Problem einer unzureichenden Qualitätsbereitstellung zu überwinden. Man kann dieses Problem durch staatliche Interventionen, wie z.B. Subventionierung der Informationsbeschaffung, einer gesetzlich normierten Gewährleistungspflicht oder der Kontrolle vorgegebener Qualitätsstandards angehen.

So kann der Staat die Informationsdefizite bei den Konsumenten reduzieren, indem er die Gewinnung relevanter Informationen subventioniert. Dies ist bei

Interaktionen mit „One-shot-Charakter" effizient, da informierte Nachfrager (ex post) eine positive Externalität auf andere Nachfrager ausüben, die nicht durch marktmäßige Institutionen korrigiert werden kann.

Auch die gesetzlich normierte Gewährleistungspflicht[28] ist eine staatliche Maßnahme, die in bestimmten Fällen wohlfahrtserhöhend wirkt. Dies gilt dann, wenn der Aufwand der Vertragsschließung mit dem Ziel vollständiger Verträge seitens der Nachfrager zu groß ist und es in Folge zu unvollständigen Verträgen kommt. In der Terminologie der Transaktionskostenökonomik sind die Transaktionskosten zu hoch, um eine effiziente Lösung durch den Markt zu ermöglichen.

In bestimmten Fällen wird auch die direkte Qualitätskontrolle durch den Staat wohlfahrtserhöhend sein. Dies ist insbesondere bei Vertrauensgütern der Fall, bei denen aufgrund der unzureichenden Beobachtbarkeit der Qualität weder eine Subventionierung der Informationsbeschaffung noch Produkthaftung die Bereitstellung guter Qualität gewährleisten.[29]

Sind staatliche Eingriffe auch bei steuerpolitischer Beratung in Transformationsländern denkbar? Das Problem ist, dass die oben genannten typischen Interventionen für eine nationale Regierung in einem Transformationsland nicht zu Verfügung stehen. Generell gilt, dass Schadenersatzregelungen aufgrund mangelnder Verifizierbarkeit von erbrachten Beratungsleistungen nicht greifen. Eine direkte Qualitätskontrolle kommt auch nicht in Frage, da – wenn das Wissen zur inhaltlichen Evaluierung von Beratungsleistungen vorhanden gewesen wäre – es von vorneherein kein Bedarf an Beratung gegeben hätte.

Die Möglichkeit zu wohlfahrtserhöhenden Interventionen besteht aber bei Existenz einer von mehreren Staaten gemeinsam gegründeten multilateralen Organisation. Sie kann die Funktionen übernehmen, die eine nationalstaatliche Aufsichtsbehörde typischerweise ausübt, um das Qualitätsproblem zu überwinden. Abb. 3.1 zeigt den potentiellen Tätigkeitsbereich einer internationalen Organisation (IO) im Bereich der steuerpolitischen Beratung. Die IO kann entweder als Organisator von steuerpolitischer Beratung arbeiten oder selbst als Anbieter auf den Markt treten. In der Rolle als Organisator würde die internationale Organisation im Wesentlichen das Pendant zu der oben diskutierten Aufgabe (national-)staatlicher Qualitätssicherung übernehmen. In erster Linie käme hier das Instrument der Subventionierung der Informations-

[28] Damit sind auch gesetzlich festgelegte Ansprüche auf Schadenersatz von Konsumenten gegenüber Produzenten gemeint.

[29] Das Schadenersatzrecht ist deshalb ineffektiv, da zumindest in schwerwiegenden Fällen (bei gefährlichen Gütern) der Schaden irreparabel ist und eine Klage gegen den Hersteller zu Bankrott führen kann. Die Sanktionierung durch eine etwaige Gewährleistung oder Produkthaftung ist dann möglicherweise untauglich, weil Strafe und Schaden in einem Missverhältnis stehen.

Abbildung 3.1.: **Potentieller Tätigkeitsbereich einer internationalen Organisation (IO) im Bereich der steuerpolitischen Beratung**

IO als ***Organisator*** von steuerpolitischer Beratung	IO als ***Anbieter*** von steuerpolitischer Beratung
↓	↓
• Organisation der Beratung: Ausschreibung im Namen einer Regierung, Auktionsverfahren, Zuschlag	• Beteiligung auf dem Markt für steuerpolitische Beratung
• Informationsmanagement: Förderung des Infoaustauschs zwischen Regierungen hinsichtlich der Existenz und Qualität verschiedener Anbieter; Fortbildung von Führungskräften	• Rekrutierung eigener Berater; Entwicklung eigener Kapazitäten zur Beratung von Steuerreformprojekten
• Qualitätsmanagement: Evaluation von Beratungsleistungen der Anbieter; Qualitätsstandards	• Internes Qualitätsmanagement: Evaluation eigener Beratungsleistungen

Quelle: Eigene Darstellung

beschaffung in Frage, wenn man die Beziehung zwischen Anbieter von PB auf der einen Seite und Regierungen als Nachfrager auf der andereren Seite als eine Tauschbeziehung mit „One-shot-Charakter" versteht, deren Bedingungen vertraglich zwischen beiden Seiten ausgehandelt werden. Alternativ dazu könnte die internationale Organisation als Anbieterin von Inhalten das Gut PB quasi staatlich produzieren.

Ob eine internationale Organisation überhaupt eine Rolle spielen sollte, hängt von der Relevanz der in den vorherigen Abschnitten hergeleiteten Bedingungen für Marktversagen ab. Wenn dies bejaht werden sollte, gilt es zu klären, welchen der beiden Tätigkeitsbereiche – Organisator oder Anbieter – eine internationale Organisation ausfüllen sollte.

3.3.2. Argumente für und wider die steuerpolitische Beratung durch eine internationale Organisation

Die Frage, ob eine internationale Organisation der richtige Lösungsansatz zur Überwindung des Beratungsdilemmas ist, kann nur auf Grundlage der in Abschnitt 3.2 hergeleiteten Ergebnisse und unter Einbeziehung einiger anderer wichtiger Faktoren beantwortet werden. Grundsätzlich besteht nur Handlungsbedarf, sofern private Regelungen durch den Markt sich als ineffektiv herausstellen.

3.3.2.1. Die Effektivität privater Regelungen

Wie in Teilabschnitt 3.2.4 hinsichtlich des Moral Hazard-Problems und der adversen Selektion festgestellt wurde, hängt die Effektivität privater Regelungen von folgenden Faktoren ab: Erstens, es muss ein gewisses Maß an Informationsaustausch zwischen den Regierungen vorhanden sein, damit die Logik wiederholter Spiele überhaupt greifen kann. Zweitens, es bedarf im Falle des Moral Hazards einer Wiederholungsabsicht seitens der Anbieter, d.h. einer Bereitschaft, wiederholt auf dem Markt der steuerpolitischen Beratung tätig zu werden. Drittens, der Kalkulationszinsfuß der Anbieter sollte nicht zu hoch sein – ebenfalls bezogen auf Moral Hazard. Schließlich wurde im Falle der adversen Selektion festgestellt, dass die Signalisierungsfunktion nur greift, wenn das Kostendifferential zwischen guter und schlechter Qualität kleiner ist als die zu erwartende Qualitätsprämie.

Was die erste Bedingung anbelangt sind Zweifel angebracht, ob der Informationsaustausch zwischen Regierungen von Transformationsstaaten tatsächlich in gewünschter Weise funktioniert. Die Bereitstellung von Information über gute und schlechte Berater ist ein klassisches Kollektivgutproblem, d.h. die Anreize zur Bereitstellung durch eine einzelne Regierung sind gering. Zudem sind die Transaktionskosten der Bereitstellung vermutlich enorm, da der „Austausch" von Informationen z.B. nicht auf das Zusenden eines Memorandums beschränkt ist. In der Praxis wird die persönliche Kommunikation bezüglich der Einschätzung notwendig sein. Dies verursacht jedoch bei einer Vielzahl von Fällen vermeidbare Transaktionskosten. Auch wenn der Informationsaustausch grundsätzlich vorhanden ist, wird die erwünschte Wirkung privater Regelungen aufgrund „wiederholter Spiele" auf die Qualität nur eingeschränkt zur Entfaltung kommen.

Die Wiederholungsabsicht seitens der Anbieter als zweite Bedingung kann nur für bestimmte Marktteilnehmer vorausgesetzt werden. Dies trifft zum Teil auf international operierende Unternehmensberatungsgesellschaften zu, die sich in diesem Bereich etablieren wollen und eine Reputation zu verlieren haben. Dies ist jedoch weniger klar bei anderen Anbietern, die entweder selbständig und direkt für eine Regierung oder im Auftrag von bilateralen Organisationen arbeiten und typischerweise eine „Outside Option" haben.[30] Ein durchschnittlich geringerer Zeithorizont, d.h. eine geringe Wiederholungsabsicht, reduziert aber auch die Wahrscheinlichkeit, dass das Moral Hazard Problem überwunden werden kann.

Es wurde oben bereits darauf hingewiesen, dass der Aufbau einer Reputation als private Regelung nur funktioniert, wenn die Nachfrager an diese Strategie glauben. Sollten sie von vorne herein andere Erwartungen haben, so käme es zu einem anderen Gleichgewicht (selbsterfüllende Prophezeiung), bei dem das Moral Hazard Problem nicht überwunden werden kann und der Markt zusammenbricht. À priori kann nicht ausgeschlossen werden, dass Entscheidungsträger in Transformationsländern diese pessimistische Strategie verfolgen.

Was das Problem der adversen Selektion betrifft, spricht ebenfalls wenig dafür, dass eine Signalisierungsstrategie seitens der Anbieter zu der erhofften Offenbarung durch den Anbieter mit guter Qualität kommt. Denn die Voraussetzung dafür ist ein geringes Kostendifferential zwischen den Qualitätsstufen $(c_1 - c_0)$.[31] Das ist allerdings beim Gut PB in der Regel nicht der Fall. Die Produktion von guter Qualität in diesem Bereich bedeutet den Einsatz von gut ausgebildeten und verhandlungssicheren Mitarbeitern, deren dauerhafte Präsenz vor Ort und die Schulung von Beamten durch Projektmitarbeiter. Der zeitintensive Einsatz qualifizierter Mitarbeiter impliziert sehr hohe Kosten, die nicht annähernd so hoch sind, wenn demgegenüber in einem Projekt mit geringer Qualität nur Kurzeinsätze wenig qualifizierter Berater vorgesehen sind. Dies spricht tendenziell eher für ein großes Kostendifferential. Hinzu kommt ein weiterer nicht unwichtiger Faktor, der sich auf die notwendige Bedingung für ein Trenn-Gleichgewicht bezieht, nämlich $A \leq \chi - c_0$, und in Transformationsländern besonders relevant wird. Damit diese Ungleichbedingung erfüllt ist, darf die Zahlungsbereitschaft der Regierung χ nicht zu klein sein. Diese ist aber in der Praxis abhängig von der Stärke und Kohärenz einer Regierung.[32] In vielen Transformationsländern ist allerdings das Gegenteil zu beobachten, was eine erfolgreiche Signalisierungsstrategie in vielen Fällen vereiteln wird.

Fasst man diese Überlegungen zusammen, zeigt sich, dass private Regelungen zur Überwindung des Beratungsdilemmas mit geringer Wahrscheinlichkeit effektiv sind.

[30] Die Beratungstätigkeit erfolgt oftmals in Form einer Nebentätigkeit, so dass die Wahrscheinlichkeit einer Wiederholung geringer ist als bei hauptberuflich Tätigen.

[31] Vgl. Abschnitt 3.2.4.3.

[32] Starke Regierungen, die von einer breiten Mehrheit getragen werden, haben mit größerer Wahrscheinlichkeit Erfolg, eine große Steuerreform durchzuführen, was sich wiederum in ihrer Bereitschaft widerspiegelt, Ressourcen dafür aufzuwenden.

3.3.2.2. Andere Faktoren: Komparative Vorteile

Ein anderer Faktor, der die Effektivität des Marktes beeinflusst, bezieht sich auf den komparativen Vorteil, den bestimmte Berater im Vergleich zu anderen Akteuren auf dem Markt haben. Da steuerpolitische Beratung in hohem Maße Kenntnisse über Probleme und Verfahrensabläufe in der staatlichen (Steuer-)Verwaltung voraussetzen, haben Berater aus dem öffentlichen Dienst tendenziell einen komparativen Vorteil gegenüber anderen Beratern, die diesen Hintergrund nicht vorweisen können. Zwar kann auch eine private Beratungsgesellschaft dieses Fachwissen erwerben, indem sie Finanzbeamte und andere Experten aus dem öffentlichen Dienst abwirbt, dennoch ist die kontinuierliche Anbindung an die Verwaltungspraxis nur bedingt gegeben. Dies erschwert die Position von privaten Beratungsgesellschaften, die unabhängig von bilateralen oder multilateralen Organisationen auf dem Markt für steuerpolitische Beratung tätig werden wollen. Regierungen in Transformationsländern, deren Interesse es ist, in möglichst kurzer Zeit effiziente Verwaltungsstrukturen aus Industrieländern zu übernehmen, werden dazu tendieren, auf Beratungleistungen und Know-How aus diesen Staaten im Rahmen der offiziellen wirtschaftlichen Zusammenarbeit (Entwicklungshilfe) zu setzen.

3.3.2.3. Bilaterale Politik

Das Versagen des Marktes für steuerreformpolitische Beratung aus den vorgenannten Gründen bedeutet noch nicht, dass eine multilaterale Organisation die einzige Antwort ist. Wie aus Tab. A.1 in Anhang A hervorgeht, waren in den 90er Jahren in vielen Steuerreformprojekten auch nationale Organisationen aufgrund bilateraler Vereinbarungen beteiligt. Das Tätigkeitsfeld zwischen Organisation von Beratung und Anbieten von Beratung ist dabei in der Regel fließend. Zum einen wird die nationale Organisation zunächst für das Beratungsprojekt zuständig sein und damit die in Abb. 3.1 dargelegte Aufgabe des Organisierens übernehmen. Zugleich wird sie dabei aber auf nationale Berater in den Verwaltungen, Ministerien und Hochschulen zurückgreifen. Auch der Einsatz eigener Experten ist nicht ausgeschlossen. Ist bilaterale Zusammenarbeit im Bereich der Steuerpolitik womöglich effizienter als durch eine multilaterale Organisation?

Dafür spricht, dass die oben angesprochene Bindung an die Expertise von Verwaltungsfachleuten durch die nationale Entwicklungszusammenarbeit effektiver ist als durch eine supranationale Behörde, die sich entsprechende Experten jeweils auf Anfrage bei den jeweiligen Mitgliedsstaaten entleihen muss. Die Bereitschaft zur Zusammenarbeit zwischen nationalen Finanzbehörden, Verwaltungsfachleuten, Ministerialbeamten und Wissenschaftlern mit der zuständigen nationalen Entwicklungsorganisation ist aufgrund der gemeinsamen Sprache, der Kultur und vor allem aufgrund der gemeinsamen Sichtweise[33] größer als dies im Falle einer multinationalen Organisation wäre.

Zudem können ökonomische Anreize das beschriebene Verhalten begünstigen. Je nach Anreizstruktur im Verwaltungswesen eines Staates beeinträchtigt die kurzzeitige Zusammenarbeit mit einer internationalen Organisation für viele der in Frage kommenden Experten – mit Ausnahme von Wissenschaftlern – womöglich die Karrierechancen.[34] Im engeren Verwaltungswesen ist es oft förderlicher, in nationalen Projekten mitzuwirken, weil hier für die eigene Karriere bessere Netzwerke geknüpft werden können als dies bei multinationalen Projekten der Fall ist. Dies kann zur Folge haben, dass multilaterale Organisationen in diesem Bereich keine qualifizierten Mitarbeiter bekommen oder höhere Löhne zahlen müssen.

Allerdings sprechen auch einige Gründe gegen die Überlegenheit reiner bilateraler Zusammenarbeit. Man sollte dabei unterscheiden zwischen den beiden Tätigkeitsfeldern. Tritt die nationale Organisation als *Anbieter* auf, so ergibt sich wiederum das Qualitätsproblem, das in Abschnitt 3.2 diskutiert wurde. Die beratene Regierung eines Transformationslandes kann sich nicht sicher sein, dass es sich um gute Beratung („hohe Qualität") handelt. Das Problem des Moral Hazard besteht wieder darin, dass die nationale Organisation stets einen Anreiz hat, die Qualität zu senken, solange ein Kostendifferential $(c_1 - c_0)$ besteht. Der Markt wird nur deshalb nicht zusammenbrechen, weil Entwicklungshilfe von Seiten des Gebers finanziert wird. Solange die Zahlungsbereitschaft χ der Regierung nur geringfügig über Null ist, wird sie dem Beratungsprojekt zustimmen. Die Kosten werden von der beratenden Organisation getragen. Dies ist freilich ineffizient, weil damit eine geringere Qualität „gehandelt" wird als möglich. Es wäre denkbar, dass die nationale Organisation nur als *Organisator* auftritt. In diesem Fall wären private Berater und Beratungsgesellschaften im Auftrag der Organisation tätig. Letztere würde lediglich über Qualitätsmanagement sicherstellen, dass das Beratungsdilemma überwunden wird.

Der Beschränkung auf die *Organisation* steuerpolitischer Beratung auf bilateraler Ebene sind allerdings auch Grenzen gesetzt. Bei bilateraler Beratung ist zu befürchten, dass es in vielen Fällen zu einer Nachahmung vorhandener Strukturen des Geberlandes kommt. Dies ist naheliegend, da die nationale Organisation starke Anreize hat, auf nationale Expertise zurückzugreifen. Dies ist aber nicht unbedingt im Interesse des Transformationslandes. Fehlende

[33] Dies liegt daran, dass das jeweilige nationale Steuerrecht einschließlich Steuerpraxis „common knowledge" ist und bis zu einem gewissen Grad ein gemeinsames Problembewusstsein generiert.

[34] Dies muss allerdings nicht so sein.

Steuersystematik, Fehlanreize im Steuersystem, eine bestehende „Philosophie“ von Verwaltung, Steuererhebung und Verhältnis gegenüber Steuerpflichtigen werden u.U. vorschnell vom Geberland der nationalen Organisation auf das Empfängerland übertragen, ohne dass es zu einer Überprüfung kommt. Neuere Entwicklungen in Theorie und Praxis werden womöglich übergangen, so dass für das Transformationsland die einmalige Chance der Neustrukturierung von Beginn auf nur unzureichend genutzt wird.

Dies ist freilich nicht zwingend der Fall. Insbesondere dann nicht, wenn die nationale Organisation, die mit der Steuerreform-Politikberatung beauftragt ist, ein starkes Qualitätsmanagement aufbaut und auch internationale Berater hinzuzieht. Dies wird allerdings eher die Ausnahme sein. Unabhängig davon besteht der große Nachteil bilateraler Beratung in jedem Fall darin, dass die Zahl der Beratungskontakte zwangsläufig gering bleiben muss und damit einige ökonomische Vorteile entfallen. Darunter fallen vor allem:

- Synergieffekte,
- Skaleneffekte und
- Lerneffekte.

Synergieeffekte der Beratung treten auf, wenn die beratende Organisation nicht nur im Bereich Steuerpolitik, sondern auch in damit zusammenhängenden Bereichen beratend tätig ist, wie z.B. in den Bereichen Steuerverwaltung, Budgetkontrolle, Verwaltungsreform, Reform des Wirtschaftsrechts und des Rechtssystems allgemein. Keiner dieser Bereiche ist zwingend notwendig für eine systematische Neuordnung des Steuersystems. Doch Überschneidungen sind vielfach vorhanden, die optimalerweise genutzt werden sollten.

Lern- und Skaleneffekte treten dann auf, wenn eine beratende Organisation eine Vielzahl von Regierungen berät bzw. für die Organisation der Beratung zuständig ist. Mitarbeiter und Berater entwickeln spezielle Kenntnisse, die in Folgeprojekten Anwendung finden. Von enormer Bedeutung ist dabei die statistische Aufbereitung von Daten aus den jeweiligen Ländern, die eine umfassende Analyse erlaubt, welche in die Beratung Eingang finden können. Dies schließt auch die Sammlung von Fallbeispielen und Szenarien ein, aus denen sich für die Regierung eines Transformationslandes ein vielfältiges Bild über Probleme, Zielkonflikte, Wirkungen und Erfolgsaussichten von Steuerreformprojekten ergibt.

Der bilateralen Beratung im Bereich Steuerpolitik sind Grenzen gesetzt. Einigen Vorteilen, wie z.B. der leichtere Zugang zu Experten aus Verwaltung und Praxis, stehen gewichtige Nachteile gegenüber. Der Haupteinwand ist, dass das ausgiebig diskutierte Qualitätsproblem nicht ausgeräumt werden kann. Am ehesten wäre denkbar, dass sich eine nationale Organisation auf die rein organisatorische Aufgabe beschränkt, doch auch hier sprechen viele Gründe für eine Übertragung dieser Aufgaben auf eine multilaterale Organisation.

3.3.2.4. Die Rolle internationaler Organisationen: Ein möglicher Ausweg

Die bisherigen Überlegungen haben einige Anhaltspunkte offenbart, die für die Tätigkeit einer internationalen Organisation im Bereich der Steuerpolitik sprechen.

Hinsichtlich der wirtschaftspolitischen Beratung kann man die Rolle einer IO mit dem Mangel an Ressourcen für eine umfassende Analyse in den betroffenen Ländern rechtfertigen. Zudem ist es plausibel, dass eine internationale Organisation Informationen effizienter bereitstellt als freie Berater oder bilaterale Organisationen: Dies lässt sich u.a. mit einem komparativen Vorteil erklären, der sich aus Spezialisierung und Erfahrung in diesem Bereich ergibt (s.o.).

Entscheidend ist, dass das Beratungsdilemma überwunden werden kann, wenn die IO auf multilateraler Ebene die Funktionen übernimmt, die ein Staat in diesem Bereich auf nationalstaatlicher Ebene typischerweise ausübt: Qualitätskontrolle und Subventionierung bzw. Erleichterung der Informationsbeschaffung durch die Regierung eines Transformationslandes. Aus ökonomischer Sicht spricht viel dafür, dass eine IO als *Organisator* von steuerpolitischer Beratung fungieren sollte. Dagegen ist weniger klar, ob die IO auch selbst eigene Berater ausbilden sollte und größere Kapazitäten im Bereich Steuerpolitik aufbauen sollte. Denn auch hier stellt sich – wie bei bilateraler Beratung durch nationale Organisationen auch – das bekannte Qualitätsproblem.

Ein weiteres Argument aus ökonomischer Sicht für die Arbeit einer IO in diesem Bereich liegt in der Allokation, die sich ohne internationale Koordination ergäbe. Es ist weithin bekannt, dass nicht-kooperatives Verhalten in der internationalen Wirtschaftspolitik zu Allokationen führen kann, die alle Akteure schlechter stellen. Dies kann auch auf den Bereich der Steuerpolitik zutreffen.[35]

Die Aufgabe der IO sollte sich auf den Aufbau von Datenbanken über den Markt der steuerpolitischen Beratung konzentrieren. Dies beinhaltet die Kontaktaufnahme zu nationalen Steuerverwaltungen und Ministerien der Mitgliedsländer und damit den Aufbau eines Netzwerks von Wissenschaftlern, Praktikern und Verwaltungsexperten. Damit wäre ein zentrales Mittel geschaffen, um den Nachfragern seitens der Transformationsländer Zugang zu Anbietern von Beratung zu geben. Die Aufgabe der IO sollte dabei unbedingt den

[35] Vgl. beispielsweise die Literatur zum internationalen Steuerwettbewerb. Dazu u.a. Sinn (1997b), Eggert und Genser (2001).

Aufbau von umfangreichen Datenbanken, Länderanalysen und Fallstudien umfassen, um damit den Nachfragern eine Entscheidungsgrundlage zu geben.

Das Qualitätsproblem wird dadurch überwunden, dass die IO als Vermittler implizit die Situation eines „wiederholtes Spiels“ herstellt, womit den Anbietern der oben diskutierte Anreiz gegeben wird. Gleichzeitig sollte die Arbeit der Berater permanent evaluiert werden, womit grobe Fehlentwicklungen in den Steuersystemen der beratenen Transformationsländer vermieden werden.

3.3.2.5. Interessenkonflikte in der Beratung bei internationalen Organisationen

Angesichts dieses Aufgabenprofils ist zu fragen, ob die Aufgabe von einer bestehenden IO übernommen werden sollte oder ob diese IO neu zu gründen ist.

Von den derzeitigen internationalen Organisationen sind der IWF, die Weltbank (IBRD) und die OECD zu nennen. Die OECD ist im steuerpolitischen Bereich vor allem durch die Ausarbeitung diverser „Guidelines“ aufgefallen – so z.B. das OECD-Musterabkommen zur Vermeidung zwischenstaatlicher Doppelbesteuerung –, die in der Praxis eine bedeutende Rolle spielen. Auch die Erstellung von Analysen und die Veröffentlichung steuerpolitisch relevanter Informationen durch die OECD ist hier zu nennen. Im Unterschied zur Weltbank und dem IWF ist die OECD nicht weltweit tätig, so dass letztere eher in Frage kommen. Aus Tab. 3.1 geht hervor, dass beide Organisationen aufgrund ihrer Zielsetzung durchaus einige Berührungspunkte mit dem Bereich Steuerpolitik haben.[36] Die Weltbank versteht sich als „entwicklungspolitische Agentur“[37] und weist deshalb Berührungspunkte im Bereich Steuerpolitik auf, weil zur entwicklungspolitischen Zielsetzung auch die Stärkung staatlicher Strukturen und damit auch die Stärkung staatlicher Einnahmen gehören. Dennoch ist Steuerpolitik per se kein Schwerpunkt der WB-Arbeit. Stärkere Berührungspunkte weist der IWF auf, den die staatlichen Einnahmen vor allem aufgrund ihrer Bedeutung für die fiskalische Konsolidierung interessieren. In letzterer sieht der IWF wiederum eine Schlüsselgröße für das eigentliche Ziel der makroökonomischen Stabilität eines Landes (vgl. Abschnitt 2.3).

Die Ausrichtung beider Organisationen ist aber zugleich ein potentielles Hindernis für die effiziente Wahrnehmung der oben geschilderten Aufgaben. Es bestehen zweifelsohne Interessenkonflikte. So steht für den IWF aufgrund seiner Statuten die makroökonomische Stabilität im Mittelpunkt, was sowohl das

[36] Siehe auch Abschnitt 2.3 für einen Überblick über die Arbeit des IWF im Bereich Steuerpolitik. Alle anderen multilateralen Organisationen, wie z.B. die WTO, haben entweder gar keine oder deutlich weniger Berührungspunkte.

[37] Vgl. dazu ein Selbstporträt: www.worldbank.org/WBSITE/EXTERNAL/EXTABOUTUS.

Tabelle 3.1.: **Internationaler Währungsfonds und Weltbank: Ziele, Tätigkeitsfelder und Berührungspunkte im Bereich der steuerpolitischen Beratung**

	Int. Währungsfonds (IWF)	Weltbank (WB)
	Allgemeines	
Zweck und Ziel	- Stabilität des internationalen Währungssystems - Vermeidung von Ungleichgewichten internationaler Zahlungsbilanzen	- Finanzierung von Wiederaufbau und Entwicklung in unterentwickelten Ländern (EL) - Erhöhung des Lebensstandards der Bevölkerung in EL
Tätigkeitsfelder	- Überwachung („Surveillance") der Wechselkurspolitik und der allgemeinen Wirtschaftpolitik - Finanzieller Beistand („IMF Programs") - Technische Hilfe („Technical Assistance")	- Infrastrukturprojekte - Armutsbekämpfung - Gesundheitsversorgung - Bildung - Staatliche Verwaltung, Korruptionsbekämpfung
Instrumente	- Surveillance: Veröffentlichung von Analysen z.B. World Economic Outlook (WEO), Global Financial Stability Report (GFSR); Art. IV-Konsultationen - Finanzieller Beistand: Kreditvergabe unter Auflagen (sog. Konditionalitäten) - Technische Hilfe: IWF-Berater-Team vor Ort („IMF Mission")	- Kreditvergabe bzw. Zuschüsse - Technische Hilfe - Andere Dienstleistungen
Schwerpunkte	- Makroökonomische Beratung, Analyse - Kreditvergabe	- Infrastrukturprojekte (Finanzierung, Beratung) - Projekte zur Armutsbekämpfung, Gesundheit, Bildung
	Berührungspunkte / Konflikte im Bereich Steuerpolitik	
Berührungspunkte	- fiskalische Konsolidierung (Einnahmen und Ausgaben)	- Aufbau staatlicher Strukturen
Interessenkonflikte	- Makroökonomische Stabilisierung u.U. im Widerspruch zu „guter" Steuerpolitik - IWF-Politik ist bestimmt von den Interessen weniger Industrieländer	- Entwicklungspolitische Instrumente (Förderung, Subventionierung) *können* im Widerspruch stehen zu „guter" Steuerpolitik - WB-Politik ist bestimmt von den Interessen weniger Industrieländer

Quelle: Eigene Darstellung

Problembewusstsein der Mitarbeiter als auch die konkrete Politik bestimmt. Die Ziele kurz- und mittelfristiger Stabilisierung der Staatsfinanzen mit dem Ziel der makroökonomischen Stabilität können aber in Widerspruch stehen zu steuerpolitischen Zielen. Was unter letzteren aus normativer Sicht in der praktischen Steuerpolitikberatung zu verstehen ist, wird in den Kapiteln 4 und 6 Gegenstand einer näheren Analyse sein. Die Weltbank scheint diesbezüglich weniger vorbelastet zu sein, da sie nur allgemeine entwicklungspolitische Ziele hat. Doch auch hier ist zu beachten, dass die Schwerpunkte der Arbeit im klassisch entwicklungspolitischen Bereich liegen. Dazu zählt in erster Linie die Armutsbekämpfung, die flächendeckende Bereitstellung grundlegender Gesundheitsversorgung, die Erhöhung der Partizipation an Bildungsprogrammen und nicht zuletzt die Finanzierung von Infrastukturprojekten, von denen man sich positive externe Effekte auf die wirtschaftliche Entwicklung erhofft.[38] Der Aufbau funktionierender Steuersysteme, die bestimmten finanzwissenschaftlichen Standards genügen, ist allenfalls in den letzten Jahren etwas stärker in das Blickfeld der strategischen Ausrichtung der Weltbank geraten, hat aber nach wie vor keine Priorität.[39]

[38] Vgl. u.a. Ray (1998a).

[39] Thirsk (1997) hat in einer Publikationsreihe der Weltbank einen Sammelband über Steuerreformen in Entwicklungsländern herausgegeben, aus dem das jüngst entdeckte Interesse der Weltbank an diesem Thema hervorgeht.

Teil II

Mehrwertsteuer: Konzeption, die Reform in Kroatien und die Rolle des IWF

4. Theorie, Praxis und wirtschaftspolitische Beratung der Mehrwertsteuer

Die Mehrwertsteuer (MWSt) ist eine Erfolgsgeschichte gemessen an ihrer weltweiten Verbreitung, die in den 1990er Jahren noch einmal zugenommen hat.[1] Die Tatsache, dass sie heute – mit Ausnahme der USA, Indiens und weniger anderer Staaten – weltweit praktiziert wird, ist sowohl auf ihre fiskalische Ertragskraft als auch darauf zurückzuführen, dass ihr aus effizienztheoretischer Sicht eine relative Vorteilhaftigkeit gegenüber anderen Steuern unterstellt wird. Beides wiederum sind Argumente, die internationale Berater wie den IWF dazu bewegt haben, die Einführung der MWSt zu propagieren und damit direkt zu ihrer Verbreitung beizutragen.

Will man deshalb die Einführung der MWSt in Transformationsländern verstehen, um wiederum die Qualität der Beratung des IWF beurteilen zu können, bedarf es eines Referenzmodells bezüglich eines „guten" Mehrwertsteuersystems. Dies ist Gegenstand dieses Kapitels. Vorbehaltlich der Tatsache, dass konkrete Empfehlungen immer vor dem Hintergrund der tatsächlichen Gegebenheiten eines Landes zu würdigen sind, vertritt der Autor die Auffassung, dass die Qualität der MWSt durch bestimmte konzeptionelle Grundlinien geprägt ist und noch näher zu definierende Eigenschaften aufweist, die in einen Kriterienkatalog hinsichtlich einer optimalen MWSt eingehen sollten. Ziel der nachstehenden Abschnitte ist es, einen Kriterienkatalog möglichst praxisnah zu definieren, um damit realexistierende MWSt-Steuersysteme bewerten zu können.

Da auch (oder gerade) eine praxisorientierte normative Analyse ohne theoretische Fundierung nicht zu rechtfertigen ist, werden die theoretischen Grundlagen der MWSt in Abschnitt 4.1 herausgearbeitet. Dabei geht es um die grundlegende Ausgestaltung einer MWSt aus optimalsteuertheoretischer Sicht. Abschnitt 4.2 greift diese Ergebnisse auf und stellt einen Bezug her zur praktischen Umsetzung. Es geht also um die in der Literatur wenig problematisierte Beziehung zwischen Optimalsteuertheorie und optimaler Steuerpolitik in der Praxis.[2]

---

[1] Ebrill et al. (2001) geben einen Überblick über die Verbreitung der MWSt in den 1990er Jahren.

[2] Als positive Ausnahme zu nennen sind hier vor allem Heady (1993) und Ray (1997).

4.1. Theoretische Grundlagen der MWSt

Der folgende Abschnitt beschränkt sich auf die Frage des optimalen „Tax Design“ im Unterschied zur „tax reform“ im Sinne von Feldstein (1976). Das ist nahe liegend, weil Steuerreformen in vielen Transformationsländern oft einen Totalumbau des Steuersystems zum Ziel haben, was auch auf Kroatien und Bosnien zutrifft. Die wirtschaftspolitische Beratung des IWF soll deshalb auch in Hinblick auf grundlegende Erkenntnisse der Optimalsteuertheorie evaluiert werden.

Der nachfolgende Abschnitt gibt einen Überblick über den Stand der theoretischen Ergebnisse, die möglicherweise für die steuerpolitische Arbeit von Bedeutung sein könnten. Dabei ist auch zu prüfen, ob die oft aufgestellte Forderung, eine optimale MWSt müsse einheitliche Sätze auf alle Konsumgüter haben, vertretbar ist.

4.1.1. Optimale Güterbesteuerung im Modell mit repräsentativen Konsumenten

Die Theorie der optimalen Güterbesteuerung geht auf Ramsey (1927) und Corlett und Hague (1953) zurück.[3] Ramsey schlug eine Form der Analyse vor, die wegweisend war für alle nachfolgenden Arbeiten. Unter Ausblendung von Verteilungsaspekten (identische Individuen) beschränkt sich die Analyse auf die rein effizienzorientierte Fragestellung, auf welche Art und Weise Güter wohlfahrtsmaximal besteuert werden sollen, wenn ein exogen vorgegebenes Steueraufkommen, R_0, erzielt werden soll. Die Verwendung der Einnahmen bleibt außen vor. Produktionspreise und Arbeitslohn sind gegeben, wobei $\mathbf{q}$ der Vektor der Konsumentenpreise sei und w der Lohnsatz.[4] Der repräsentative Konsument bietet l Einheiten Arbeit an und konsumiert x_i Einheiten des Gutes i (i=1, ...,n). Das Individuum maximiert die direkte Nutzenfunktion $u(x,l)$ unter der Nebenbedingung seiner Budgetbeschränkung

$$\sum_{i=1}^{n} q_i x_i = wl \tag{4.1}$$

wobei q_i der Konsumentenpreis des Gutes i ist. Aufgrund der Annahme fixer Produktionspreise p_i kann der Staat über die Festlegung des Steuersatzvektors, $\mathbf{t}$, zugleich den Konsumentenpreisvektor bestimmen, da $\mathbf{q} = \mathbf{p} + \mathbf{t}$. Sei

[3] Vgl. aber auch die Referenz auf Paul Samuelson in Atkinson und Stiglitz (1980), Kap. 12.

[4] Die Aufhebung der Annahme fixer Produktionspreise ändert nichts an den Optimalbedingungen, wenn man konstante Skalenerträge unterstellt; vgl. Diamond und Mirrlees (1971) und Auerbach und Hines (2002).

$v(\mathbf{q}, w)$ die indirekte Nutzenfunktion des repräsentativen Konsumenten, so stellt sich das staatliche Optimierungsproblem wie folgt dar

$$\max v(\mathbf{q}, w) \qquad u.d.NB. \qquad \sum_{i=1}^{n} t_i x_i \geq R_0. \tag{4.2}$$

Die Bedingungen erster Ordnung führen unter Verwendung von Roy's Identität zu

$$\sum_{i=1}^{n} t_i \frac{\partial x_i}{\partial q_k} = -\frac{(\lambda - \alpha)}{\lambda} x_k \qquad mit \qquad k = 1, \ldots, n \tag{4.3}$$

wobei λ der Schattenpreis des Steueraufkommens und α der Grenznutzen des Einkommens für den Konsumenten ist. Dies führt unter Verwendung der Slutsky-Gleichung zu[5]

$$\sum_{i=1}^{n} t_i s_{ki} = -\theta x_k \qquad mit \qquad k = 1, \ldots, n \tag{4.4}$$

wobei s_{ki} die Ableitung der kompensierten Nachfragekurve ist (mit $s_{ik} = s_{ki}$)[6]. Dies ist die sogenannte Ramsey-Regel. θ ist unabhängig von k und kann als Vorteil in Einheiten des Steueraufkommens interpretiert werden, der sich beim Übergang vom optimalen indirekten Steuersystem zur Lump-sum-Besteuerung ergibt.[7] Mit (4.4) ist das Optimum dadurch beschrieben, dass eine prozentuale Erhöhung der Steuern zu einem gleichen proportionalen Rückgang der kompensierten Nachfrage für alle Güter führt. Da diese Beschreibung des Optimums allerdings keine praktikable Handlungsanweisung für die Steuerpolitik impliziert, bedarf es einer konkreteren Formulierung, wenn die Optimalsteuertheorie Relevanz für die Praxis haben soll.

Eine konkrete Optimalsteuerregel lässt sich für den Spezialfall ableiten, dass es keine Einkommenseffekte gibt, d.h. $\frac{\partial x_i}{\partial Y} = 0 (\forall i = 1, \ldots, n)$, und keine kompensierten Kreuzpreiseffekte auftreten, d.h. $s_{ik} = 0$ für $i \neq k$. Dann wird (4.4) zu $t_k(-s_{kk}) = \theta x_k$, woraus sich durch einfache Umformung für einen Zwei-Güterfall die Inverse-Elastizitätsregel ergibt

$$\frac{\tau_1}{\tau_2} = \frac{\sigma_{22}}{\sigma_{11}}, \tag{4.5}$$

wobei σ_{jj} die kompensierte Eigenpreiselastizität der Nachfrage und $\tau_j (\forall j = 1, 2)$ der implizite Steuersatz mit $\tau = \frac{t}{1+t}$ ist. Damit gilt im Optimum, dass die

[5] Vgl. Atkinson und Stiglitz (1980).

[6] Wenn die Nachfragefunktion bezüglich der Konsumgüter zweimal stetig differenzierbar ist, so gilt dies auch für die Ausgabenfunktion bezüglich der Preise. Unter Anwendung des Youngschen Theorems gilt, dass die gemischten Ableitungen symmetrisch sind.

[7] Vgl. Atkinson und Stiglitz (1980), S. 373.

Güter höher zu besteuern sind, die weniger (eigen-)preiselastisch sind. Diese auf Ramsey (1927) zurückgehende Optimalsteuerregel ist trotz restriktiver Annahmen interessant, da sie der weit verbreiteten Behauptung, einheitliche Steuersätze seien stets optimal, widerspricht.

Corlett und Hague (1953) näherten sich dem von Ramsey formulierten Optimalsteuerproblem durch weniger restriktive Annahmen, indem sie sich für einen Drei-Güterfall – bei dem es sich um zwei besteuerte Konsumgüter und ein unbesteuertes drittes Gut Freizeit handelt[8] – überlegten, ob die Abweichung von einer einheitlichen Steuer effizienzerhöhend sein könnte. Für diesen Fall wird (4.4) zu

$$t_1 s_{11} + t_2 s_{12} = -\theta x_1 \tag{4.6}$$

$$t_1 s_{21} + t_2 s_{22} = -\theta x_2.$$

Durch Auflösen von (4.6) nach den Steuersätzen, unter Einbeziehung der kompensierten Nachfrageelastizitäten, $\sigma_{ij} = \frac{q_j s_{ij}}{X_i}$, und Berücksichtigung der Eigenschaft, dass sich diese zu Null addieren, erhält man[9]

$$\frac{t_1}{1+t_1} = \frac{t_2}{1+t_2}\left(\frac{-(\sigma_{11}+\sigma_{22})-\sigma_{10}}{-(\sigma_{11}+\sigma_{22})-\sigma_{20}}\right) \tag{4.7}$$

woraus sich direkt die Corlett-Hague-Regel ableiten lässt

$$\tau_1 \gtreqqless \tau_2 \quad \Longleftrightarrow \quad \sigma_{10} \lesseqqgtr \sigma_{20} \tag{4.8}$$

Demnach sollte das Gut höher besteuert werden, das eine niedrigere Kreuzpreiselastizität der kompensierten Nachfrage in Bezug auf den Preis der Freizeit, d.h. den Lohnsatz w, hat. Aus steuerpolitischer Sicht liegt damit ein weiteres Argument vor, das Zweifel nährt an der These, einheitliche Steuersätze seien optimal.

Dennoch sind diese Grundregeln nicht ausreichend, um die für die Steuerpraxis relevante Frage zu klären, ob einheitliche Sätze anzustreben sind. Tatsächlich ist unter bestimmten Konstellationen eine einheitliche Besteuerung mit gleichem Satz optimal. Atkinson und Stiglitz (1972) weisen darauf hin, dass bei völlig inelastischem Arbeitsangebot einheitliche Gütersteuersätze optimal sind. Sandmo (1976) zeigt, dass bei homothetischen Nutzenfunktionen und (schwacher) Separabilität zwischen Konsumgütern und Freizeit einheitliche Sätze optimal sind. Da bei Homothetie lineare Engelkurven vorliegen, sind

[8] Die Analyse gilt für jedes Gut, sofern es nicht besteuert werden kann. Die Annahme, dass Freizeit in der Nutzenfunktion als Element erscheint (und nicht direkt besteuert werden kann) ist plausibel.

[9] Wenn Gut 0 Freizeit ist, so ist $q_0 = w$.

die Einkommenselastizitäten identisch für alle Güter, woraus bei Symmetrie der Substitutionseffekte (s.o.) unmittelbar aus der Slutsky-Gleichung folgt

$$\frac{\partial x_i}{\partial p_k} = \frac{\partial x_k}{\partial p_i} \quad i, k = 1, \ldots, n. \tag{4.9}$$

Das Einsetzen von (4.9) in (4.3) ergibt

$$\frac{\sum_{i=1}^{n} t_i \frac{\partial x_i}{\partial q_k}}{x_k} = -\frac{(\lambda - \alpha)}{\lambda} \tag{4.10}$$

womit die Optimalität einheitlicher Steuersätze in diesem Fall gezeigt ist.

4.1.2. Optimale Güterbesteuerung im Mehrkonsumentenmodell

So informativ die Analyse in einem Modell mit repräsentativen Konsumenten sein mag, ist sie dennoch wenig geeignet für konkrete steuerpolitische Empfehlungen. Von vielen Autoren wurde betont, dass eine Analyse in diesem Rahmen methodisch nicht zu halten ist, da bei gleichen Individuen keine Verteilungsprobleme auftreten und deshalb eine lump-sum-Besteuerung nicht nur möglich sein müsste, sondern auch optimal ist.[10] Abgesehen davon können realistischerweise – wie in Kapitel 2 bereits angesprochen – Unterschiede zwischen Personen nicht geleugnet werden, so dass eine Effizienzanalyse im weiteren Sinne nur in Mehrkonsumentenmodellen sinnvoll erscheint.

Diamond und Mirrlees (1971) haben den Ramsey-Ansatz auf eine Mehrpersonen-Ökonomie ausgedehnt. In einer Ökonomie mit H Haushalten sei $v^h(\mathbf{q}, w_h)$ die indirekte Nutzenfunktion des Haushalts h. Unterstellt man eine soziale Wohlfahrtsfunktion vom Samelson-Bergson-Typ

$$W(\mathbf{q}, w) = W[v^1(\mathbf{q}, w^1), v^2(\mathbf{q}, w^2), \ldots, v^H(\mathbf{q}, w^H)] \tag{4.11}$$

ergibt sich analog zu (4.2) das staatliche Optimierungsproblem unter Beachtung der erweiterten Budgetbedingung wie folgt

$$\max W(\mathbf{V}(\mathbf{q}))\ u.d.NB. \sum_{i=1}^{n} t_i (\sum_{h=1}^{H} x_i^h) \geq R_0. \tag{4.12}$$

Die Bedingungen erster Ordnung sind unter Berücksichtigung von Roy's Identität

$$\sum_{h}^{H} \frac{\partial W}{\partial v^h} \alpha^h X_k^h = \lambda \Big[X_k + \sum_{i=1}^{n} t_i (\sum_{h}^{H} \frac{\partial x_i^h}{\partial t_k}) \Big], \tag{4.13}$$

[10] Vgl. Atkinson und Stern (1974).

wobei die aggregierte Nachfrage durch $X_k = \sum_h^H x_k^h$ bestimmt ist. Definiert man den auf der linken Seite von (4.13) auftretenden sozialen Grenznutzen des Einkommens, der dem Konsumenten h zukommt, mit $\beta^h \equiv \frac{\partial W}{\partial v^h}\alpha^h$, erhält man unter Verwendung der Slutsky-Gleichung

$$\sum_{i=1}^{n} t_i(\sum_{h=1}^{H} s_{ik}^h) = \sum_{h=1}^{H} \left[\frac{\beta^h}{\lambda} - 1 + \sum_{i=1}^{n} t_i \frac{\partial x_i^h}{\partial Y^h}\right] x_k^h. \tag{4.14}$$

Dies ist die sogenannte Mehrpersonen-Ramsey-Regel, die mit (4.4) für den Fall identischer Individuen korrespondiert. Die linke Seite von (4.14) stellt wieder den Rückgang der kompensierten Nachfrage bei einer Änderung von **t** dar. Die rechte Seite unterscheidet sich von (4.4) dadurch, dass mit dem sozialen Gewichtungsparameter β^h und der marginalen Konsumneigung $\frac{\partial x_i^h}{\partial Y^h}$ individuelle Unterschiede berücksichtigt werden. Der Ausdruck in Klammern reflektiert dabei den sozialen Nettonutzen einer Einheit staatlichen Transfers. Wenn man (4.14) durch X_k dividiert, ist das Optimum dadurch beschrieben, dass der durch die Besteuerung induzierte proportionale Rückgang der kompensierten Nachfrage jedes Gutes gleich der Summe der sozial gewichteten individuellen Anteile am aggregierten Konsum des jeweiligen Gutes ist. Damit werden Güter, die von Armen mit relativ hohem β nachgefragt werden, geringer besteuert.

Wie die Ramsey-Regel im vorigen Abschnitt ist auch (4.14) ungeeignet, um genauere Aussagen für die wirtschaftspolitische Praxis zu treffen. Allerdings wird erneut deutlich, dass die „Praktiker"-Regel mit einheitlichen Sätzen nicht ohne weiteres zu halten ist.

4.1.3. Optimalsteuertheorie, MWSt und Steuerpolitik in der Praxis

Was folgt aus den theoretischen Überlegungen für die MWSt in der Praxis? Welchen Beitrag kann die normative Theorie für die Ausgestaltung einer MWSt in der Praxis liefern? Ein Erkenntnisziel, das bei der Theorie der optimalen Güterbesteuerung im Mittelpunkt steht, ist die Frage nach dem Tarif. Sollen die Steuersätze differenziert werden oder sollte ein einheitlicher Satz gewählt werden?

Zunächst ist positiv zu werten, dass die theoretischen Analysen zu einem besseren konzeptionellen Verständnis beitragen. So wurde deutlich, dass ein einheitlicher Steuersatz auf alle Güter nicht zwingend optimal sein muss. Das Grundmodell in einer Mehrpersonen-Ökonomie zeigt, dass Unterschiede bei den Individuen Differenzierungen rechtfertigen könnten.

Dies sollte jedoch keinesfalls vorschnell auf die praktische Politik übertragen werden. Aus mehreren Gründen ist Vorsicht angesagt. Erstens, in einigen Fällen gilt auch bei Mehrpersonenmodellen die Optimalität eines einheitlichen Satzes. Die Analysen lassen sich dabei grundsätzlich in Modelle unterteilen, bei denen sich die Individuen entweder hinsichtlich des Lohneinkommens unterscheiden oder hinsichtlich ihrer Präferenzen. Atkinson (1977) zeigt, dass bei identischen Präferenzen (mit linearen Ausgabensystemen), der Existenz einer optimalen Einkommensteuer und bloßen Unterschieden im Lohneinkommen einheitliche Steuersätze optimal sind. Atkinson und Stiglitz (1976) bestätigen die Optimalität einheitlicher Steuersätze auch für den Fall, dass eine nichtlineare optimale Einkommensteuer existiert und zudem die Nutzenfunktion bezüglich der Konsumgüter und des Gutes Freizeit schwach separabel sind. Deaton (1987) zeigt die Optimalität einheitlicher Sätze für den Fall, dass die Individuen sich in den Präferenzen unterscheiden. Dies gilt allerdings nur dann, wenn (1) die Präferenzen linear parallele Engelkurven implizieren (mit unterschiedlichen Achsenabschnitten), (2) lump-sum-Transfers – zugeschnitten auf die demographischen Charakteristika der Haushalte – möglich sind, (3) Güter und Freizeit schwach separabel sind und (4) eine optimale lineare Einkommensteuer existiert.

Zweitens, ein schwer wiegender Einwand gegen die Analyse im Rahmen der Mehrpersonenmodelle ist die Kritik von Arrow (1951), der gezeigt hat, dass die Aufstellung einer sozialen Nutzenfunktion unmöglich ist, wenn sich die Gesellschaft zugleich auf vier grundlegende Kriterien einigt, die erfüllt sein sollten (Unmöglichkeitstheorem). Demnach sollte die soziale Präferenzordnung folgenden Kriterien genügen: Erstens, sie sollte auf alle logisch möglichen individuellen Präferenzordnungen anwendbar sein; zweitens, wenn für jedes Individuum x>y gilt, so sollte dies auch für die Gesellschaft gelten (schwaches Pareto-Kriterium); drittens, irrelevante Alternativen der Individuen sollten keinen Einfluss auf die letztliche Entscheidung der Gesellschaft haben und viertens, die soziale Entscheidung sollte diktatorfrei sein.[11] Dies relativiert in starkem Maße die Aussagekraft von Entscheidungen auf Basis von Wohlfahrtsfunktionen.

Zusammenfassend muss man feststellen, dass – so sehr die theoretischen Analysen zu einem besseren konzeptionellen Verständnis beitragen – sie insgesamt nur bedingt praxistauglich sind. Aus den oben dargelegten theoretischen Ausführungen wurde deutlich, dass für konkrete Aussagen die Notwendigkeit besteht, (1) die kompensierten Kreuzpreiselastizitäten im Falle der Corlett-Hague-Regel zu bestimmen, (2) die soziale Wohlfahrtsfunktion und entsprechende soziale Gewichtungsparameter im Falle der Mehrpersonen-Ramsey-

---

[11] Vgl. auch Atkinson und Stiglitz (1980).

Regel zu bestimmen, was aufgrund des Unmöglichkeitstheorems grundsätzlich kritikwürdig ist, und (3) die vorherrschenden kompensierten Nachfrageelastizitäten der verschiedenen Güter zu ermitteln, die ebenfalls für die Ramsey-Regel benötigt werden. Eine Analyse, die in diesem Sinne alle erforderlichen Daten einbeziehen würde, ist kaum denkbar und für die mit konkreter Steuerpolitik befassten Akteure in jedem Fall nicht praktikabel.[12]

Das zentrale Problem ist die empirische Bestimmung verlässlicher Daten, was sich auch als eine Form von Transaktionskosten verstehen lässt. Homburg (2000, S. 196) vertritt die Auffassung, dass es angesichts der Informationsprobleme für den Staat naheliegend sei, alle Güter gleichmäßig zu besteuern, was er als Drittbest-Besteuerung bezeichnet. Dies ist im Bereich der Güterbesteuerung in der Tat eine sinnvolle Arbeitshypothese. Berücksichtigt man neben diesen Informationsproblemen zudem praktische Probleme, wie z.B. die Umsetzbarkeit bestimmter Maßnahmen, administrative Kosten und Steuerbefolgungskosten beim Steuerpflichtigen, so ergibt sich aus Transaktionskosten-Sicht insgesamt ein modifiziertes Bild: Ein einheitlicher Mehrwertsteuersatz erscheint vor diesem Hintergrund ein sinnvoller Ausgangspunkt (siehe dazu die ausführliche Diskussion der Tarifstruktur in einer modernen Benchmark-MWSt im folgenden Abschnitt).

Die in den vorigen Abschnitten skizzierte Optimalsteuertheorie wird verwendet, um Aussagen über die relative Besteuerung von Gütern abzuleiten, was sich – wie oben diskutiert – in der Bestimmung der Steuersätze niederschlägt. Dahinter steckt die Annahme, dass es in der Praxis möglich ist, Güter auf der Einzelhandelsumsatzebene zu besteuern, so dass die Steuerlast durch Preissetzung der Unternehmer gegenüber den Konsumenten direkt von letzteren getragen wird. Tatsächlich gehen aber viele Güter wieder in den Produktionsprozess ein. Ein Stuhl, der von einem Möbelhändler verkauft wird, kann auch von einem Unternehmer für seine Büroräume erworben werden. Es würde sich dann um eine Besteuerung von Inputfaktoren im Produktionsprozess handeln. Damit stellt sich die optimalsteuertheoretische Frage, ob dies in Kauf genommen werden kann oder sogar erwünscht ist. Hier zeigt sich, dass die Optimalsteuertheorie durchaus einen sinnvollen Beitrag leisten kann.

Diamond und Mirrlees (1971) haben gezeigt, dass es neben den second-best oder third-best-optimalen Steuern keine zusätzlichen Steuern auf Inputgüter im Produktionsprozess geben sollte. Etwaige Inputsteuern würden nur die von den Marktakteuren gewählte Inputkombination im Produktionsprozess beeinträchtigen und damit zu einem niedrigeren Output führen; eine Verzerrung der Produktionspreise in diesem Sinne kann nach ihrer Analyse den individuellen

[12] Dies gilt sowohl für politische Entscheidungsträger als auch für wirtschaftspolitische Berater.

Nutzen der Konsumenten nicht über das hinaus erhöhen, was bereits durch die optimale Setzung von Ramsey-Steuern erfolgt.

Dieses sogenannte Produktionseffizienztheorem ist von enormer Bedeutung für die Suche nach optimalen Steuern in der Praxis. Zusammen mit den bereits dargelegten optimalsteuertheoretischen Überlegungen muss es im Bereich der Güterbesteuerung folglich darum gehen, ein System der Besteuerung zu etablieren, das

- in der tariflichen Belastung der Konsumenten die Optimalsteuer-Regeln reflektiert, wobei – wie oben dargelegt – ein einheitlicher Steuersatz aus einer third-best Überlegung heraus sinnvoll erscheint,
- eine Besteuerung von Inputgütern im Produktionsprozess vermeidet.

Dies spricht eindeutig für die Wahl einer MWSt, denn diese ist eine geeignete Form der Güterbesteuerung, mit der die Optimalsteuerregeln prinzipiell verwirklicht werden könnten. Sie ist einem Gütersteuersystem mit einer Vielzahl spezifischer Einzelsteuern effizienztheoretisch klar überlegen. Denn letztere führen in der Belastung zu einer Kaskadenwirkung, die jeder wohlgemeinten und feingesteuerten Satzdifferenzierung zuwiderläuft, da die effektiven Steuersätze durch die Besteuerung von Inputleistungen divergieren und nicht systematisch kontrollierbar sind. Entscheidend für die Optimalität einer Mehrwertsteuer ist aber, dass es in der praktischen Ausgestaltung tatsächlich gelingt, Inputleistungen steuerlich unbelastet zu lassen. Dies kann technisch bekanntlich durch einen Vorsteuerabzug oder den Vorumsatzabzug erfolgen. Dies ist im folgenden Abschnitt ausführlich zu diskutieren, da die Qualität eines MWSt-Systems in der Praxis u.a. davon abhängt.

In diesem Zusammenhang ist auch der Beitrag der Optimalsteuertheorie für die Praxis der steuerpolitischen Beratung zu sehen. Eine Orientierung an den theoretischen Vorgaben reduziert die Gefahr grober Fehleinschätzungen durch steuerpolitische Berater, da ein Grundverständnis für bestimmte Wirkungen gegeben ist. Die endgültige Klärung der Frage nach dem optimalen Tarif muss zwar – u.a. mangels ausreichender empirischer Daten – offen bleiben, doch es spricht sehr viel für einen einheitlichen Steuersatz im Rahmen einer Benchmark-MWSt. Fast wichtiger ist die Bedeutung des Produktionseffizienztheorems, das für steuerrechtliche Ausgestaltung relevant ist: Bemessungsgrundlage, Steuerbefreiungen – so sie im Einzelfall aus administrativen Gründen gerechtfertigt sein mögen – oder auch Aspekte des Besteuerungsverfahrens sollten stets unter dem Blickwinkel betrachtet werden, dass Inputgüter nicht steuerlich belastet werden.

4.2. Kernelemente einer modernen MWSt

In diesem Abschnitt geht es um die Formulierung eines konkreten Benchmark für die steuerpolitische Praxis. Es gilt, – gegebenenfalls unter Einbeziehung optimalsteuertheoretischer Überlegungen – zentrale Charakteristika einer „modernen“ MWSt herauszuarbeiten.

4.2.1. Grundsätzliche Merkmale

4.2.1.1. MWSt vom Konsumtyp

Eine Diskussion über die Wahl des MWSt-Typs erscheint auf den ersten Blick müßig, da Alternativen angesichts der sich weltweit durchzusetzenden Form der MWSt vom Konsumtyp nicht erkennbar sind. Die Tatsache der weltweiten Verbreitung sollte aber nicht einer Prüfung fundamentaler Argumente entgegenstehen, die letztlich für den steuerpolitischen Berater im Vordergrund stehen sollten. Dies gilt umso mehr, als die Alternativen – die MWSt vom Einkommens- bzw. Bruttosozialtyp – immer wieder auf der reformpolitischen Agenda stehen.[13]

Ein Vorteil der MWSt sowohl vom Einkommens- als auch vom Bruttosozialtyp-Typ ist, dass bei breiter Bemessungsgrundlage ein niedriger Steuersatz ausreicht, um ein bestimmtes Aufkommen zu erzielen.[14] Zwar könnte statt einer MWSt auch eine direkte Einkommensteuer eingeführt werden, bei der zudem über Freibeträge eine Besteuerung nach der individuellen Leistungsfähigkeit besser gewährleistet wäre; aber die Erhebung in Form einer MWSt reduziert die Anzahl der Steuerpflichtigen erheblich, was administrativ betrachtet insbesondere in Transformationsländern ein Vorteil sein könnte.

Das gewichtigste Argument gegen eine MWSt vom Einkommens- bzw. Bruttosozialprodukt-Typ sind die damit verbundenen negativen Effizienzwirkungen. Die MWSt vom Bruttosozialprodukt-Typ beinhaltet die Besteuerung von Investitionen, die über erhöhte Kapitalnutzungskosten zu einer Beeinträchtigung der Kapitalbildung führt. Mit beiden MWSt-Typen ist eine umfassende Besteuerung von Kapitaleinkommen gegeben, die aus den in Kapitel 6 diskutierten Gründen problematisch ist. In beiden Fällen werden die Produktionsent-

[13]Brasilien hat eine MWSt vom Bruttosozialprodukt-Typ auf subnationaler Ebene; vgl. Purohit (1997). In Deutschland fordern im Zuge der Diskussion um die Reform der Gemeindefinanzierung verschiedene Politiker und Verbandsvertreter immer wieder eine Wertschöpfungssteuer auf Unternehmensebene, welche identisch ist mit einer MWSt vom Bruttosozialprodukt-Typ. Dies fordert z.B. der Münchner Stadtkämmerer Klaus Jungfer in einem Interview mit der Süddeutschen Zeitung; vgl. Hammer (2001).

[14]Vgl. u.a. Musgrave et al. (1985).

scheidungen verzerrt zugunsten weniger kapitalintensiver Methoden.[15] Ungeachtet des Arguments, dass ein Alleingang für ein Transformationsland unvorteilhaft wäre, sollte deshalb bei der Konzeption der MWSt eindeutig die MWSt vom Konsumtyp gewählt werden, die am geeignetsten ist, die in Abschnitt 4.1 genannte Produktionseffizienz zu gewährleisten.

4.2.1.2. Ursprungs- vs. Bestimmungslandprinzip

Ein wichtiger Aspekt bei der Gestaltung einer MWSt ist das Prinzip, wie grenzüberschreitende Transaktionen besteuert werden sollen, d.h. entweder nach dem Bestimmungslandprinzip (BLP) oder dem Ursprungslandprinzip (ULP). Aus der Literatur ist bekannt, dass ein Übergang von einem zum anderen Prinzip unter bestimmten Annahmen keine realwirtschaftlichen Folgen hat (Äquivalenzresultat).[16] Dies gilt insbesondere dann, wenn es einen einheitlichen MWSt-Satz auf alle Güter in einer Ökonomie gibt, ausgeglichener Handel zwischen den Ländern besteht und der Wechselkurs flexibel ist. In der Realität sind diese Annahmen aber typischerweise nicht erfüllt.[17] Für das Bestimmungslandprinzip spricht das Produktionseffizienztheorem.[18] Auch wenn dieses nur unter bestimmten Annahmen zutrifft, erscheint das Streben nach Wettbewerbsneutralität mit unverzerrten Produktionspreisen plausibel. Aus theoretischer Sicht gibt es Argumente für die Implementierung des ULP z.B. bei imperfekten Marktstrukturen[19] oder bei Koordinationsversagen zwischen den Staaten.[20] Allerdings sind diese Argumentationsstränge wenig überzeugend, da bei Marktversagen in der Regel geeignetere Instrumente zu Verfügung stehen.[21]

4.2.1.3. Vorsteuer- vs. Vorumsatzverfahren

Als dritte grundsätzliche Entscheidung steht die Frage nach dem MWSt–Verfahren an, d.h. ob die Steuerbasis nach dem Vorsteuer- oder dem Vorumsatz-

---

[15] Vgl. Ebrill et al. (2001), S. 18.

[16] Vgl. u.a. Lockwood et al. (1994).

[17] Vgl. Ebrill et al. (2001, S. 181) für eine Kritik an den Annahmen.

[18] Vgl. Diamond und Mirrlees (1971) und Abschnitt 4.1.

[19] Vgl. Keen (1998).

[20] Vgl. Lockwood (1993).

[21] Die u.a. von Lockwood (1993) getroffene Annahme fehlender länderübergreifender Kooperation ist zwar in vielen Transformationsländern bei einer Momentan-Betrachtung nicht abwegig. Dies ist allerdings oft weniger Ausdruck einer bewussten politischen Strategie, sondern auf die umfangreichen Herausforderungen des Transformationprozesses zurückzuführen. Es ist davon auszugehen, dass sich im Zuge des Reformverlaufs sukzessive Kooperationsbereitschaft herausbildet. Aus diesen Gründen ist die Festlegung auf das ULP im Frühstadium dieses Prozesses problematisch.

verfahren ermittelt werden soll.[22] Für das weltweite praktizierte Vorsteuerverfahren spricht, dass es aus administrativer Sicht im Gegensatz zum Vorumsatzverfahren eine Satzdifferenzierung erlaubt und zudem eine vermutlich bessere Kontrolle der Transaktionen ermöglicht.[23] Ebrill et al. (2001) stimmen dem zu, sehen aber auch Vorzüge des Vorumsatzverfahrens. Denn bei steuerbefreiten Gütern stellt sich die Frage der steuerlichen Behandlung, wenn diese von registrierten MWSt-Pflichtigen erworben werden. Das Vorsteuerverfahren kennt hier keinen Abzug. Dagegen ist beim Vorumsatzabzug ein spezielles Verfahren – wie von McLure (1987) vorgeschlagen – denkbar, bei dem auch steuerbefreite Käufe abzugsfähig sind. Auch in dieser Frage ist die Optimalsteuertheorie geeignet, die Überlegenheit eines der beiden Verfahren zu prüfen. Da Kleinunternehmer meist steuerbefreit sind (s.u.) und eine spezifische Benachteiligung der von ihnen produzierten Leistungen nicht wünschenswert ist, spricht dies eher für den Vorumsatzabzug. Denn dadurch wird die im steuerbefreiten Vorumsatz enthaltene steuerliche Vorbelastung neutralisiert. Allerdings muss darauf hingewiesen werden, dass es konzeptionell möglich wäre, das Problem bei Kleinunternehmern zu vermeiden, indem sie in den Genuss der Nullsatzbesteuerung kommen. Ob dies allerdings in der Praxis aufgrund administrativer Kosten sinnvoll ist, muss stark bezweifelt werden. Schließlich ist effizienztheoretisch ein weiterer Vorteil des Vorumsatzverfahrens darin zu sehen, dass der Anreiz zu Eigen- und Heimproduktion durch registrierte Steuerpflichtige beseitigt wird. Auch die Tatsache, dass bei Existenz einer Einkommensteuer Skalenerträge auftreten, da Informations- und Dokumentationspflichten stärker als beim Vorsteuerabzug an gleiche Merkmale (Transaktionen) anknüpfen, ist positiv zu würdigen.

Bei Abwägung der Argumente spricht zunächst vieles gegen das weltweit verbreitete Vorsteuerverfahren. Andererseits ist das Argument der besseren Kontrollmöglichkeit beim Vorsteuerabzugsverfahren durch die Steuerverwaltung von erheblichem Gewicht. Betrachtet man ferner das Problem der optimalen Wahl aus Transaktionskosten-Sicht, so reduziert sich die in manchen Bereichen konzeptionelle Vorteilhaftigkeit des Vorumsatzverfahrens erheblich: Denn im Falle der ost- und südosteuropäischen Länder ist zu berücksichtigen, dass ihre MWSt langfristig kompatibel sein sollte mit der EU-MWSt. Die autonome Einführung des Vorumsatzverfahrens in einem bestimmten Land ist

---

[22] Das in der Literatur gelegentlich erwähnte Additionsverfahren soll hier nicht diskutiert werden, da es in der Praxis zu kompliziert ist und als ernsthafte Alternative deshalb nicht in Frage kommt.

[23] Zwar besteht beim Vorumsatzverfahren natürlich die gleiche Kontrollmöglichkeit wie bei der Einkommensteuer, doch steht hier die Steuerzahlung nicht in direkt überprüfbarem Zusammenhang mit dem Rechnungsbetrag; vgl. Cnossen (1991b), S. 8.

dann kaum sinnvoll. Aus diesem Grund sollten Transformationsländer tendenziell das Vorsteuerabzugsverfahren wählen.

4.2.1.4. Reichweite

Als weitere Frage grundsätzlicher Natur ist zu klären, ob die MWSt die gesamte Wertschöpfungskette erfassen sollte oder nur einen Teil. Verfolgt man die historische Entwicklung der MWSt in Theorie und Praxis, so wird deutlich, dass keineswegs immer die heute in Europa gängige Form der Allphasenumsatzsteuer favorisiert wurde. Neben dieser Allphasenumsatzsteuer, die bis zur Ebene des Einzelhandels reicht („retail stage"), sind vor allem in Entwicklungsländern auch MWSt-Systeme anzutreffen, die sich auf das verarbeitende Gewerbe („manufacturing stage") oder den Großhandel („wholesale stage") beschränken.[24]

Zwei Argumentationsstränge gegen eine Beschränkung der Reichweite sind hier zu nennen, wobei auch in dieser Frage die Optimalsteuertheorie Orientierung für die Einordnung der Einwände bietet. Aus administrativer Sicht bestehen Zweifel, eine Abgrenzung zwischen verarbeitendem Gewerbe und anderen Wertschöpfungsebenen bewältigen zu können.[25] Neben diesen technischen Problemen ist aus Effizienzsicht einzuwenden, dass durch die Herausnahme der Einzelhandelsstufe die auf dieser Ebene erwirtschaftete Wertschöpfung nicht erfasst wird und es damit zu einer Verzerrung kommt. Berücksichtigt man, dass vor allem Luxusgüter eine hohe Handelsmarge aufweisen, widerspricht dies tendenziell der Mehrpersonen-Ramsey-Regel. Zwar lässt sich einwenden, dass aufgrund administrativer Probleme und damit starker Anreize zur Steuerhinterziehung auf der Einzelhandelsebene eine Beschränkung auf Großhandel und verarbeitendes Gewerbe effizienztheoretisch denkbar wäre. Allerdings weist Cnossen (1991a, S. 76ff) zurecht darauf hin, dass die Probleme bei der Erfassung zahlreicher Einzelhändler in erster Linie ein Problem der Unternehmensgröße ist und kein Problem der Ebene der Wertschöpfung. Das Problem einer Vielzahl kleiner Einzelhändler sollte deshalb durch eine klare Kleinunternehmer-Regelung angegangen werden (s.u.). Insgesamt ist festzuhalten, dass eine pauschale Freistellung einer oder mehrerer Wertschöpfungsebenen kaum zu rechtfertigen ist. Die MWSt sollte deshalb alle Wertschöpfungsstufen erfassen.

---

[24] Brasilien hat eine nationale MWSt, die sich nur auf das verarbeitende Gewerbe bezieht; vgl. Purohit (1997).

[25] Cnossen (1991a, S. 21) weist darauf hin, dass Verkäufe zwischen den verschiedenen Ebenen zu entsprechenden Korrekturen der Steuerbasis führen, was insbesondere in sich rasch entwickelnden Ökonomien mit stetigem Wandel der Unternehmen auftreten wird.

4.2.2. Tarifstruktur

Die in Abschnitt 4.1 dargelegte theoretische Fundierung hat verdeutlicht, dass der optimale Tarif von der sozialen Nutzenfunktion des Gesetzgebers und den vorherrschenden Angebots- und Nachfrageelastizitäten der verschiedenen Güter abhängt.[26] Eine Analyse in diesem Sinne ist für die mit konkreter Steuerpolitik befassten Akteure, d.h. sowohl politische Entscheidungsträger als auch wirtschaftspolitische Berater, wenig hilfreich, so dass aus praktischer Sicht eine alternative Vorgehensweise notwendig ist. Die oben vorgeschlagene Arbeitshypothese zur Wahl eines einheitlichen Satzes auf alle Güter ist vor diesem Hintergrund eine sinnvolle Strategie.

Diese Position wird auch von Tait (1988) geteilt, der die Tarifstruktur und die Vorteilhaftigkeit eines einheitlichen MWSt-Satzes allerdings eher vor dem Hintergrund administrativer Probleme (bzgl. der Umsetzbarkeit theoretischer Ergebnisse) diskutiert. In Bezug auf die Situation in Transformationsländern sind m.E. vier von ihm vorgebrachte Einwände gegen eine Satzdifferenzierung von Gewicht[27]:

- Niedrige Sätze können in der Regel nicht zielgenau auf bestimmte Gruppen ausgerichtet werden. Unternehmer haben in der Praxis oft Spielraum, die Preisdifferenz für Quersubventionen anderer Güter zu verwenden.

- Differenzierte Sätze sind ein ungeeignetes Mittel für Verteilungsziele. Höhere Sätze beziehen sich oft auf Güter mit sehr geringem Anteil am Gesamtkonsum, so dass das in Frage kommende Aufkommen gering ist. Im Zweifel sind zusätzliche spezifische Gütersteuer besser geeignet.

- Die durch Satzdifferenzierung notwendige Abgrenzung von Güterkategorien erfordert gut ausgebildetes Personal in der Steuerverwaltung, das in anderen Bereichen effektiver eingesetzt werden könnte.

- Die Abgrenzung von Güterkategorien erhöht auch die Steuerbefolgungskosten bei den Steuerpflichtigen. Die Folge ist erhöhte Unsicherheit bei der Steuererklärung, was wiederum Raum für Auslegung und Steuerhinterziehung schafft. Dies reduziert die allgemeine Akzeptanz bei Einführung der MWSt in einem Transformationsland.

Damit kann ein einheitlicher Tarif sicherlich als akzeptabler Referenzfall eines „guten" Steuersystems betrachtet werden. Sind damit die Ergebnisse der

[26] Auch die institutionellen Rahmenbedingungen, wie z.B. das Ausmaß der Steuerhinterziehung und administrative Kapazitäten spielen eine Rolle für die Bestimmung des optimalen Tarifs; vgl. Ray (1997, 1998b).

[27] Vgl. Tait (1988), S. 42ff.

Optimalsteuertheorie irrelevant? Wie bereits im vorherigen Abschnitt 4.1 angesprochen, liegt der Nutzen der Optimalsteuertheorie für die praktische Steuerpolitik darin, dass sie eine Orientierungshilfe bietet, an der einzelne Maßnahmen zu beurteilen sind. Die eigentliche Bedeutung erschließt sich erst, wenn man die optimalsteuertheoretischen Ergebnisse mit Hilfe des Transaktionskosten-Ansatzes betrachtet. In Anlehnung an das auf Williamson (2000b) zurückgehende Entscheidungskriterium könnte man folgende Handlungsanweisung formulieren: „Ausgehend von einem einheitlichen Tarif sollte die Einführung differenzierter Sätze von dem Nachweis abhängig gemacht werden, dass diese tendenziell im Einklang mit den oben abgeleiteten Optimalsteuerregeln stehen und keine übermäßigen Transaktionskosten entstehen. Wenn der Nachweis nicht gelingt, sollte ein einheitlicher Satz beibehalten werden.“ Jede Bewegung weg von diesem Status Quo muss damit explizit und unter Einbeziehung von Transaktionskosten begründet werden. Damit ist zwar nicht gewährleistet, dass der einheitliche Tarif in einem bestimmten ökonomischen Umfeld second-best optimal ist. Sofern aber in der Ausgangssituation einige Mindestanforderungen vorhanden sind[28], wird es wahrscheinlicher, dass gewünschte Abweichungen vom einheitlichen Satz auch tatsächlich wohlfahrtserhöhend sind. In diesem Sinne leistet die Optimalsteuertheorie für die steuerpolitische Praxis einen wichtigen Beitrag, da sie die Menge der wohlfahrtserhöhenden Maßnahmen einschränkt.

4.2.3. Bemessungsgrundlage und Steuerbefreiungen

4.2.3.1. Bemessungsgrundlage

In juristisch-technischem Sinne ist die Steuerbemessungsgrundlage das Entgelt für Lieferungen und Dienstleistungen. Zudem ist unstrittig, dass Eigenverbrauch des Unternehmers, seiner Angehörigen oder seiner Angestellten ebenso zur Bemessungsgrundlage zählen müssen. Weiterhin folgt aus dem Bestimmungslandprinzip die Einbeziehung von Importen. Grundsätzlich gilt, dass spezielle Verbrauchsteuern und im Falle von Importen auch Zölle Teil der Bemessungsgrundlage sein sollten, da etwaige erwünschte oder unerwünschte Verzerrungen der relativen Preise nicht durch die MWSt, sondern durch die jeweiligen spezifischen Steuern erfolgen sollten.

Ausgehend von der Prämisse, dass eine einheitliche Tarifstruktur wünschenswert ist, ergibt sich unmittelbar die Forderung nach Einbeziehung aller Arten von Konsumgütern und Dienstleistungen in die Bemessungsgrundlage der MWSt. Dies steht allerdings in offenem Widerspruch zu den in der Praxis zu

---

[28] Z.B. die Existenz einer Einkommensteuer als Umverteilungsinstrument, etc.; vgl. Atkinson (1977).

beobachtenden zahlreichen Steuerbefreiungen von Gütern und Dienstleistungen. Zu unterscheiden sind bekanntermaßen Steuerbefreiungen mit Vorsteuerabzug (sog. Nullsatzbesteuerung) und Steuerbefreiungen ohne Vorsteuerabzug. Nachfolgend ist mit dem Begriff Steuerbefreiung letztere gemeint. Damit stellt sich die Frage nach der Rechtfertigung von Steuerbefreiungen, den möglichen Konsequenzen daraus und der Frage der technischen Umsetzung.

4.2.3.2. Rechtfertigung der Steuerbefreiung

Administrative Probleme und sozialpolitische Zwecke sind die beiden zentralen Gründe, die zur Rechtfertigung von Steuerbefreiungen angeführt werden. Da zum einen mit der Kleinunternehmerregelung ein Instrument zur Lösung bestimmter administrativer Probleme zur Verfügung steht und zum anderen das Instrument der Steuersatzdifferenzierung sozialpolitischen Zielen prinzipiell Rechnung tragen könnte, bedarf es einer genauen Überprüfung, inwiefern Steuerbefreiungen überhaupt zu rechtfertigen sind. Eine Steuerbefreiung ist neben der weiter unten dargestellten Befreiung von Kleinunternehmern möglicherweise sinnvoll, wenn es systematisch schwierig ist, die Bemessungsgrundlage zu bestimmen. Dazu zählen u.a. die Komplexe Finanzdienstleistungen und öffentlicher Sektor. Dabei ist jeweils für sich zu prüfen, ob eine Steuerbefreiung sinnvoll ist.[29]

Zu den sozialpolitischen Zielen gehört meist die Förderung von Bildung und Gesundheit, die in beiden Fällen meist durch positive Externalitäten effizienztheoretisch fundiert wird.[30] Dabei ist grundsätzlich zu prüfen, ob die Steuerbefreiung (ohne Vorsteuerabzug) den Zielen förderlich ist, oder ob möglicherweise die Steuerpflicht vorteilhafter ist. Dies kann dann der Fall sein, wenn effizientere Maßnahmen zur Förderung zur Verfügung stehen. Wenn die Steuerbefreiung aber gewünscht ist, gilt zu prüfen, ob sie institutionell beschränkt sein soll oder die zugrunde liegenden Leistungen generell freigestellt werden sollten. Diese Unterscheidung ist u.U. von großer Bedeutung, wenn es private Anbieter gibt, die nicht unter eine institutionelle Befreiung fallen würden.

4.2.3.3. Probleme der Steuerbefreiung

Die Vorteile einer Befreiung bestimmter Güter von der MWSt müssen sorgfältig mit den negativen Folgen einer solchen Befreiung abgewogen werden. In der

[29] Siehe dazu Abschnitt 4.2.3.5.

[30] Da Leistungen im Bereich Bildung und Gesundheit in den meisten Transformationsländern fast ausschließlich vom Staat angeboten werden, könnte man diese auch unter dem oben genannten „administrativen Aspekt" subsumieren. Dennoch ist die Motivation für eine Steuerbefreiung hier nicht rein administrativer Natur.

Literatur werden typischerweise folgende Probleme identifiziert[31]: Rückgang des Steueraufkommens, Verletzung der Produktionseffizienz durch Preisverzerrung bei Inputgütern, Anreize zur Selbstproduktion, Verletzung des Bestimmungslandprinzips, Zunahme der Steuererhebungskosten und Steuervermeidungsanreize.[32]

Einige der genannten Probleme lassen sich am Beispiel des öffentlichen Sektors veranschaulichen. Im Mittelpunkt stehen dabei die Güter und Dienstleistungen, die vom öffentlichen Sektor gegen geringes Entgelt oder - wie es bei staatlich bereit gestellten Kollektivgütern typischerweise der Fall ist - umsonst angeboten werden.[33] Eine Steuerbefreiung liegt hier intuitiv nahe, da die Steuerpflicht für den Staat insgesamt aufkommensneutral ist (mangels Einnahmen wird keine Ausgangsumsatzsteuer fällig und der Aufkommensverlust durch die Erstattung der abzugsfähigen Vorsteuer wird exakt kompensiert durch die geringeren Ausgaben des öffentlichen Sektors), jedoch zu administrativen Aufwand führt. Allerdings können sich aus der Steuerbefreiung folgende Probleme ergeben:

- Produktionsineffizienz: Das Ziel der Kostenminimierung kann analog zur Gewinnmaximierung bei privaten Anbietern zu unterschiedlichen effektiven Steuersätzen der Inputgüter führen, wenn kein Vorsteuerabzug zugelassen ist.

- Vertikale Integration: Die Steuerbefreiung verbilligt selbstproduzierte Güter und Dienstleistungen im Vergleich zu ihrem marktmäßigen Pendant.

- Abgrenzungsprobleme: Staatliche Unternehmen, die teilweise auch privatwirtschaftliche Leistungen erbringen und dafür steuerpflichtig sind, müssen eine u.U. aufwändige Aufteilung der Vorsteuer vornehmen. Auf die Abgrenzung kann aber aus Gründen der Wettbewerbsneutralität nicht verzichtet werden.

Die Erstattung der gezahlten Vorsteuer („rebating"), wie sie innerhalb der EU z.B. in Luxemburg praktiziert wird[34], ist ebenso eine Lösung wie die volle Steuerpflicht für den öffentlichen Sektor mit entsprechendem Vorsteuerabzug.[35]

[31] Vgl. Ebrill et al. (2001), S. 90.

[32] Vgl. u.a. Cnossen (1991b), Ebrill et al. (2001).

[33] Öffentliche Unternehmen, die aus politischen Gründen Individualgüter anbieten, sollten hinsichtlich der MWSt den privaten Anbietern gleichgestellt sein.

[34] Luxemburg gewährt das Vorsteuerabzugsrecht bei steuerbefreiten Umsätzen im Bereich Bildung, Erziehung und bei öffentlichen Körperschaften im Kulturbereich; vgl. Mennel und Förster (2003).

[35] Aujean et al. (1999) schlagen letztere als Modell für eine gemeinsame EU-Lösung vor.

Dennoch liegt hier ein klarer Trade-off vor: zwischen erhöhtem administrativen Aufwand einerseits und dem Effizienzgewinn auf der anderen Seite. Vor diesem Hintergrund werden weiter unten Ansätze zur steuerlichen Behandlung des Bereichs Bildung und Gesundheit diskutiert.

4.2.3.4. Methode der Steuerbefreiung

Die Frage der Art der Umsetzung von Steuerbefreiungen stellt sich vor allem bei der Behandlung von Dienstleistungen. Wichtige Beispiele dafür sind die oben genannten Bereiche Gesundheit, Bildung und Finanzdienstleistungen. Hinsichtlich der Methode bieten sich zwei Möglichkeiten an: der integrierte Ansatz und der selektive Ansatz.[36] Nach dem ersten Ansatz sind grundsätzlich alle Dienstleistungen steuerbar außer denen, die explizit steuerbefreit werden. Der selektive Ansatz dagegen stellt alle Dienstleistungen grundsätzlich steuerfrei und bestimmt lediglich über explizite Aufzählungen die Steuerbarkeit bestimmter Dienstleistungen. Dabei geht die Bandbreite von einer Besteuerung, die sich effektiv kaum vom integrierten Ansatz unterscheidet, bis zu einer sehr begrenzten Bemessungsgrundlage. Aus theoretischer Sicht kann das Ausmaß der gewünschten Besteuerung über beide Ansätze realisiert werden. Cnossen (1991a, S. 79) weist aber darauf hin, dass polit-ökonomische Gründe eher für den integrierten Ansatz sprechen, da es leichter sei, den Wunsch nach Steuerbefreiung einer Lobby abzuwehren, wenn Dienstleistungen grundsätzlich besteuert werden. Zudem spricht für den integrierten Ansatz, dass der Gesetzgeber angesichts der dynamischen Entwicklung des Dienstleistungssektors und der damit verbundenen Entstehung neuer Dienstleistungskategorien mit dem selektiven Ansatz überfordert sein dürfte. Dies gilt insbesondere für Entwicklungs- und Transformationsländer, in denen der Dienstleistungssektor wenig ausgeprägt ist und die Entstehung neuer Berufe im Zuge der wirtschaftlichen Entwicklung zu erwarten ist.

4.2.3.5. Beispiele typischer Befreiungen

Bildung. Da Bildung in Transformationsländern fast ausschließlich vom öffentlichen Sektor kostenlos angeboten wird, kann zunächst auf die oben gebrachten Argumente zurückgegriffen werden. Für die Besteuerung spricht demnach die Vermeidung negativer Anreize. Dagegen spricht der administrative Aufwand, der sich durch die Vorsteueraufteilung ergibt, welche notwendig wird, wenn Unternehmen partiell Fortbildungsdienstleistungen anbieten.

Angesichts der verschiedenen Argumente erscheint es sinnvoll zwischen Bildungsleistungen zu unterscheiden, die einerseits im Rahmen der allgemeinen

[36] Zu den Begriffen siehe Cnossen (1991a).

Schulpflicht der primären und sekundären Ausbildungsstufe erbracht werden und andererseits Leistungen, die von weiterführenden Schulen angeboten werden. Da erstere in Transformationsländern in der Regel ausschließlich öffentlich angeboten werden und deshalb das Wettbewerbsargument nicht greift, spricht hier vieles für die Steuerbefreiung. Anders ist der Fall zu beurteilen bei weiterführenden Schulen und Universitäten, die zum Teil privatwirtschaftlich organisiert sind. Hier bietet sich die volle Steuerpflicht – einschließlich staatlicher Institutionen – an, allerdings mit vollem Vorsteuerabzug. Dadurch werden die genannten Produktionsineffizienzen tendenziell vermieden und staatliche und private Anbieter gleichgestellt. Diese Nullsatzbesteuerung ist m.E. geboten, weil der Erwerb von Bildungsleistungen nicht in erster Linie als Konsum gesehen werden darf. Vielmehr handelt es sich um Investitionen in Humankapital, die gemäß des Produktionseffizienztheorems als Vorleistungen im Produktionsprozess steuerlich unbelastet bleiben sollten. Zwar wird die Nullsatzbesteuerung in diesem Bereich in der Literatur als administrativ problematisch gesehen, was eventuell in Transformationsländern für eine völlige Steuerbefreiung sprechen würde. In keinem Fall sollten aber Bildungsleistungen mit einem niedrigeren Satz besteuert werden, wie dies z.B. von Ebrill et al. (2001) gefordert wird.[37]

Insgesamt lässt sich festhalten, dass Bildungsleistungen im primären und sekundären Bereich – institutionell gebunden – steuerbefreit werden sollten. Alle anderen Bildungsleistungen sollten dann steuerpflichtig sein, wenn es administrativ vertretbar erscheint, wobei in diesem Fall unbedingt ein Nullsteuersatz angewendet werden sollte.

Gesundheit. Ähnliches gilt auch für den Gesundheitssektor. Aus gesundheitspolitischen Gründen und den oben genannten Effizienzüberlegungen wäre eine Nullsatzbesteuerung denkbar. Angesichts der quantitativen Bedeutung dieses Sektors und der Vielzahl an betroffenen Steuerpflichtigen (Ärzte, Krankenpfleger, Therapeuten etc.) wäre dieser Weg allerdings äußerst missbrauchsanfällig. Die Aufkommensverluste des Staates könnten enorm sein. In Anbetracht des administrativen Aufwands wird deshalb die Steuerbefreiung dieser Lieferungen und Leistungen in der Regel vertretbar sein.

[37] Ebrill et al. (2001, S. 94) fordern aus bildungspolitischen Gründen einen niedrigeren als den Standard-MWSt-Satz. Dies wird m.E. dem Charakter von Bildung als Inputfaktor nicht ausreichend gerecht: Ein Arbeitnehmer, der als zukünftiger Unternehmer in die Ausbildung investiert, darf die mit MWSt belastete Bildungsinvestition nicht geltend machen, wohingegen ein Unternehmer, der in Maschinen investiert, die Vorsteuer erstattet bekommt.

Finanzsektor. Ein dritter wichtiger Bereich ist der Finanzdienstleistungssektor. Grundlage der Besteuerung sollte der Wert der Dienstleistung sein. Sofern es sich nicht um gebührenbasierte Dienstleistungen handelt (Kontoführung etc.) – bei denen die Bemessungsgrundlage problemlos zu ermitteln ist –, besteht bei Finanzdienstleistungen das Problem, dass sie in der Regel implizit erbracht werden. Im Kreditgeschäft besteht die Leistung darin, dass zwischen Kapitalgeber (Sparer) und Kapitalnehmer vermittelt wird. Die Leistung kann folglich nur aggregiert als Differenz zwischen Soll- und Habenzinsen ermittelt werden. Insbesondere beim MWSt-System mit Vorsteuerabzug stellt sich damit das Problem, den so geschaffenen Mehrwert zwischen Kapitalgeber und -nehmer aufzuteilen. Konzeptionell liegen zwei Methoden vor, wie die Bemessungsgrundlage der zugrunde liegenden Finanzdienstleistung ermittelt werden kann. Poddar und English (1997) schlagen eine Cash-Flow-Besteuerung vor. Alternativ ist die Besteuerung mittels Aufteilung durch Anwendung eines fiktiven Zinssatzes denkbar.[38]

Vor dem Hintergrund der Notwendigkeit praktikabler Vorschläge für Transformationsländer ist festzustellen, dass keiner der diskutierten Ansätze[39] zur systemadäquaten Besteuerung von Finanzdienstleistungen auch nur annähernd geeignet ist, dem Kriterium der administrativen Effizienz zu genügen. Aus diesem Grund ist eine umfassende Steuerbefreiung von Finanzdienstleistungen zu empfehlen. Hinsichtlich der Wettbewerbsneutralität ist darauf zu achten, dass die Steuerbefreiung nicht institutionell auf Banken und Versicherungen beschränkt wird.

4.2.4. Kleinunternehmer

Die Freistellung von Kleinunternehmern und Handwerkern ist gängige Praxis in Ländern, die eine MWSt praktizieren. Die steuerliche Behandlung von Kleinunternehmern und damit u.a. die Festlegung einer Schwelle, ab der sie MWSt-pflichtig sind, ist von enormer Bedeutung für die Akzeptanz und das langfristige Fortbestehen der MWSt.[40]

Bei der Festlegung dieser Grenze stellen sich mehrere Fragen, die sich auch durch die sehr unterschiedliche Handhabung in verschiedenen Ländern ergeben. Soll die Grenze auf den Umsatz bezogen sein oder andere Indikatoren

[38] Konzeptionell ergibt sich die Aufteilung durch Anwendung eines fiktiven Zinssatzes („pure interest rate"), auf den sich Kapitalgeber und -nehmer auf perfekten Märkten ohne Finanzintermediär geeinigt hätten. Je näher dieser am Sollzins liegt, desto geringer ist der dem Kapitalnehmer zuzuordnende Mehrwert, und vice versa. Vgl. Ebrill et al. (2001), S. 94ff.

[39] Vgl. Poddar und English (1997), Schenk und Zee (2001).

[40] Ebrill et al. (2001) nennen Ghana und Uganda als Beispiele, wo es aufgrund zu niedriger Umsatzsteuerschwellen zum Scheitern oder (im Falle Ugandas) zum beinahe Scheitern gekommen sein soll.

(Mitarbeiterzahl etc.) einbeziehen? Soll diese Grenze einheitlich sein oder für verschiedene Güter variieren? Wenn eine Grenze definiert ist: Soll es bei Überschreiten zu einer vollständigen oder nur graduellen Steuerpflicht kommen?

Aus theoretischer Sicht lässt sich die optimale Schwelle des Kleinunternehmers gemessen am Umsatz durch folgendes Marginalkalkül ermitteln[41]

$$\mu \tau z U = \mu K + \tau z U + C, \tag{4.15}$$

wobei μ den sozialen Grenznutzen einer Einheit staatlicher Einnahmen (marginal benefit of public funds) beschreibt, τ den Standard-MWSt-Satz, z den Anteil des geschaffenen Mehrwerts am Umsatz pro Unternehmer, U den Umsatz des marginalen Unternehmers, K die administrativen Grenzkosten[42] und C die Grenzkosten der Steuerbefolgung durch den Unternehmer. Die linke Seite von (4.15) gibt damit die Grenzkosten einer Erhöhung der Umsatzsteuerschwelle wieder, bei der Kleinunternehmer gerade noch steuerbefreit werden, während die rechte Seite den Grenznutzen in Form geringerer Kosten der Administration und Steuerbefolgung beschreibt.

Damit ergibt sich als optimaler Umsatz

$$U = \frac{\mu K + C}{(\mu - 1)\tau z}\ , \tag{4.16}$$

der die Kleinunternehmergrenze beschreibt. Unter Verwendung geeigneter Daten lässt sich mit Hilfe von (4.16) für jedes Land in einer ersten Annäherung eine effizienztheoretisch fundierte Bandbreite für die Kleinunternehmergrenze ermitteln.

Allerdings ist die optimale Wahl dieser Grenze nicht unabhängig von der steuerlichen Behandlung der Steuerpflichtigen, die unterhalb der Schwelle sind. Da insbesondere Steuerpflichtige mit großem selbst geschaffenen Mehrwert – gemessen am Umsatz – von einer Steuerbefreiung profitieren, sind bestimmte Effizienz- und Verteilungswirkungen bei der Entscheidung über die optimale Schwelle zu berücksichtigen. Eine ceteris paribus höhere Schwelle kann aus Verteilungssicht sinnvoll sein, wenn anzunehmen ist, dass Kleinunternehmer tendenziell arm sind und deshalb einen hohen sozialen Grenznutzen des Einkommens, β, im Sinne von Gleichung (4.14) haben.[43] Andererseits sprechen Effizienzüberlegungen eher für eine ceteris paribus niedrigere Schwelle.

---

[41] Vgl. Ebrill et al. (2001), S. 117ff.

[42] D.h. die Kosten der Verwaltung, die sich durch einen zusätzlichen steuerpflichtigen Unternehmer ergeben.

[43] Vgl. Ebrill et al. (2001), S. 120ff. Es ist jedoch fraglich, ob die Berücksichtigung von Verteilungswirkungen an dieser Stelle so dominant sein sollte, insbesondere wenn alternative Umverteilungsinstrumente wirksamer eingesetzt werden können.

Cnossen (1991a) weist darauf hin, dass viele Länder bei Dienstleistungen eine geringere Schwelle vorgeben, da der Anteil des Mehrwerts am Umsatz im Dienstleistungssektor typischerweise größer ist als bei physischen Gütern.

Von größerer Bedeutung sind jedoch der bekannte Kaskadeneffekt und mögliche Wettbewerbsverzerrungen zum Nachteil der Unternehmer, die nicht unter die Kleinunternehmerregel fallen. Dies kann sich u.a. darin äußern, dass bestimmte Umsätze von einem Unternehmer nicht mehr erbracht werden, um dadurch gerade noch nicht steuerpflichtig zu werden. Tendenziell ist deshalb eher eine niedrigere Schwelle zu wählen als dies ohne diese Überlegungen getan wäre. In einer vergleichenden Studie zur MWSt in Osteuropa wird darauf hingewiesen, dass in der Praxis den Steuerpflichtigen oberhalb dieser Schwelle oftmals administrative Erleichterungen zugestanden werden, wie z.B. verlängerte Veranlagungszeiträume, die zu geringeren Befolgungskosten sowie auch zur Entschärfung von Liquiditätsproblemen führen.[44]

Unterstellt man, dass die durch eine Kleinunternehmerregel steuerbefreiten Unternehmer oftmals einer alternativen Besteuerung – z.B. einer vereinfachten Umsatzsteuer auf die Bruttoumsätze – unterliegen, lassen sich die hier diskutierten Wirkungen in die Entscheidung über die optimale Umsatzschwelle einbeziehen, indem man Gleichung (4.16) wie folgt modifiziert:[45]

$$U = \frac{\mu(K - K') + C - C'}{(\mu - 1)(\tau z - t)} \,, \tag{4.17}$$

wobei K' und C' jeweils die administrativen Grenzkosten und Grenzkosten der Steuerbefolgung der sonstigen Steuern für nicht MWSt-pflichtige Kleinunternehmer sind und t der entsprechende Steuersatz dieser Alternativsteuern. Gleichung (4.17) kann Grundlage einer Analyse hinsichtlich der optimalen Bestimmung einer Kleinunternehmerregelung in Transformationsländern sein (siehe Kapitel 5).

4.2.5. Technische Aspekte der steuerjuristischen Kodifizierung

Für die Praxis und die tatsächliche Wirkungsweise einer Steuer ist es von enormer Bedeutung, wie die Steuer juristisch kodifiziert wird. Denn von diesen technischen Aspekten der steuerrechtlichen Kodifizierung hängen die ökonomischen Anreizwirkungen für die beteiligten Akteure ab. Im Folgenden soll auf die Bereiche Steuerpflicht, Vorsteuerproblematik, Bedeutung des Besteuerungsverfahrens und den Ort der Leistung näher eingegangen werden.[46]

---

[44] Vgl. OECD (1998).

[45] Vgl. Ebrill et al. (2001), S. 122.

[46] Vgl. Tait (1988, S. 386ff) oder auch Schmidt (1998b), S. 137ff.

4.2.5.1. Steuerpflicht

Hinsichtlich der Definition des Steuerpflichtigen einer MWSt besteht in der Literatur Einigkeit, dass damit alle natürlichen und juristischen Personen, die sich wirtschaftlich betätigen, zu erfassen sind. Damit stellt sich die Frage, ob und wie wirtschaftliche Akteure zu behandeln sind, die keine eigene Rechtspersönlichkeit haben (z.B. unternehmerische Partnerschaften, bestimmte Personenvereinigungen, Erbengemeinschaften etc.).[47] Wenig thematisiert wurde bislang, mit welcher Methode dies erreicht werden soll. Die enumerative Methode, bei der Arten von Steuerpflichtigen explizit genannt werden, und die umfassende Methode, bei der die Steuerpflicht an allgemeine Kriterien geknüpft ist, stehen an zwei Enden eines Kontinuums von Lösungen. Da die enumerative Methode missbrauchsanfällig ist und deshalb nicht in Erwägung gezogen werden sollte, sind Methoden, die einen umfassenderen Charakter haben, in der Praxis tendenziell vorzuziehen. Tait (1988) definiert die Steuerpflicht exemplarisch wie folgt (S. 368): „A taxable person is liable to VAT if he supplies goods or services in the course of carrying on a business", wobei er unter 'business' eine steuerbare Tätigkeit versteht, die bestimmte Kriterien erfüllt (Nachhaltigkeit, Einnahmenerzielungsabsicht, Höhe an Umsätzen, aktive Kontrolle, Marktbezogenheit etc.). Die deutsche Mehrwertsteuer (Umsatzsteuer) ist noch umfassender in dem Sinne, dass sie auf noch weniger Merkmale zurückgreift: Der Steuerpflichtige der Umsatzsteuer (USt) ist hier der Unternehmer, welcher durch die Kriterien Nachhaltigkeit, Marktbeteiligung und Einnahmenerzielungsabsicht definiert ist.[48] Dadurch erübrigt sich die explizite Aufzählung bestimmter Gruppen, aber auch die Steuerbefreiung bestimmter Nicht-Steuerpflichtiger.[49] Knüpft man – wie im deutschen USt-Recht – weiterhin die Steuerpflicht an Lieferungen und Leistungen, die ein Unternehmer im Rahmen seines Unternehmens entgeltlich ausführt, so erübrigen sich weitere enumerative Abgrenzungen. Damit ist auch die von Tait (1988) skizzierte Gefahr einer Steuerumgehung durch Deklarierung zahlreicher Einzelbetriebe ausgeschlossen, weil das Unternehmen alle wirtschaftlichen Tätigkeiten eines Unternehmers erfasst.[50] Insgesamt lässt sich festhalten, dass die Steuerpflicht zur Vermeidung unnötiger Aufzählungen und Abgrenzungsprobleme umfassend gehalten werden sollte, wobei die deutsche Regelung als Benchmark eine interessante Orientierung bietet.

---

[47] Vgl. Tait (1988), Williams (1996), OECD (1998).
[48] Vgl. §2 Abs. 1 dtUStG.
[49] Einige ost- und mitteleuropäische Länder erwähnen explizit, dass Angestellte nicht MWSt-pflichtig sind; vgl. OECD (1998), S. 34.
[50] Vgl. Tait (1988), S. 369f.

4.2.5.2. Vorsteuer

Die Vorsteuer ist ein zentraler Baustein der MWSt. Um die gewünschten Wirkungen einer idealen MWSt zu erzielen, bedarf es der korrekten Handhabung der Vorsteuerberechnung. Vorsteuer kann aus systematischen Gründen nur dann anerkannt werden, wenn sie mit steuerpflichtigen Ausgangsumsätzen korrespondiert.[51] Liegen die Grundvoraussetzungen für die Anerkennung des Vorsteuerabzugs vor (d.h. u.a. Vorliegen einer Eingangsleistung beim Unternehmer, die von einem anderen Unternehmer erbracht wurde, Vorliegen einer Rechnung etc.), muss geprüft werden, ob die mit der Vorsteuer verbundene Eingangsleistung in Zusammenhang steht mit[52]

1. steuerfreien Umsätzen im Inland[53] oder
2. Auslandsumsätzen, die – wenn im Inland erbracht – steuerfrei wären.

In der Praxis erfordert dies bekanntlich die Aufteilung der Vorsteuer, was zum Teil Vorsteueraufteilungsregeln erforderlich macht. In Transformationsländern ist auf eine einfache und transparente Regelung zu achten. Hier kommt der Zahl und Art der Steuerbefreiung (s.o.) eine Schlüsselrolle zu: Umfangreiche Steuerbefreiungen von bestimmten Tätigkeiten implizieren einen hohen Befolgungs- und Verwaltungsaufwand, wenn zu erwarten ist, dass viele Unternehmer sowohl steuerpflichtige als auch befreite Umsätze haben. Vor diesem Hintergrund ist die institutionelle Steuerbefreiung zu sehen, mit der der genannte Aufwand für die entsprechende Institution komplett vermieden wird.

4.2.5.3. Besteuerungsverfahren

Grundsätzlich besteht die Notwendigkeit, Regelungen des Besteuerungsverfahrens eng mit der Abgabenordnung bzw. dem Steuerverwaltungsgesetz des jeweiligen Landes abzustimmen. Erfolgt dies nicht, kann es in der Praxis bei den Steuerpflichtigen zu Irritationen und Rechtsunsicherheit kommen.[54] Hinsichtlich des Besteuerungsverfahrens sind drei Aspekte hervorzuheben, die bei der Gestaltung eines MWSt-Systems von Bedeutung sind, weil sie die Praxis der Besteuerung entscheidend prägen: Erstens, der Berechnungszeitraum bzw. Voranmeldungszeitraum, welcher die Häufigkeit bestimmt, zu der die Steuerpflichtigen MWSt anmelden und zahlen müssen. Zweitens, die Frage nach

[51] Ausgenommen sind die Umsätze in Verbindung mit Ausfuhren.

[52] Vgl. z.B. Völkel und Karg (2002) für die Behandlung im deutschen USt.

[53] Dies schließt den Fall ein, dass es sich um unentgeltliche Leistungen handelt, die – wären sie entgeltlich erbracht – steuerfrei wären.

[54] Dies scheint zwar dem juristischen Berater offenkundig zu sein, doch gerade bei ökonomisch geschulten Beratern kann die Gefahr bestehen, dass diese die Notwendigkeit der Abstimmung nicht berücksichtigen.

dem Zurechnungsprinzip (Soll-Besteuerung vs. Ist-Besteuerung). Drittens, die Handhabung der Vorsteuer-Erstattung seitens der Verwaltung.

Der Berechnungszeitraum der MWSt sollte aus administrativen Gründen im Normalfall das Vierteljahr sein. Dabei kann es sinnvoll sein, für wenige Steuerpflichtige den Monat als Voranmeldungszeitraum zu wählen, wenn vom Unternehmer bestimmte Umsatzgrenzen überschritten werden. Der Vierteljahreszeitraum erscheint m.E. aber ausreichend, um den Staat während des Jahres in angemessener Weise an den laufenden Umsätzen zu beteiligen. Ebrill et al. (2001) plädieren zwar für einen monatlichen Berechnungszeitraum. Dies scheint aber nur dann akzeptabel, wenn die administrativen Kapazitäten dies ermöglichen. Ein noch kürzerer Zeitraum ist insbesondere in Transformationsländern problematisch, da der so entstehende Steuerbefolgungsaufwand in keinem Verhältnis zu den berechtigten Liquiditätsansprüchen des Fiskus steht.

Ein in der Literatur bisher wenig kontrovers diskutiertes Problem ist das Zurechnungsprinzip von MWSt-relevanten Vorgängen, d.h. der Bestimmung des Zeitpunktes einer Lieferung. Hier stehen Vermögensrechnung und Kassenrechnung in Konkurrenz zueinander, wenngleich in bestehenden MWSt-Systemen in der Regel beide zum Zuge kommen.[55] Die Vermögensrechnung, bei der die Steuer dann „entsteht" (d.h. einem Berechnungszeitraum zugeordnet wird und es zur Zahlungspflicht kommt), wenn die Leistung erbracht wird, ist u.U. dann sinnvoll, wenn die Unternehmer ihre Gewinne für die Einkommens- und Gewinnsteuer ebenfalls mittels Vermögensrechnung ermitteln. Wenn hier jedoch ohnehin die Kassenrechnung angewendet wird, spricht vieles auch bei der MWSt für die Anwendung der Kassenrechnung, bei der bekanntlich die Steuer dann entsteht, wenn die der Leistung zugrunde liegende Zahlung erfolgt. Es ist internationale Praxis, dass der Zeitpunkt einer Lieferung durch dasjenige der folgenden Merkmale bestimmt wird, welches zuerst erfüllt ist[56]:

- Ausstellung einer Rechnung
- Lieferung des Gutes / Erbringung der Dienstleistung[57]
- Zahlung des Entgelts

Aus normativer Sicht gilt es zu hinterfragen, ob diese Regelung für Transformationsländer geeignet ist. Grundsätzlich ist es sinnvoll, das Zurechnungs-

[55] Technisch gesehen spricht man bei der Vermögensrechnung auch von der Besteuerung nach *vereinbarten Entgelten* bzw. der Soll-Besteuerung und bei der Kassenrechnung von der Besteuerung nach *vereinnahmten Entgelten* bzw. der Ist-Besteuerung; vgl. z.B. Völkel und Karg (2002) für die deutsche Umsatzsteuer.

[56] Vgl. z.B. Tait (1988) und OECD (1998).

[57] Mit Lieferung bzw. Erbringung ist hier die tatsächliche Übertragung der Verfügungsmacht gemeint.

prinzip zu wählen, welches mit der steuerlichen Gewinnermittlung im Rahmen der Einkommen- bzw. Gewinnbesteuerung korrespondiert. Dies wird jedoch permanent zu Problemen führen, weil z.B. bei Bilanzierern der Zeitpunkt der Lieferung nicht systematisch mit dem Zeitpunkt der Bilanzierung in der Vermögensrechnung zusammenfällt, sondern z.B. bei vorzeitiger Zahlung oder Rechnungsstellung davon abweicht. Damit relativieren sich die erwünschten administrativen Vorteile, die sich aus der Wahl eines einheitlichen Zurechnungsprinzips ergeben. Denkbar wäre demnach, eine für alle Unternehmer einheitliche Regelung zu bestimmen, wobei sich hier das Kassenprinzip anbietet. Für die Steuerpflichtigen ist dies vorteilhaft, weil es sich um eine einheitliche Regel handelt und diese die Liquiditätssituation der Unternehmer berücksichtigt, was gerade in Transformationsländern von großer Bedeutung ist.[58]

Ein dritter wichtiger Aspekt im Rahmen des Besteuerungsverfahrens ist die Handhabung von Vorsteuer-Erstattungen, die für die Wirkungsweise und Akzeptanz der MWSt bei den Steuerpflichtigen von enormer Bedeutung ist. Die zügige Auszahlung berechtigter Vorsteueransprüche durch das Finanzamt ist wesentliches Kennzeichen einer MWSt unter Idealbedingungen. Wenn der Steuerpflichtige mehr Eingangsumsätze als Ausgangsumsätze tätigt, erwirbt er dadurch einen Anspruch auf die Erstattung des Saldos (Vorsteuerüberschuss), was besonders bei Exportumsätzen bzw. allgemein bei Nullsatzbesteuerung typischerweise der Fall ist. Ein Problem entsteht in der Praxis durch Anreize zum Vorsteuerabzugsbetrug, welcher zu einer Erosion des Aufkommens führen kann.[59] Williams (1996, S. 228) nennt einige Beispiele wie z.B. die Geltendmachung der Vorsteuer durch Nichtunternehmer. Auch die im EU-Kontext bekannte Problematik der Karussellgeschäfte ist hier zu nennen, bei denen ein Unternehmer *U1* Vorsteuer geltend macht, die sich auf die Lieferung seines Komplizen *U2* an ihn bezieht, wobei *U2* illegalerweise keine MWSt abführt und nach der Transaktion untertaucht.[60]

Grundsätzlich stehen dem Gesetzgeber folgende Optionen zur Behandlung der MWSt-Erstattung offen, wobei durch einen möglichen Instrumenten-Mix mehr oder weniger adäquat der Trade-off zwischen dem Ideal der sofortigen korrekten Vorsteuererstattung einerseits und der Vermeidung illegitimer Inanspruchnahme zu geringen Prüfkosten andererseits überwunden werden kann[61]:

1. Unverzügliche Erstattung eines MWSt-Anspruchs;

[58] Vgl. Nguyen-Thanh et al. (2003) für eine ähnliche Argumentation in Bezug auf die steuerliche Gewinnermittlung.

[59] Vgl. Williams (1996) und Ebrill et al. (2001).

[60] Vgl. Dziadkowski (2002) für einen Überblick zu diesem Problemkreis aus deutscher Sicht.

[61] Vgl. Ebrill et al. (2001, S. 160–164) für eine exzellente Darstellung der diskutierten Lösungsansätze.

2. Verrechnung mit Steuerschulden aus anderen Steuern;

3. Begrenzung der Erstattung (Vortrag, Nichtanerkennung);

4. Steuerbefreiung von Inputleistungen bei Steuerpflichtigen mit voraussichtlich hohem Vorsteuerüberschuss (v.a. Exporteure).

Offensichtlich ist Variante 1. steuersystematisch erstrebenswert bei vollkommener Information. Bei asymmetrischer Information zwischen Verwaltung und Steuerpflichtigen hinsichtlich der Berechtigung eines MWSt-Anspruchs ist die Einbeziehung der Instrumente 2.-4. zu prüfen. Die optimale Lösung für das Steuersystem eines Transformationslandes hängt von den Kapazitäten der Steuerverwaltung, dem Ausmaß der Steuerhinterziehung und der Bedeutung der Exportwirtschaft ab. Dabei ist die unter 2. genannte Verrechnung ein grundsätzlich sinnvoller Ansatz, sofern andere Steuerschulden vorhanden und die Steuerverwaltung zu Kooperation und Datenaustausch organisatorisch in der Lage ist. Die unter 3. angesprochene Begrenzung der Erstattung ist nur dann (vorübergehend) empfehlenswert, wenn die Steuerverwaltung extrem unterausgestattet ist. In diesem Fall könnte ein zeitlich begrenzter Vortrag in Frage kommen, der nach Ablauf der Frist – sofern der Vortrag zwischenzeitlich nicht durch Ausgangsumsätze aufgebraucht wurde – zu einer Erstattung führen muss; inakzeptabel dagegen ist die pauschale Nichtanerkennung von Vorsteueransprüchen aus rein administrativen Gründen.[62] Die unter 4. genannte Steuerbefreiung ist ein Instrument, das in Transformationsländern nicht zu empfehlen ist. Abgesehen davon, dass eine solche Maßnahme die MWSt-Kette unterbricht (und damit missbrauchsanfällig ist), verlagert man das Problem lediglich auf die vorherige Stufe, was die administrative Kontrolle verkompliziert. Eine endgültige Lösung sollte in jedem Fall Beschränkungen bei der MWSt-Erstattung konservativ einsetzen, da ansonsten die Funktionsweise der MWSt grundsätzlich in Frage gestellt wird.

4.2.5.4. Ort der Leistung

Im Rahmen einer MWSt spielt die Definition des Orts der Lieferung von Gütern und Dienstleistungen eine wichtige Rolle. Da der steuerliche Zugriff des Inlands nur dann erfolgt, wenn es sich um Leistungen handelt, die im Inland getätigt wurden, bedarf es einer genauen Abgrenzung. Bei Gütern ist dies üblicherweise der Ort, an dem das Gut physisch an den Empfänger übergeben

[62] Damit soll natürlich nicht ausgeschlossen sein, dass bei Vorliegen bestimmter Verdachtsmomente die Vorsteuererstattung an einen Steuerpflichtigen zunächst abgelehnt und erst nach Prüfung freigegeben wird.

wurde, d.h. die Verfügungsmacht übergegangen ist. Bei Transport und Versendung muss entweder der Beginn oder die Übergabe gewählt werden, wobei typischerweise ersteres der Fall ist.[63]

Bei Dienstleistungen bieten sich drei Möglichkeiten der Ortsbestimmung an: der Sitz des Leistenden, der Sitz des Empfängers oder – in bestimmten Fällen – der Ort, an dem die Dienstleistung tatsächlich ausgeführt wird. Sofern es sich um inländische Vorgänge handelt ist dies unproblematisch. Probleme entstehen hinsichtlich grenzüberschreitender Leistungen. Zwar sind alle drei Versionen vereinbar mit dem Bestimmungslandprinzip, sofern es sich um Lieferungen an Unternehmer handelt, doch zeigt sich hier bereits die Schwierigkeit aus administrativer Sicht: Wenn der Ort der Dienstleistung der Sitz des Leistenden ist, muss sich der Empfänger seine Vorsteuer vom Exportstaat erstatten lassen.[64] Eine Alternative ist deshalb, den Ort der Leistung zum Empfänger zu legen und ihn so zu einer Abzugsteuer („reverse charging") zu verpflichten.[65]

Komplizierter ist es, wenn Dienstleistungen an Endverbraucher erbracht werden. Eine Abzugsteuer ist hier kaum administrierbar, was faktisch zu Nichtbesteuerung führt. Auch die Festlegung des Orts der Leistung auf den Sitz des Leistenden ist problematisch, da dies nicht wettbewerbsneutral ist und faktisch das Bestimmungslandprinzip aushebelt.

Es lässt sich festhalten, dass der Ort der Leistung wohldefiniert sein sollte. Insbesondere bei Dienstleistungen ergeben sich Probleme, zu deren Lösung es keine zwingend richtige Handlungsanweisung gibt. Ein Land sollte bei der Bestimmung des Leistungsorts auch die Offenheit der Grenzen, administrative Kapazitäten und Steuersatzdifferentiale zu Nachbarregionen einbeziehen.

[63] Bei Montage ist typischerweise der Ort der Ausführung als Ort der Lieferung zu bestimmen; vgl. Tait (1988), S. 371.

[64] Bei Konzeption der inländischen MWSt muss darauf geachtet werden, dass die Vorsteuer auch in angemessener Zeit an den ausländischen Unternehmer erstattet wird, da sonst Wettbewerbsverzerrungen auftreten. Man beachte, dass diese Regelung völlig konform ist mit dem Bestimmungslandprinzip im ökonomischen Sinne!

[65] Die Vorsteuer kann dann vom Unternehmer umgehend verrechnet werden mit der MWSt-Schuld, so dass es nicht zur Zahlung kommen muss.

5. Die Reform der Mehrwertsteuer in Kroatien und der IWF

5.1. Die Reform der Mehrwertsteuer: Ein Überblick

Im Folgenden werden zentrale Elemente des in Kroatien praktizierten Mehrwertsteuersystems dargelegt und mit Bezug auf das in Kapitel 4 diskutierte Benchmark präsentiert. Die Darstellung baut auf den Beiträgen von Schmidt (1997) und Lončarević (2002) auf, die einen guten Überblick über Grundzüge der kroatischen MWSt geben.[1] Sofern nicht anders angegeben, beziehen sich die Verweise auf das kroatische MWStG (krMWStG) („Narodne Novine" 47/95)[2], das am 01.01.1998 in Kraft getreten ist.[3] Die folgende Darstellung ist Grundlage der weiter unten vorgenommenen Analyse.

5.1.1. Charakter der kroatischen MWSt

Aufbau und Struktur der kroatischen MWSt sind vor dem Hintergrund zu sehen, dass Kroatien als mittel- bis langfristiges Ziel den EU-Beitritt anstrebt und das krMWStG deshalb stark an die 6. EG-Richtlinie angelehnt ist. Daher verwundert es nicht, dass die kroatische MWSt vom Konsum-Typ ist. Besteuerungsgegenstand sind Umsätze, d.h. insbesondere (1) alle entgeltlichen Leistungen[4], die von einem Unternehmer im Inland im Rahmen seiner Unternehmertätigkeit erbracht werden[5]; (2) Eigenverbrauch, was sich im Wesentlichen auf die Entnahme von Gütern und Dienstleistungen aus dem eigenen Unternehmen für den privaten Bedarf bezieht; und (3) Importe. Es handelt sich um eine MWSt, die nach dem Bestimmungslandprinzip ausgerichtet ist.

[1] Vgl. auch IBFD (2002).

[2] Die ursprünglich intendierte Anwendung zum 01.01.1997 wurde mit Veröffentlichung in „Narodne Novine" 106/96 auf den 01.01.1998 verschoben.

[3] Bei Verweisen auf die kroatische MWSt-Ordnungsrichtlinie (ORM) handelt es sich nachfolgend um die Fassung „Narodne Novine" 164/98, die ab 01.01.1998 in Kraft getreten ist.

[4] Leistungen können Güter und Dienstleistungen sein.

[5] Steuerbar sind zudem Leistungen, die auf hoheitliche Entscheidungen zurückzuführen sind, und Leistungen, die der Unternehmer an eigene Beschäftigte oder Familienangehörige erbringt; vgl. § 2 krMWStG.

Ein weiteres Merkmal ist das in der EU angewandte Vorsteuerabzugsverfahren. Auch hinsichtlich der Reichweite orientiert sich die kroatische MWSt an internationalen Gepflogenheiten und erfasst als Allphasenumsatzsteuer alle Wertschöpfungsstufen.

5.1.2. Tarifstruktur

Zum Zeitpunkt der Einführung hat sich der kroatische Gesetzgeber gegen eine Steuersatzdifferenzierung entschieden und einen einheitlichen Steuersatz von 22 Prozent festgelegt. Zum 1. November 1999 wurde jedoch durch Einführung eines Nullsteuersatzes auf bestimmte Leistungen die Liste der faktisch steuerbefreiten Umsätze erweitert.[6] Diese Steuerbefreiung mit Vorsteuerabzug erstreckt sich auf bestimmte Grundnahrungsmittel, Bücher und wissenschaftliche Zeitschriften, Arzneimittel und medizinische Produkte, Kinovorführungen und bestimmte Dienstleistungen im Bereich Tourismus.

5.1.3. Bemessungsgrundlage und Steuerbefreiungen

Technisch betrachtet ist die Steuerbemessungsgrundlage das Entgelt für Lieferungen und Dienstleistungen ohne Umsatzsteuer. Zum Entgelt zählen Nebenkosten, spezielle Verbrauchsteuern und im Falle von Importen auch Zölle. Preisnachlässe reduzieren die Bemessungsgrundlage; echte Schadenersatzleistungen sind steuerrechtlich irrelevant. Ebenfalls Teil der Bemessungsgrundlage ist die Lieferung von neu errichteten Immobilien, wobei der Grundstückswert außen vor bleibt (s.u.).

Wie international üblich, kennt auch das kroatische MWStG einige Steuerbefreiungen. Hinsichtlich der Methode der Steuerbefreiung folgt Kroatien dem integrierten Ansatz (siehe Kapitel 4), wonach grundsätzlich alle Umsätze steuerbar sind und nur bestimmte Leistungen oder Branchen explizit steuerbefreit werden. Zu unterscheiden ist zwischen reinen Steuerbefreiungen mit Vorsteuerabzugsberechtigung und solchen, bei denen Vorsteuerabzug nicht erlaubt ist. Zur ersten Kategorie gehören aus steuersystematischen Gründen im Wesentlichen die Exportlieferungen von Gütern ins Ausland. Damit wird auf die international gängigste Art und Weise dem Bestimmungslandprinzip Rechnung getragen.[7] In der zweiten Kategorie finden sich zum einen Steuerbefreiungen von Leistungen, die sich auf bestimmte Institutionen beschränken, und zum anderen allgemeine Steuerbefreiungen von Leistungen.

---

[6] Vgl. Low Lončarević (2002), S.61ff.

[7] Die Steuerbefreiung von Ausfuhren wird oft gleichgesetzt mit dem Bestimmungslandprinzip. Dies ist aber nicht richtig, da das BLP auch anders verwirklicht werden kann.

Steuerbefreite Institutionen sind u.a. Banken und Versicherungen, Heilanstalten, soziale Einrichtungen, der Schulsektor, religiöse Einrichtungen und öffentliche Institutionen im Kulturbereich. Unabhängig von der Institution kennt das kroatische MWStG u.a. Steuerbefreiungen bei Vermietung von Wohnraum, bei Dienstleistungen von Ärzten und Heilberuflern und beim Umsatz von Wertpapieren und Beteiligungen an Unternehmen. Zudem sind mit Ausnahme der oben genannten neu errichteten Immobilien Umsätze im Bereich Immobilien sowie Grund- und Boden steuerbefreit. Steuerfrei gestellt ist aus administrativen Gründen auch die Veräußerung eines ganzen Betriebes, wenn die Geschäftsveräußerung zwischen Unternehmern vollzogen wird und der Erwerber Vorsteuer geltend machen könnte.[8]

5.1.4. Kleinunternehmer

Der kroatische Gesetzgeber ist der internationalen Praxis gefolgt und hat die Option der Steuerbefreiung von Kleinunternehmern vorgesehen. Mit Inkrafttreten der MWSt zum 1. Januar 1998 hat man eine relativ niedrige Schwelle von 50.000 HrK[9] gewählt, die sich auf den Jahresumsatz aus Güterlieferungen und Dienstleistungen des Vorjahres bezieht.[10] Zum 1. November 1999 wurde die Kleinunternehmerschwelle auf 85.000 HrK[11] erhöht.

Als Kleinunternehmer ist man – systematisch korrekt – nicht zum Vorsteuerabzug berechtigt. Die kroatische Kleinunternehmerregelung sieht demnach eine Grenze vor, bei deren Überschreiten es zur vollen Steuerpflicht kommt. Zudem besteht ein Optionsrecht zur MWSt, das den Steuerpflichtigen in den folgenden fünf Kalenderjahren an die Mehrwertsteuerpflicht bindet.

5.1.5. Technische Aspekte der steuerjuristischen Kodifizierung

Steuerpflicht. Es wurde oben bereits im Einzelnen ausgeführt, dass Umsätze Besteuerungsgegenstand der kroatischen MWSt sind. Dabei sind Lieferungen und Dienstleistungen aber nur dann Gegenstand der Besteuerung, wenn sie von einem Unternehmer i.S.d. MWStG erbracht werden. Unternehmer kann jede juristische oder natürliche Person oder Personenvereinigung sein, die eine

[8] Dies führt zu keinen Einnahmeausfällen, reduziert aber sowohl den Steuerbefolgungs- als auch den Steuerverwaltungsaufwand, der anderenfalls bei Bewertung der einzelnen Wirtschaftsgüter des Betriebes anfallen würde. Hier folgt der kroatische Gesetzgeber einer international gängigen Praxis, die sich u.a. auch im deutschen UStG findet.

[9] Dies waren 1998 umgerechnet etwa 7.000 Euro, wenn man den durchschnittlichen Wechselkurs auf Jahresbasis zugrunde legt.

[10] Dabei handelt es sich um den Umsatz nach Abzug von steuerbefreiten Leistungen.

[11] Dies waren 1999 umgerechnet etwa 12.000 Euro, wenn man den durchschnittlichen Wechselkurs auf Jahresbasis zugrunde legt.

selbständige und nachhaltige Tätigkeit mit Einnahmenerzielungsabsicht ausübt.[12] Steuerpflichtige der MWSt sind damit in erster Linie Unternehmer für ihre Umsätze, sofern sie nicht der Kleinunternehmerregelung unterliegen, und Personen, die Leistungen einführen (Importeure).[13]

Vorsteuer. Die Behandlung der Vorsteuer orientiert sich an der europäischen Umsatzsteuer. Die kroatische MWSt knüpft hier an das im Benchmark skizzierte Schema an, d.h. es werden zunächst die Voraussetzungen[14] für die Vorsteuerabzugsberechtigung geprüft und im Anschluss ein mögliches Vorsteuerabzugsverbot[15]. Ändern sich bei einem Wirtschaftsgut nach Geltendmachung des Vorsteuerabzugs die Umstände, die für den Vorsteuerabzug maßgebend waren, so muss eine ex post Korrektur durchgeführt werden. Dies gilt jedoch in der Regel nur für eine Nutzungsänderung innerhalb von fünf Jahren bzw. von zehn Jahren bei Immobilien.[16]

In der Praxis treten regelmäßig Fälle auf, bei denen eine Aufteilung der Vorsteuer in einen abzugsfähigen und nichtabzugsfähigen Teil notwendig ist. Die kroatische Ordnungsrichtlinie beschränkt die möglichen Zurechnungsregeln auf einige wenige Fallgruppen. Dabei kommen wirtschaftliche Zurechnungskriterien (z.B. Daten aus der Rechnungslegung) und Kriterien entsprechend der Nutzung (Nutzfläche bei Gebäuden) zur Anwendung.[17]

Besteuerungsverfahren. In Bezug auf das Besteuerungsverfahren schreibt der kroatische Gesetzgeber die international übliche Selbstveranlagung der Steuerpflichtigen vor. Mit der Einführung der MWSt 1998 wurde der Berechnungszeitraum halb-monatlich festgelegt, wobei das Quartal als Voranmeldungszeitraum optional war, wenn die Umsätze des Unternehmers im vorangegangenen Quartal weniger als 50.000 HrK betrugen. Beachtenswert ist, dass bei Überschreiten dieser Grenze wieder der halb-monatliche Zeitraum anzuwenden war. Ab 1. November 1999 wurde der Voranmeldungszeitraum auf einen Monat ausgeweitet. Die Quartalsoption blieb erhalten, wobei eine neue Schwelle von 300.000 HrK eingeführt wurde, die sich auf das vorangegangene Kalenderjahr bezog. Die MWSt ist nach der Änderung von 1999 bis zum 10. des Folgemonats beim zuständigen Finanzamt anzumelden und innerhalb bestimmter Fristen abzuführen.

[12] Der Unternehmerbegriff knüpft hier an die Definition des deutschen UStG an.
[13] Personen, die unrechtmäßig eine MWSt-Rechnung ausstellen, sind ebenfalls steuerpflichtig.
[14] Vgl. §20 Abs. 1 u. 2 krMWStG.
[15] Vgl. §20 Abs. 3 krMWStG.
[16] Vgl. §20 Abs. 5 krMWStG.
[17] Vgl. §20 Abs. 6 krMWStG und §117 ORM.

Bei der Frage des Prinzips der Zurechnung mehrwertsteuerlicher Tatbestände hat sich der kroatische Gesetzgeber im Regelfall, d.h. bei gewinnsteuerpflichtigen Unternehmern (Vermögensrechnung), für die Besteuerung nach vereinbarten Entgelten entschieden. Die Besteuerung nach vereinnahmten Entgelten wird allerdings angewendet bei einkommensteuerpflichtigen Unternehmern (Gewinnermittlung mittels Kassenrechnung) und generell bei Anzahlungen. Das kroatische Steuerrecht knüpft folglich weitgehend an die Ermittlungsmethoden bei Einkommen- und Gewinnsteuer an.

Ein dritter wichtiger Aspekt des Besteuerungsverfahrens im weiteren Sinne betrifft die Handhabung des Vorsteuerabzugs und der MWSt-Erstattung. Die Geltendmachung von Vorsteuer, d.h. die von einem Unternehmer auf die von ihm erworbenen Güter und Dienstleistungen bezahlte MWSt, ist in Kroatien an den Nachweis einer Rechnung mit den üblichen Angaben gebunden.[18] Diese international übliche Handhabung wird in Kroatien aber dahingehend verschärft, dass Vorsteuer nur auf unbar bezahlte Leistungen gewährt wird.[19] Damit ist zweifellos die Absicht verbunden, die Anfälligkeit für Vorsteuermissbrauch einzudämmen. Wie in Abschnitt 4 ausgeführt, ist die unverzügliche Auszahlung eines MWSt-Anspruchs des Steuerpflichtigen im Idealfall erstrebenswert. Der kroatische Gesetzgeber hat hier die Steuerverwaltung verpflichtet, einen Vorsteuerüberschuss innerhalb von 15 Tagen nach Abgabe der Steuererklärung zurückzuerstatten.

Ort der Leistung. Eine zentrale Bedeutung kommt der Bestimmung des Orts der Leistung zu[20], da die entgeltlichen Leistungen eines Unternehmers in Kroatien nur dann steuerbare Umsätze sind, wenn sie im Inland erbracht werden. Zu unterscheiden ist hier zwischen Gütern und Dienstleistungen. Der Ort einer Güterlieferung liegt grundsätzlich an dem Ort, an dem die Verfügungsmacht des Gutes an den Empfänger übergeht. Bei Transporten und Versendungen von Gütern ist der Ort ausschlaggebend, von dem die Beförderung ausgeht.[21] Bei Dienstleistungen ist prinzipiell der Sitz des Unternehmens relevant, das die Leistung erbringt. Davon abweichend ist der Ort der Leistung bei Vermietung und Verpachtung, bei Beförderungsdienstleistungen und bei freischaffenden und einigen anderen Dienstleistungen jeweils durch den Ort

[18] Dazu zählen Rechnungsnummer, Ausstellungsdatum, Angaben über den ausstellenden Unternehmer inkl. Steuernummer, Menge und Bezeichnung der Leistung sowie Nettoentgelt und Steuerbetrag aufgeteilt nach Steuersatz.

[19] Vgl. §103 Abs. 3 ORM.

[20] Der Ort der Leistung ist im Inland auch von Bedeutung, wenn es um das Besteuerungsverfahren geht.

[21] Vgl. §5 Abs. 2 krMWStG. Handelt es sich um die Lieferung eines Gutes, das zugleich installiert wird, so ist der Ort der Lieferung der Ort der Installation.

bestimmt, an dem die Leistung erbracht wird (z.B. Immobilie bei Vermietung und Verpachtung). Für eine Reihe an explizit aufgeführten Dienstleistungen (DL) - darunter DL in Zusammenhang mit Urheberrechten, DL im Bereich der Öffentlichkeitsarbeit, DL diverser Freiberufler (Ingenieure, Rechtsanwälte etc.), DL von Finanzinstitutionen - gilt, dass der Ort der Dienstleistung der Sitz des Empfängers ist.[22]

5.2. Die Empfehlungen des IWF zur Einführung der MWSt in Kroatien

Seit der Unabhängigkeit Kroatiens im Jahre 1991 fanden zahlreiche Besuche von IWF-Delegationen im Bereich „Technical Assistance" statt (siehe auch Tabelle B.1). Dabei lassen sich die Missionen mit steuerpolitischem Bezug in zwei Phasen teilen: eine erste Phase ab 1992, in der es um die Grundausrichtung des neuen Steuersystems und Eckpfeiler einer zukünftigen MWSt ging, und eine zweite Phase ab 2000, in der die Bewertung der Reformen und etwaige Änderungen im Mittelpunkt standen.

5.2.1. Die erste Phase: Eckpfeiler einer MWSt

Die erste IWF-Mission[23] des FAD nach Kroatien befasste sich 1992 ausschließlich mit der Frage der Steuerreform.[24] Die Konsultationen fielen in eine Phase des Umbruchs, in der einerseits noch Krieg herrschte und andererseits die damalige Regierung des noch jungen Staates Kroatien zahlreiche Reformen anstrengte. Zu der für ein Transformationsland typischen Ausgangslage kamen noch die besonderen Probleme eines vom Krieg gezeichneten Landes hinzu. Eine Reform des ehemaligen jugoslawischen Steuersystems war aus mehreren Gründen unumgänglich. Erstens war diese notwendig angesichts der anvisierten Reformen (Privatisierung, Liberalisierung). Zweitens machten wegbrechende Staatseinnahmen aufgrund hoher Arbeitslosigkeit, hoher Verluste der Staatsunternehmen und verbreiteter Schwarzarbeit einerseits und fiskalische Belastungen durch Sozialausgaben für Kriegsopfer und notwendige Infrastrukturmaßnahmen des Staates andererseits eine Reform des Steuersystems unerlässlich. Die Einführung eines modernen Mehrwertsteuersystems war schon

[22] Vgl. §5 Abs. 3 6 krMWStG.

[23] Nachfolgende Informationen über die Empfehlungen des IWF wurden mir in Gesprächen mit Mitarbeitern des kroatischen Finanzministeriums mitgeteilt, die damals an den Beratungen mit den jeweiligen IWF-Experten beteiligt waren.

[24] Wie zu erfahren war, sollen die nachfolgenden Einschätzungen auch in dem Bericht von Richard Hemming (1993): „Croatia: Tax Reform" anzutreffen sein.

aufgrund des mittel- bis langfristig angestrebten EU-Beitritts ein wichtiges Vorhaben.

Obwohl eine baldige Einführung der MWSt zunächst nicht zur Diskussion stand, sprach sich das Expertenteam u.a. für eine MWSt mit breiter Bemessungsgrundlage und einheitlichem Tarif als mittelfristig anzustrebendes Reformziel aus. Dabei wurde ein Vorbereitungszeitraum von zwei Jahren genannt.

Im Mai 1993 besuchte erneut eine Delegation des FAD Kroatien.[25] Hinsichtlich der MWSt hätten sich die IWF-Vertreter zur grundlegenden Ausgestaltung, zu spezifischen Einzelfragen sowie zu administrativen und technischen Aspekten der Besteuerung geäußert. In der konzeptionellen Frage hätten die IWF-Vertreter erneut die Notwendigkeit einer umfassenden MWSt mit einheitlichem Steuersatz betont. Neben einer Kleinunternehmerregel mit umsatzabhängiger Befreiung sollte es nur Steuerbefreiungen für den Gesundheits,- und Finanzdienstleistungssektor geben sowie für Vermietungsleistungen.[26] Darüber hinaus habe die IWF-Mission in den Empfehlungen Aspekte des Besteuerungsverfahrens thematisiert. So habe man sich dafür ausgesprochen, den Kalendermonat als Anmeldungszeitraum zu wählen und die entsprechenden Formvorschriften möglichst einfach zu gestalten. Bezüglich der Handhabung von Vorsteueransprüchen wurde offensichtlich der Vorsteuervortrag empfohlen, der frühestens nach zwölf Monaten zur Auszahlung führen sollte; ausgenommen davon sollten lediglich registrierte Exporteure sein, denen die sofortige MWSt-Erstattung nicht verwehrt werden solle.

Eine weitere IWF-Mission befasste sich 1997 mit den Auswirkungen der zum 01.01.1998 beschlossenen MWSt auf Aufkommen und Preise in Kroatien.[27] Neben der Überprüfung bereits vorhandener Studien über den Aufkommenseffekt einer MWSt in Kroatien, habe man Stellung genommen zu der Höhe der Umsatzschwelle im Rahmen der Kleinunternehmerregelung. Die IWF-Vertreter hätten in der niedrigen Umsatzschwelle von 50.000 HrK ein Problem aus administrativer Sicht gesehen. Da der Beitrag zahlreicher Kleinunternehmer zum Steueraufkommen gering sei, sollte der kritische Wert auf 250.000 HrK erhöht werden. Den Aufkommensverlust hätten sie dabei auf etwa 0,5 Prozent des BIP geschätzt.

---

25 Auch hier wurde dem Autor mitgeteilt, dass sich die nachfolgenden Empfehlungen in dem Bericht von van der Heeden et. al. (1993) wiederfinden: „Croatia: Value-Added Tax and Selected Excises in a Unified Tax Administration".

26 Allerdings scheint unklar zu sein, ob sich die Empfehlungen auf Vermietungsleistungen generell oder nur auf Wohnvermietungsleistungen beziehen.

27 Wie zu erfahren war, sollen die nachfolgenden Einschätzungen auch in dem Bericht von Russell Krelove (1997): „Republic of Croatia: Revenue and Price Effects of Introducing a Value-Added Tax" anzutreffen sein.

5.2.2. Die zweite Phase: Die Fortentwicklung der MWSt-Reform

Ein erneuter, erst wenige Jahre zurück liegender Besuch einer IWF-Mission des FAD fand im Jahre 2000 statt. Dabei ging es um die Bewertung des damals geltenden Steuersystems und um zu diesem Zeitpunkt geplante Änderungen.[28] Aus meinen Gesprächen mit verschiedenen Beteiligten ging hervor, dass der IWF den Aufbau und die Struktur der kroatischen MWSt als vorbildlich eingestuft haben soll. Die kroatische MWSt würde nach Ansicht des IWF mit ihrem einheitlichen Satz und breiter Bemessungsgrundlage beinahe einem „Lehrbuchideal" entsprechen. Auch die Aufkommensergiebigkeit sei hervorzuheben. Im Rahmen der Gespräche hätte der IWF allerdings auch bestimmte Elemente des bestehenden Systems kritisiert. Insbesondere sei Kritik geübt worden an

1. der Einführung eines Nullsteuersatzes für verschiedene Güter;
2. der Kleinunternehmerregelung, die eine zu geringe Umsatzschwelle vorsieht.

Diesbezüglich habe man die Empfehlung geäußert, die Nullsatzbesteuerung nur für Exporte anzuwenden. Wenn eine Steuerbefreiung gewünscht sei, so sei es nach Ansicht des IWF für eine Übergangszeit akzeptabel, die betroffenen Güter und Dienstleistungen von der Steuer zu befreien. Dabei ging der IWF explizit auf die steuerliche Behandlung des Tourismus ein. In dieser für die kroatische Regierung wichtigen Frage habe der IWF abgewogen zwischen Vor- und Nachteilen einer Besteuerung: Die hohe Preiselastizität der Nachfrage spreche einerseits für eine niedrige Besteuerung; andererseits würde die daraus folgende Steuersatzdifferenzierung administrative Probleme verschärfen und Anreize für Steuerhinterziehung erhöhen. Auch vor der Gefahr, dass der politische Druck steigen werde, weiteren gesellschaftlichen Gruppen Erleichterungen zu gewähren, habe man eindringlich gewarnt. Der IWF habe vor diesem Hintergrund empfohlen, die Nullsatzbesteuerung für den Tourismus zurückzunehmen.

Wie auch schon die IWF-Vertreter der vorhergehenden Delegation aus der ersten Phase, hätten sie sich hinsichtlich der Kleinunternehmerregelung für eine deutliche Anhebung der Umsatzschwelle ausgesprochen, um dadurch Kosten bei Verwaltung und Steuerpflichtigen zu reduzieren. Konkret sei eine Schwelle von etwa 250.000 HrK empfohlen worden.

[28] Wie zu erfahren war, sollen die nachfolgenden Einschätzungen auch in dem Bericht von Michael Keen et al. (2000): „Croatia: A Review of Tax Policy" anzutreffen sein.

5.3. Evaluation

5.3.1. Steuersystematische Aspekte

5.3.1.1. Zu den Kernelementen der kroatischen MWSt

Die wichtigen Kernelemente, die den Charakter der kroatischen Mehrwertsteuer bestimmen, sind weitgehend unproblematisch. So ist die Grundausrichtung im Sinne einer konsumbasierten MWSt, die Festlegung auf das Bestimmungslandprinzip und die Entscheidung für das Vorsteuerabzugsverfahren sinnvoll, nicht zuletzt auch in Hinblick auf die EU-Kompatibilität des damals neuen MWSt-Systems.

Die Entscheidung für eine Netto-Allphasenumsatzsteuer, d.h. die Einbeziehung aller Wertschöpfungsstufen, ist positiv zu sehen. Der ansonsten begrenzte Handlungsspielraum der Regierung, wenn es um Fragen der grundsätzlichen Ausrichtung geht, wäre hier womöglich groß genug gewesen, um eine einstufige Version auf Einzelhandelsebene einzuführen. Dies ist insofern nicht abwegig, da sich auch in den anderen EU-Staaten seit geraumer Zeit zunehmend Befürworter finden für eine Beschränkung der MWSt-Pflicht auf die Unternehmer an der Schnittstelle zum Verbraucher (Einphasenumsatzsteuer). Die Kritiker weisen auf den seit Jahren steigenden Vorsteuer-Missbrauch hin, der entfallen würde, sobald Leistungen zwischen Unternehmern nicht mehr steuerpflichtig wären.[29] Da sich die Kontrolle der Steuerbehörden, so ein Argument der Befürworter, auf sehr wenige Unternehmer reduzieren ließe, könnte dieser Vorschlag gerade für ein Transformationsland mit beschränkten administrativen Kapazitäten eine interessante Alternative sein.

Verschiedene administrative Argumente sprechen m.E. jedoch dagegen, die Einphasen-MWSt auf Einzelhandelsebene in einem Transformationsland einzuführen. Erstens, ein klarer Nachteil dieses Vorschlags ist, dass er einen verstärkten Anreiz für Unternehmer zur Steuerhinterziehung durch nicht-deklarierten Eigenverbrauch gibt. In einer Netto-Allphasenumsatzsteuer zahlt der Unternehmer zunächst die Mehrwertsteuer auf die erworbenen Inputleistungen. Sollte es zu keinen Ausgangsumsätzen kommen, weil der Unternehmer diese seiner Privatsphäre zuführt, so wird das Finanzamt die von ihm geltend gemachte Vorsteuer nicht anerkennen. Die Möglichkeit des Finanzamts, den Vorsteuerabzug zu untersagen, ist – im Rahmen von automatisierten Stichprobenprüfungen – administrativ einfacher zu handhaben als eine Identifizierung des Eigenverbrauchs bei Unternehmern, die formal nicht mehr im „MWSt-Netz“ eingebunden sind. Zweitens, durch eine Einphasenumsatzsteuer verzichtet man auf

[29] Diese Diskussion wird vor allem in Deutschland intensiv geführt. Vgl. dazu Dziadkowski (2002) und verschiedene Beiträge in Bd. 12 der Umsatzsteuer-Rundschau, 2002.

die Vorteile des sogenannten „cross-checking“, d.h. der Möglichkeit, prinzipiell alle Vorgänge über die Wertschöpfungskette hinweg durch Gegenkontrolle korrespondierender Umsätze prüfen zu können. Dies ist ein wertvolles Instrument, das zur Stärkung der Effektivität der Steuerverwaltung beiträgt. Drittens, gerade in Transformationsländern kann die Einführung einer Allphasensteuer komplementär wirken und dazu beitragen, dass die Qualität der Buchführung und Rechnungslegung steigt. Es ist zu hinterfragen, ob die komplette Herausnahme eines Großteils der Unternehmer aus dem System der Mehrwertsteuer nicht womöglich die Adaption an marktwirtschaftliche Prozesse erschwert.

Vor diesem Hintergrund ist die Entscheidung für eine Allphasensteuer positiv zu würdigen. Insgesamt kann der kroatischen Mehrwertsteuer hinsichtlich der Grundausrichtung ein sehr positives Zeugnis attestiert werden.

5.3.1.2. Tarif, Bemessungsgrundlage und Steuerbefreiungen

Der Tarif der kroatischen Mehrwertsteuer von 1998 mit einem Standardsatz und keiner Satzdifferenzierung ist vorbildlich. Lediglich Einfuhren, die im Rahmen des Bestimmungslandprinzips freizustellen sind, werden faktisch mit einem Nullsatz besteuert, was international üblich ist.[30] Der Verzicht auf eine Satzdifferenzierung bei Einführung der MWSt war sinnvoll und reflektiert u.a. die Bedenken aus administrativer Sicht, wie sie in Kapitel 4 diskutiert wurden.

Der insgesamt klare Aufbau der kroatischen MWSt zeigt sich auch bei der Bemessungsgrundlage, die aus Sicht des Unternehmers sehr transparent ist. Hervorzuheben sind bestimmte Ausnahmen, wie z.B. die Lieferung von gebrauchten PKWs[31] oder die Veräußerung eines ganzen Geschäftsbetriebs[32], die aus Gründen der Wettbewerbsneutralität bzw. der administrativen Einfachheit zu begrüßen sind.

Was die Evaluation der expliziten Steuerbefreiungen betrifft, ist zu unterscheiden. Die institutionelle Befreiung von Banken, Kreditorganisationen und Versicherungsgesellschaften, des Gesundheitssektors und von Institutionen im Sozialbereich steht in Einklang mit den Empfehlungen des Benchmark aus Kapitel 4. Allerdings ist die institutionelle Beschränkung im Finanzsektor problematisch, da im Zuge der Entwicklung des kroatischen Kapitalmarkts Finanzdienstleistungen auch verstärkt von Nicht-Banken angeboten werden.

[30] Steuertechnisch wird dies aber nicht über den Tarif geregelt, sondern durch Steuerbefreiung bei gleichzeitigem Recht auf Vorsteuerabzug; vgl. §§ 13 u. 20 krMWStG.

[31] Wenn bei der Anschaffung keine Vorsteuer abgezogen werden konnte, darf die Steuerbemessungsgrundlage um den Anschaffungspreis vermindert werden; vgl. § 20 Abs. 7 krMWStG.

[32] Die Veräußerung eines ganzen Betriebes geht dann nicht in die Bemessungsgrundlage ein, wenn der Erwerber die Mehrwertsteuer beim Erwerb des Betriebs vollständig als Vorsteuer abziehen kann, d.h. die Veräußerung ist steuerfrei; vgl. § 20 Abs. 8 krMWStG.

Hier besteht ein Problem der Wettbewerbsverzerrung, das mit den administrativen Vorteilen einer institutionengebundenen Lösung abzuwägen ist.[33] Der 1998 gewählte Weg ist aus administrativer Sicht vertretbar, könnte aber in naher Zukunft überdacht werden. Mit dem Verweis auf administrative Probleme kann auch die Steuerbefreiung von Universitäten und weiterführenden Schulen gerechtfertigt werden. Dies gilt umso mehr angesichts der damaligen Entscheidung für einen einheitlichen Steuersatz von 22 Prozent ohne Satzdifferenzierung. Dennoch muss an dieser Stelle auf die unerwünschten Effizienzwirkungen (Produktionsineffizienz, vertikale Integration)[34] hingewiesen werden, die langfristig eine Revision erforderlich machen könnten.[35]

Insgesamt ergibt sich jedoch in Hinblick auf Bemessungsgrundlage und Befreiungen ein sehr positives Bild der kroatischen MWSt.

5.3.1.3. Kleinunternehmerregelung: Ein Problem?

Die konkrete Regelung zur Behandlung von Kleinunternehmern in einer MWSt ist von herausragender Bedeutung. Aus diesem Grund soll im Folgenden die kroatische Lösung näher untersucht werden, was sich zudem für die Zwecke dieser Arbeit gerade in Hinblick auf die schwerpunktmäßige Kritik des IWF an der Kleinunternehmerregelung anbietet.

Aus Tab. 5.1 geht hervor, dass die kroatische Kleinunternehmerregel im Vergleich zu anderen mittel- und osteuropäischen Transformationsländern relativ niedrig ist. Dies gilt umso mehr, als Kroatien bei der Einführung 1998 mit 50.000 HrK eine noch niedrigere Schwelle vorschrieb. Da aber Ländervergleiche nur einen groben Anhaltspunkt geben können, ist es sinnvoll auf die in Kapitel 4 dargelegte Methodik zur Berechnung optimaler Kleinunternehmergrenzen zurückzugreifen.

Ausgehend von dem in Abschnitt 4.2 diskutierten Benchmark lässt sich mit Gleichung (4.17) die optimale Umsatzsteuerschwelle bestimmen:

$$U = \frac{\mu(K - K') + C - C'}{(\mu - 1)(\tau z - t)} \quad .$$

Aus Gründen der Handhabbarkeit sei angenommen, dass Unternehmer unterhalb der Kleinunternehmergrenze keine steuerlichen Pflichten haben, so dass $K' = C' = t = 0$. Um die Werte für K und C zu erhalten, kann man

[33] Der Vorteil der Beschränkung auf die Institution liegt ganz offensichtlich darin, dass das bekannte Aufteilungsproblem der Vorsteuer auf steuerpflichtige und nicht-steuerpflichtige Umsätze umgangen wird.

[34] Siehe Abschnitt 4.2.

[35] Tatsächlich sind mittlerweile private Universitäten im Entstehen (wie z.B. die Zagreb School of Economics and Management), was die Relevanz des Problems unterstreicht.

Tabelle 5.1.: **Kleinunternehmergrenzen in Osteuropa im Vergleich**

Land	Umsatzsteuerschwelle in Landeswährung		in EUR
Bulgarien	75 000	(BGN)	38 500
Estland	250 000	(EEK)	16 000
Kroatien	85 000	(HrK)	11 200
Litauen	50 000	(LTL)	14 300
Lettland	10 000	(LVL)	18 200
Polen	80 000	(PLN)	21 600
Tschechien	3 Mill.	(CZK)	88 200
Rumänien	50 Mill.	(ROL)	2 000
Slowakei	3 Mill.	(SKK)	69 700
Slowenien	5 Mill.	(SIT)	23 000

Quelle: IBFD (2001); durchschnittl. Wechselkurse auf Jahresbasis 2001.

auf bestehende Daten aus Kroatien und Erfahrungswerte anderer Länder zurückgreifen. Einen Anhaltspunkt geben die Gesamtausgaben der kroatischen Steuerverwaltung in den Jahren 1997 und 1998 (siehe Tab. 5.2). Die gesamten Ausgaben lassen sich aufgliedern in die insgesamt angefallenen Ausgaben (Steuerverwaltung, Finanzpolizei und Zoll) und die Ausgaben, die sich nur auf die Steuerverwaltung beziehen. Da 1998 die MWSt in Kraft getreten ist, kann die Veränderung [siehe Spalte (3)] approximativ als die durch die MWSt verursachten Verwaltungskosten interpretiert werden.[36]

Dividiert man diesen Wert aus Tab. 5.2 durch die Zahl der MWSt-Registrierten in Kroatien von ca. 140.000, so erhält man für die Verwaltungskosten pro Kopf, K, einen Wertebereich zwischen 550 und 820 HrK. Hieraus lässt sich ein Wertebereich für die Steuerbefolgungskosten, C, abstecken, der zwischen dem 4-fachen (C_1) und dem 6-fachen (C_2) von K liegt.[37] Für die *marginal benefit of public funds*, μ, geben Schätzungen für die US-Ökonomie einen An-

[36]Ein Vergleich der Verwaltungsausgaben der MWSt gemessen am BIP [siehe Spalte (4)] mit dem OECD-Durchschnitt von 0,05 Prozent [vgl. Cnossen (1994), Tab. 1] zeigt, dass sich der Wert im plausiblen Bereich bewegt.

[37]Die angenommenen Faktoren von 4 bzw. 6 basieren auf plausiblen Vergleichswerten. Verschiedene Studien zeigen, dass realistische Werte für Steuerbefolgungskosten pro Steuerpflichtigen deutlich über den entsprechenden Steuerverwaltungskosten liegen; vgl. Cnossen (1994).

Tabelle 5.2.: **Administrative Kosten der kroatischen MWSt, in Millionen HrK**

	1997 (1)	1998 (2)	MWSt (2)-(1)=(3)	(3) in % des BIP (4)
Verwaltungskosten				
insgesamt	674	789	115	0,084
nur StVerw.	391	468	77	0,056

Quelle: Ott und Bajo (2000), Tab. 2 u. 4; eigene Berechnung.

haltspunkt, wobei ein Bereich bis zu 1,5 als realistisch erscheint.[38] Da der soziale Grenznutzen einer Einheit Steueraufkommen in Transformationsländern aber vermutlich deutlich höher ist als in einem Industrieland, bietet Tab. 5.3 einen Sensitivitätsbereich zwischen 1,3 und 1,8 an. Unterstellt man ferner ein Mehrwert-Umsatzverhältnis von $z = 0,2$, so ergibt sich beim geltenden Steuersatz von $\tau = 0,22$ eine Bandbreite für plausible Werte von Umsatzsteuergrenzen.

Die Berechnungen in Tab. 5.3 zeigen, dass es sich um einen breiten Bereich mit $U \in (91, 453)$ handelt. Die ursprüngliche Schwelle von 50.000 HrK ist vor diesem Hintergrund als deutlich zu niedrig zu werten. Auch die spätere Erhöhung auf 85.000 HrK ist vermutlich noch zu gering. Diesbezüglich ist das Drängen des IWF auf ein Heraufsetzen der Kleinunternehmerschwelle eindeutig positiv zu würdigen. Andererseits ist fraglich, ob die jüngsten Empfehlungen des IWF einer weiteren Anhebung auf 250.000 HrK zwingend sind. Dies gilt nur für Werte mit $K > 550$ und $\mu < 1,5$.

5.3.1.4. Technische Aspekte der kroatischen MWSt

Steuerpflicht und Vorsteuer. Die Steuerpflicht, wie sie in der kroatischen MWSt geregelt wurde, entspricht den internationalen Standards, so dass hier nicht weiter darauf eingegangen werden soll.

Die Regelungen zur Vorsteuer, insbesondere zur notwendigen Aufteilung der Vorsteuer auf abzugsfähige und nichtabzugsfähige Umsätze bei Vorsteuerabzugsverbot, entsprechen ebenfalls den Standards, wie sie z.B. in der 6. EU-Richtlinie vorgegeben sind. Insgesamt sind die vorgesehenen Zurechnungsregeln überschaubar, transparent und praktikabel. Positiv hervorzuheben ist,

[38] Diesbezüglich wurden für die USA Berechnungen von verschiedenen Autoren durchgeführt; vgl. z.B. Ballard (1990).

Tabelle 5.3.: **Berechnung optimaler Kleinunternehmergrenzen U, in Tausend HrK**

	$\mu = 1,3$		$\mu = 1,5$		$\mu = 1,8$	
K	C_1	C_2	C_1	C_2	C_1	C_2
0,55	220,8	304,0	137,5	187,5	90,6	121,8
0,82	329,2	453,5	205,0	279,5	135,1	181,7

Quelle: Eigene Berechnungen.

dass sich die Notwendigkeit einer Vorsteueraufteilung im Vergleich zu anderen europäischen MWSt-Gesetzen in Grenzen hält, da die inländischen Steuerbefreiungen vom Ausmaß begrenzt sind. Hier zeigt sich der Vorteil einer institutionellen Begrenzung der Befreiungen, weil dadurch die in Frage kommenden Institutionen faktisch aus der Steuerpflicht fallen.

Besteuerungsverfahren. Ein erster Kritikpunkt bezieht sich auf die Festlegung des Berechnungszeitraums auf einen Zwei-Wochen-Turnus. Dies muss im Rahmen einer Evaluation bemängelt werden, da es administrativ nicht ratsam ist und den Steuerpflichtigen zu hohe Befolgungskosten abverlangt. Diese Kritik gilt auch ungeachtet der Tatsache, dass Unternehmer unterhalb einer Umsatzschwelle von 50.000 HrK pro Quartal die Option hatten, den Berechnungszeitraum auf das Quartal auszudehnen. Eine zwei-wöchentliche Veranlagung kann allenfalls bei Großunternehmen akzeptabel sein, wobei auch hier der Aufwand ökonomisch abzuwägen ist mit den Liquiditätsansprüchen des Staates. Die 1999 erfolgte Anpassung muss als Eingeständnis dieses Defizits gewertet werden.

Zweitens, die Anknüpfung des Zurechnungsprinzips von MWSt-relevanten Vorgängen an die jeweiligen Ermittlungsmethoden im kroatischen Einkommens- und Gewinnsteuerrecht ist zunächst nachvollziehbar, da man sich hiervon administrative Synergieeffekte erhofft hat (u.a. auf Seite der Steuerpflichtigen). Wie im Benchmark ausführlich diskutiert, handelt es sich dabei jedoch um einen zweifelhaften Anspruch, weil in vielen Fällen die Ermittlung zwischen beiden Steuerarten divergiert. Ein schwer wiegendes Problem in vielen Transformationsländern ist die Pflicht zur Einbehaltung und Abführung von Steuern gemäß der Vermögensrechnung (Soll-Besteuerung) dann, wenn es (noch) nicht zur Zahlung gekommen ist. Die daraus folgenden Liquiditätsprobleme fördern die Insolvenz und den Vertrauensschwund gegenüber dem Fiskus. Ein Teil der damit verbundenen realen Kosten zeigt sich in der Regel dann, wenn die Zahlung endgültig ausbleibt und es zur Korrektur kommen muss. Eine vollständige Ist-Besteuerung für alle Unternehmer in Kroatien wäre die bessere Alternative gewesen und angesichts der ohnehin vorgeschriebenen Pflicht zur unbaren Abwicklung[39] des Zahlungsverkehrs kein administratives Problem gewesen.

Ein dritter zu evaluierender Aspekt ist die Handhabung von Vorsteuer-Erstattungen durch den kroatischen Fiskus. Die kroatische MWSt ist hier einen beachtenswerten Weg gegangen, der womöglich eine optimale Auflösung eines Trade-Offs reflektiert: Die gesetzlich vorgeschriebene Erstattung von berechtigten Vorsteuern innerhalb von fünfzehn Tagen nach Abgabe der Steuererklärung entspricht dem Ideal der MWSt und verhindert insbesondere Liquiditätsprobleme bei den Steuerpflichtigen. Auf der anderen Seite stehen die damit verbundenen strengen Dokumentationspflichten, die in Verbindung mit der Beschränkung der Erstattung auf unbare Transaktionen als Versuch interpretiert werden können, den möglichen Vorsteuermissbrauch einzudämmen.

Ort der Leistung. Die Regelung zum Ort der Leistung bei Lieferungen von Gütern ist klar und entspricht den internationalen Standards. Auch die Definition des Orts der Dienstleistung wendet gängige Methoden an, um einerseits das Bestimmungslandprinzip materiell zu gewährleisten und andererseits den steuerlichen Zugriff der Verwaltung zu erleichtern. Zwar können in der Praxis je nach Fall Abgrenzungsschwierigkeiten auftreten – etwa wenn eine Dienstleistung nicht eindeutig den Katalogleistungen gem. §5 Abs. 6 krMWStG zugeordnet werden kann, woraus sich unterschiedliche Leistungsorte ergeben können. Allerdings liegt dies in der Natur der MWSt und kann dem spezifischen kroatischen MWSt-Recht nicht angelastet werden. Ein Problem besteht auch darin, dass einige Konstellationen denkbar sind, bei denen es zu einer Nichtbesteuerung käme. Das kroatische MWStG sieht deswegen die Möglichkeit vor, dass der Finanzminister in diesen Fällen festlegen kann, dass derjenige Ort als Leistungsort anzusehen ist, an dem die Dienstleistung in Anspruch genommen bzw. erbracht wird.[40] Diese ad-hoc-Regeln sind problematisch, weil sie nur enumerativ und nicht systematisch für alle denkbaren Fälle die Besteuerung sicherstellen. Doch handelt es sich hier um eine international bekannte Problematik, für die m.E. bislang auch anderenorts keine überzeugende Lösung gefunden wurde.

---

[39] Vgl. Abschnitt 5.1.5.

[40] Vgl. §5 Abs. 7 krMWStG.

5.3.2. Evaluation der steuerpolitischen Empfehlungen des IWF

5.3.2.1. Die normative Analyse

Aus normativer Sicht – gemessen an dem Benchmark aus Abschnitt 4.2 – ist die Arbeit des IWF im Bereich der MWSt insgesamt sehr positiv zu werten. Die Empfehlungen der verschiedenen IWF-Missionen lassen einen „roten Faden“ erkennen, d.h. sie ergänzen sich und dokumentieren überzeugend die Kritik an einzelnen Aspekten des kroatischen MWSt-Systems, die nach Auffassung des IWF bedeutsam sind.

Positiv hervorzuheben ist die dezidierte und sehr früh geäußerte Forderung nach einer breiten Bemessungsgrundlage und einem einheitlichen Steuersatz. Dies wurde von IWF-Vertretern nicht nur in der Frühphase (noch vor Einführung der MWSt), sondern auch später immer wieder betont. Trotz der in Kapitel 4 dargelegten theoretischen Möglichkeit, dass ein differenzierter Tarif effizienztheoretisch begründbar wäre, steht die Empfehlung in Einklang mit dem Benchmark. Der IWF hat deutlich gemacht, dass beschränkte Steuerbefreiungen im Gesundheitssektor, dem Finanzsektor und für Vermietungsleistungen aus administrativer Sicht sinnvoll sind und dadurch kein Widerspruch entsteht zu dem grundsätzlichen Ziel einer breit angelegten MWSt. Hier wäre allenfalls angebracht gewesen, auf möglicherweise unerwünschte Effizienzwirkungen hinzuweisen, die sich ergeben können bei Steuerbefreiungen bestimmter Institutionen. In Zusammenhang mit der prinzipiellen Ablehnung von Steuerbefreiungen bestimmter Branchen, steht auch die von der IWF-Mission im Jahr 2000 formulierte Kritik an der seit 1999 geltenden Nullsatzbesteuerung einiger Güter (siehe Abschnitt 5.2.2). Es wurde explizit vor den Aufkommensverlusten gewarnt, die zudem mit erhöhtem administrativen Aufwand einhergehen würden.[41] In diesem Zusammenhang ist auch die Kritik an der Befreiung des Tourismus-Sektors zu sehen.

Äußerst positiv zu werten ist auch die wiederholte Kritik des IWF an der Höhe der Kleinunternehmerschwelle. Wie die Berechnungen in Abschnitt 5.3.1 gezeigt haben, ist die vom kroatischen Gesetzgeber beschlossene Schwelle von 50.000 HrK ökonomisch nicht vertretbar. Dementsprechend ist die konkrete Forderung des IWF nach Erhöhung dieser Umsatzschwelle auf 250.000 HrK ein wertvoller Hinweis für die politischen Entscheidungsträger. Wie oben dargelegt wurde, ist dieser Wert im Bereich dessen, was effizienztheoretische Überlegungen nahe legen.

[41] Durch Ausweitung der Nullsatzbesteuerung auf verbreitete Verbrauchsgüter steht zu erwarten, dass der administrative Aufwand steigt, weil Kleinunternehmer, die sich bislang außerhalb des MWSt-Netzes befanden, einen Anreiz haben, sich zukünftig besteuern zu lassen.

Ein gemischtes Bild zeigt sich dagegen bei den Empfehlungen des IWF zu einzelnen Aspekten des Besteuerungsverfahrens. Die nachdrückliche Empfehlung der ersten IWF-Mission vom Mai 1993, einen Berechnungs- und Anmeldungszeitraum von einem Monat zu wählen, ist administrativ gerade noch vertretbar, wobei das oben diskutierte Benchmark zumindest in der Einführungsphase der MWSt für das Quartal spricht. Dagegen ist die Position des IWF zur Handhabung der Vorsteuererstattung problematisch. Die oben dargelegte Forderung, dass Vorsteueransprüche überhaupt nicht – oder frühestens nach 12 Monaten – ausgezahlt werden sollten (mit Ausnahme registrierter Exporteure), sondern stattdessen auf MWSt-Konten vorzutragen seien, widerspricht dem Prinzip der MWSt fundamental. Theoretisch scheint dies ein geeignetes Instrument zur Bekämpfung des Vorsteuerbetrugs zu sein. In der Praxis kann dies für viele liquiditätsbeschränkte Unternehmer existenzbedrohend sein. Dieser Vorschlag ist zwar ein mögliches Ergebnis der Abwägung verschiedener Instrumente zur Handhabung der MWSt-Erstattung, doch das vom kroatischen Gesetzgeber 1998 gewählte Verfahren erscheint im Rückblick und im Rahmen einer Evaluation die bessere Variante zu sein.

5.3.2.2. Der Transaktionskosten-Ansatz

Im Rahmen der in Kapitel 2 vorgeschlagenen Methodik zur Evaluation wirtschaftspolitischer Beratungstätigkeiten ist grundsätzlich zu unterscheiden einerseits zwischen Transaktionskosten auf politischer Ebene, die zum Zeitpunkt der Beratung vorhanden waren und damit den normativen Empfehlungen in Reinform u.U. im Wege standen, und andererseits den Transaktionskosten im Steuersystem, die durch die Empfehlungen abgebaut wurden bzw. bei entsprechender Umsetzung reduziert worden wären. Erstere sollten bei einer Würdigung der Beratungsqualität berücksichtigt werden, da sie Grenzen der traditionellen wohlfahrtsökonomisch basierten Politikberatung markieren. Letztere sind ein Indikator für die Qualität der Empfehlungen.

Auch unter Einbeziehung möglicher Transaktionskosten in die Bewertung, fällt das Urteil über die IWF-Politik zur kroatischen MWSt positiv aus. Da es – bezogen auf den MWSt-Benchmark – kaum kritische Aspekte der IWF-Standpunkte gibt, muss an dieser Stelle auch nicht näher untersucht werden, inwiefern etwaige IWF-Empfehlungen aufgrund bestehender politischer Restriktionen in Kroatien anders ausgefallen sind als in dem Benchmark aufgezeigt. Von größerem Interesse ist deshalb, nach Transaktionskosten innerhalb des Steuersystems zu fragen.

Die wiederholte Forderung nach breiter Bemessungsgrundlage mit einheitlichem Tarif ist hier besonders hervorzuheben. Die bereits in der normativen Erörterung abgeleitete Einsicht, dass beide Elemente Säulen einer modernen

MWSt in einem Transformationsland sein sollten, wird auch aus Transaktionskosten-Sicht gestützt. Ein einheitlicher Steuersatz reduziert die laufenden Betriebskosten des Steuersystems, indem die Steuerpflichtigen keine Unterscheidung mehr zwischen Vorsteuer mit Standardsatz und reduziertem Satz vornehmen müssen. Entsprechend entfällt der Prüfungsaufwand auf Seiten der Steuerverwaltung. Gleiches gilt für die breite Bemessungsgrundlage, d.h. für die Beschränkung von Steuerbefreiungen auf wenige Tatbestände. In der Frage der Steuerbefreiung des Tourismus-Sektors hat die IWF-Mission im Jahr 2000 sehr klar ihre Bedenken ausgedrückt: auch wenn die Gewährung eines reduzierten Steuersatzes für den Tourismus-Sektor aufgrund der hohen Preiselastizität der Nachfrage ökonomisch zu rechtfertigen wäre, so stünde dem entgegen, dass (1) die zu erwartenden zusätzlichen Verwaltungskosten enorm seien und (2) der politische Druck zunehmen könnte, auch anderen Branchen einen reduzierten Satz zu gewähren. Diese Position zeigt sehr deutlich, dass die Politik des IWF zur MWSt auch in einem erweiterten Analyserahmen als sehr positiv eingeschätzt werden kann.

5.4. Zwischenfazit

Das kroatische Mehrwertsteuersystem ist in Struktur und Aufbau als vorbildlich zu bezeichnen. Mit der Einführung 1998 als Netto-Allphasenumsatzsteuer vom Konsumtyp mit Vorsteuerabzug und der Umsetzung des Bestimmungslandprinzips, erfüllte die kroatische MWSt internationale Standards und zugleich Vorgaben der 6. EU-Richtlinie. Tarif, Bemessungsgrundlage und Steuerbefreiungen werden weitgehend dem in Kapitel 4 skizzierten Referenzrahmen gerecht. Angesichts der Erfahrungen mit der MWSt und einer effektiven Steuerverwaltung wäre allenfalls zu überlegen, mittelfristig einzelne Regelungen bei den Steuerbefreiungen, wie z.B. die steuerliche Behandlung des Finanzsektors und der Universitäten, gegebenenfalls zu überarbeiten. Weiterhin reformbedürftig ist die Kleinunternehmerregel, die in dieser Form – wie gezeigt wurde – ökonomisch nicht vertretbar ist. Im Rahmen dieser Arbeit konnten nur die wichtigsten Säulen der MWSt untersucht werden. Angesichts des absehbaren Beitritts zur EU, muss geprüft werden, ob die kroatische MWSt auch auf der Verfahrensebene bzgl. des innergemeinschaftlichen Erwerbs alle notwendigen Standards erfüllen wird.

Der IWF ist in seinen Stellungnahmen zu ähnlichen Auffassungen gekommen. Insgesamt ist die Arbeit des IWF zur kroatischen MWSt positiv zu würdigen. Es kann festgestellt werden, dass der IWF beide Aufgaben, nämlich die des Evaluators von wirtschaftspolitischer Beratung und die des Beraters, wahrgenommen hat.[42] Bereits in der Frühphase des beginnenden Reformprozesses haben IWF-Vertreter des FAD Vorschläge über die Grundausrichtung einer zukünftigen MWSt skizziert und damit klar eine Beratungsrolle eingenommen. Der Einfluss in Form von konkreten Empfehlungen ist dabei weitgehend positiv einzuschätzen. Mit Ausnahme weniger Streitpunkte wie z.B. die „richtige“ Behandlung von Vorsteuer-Erstattungen stehen diese Empfehlungen in Einklang mit dem Benchmark-Grundlinien des vorigen Kapitels. In einer zweiten Phase nach Einführung der MWSt kam dem IWF vor allem eine Evaluationsrolle zu. Auch hier ist die Arbeit des IWF sehr positiv zu würdigen, da er wohlfundiert auf bestehende Defizite hinweist.

Die Analyse der IWF-Empfehlungen, die sich sowohl auf normative Überlegungen im Sinne des Benchmark stützt als auch mögliche Transaktionskosten einbezieht, fällt insgesamt sehr positiv aus. Was folgt daraus für die Frage, über die zukünftige Aufgabe des IWF im steuerpolitischen Bereich? Für eine abschließende Klärung dieser Frage ist es ratsam, auch die Empfehlungen in dem wichtigen Bereich der Einkommens- und Gewinnbesteuerung zu betrachten.

[42] Zu den unterschiedlichen Aufgaben einer internationalen Organisation vgl. die ausführliche Darstellung in Kapitel 3.

Teil III

Einkommens- und Gewinnbesteuerung: Konzeption, die Reformen in Kroatien und Bosnien und die Rolle des IWF

6. Theorie, Praxis und wirtschaftspolitische Beratung der Einkommens- und Gewinnbesteuerung

Ziel dieses Kapitels ist es, analog zu der Vorgehensweise in Kapitel 4, ein Benchmark für eine optimale Einkommensteuer in der Praxis abzuleiten. Da Gewinne nichts anderes als unternehmerische Einkommen sind, wird in diesem Kapitel sowohl die Besteuerung der persönlichen Einkommen als auch der Gewinne behandelt.

Hinsichtlich der Einführung einer persönlichen Einkommensteuer sind zunächst drei grundlegende Fragen zu beantworten: Erstens, auf was soll Steuer gezahlt werden (Einkommensbegriff)? Zweitens, wer zahlt die Steuer (Steuerpflicht)? Drittens, wie hoch ist die Steuer (Tarif)? Da die Einkommensteuer traditionell als geeignetes Instrument zur Umverteilung gesehen wird, stellt sich in der Regel bei allen drei Entscheidungen der aus anderen Fragestellungen bekannte Zielkonflikt zwischen Effizienz und Gerechtigkeit bzw. Fairness. Dies spiegelt sich zum Teil auch wider in den beiden viel zitierten Besteuerungsprinzipien, an denen oft die „Güte" einer Einkommensteuer gemessen wird: das Leistungsfähigkeitsprinzip und das Effizienzprinzip.

Zentrale Bedeutung kommt der Definition des Einkommens zu, welche auch Rückwirkungen auf die Bestimmungen zur Gewinnbesteuerung hat. Trotz der im Einzelnen und von Land zu Land sehr unterschiedlichen Ausgestaltung ist unbestritten, dass die auf Schanz (1896), Haig (1921) und Simons (1938) zurückgehende Einkommensdefinition (SHS-Einkommensbegriff) weltweit einen enormen Einfluss auf die Konzeption und Praxis der Einkommensbesteuerung hatte. Demzufolge ist Einkommen der Reinvermögenszugang zwischen zwei Zeitpunkten. Traditionell versteht man den Reinvermögenszugang aus Sicht eines Kalenderjahres. Demnach erhöht in jeder Betrachtungsperiode der Reinvermögenszugang die Steuerbemessungsgrundlage, so dass neben Arbeitseinkommen auch Kapitaleinkommen in vollem Umfang zu versteuern sind. Dabei ist festzuhalten, dass die in der Reformdebatte bis dato gepflegte Orientierung an dem SHS-Einkommensbegriff eher durch Konvention als durch theoretische Analyse geprägt ist.

Reformpolitisch stellt sich für viele Transformationsländer deshalb die Frage, wie die eingangs genannten Grundfragen und insbesondere die Frage nach der Wahl des Einkommensbegriffs zu beantworten sind. Dabei stehen hinsichtlich des Einkommensbegriffs zwei Möglichkeiten offen: dem traditionellen SHS-Konzept zu folgen oder eine konsumorientierte bzw. lebenszeitliche Einkommensteuer zu konzipieren. Da es im Rahmen dieser Arbeit um die Ableitung eines Referenzrahmens (Benchmark) für die praktische Steuerpolitik geht, welcher auf einer normativen ökonomischen Analyse basiert, geht es in Abschnitt 6.1 zunächst um die theoretischen Grundlagen einer optimalen Einkommensteuer. Diese Analyse ist Anknüpfungspunkt für die in Abschnitt 6.2 dargelegte konzeptionelle Ausgestaltung der Einkommensteuer in der Praxis. In Abschnitt 6.3 wird die Bedeutung einer Gewinnsteuer, ihre konzeptionelle Ausgestaltung und der Zusammenhang zur persönlichen Einkommensteuer diskutiert.

6.1. Theoretische Grundlagen der Einkommens- und Gewinnbesteuerung

6.1.1. Eine statische Analyse der optimalen Kapitaleinkommensbesteuerung

Als Ausgangspunkt für eine statische effizienztheoretische Analyse zur Ausgestaltung der Bemessungsgrundlage kann man an die optimalsteuertheoretischen Ergebnisse aus Kapitel 4.1 anknüpfen. Feldstein (1978) war der Erste, der der Corlett-Hague-Regel eine intertemporale Interpretation gab.[1] Der Dreigüter-Fall von Corlett und Hague lässt sich auf ein einfaches Zwei-Perioden-Modell übertragen mit den Gütern Freizeit (Gut 0), heutiger Konsum (Gut 1) und zukünftiger Konsum (Gut 2). Ein repräsentativer Konsument wählt in der ersten Periode seine Nachfrage nach Freizeit und damit implizit sein Arbeitsangebot sowie die zeitliche Struktur seines Konsums. Die Budgetbeschränkung bei einer reinen Güterbesteuerung

$$c_1(1+\tau_1) + \frac{1}{1+r}c_2(1+\tau_2) = wl \tag{6.1}$$

kann man leicht in eine SHS-Einkommensteuer transformieren, indem man durch $1+\tau_1$ dividiert:

$$c_1 + \frac{1}{(1+r)}\frac{c_2(1+\tau_2)}{(1+\tau_1)} = \frac{wl}{c_2(1+\tau_1)}. \tag{6.2}$$

[1] Vgl. auch Atkinson und Sandmo (1980).

Sei $t = \frac{\tau_1}{1+\tau_1}$ der Steuersatz auf Arbeitseinkommen und t_z der Zinssteuersatz, so gilt

$$c_1 + \frac{1}{1+r(1-\tau_z)} c_2 = wl(1-t), \tag{6.3}$$

wenn

$$\frac{1+\tau_2}{(1+r)(1+\tau_1)} = \frac{1}{1+r(1-t_z)}. \tag{6.4}$$

Durch Auflösen von (6.4) nach t_z, unter Einbeziehung von (4.7) aus Kapitel 4 und $\tau_1 = \phi\tau_2$ erhält man

$$t_z = \frac{(1+r)}{r} \frac{\tau_2(1-\phi)}{1+\tau_2}, \quad \textit{wobei} \quad \phi \equiv -\frac{\sigma_{11}+\sigma_{22}+\sigma_{10}}{\sigma_{11}+\sigma_{22}+\sigma_{20}}.^2 \tag{6.5}$$

Damit ergibt sich das intertemporale Analogon zur Corlett-Hague-Regel mit

$$t_z = \frac{(1+r)}{r} \frac{\tau_2}{1+\tau_2} \left[\frac{\sigma_{20}-\sigma_{10}}{\sigma_{11}+\sigma_{22}+\sigma_{20}} \right] \quad \textit{bzw.} \tag{6.6}$$

$$t_z \gtreqless 0 \quad \Longleftrightarrow \quad \sigma_{20} \lesseqgtr \sigma_{10} \tag{6.7}$$

für plausible Parameter.[3] Gleichung (6.7) besagt, dass in einem second-best optimalen Steuersystem Kapitaleinkommen dann zu besteuern sind, wenn der heutige Konsum stärker substitutiv zur Freizeit ist als der morgige Konsum ($\sigma_{20} < \sigma_{10}$). Umgekehrt ist Kapitaleinkommen zu subventionieren, wenn der heutige Konsum freizeitkomplementärer bzw. weniger freizeitsubstitutiv ist als der morgige Konsum ($\sigma_{20} > \sigma_{10}$). Bei gleicher Substitutivitätseigenschaft sollte Kapitaleinkommen nicht besteuert werden ($\sigma_{20} = \sigma_{10}$).

6.1.2. Weitere Effizienzaspekte der Kapitaleinkommensbesteuerung

Die normative Analyse im Rahmen eines Haushalts-Entscheidungsmodells kann wichtige Einsichten in das Problem der optimalen Kapitaleinkommensbesteuerung geben. Die Analyse im vorigen Abschnitt hat sich allerdings aus nahe liegenden Gründen auf die Analyse einer geschlossenen Volkswirtschaft beschränkt. Für die Zwecke dieser Arbeit, in der die Transformationsländer Süd- und Südosteuropas im Mittelpunkt stehen, ist es sinnvoll, weitere Effizienzaspekte zu diskutieren, die sich für eine offene Volkswirtschaft ergeben. Eine

[2] Vgl. dazu Gleichung (4.7).

[3] Sowohl Zinssatz als auch Steuersätze sind sinnvollerweise positiv. Zudem ist der Nenner im Klammerausdruck in (6.6) negativ.

ausführliche theoretische Analyse würde den Rahmen dieser Arbeit sprengen. Dennoch sollen im Folgenden zentrale Probleme angesprochen und mögliche Konsequenzen aufgezeigt werden.[4]

Das Problem der effizienten Kapitaleinkommensbesteuerung in einer kleinen offenen Volkswirtschaft wurde sehr früh von MacDougall (1960) und Richman (1963) untersucht.[5] Ausgangspunkt ist die Frage, ob mobiles Kapital in einer kleinen offenen Volkswirtschaft besteuert werden sollte. Dies lässt sich in einem sehr einfachen Modellrahmen erörtern. Sei $F(K, L)$ eine linear-homogene Produktionsfunktion, wobei K und L jeweils die Produktionsfaktoren Kapital und Arbeit sind. Es gelten die üblichen Inada-Eigenschaften.[6] Der Faktor Kapital wird völlig elastisch angeboten und erzielt den auf dem internationalen Kapitalmarkt vorgegebenen Zinssatz r. Der Faktor Arbeit sei völlig inelastisch. In einer Situation ohne Steuern führt Gewinnmaximierung der Unternehmen zu der bekannten Inputregel für Kapital

$$F_K = r. \tag{6.8}$$

In einer Situation mit Steuern ändert sich Gleichung (6.8) in

$$F_K - \tau = r. \tag{6.9}$$

Gleichung (6.9) besagt, dass der Kapitaleinsatz im Inland soweit zurückgeht, bis die Grenzproduktivität des Kapitals nach Steuern gerade wieder den Zinssatz auf dem internationalen Kapitalmarkt erwirtschaftet: Es kommt zur vollständigen Überwälzung. Die Regierung einer kleinen offenen Volkswirtschaft ist demnach gut beraten, keine Quellensteuer auf mobiles Kapital zu erheben (τ=0).[7]

Dieses Ergebnis ist nicht verwunderlich, da es sich nur um eine erneute Anwendung der bereits bekannten Inversen-Elastizitätsregel (4.5) aus Kapitel 4 handelt. Abb. 6.1 verdeutlicht den Wohlfahrtsverlust, der durch eine Steuer $\tau>0$ entsteht: Der Kapitaleinsatz reduziert sich soweit, bis die Grenzproduktivität der zuletzt investierten Einheit gleich $r + \tau$ entspricht, so dass der

[4] Für eine ausführliche Behandlung sei auf die Literatur verwiesen. Ein guter Ausgangspunkt ist nach wie vor Gordon (1986) und die Beiträge in dem Band von Razin und Slemrod (1990); Wilson (1999) gibt einen Überblick über den Stand der Literatur zum Steuerwettbewerb.

[5] Darauf wurde von verschiedenen Autoren hingewiesen; vgl. u.a. Sinn (1997a, 1999).

[6] Sei F_K die erste Ableitung der Funktion F nach K, dann gilt: $F_K>0$, $F_K^2<0$, $F_{KL}>0$ und entsprechend für den Faktor Arbeit.

[7] Dies erkennt man leicht daran, dass der insgesamt zu verteilende Residualgewinn des Landes vor Steuern größer ist als nach Steuern. Der Residualgewinn vor Steuern ist: $R=F(K)-rK$; der Residualgewinn nach Steuern ist: $R_\tau=F(\tilde{K})-F_{\tilde{K}}K=F(\tilde{K})-r\tilde{K}-\tau\tilde{K}$, wobei $\tilde{K} < K$. Unter Berücksichtigung des Steueraufkommen $\tau\tilde{K}$ erhält man: $\Delta=R - R_\tau - \tau\tilde{K} = F(K) - rK>F(\tilde{K}) - r\tilde{K}>0$.

Abbildung 6.1.: **Optimale Steuerpolitik in einer kleinen offenen Volkswirtschaft**

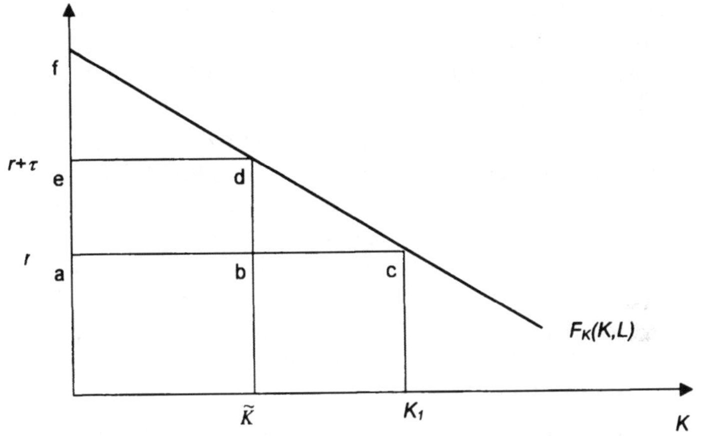

Quelle: Sinn (1997a, 1999).

Investor gerade wieder die Rendite auf dem Weltmarkt r erzielt. Der Kapitaleinsatz sinkt auf $\tilde{K}$ und der insgesamt zu verteilende Residualgewinn ist für das Land nach Steuern um die Fläche bcd gesunken. Die Aussage, dass die optimale Steuerpolitik für eine kleine offene Volkswirtschaft darin besteht, Kapitaleinkommen nicht nach dem Quellenlandprinzip zu besteuern, wird auch von anderen Beiträgen gestützt wie z.B. Gordon (1986) und Razin und Sadka (1995).

Gegen dieses Ergebnis wird in der Literatur angeführt, dass Investoren auch Infrastrukturleistungen eines Landes in ihr Kalkül einbeziehen. Unter der Annahme, dass die Kosten der Bereitstellung von Infrastruktur pro Einheit investierten Kapitals entstehen, lässt sich argumentieren, dass Quellensteuern auf Kapitaleinkommen effizient sind. Die Steuer τ in Gleichung (6.9) wäre dann nichts anderes als ein Lindahl-Preis für die Inanspruchnahme von öffentlichen Gütern.[8]

Diese Sichtweise ist nicht plausibel und für die praktische Steuerpolitik wenig relevant, weil das Äquivalenzprinzip bei Steuern auf Kapitaleinkommen kaum Bedeutung hat. Die Höhe der Steuerzahlung auf Kapitaleinkommen steht in keinem stabilen Zusammenhang zu der Inanspruchnahme von öffentli-

[8] Vgl. Oates und Schwab (1988) für eine Argumentation in diesem Sinne.

chen Gütern, insbesondere Infrastrukturleistungen. Die Nutzung reiner Kollektivgüter kann bei zwei ansonsten identischen Unternehmen sehr unterschiedlich ausgeprägt sein, worauf die Besteuerung der Gewinne oder Zinsen jedoch keine Rücksicht nimmt. Denn letztere werden typischerweise mit einem einheitlichen Steuersatz besteuert. Sinn (1999) lehnt diese strikte Äquivalenzsicht ebenfalls ab, betont aber zugleich den seiner Ansicht nach realistischeren Fall der unreinen Kollektivgüter. Er zeigt, dass bei Vorliegen von Verdrängungskosten die Erhebung einer „Ballungsgebühr“ effizient ist. Sinn prüft zwar in seiner Untersuchung die Implementierbarkeit dieser Gebühr im Systemwettbewerb der Staaten und kommt zu einer weitgehend negativen Einschätzung.[9] Doch auch hier stellt sich die Frage, ob die *Kapitaleinkommensteuer* das richtige Instrument ist, die genannten Verdrängungskosten zu internalisieren. Das zielgenauere und damit effizientere Instrument sind sicherlich lokale und regionale Gebühren für Straßennutzung, Abwasser etc. sowie lokale Gemeindesteuern.

Da im Mittelpunkt dieser Arbeit die möglichen Implikationen für die Wirtschaftspolitik stehen, lässt sich festhalten, dass bei der steuerrechtlichen Ausgestaltung der Einkommensbesteuerung auf die Erhebung von Quellensteuern auf Kapitaleinkommen verzichtet werden sollte. Eine ausführliche Diskussion über weitere Implikationen und die konkrete Umsetzung findet sich in Abschnitt 6.2.

6.1.3. Effizienzaspekte der Besteuerung von Arbeitseinkommen

Hinsichtlich der Besteuerung von Arbeitseinkommen wurde in der Literatur vielfach auf den Zusammenhang von Steuern und Arbeitsangebot hingewiesen.[10] Aus wohlfahrtstheoretischer Sicht besteht das Problem darin, dass die Besteuerung von Arbeitseinkommen eine Substitution von Arbeit und Freizeit auslöst. Auch wenn der Gesamteffekt auf das Arbeitsangebot unbestimmt ist – weil Einkommens- und Substitutionseffekt gegenläufig sind –, stellt die Arbeits-Freizeit-Verzerrung – in Form der Zusatzlast der Besteuerung („excess burden“) – eine wohlfahrtsmindernde Verzerrung dar. Eine wirtschaftspolitische Implikation ist, dass hohe Grenzsteuersätze vermieden werden sollten.

Allerdings weist Soerensen (1997) darauf hin, dass bei Unterbeschäftigung die Effizienzverluste aufgrund der Arbeit-Freizeit-Entscheidung u.U. abzuwä-

[9] Sinn geht es in seiner Untersuchung um die Frage, ob der Systemwettbewerb dazu führt, dass Steuern auf den mobilen Faktor nicht mehr erhoben werden können. Dabei argumentiert er, dass unter plausiblen Annahmen im Systemwettbewerb die Einnahmen aus dieser Ballungsgebühr nicht zur Finanzierung der öffentlichen Infrastrukturleistungen ausreichen. Ein zentrales Problem sieht er in einem ruinösen Wettbewerb der Staaten in Bezug auf das Angebot von Infrastruktur (Überversorgungs-These).

[10] Vgl. für einen Überblick Hausman (1985).

gen sind mit einem möglicherweise positiven Beschäftigungseffekt durch Erhöhung der Progressivität der Einkommensteuer. Bei imperfekten Arbeitsmärkten kann gezeigt werden, dass dieser Beschäftigungseffekt in Lohnverhandlungsmodellen, Effizienzlohnmodellen und Suchmodellen auftritt. Jedoch ist dies keineswegs eine Rechtfertigung für hohe Grenzsteuersätze, weil auch in diesen Modellen Effizienzverluste durch hohe Grenzsteuersätze auftreten. In Lohnverhandlungsmodellen mit endogener Arbeitszeit tritt beispielsweise die genannte Arbeit-Freizeit-Verzerrung auf, weil die Gewerkschaften bei höheren Grenzsteuersätzen eine Senkung der Arbeitszeiten verlangen. Dadurch erhöht sich der bereits bestehende Steuerkeil zwischen Grenzprodukt der Arbeit und Grenznutzen der Freizeit für das repräsentative Gewerkschaftsmitglied. Auch in Effizienzlohnmodellen führt eine Erhöhung der Grenzbelastung zu Effizienzverlusten, weil die Anreizwirkung der Effizienzlöhne aus Sicht des Arbeitgebers nachlässt. Schließlich sind mit höheren Grenzsteuersätzen auch in Suchmodellen Effizienzverluste verbunden, weil diese die Wirkungsweise des Matching-Prozesses beeinträchtigen.[11]

Die Frage nach der effektiven Grenzsteuerbelastung des Faktors Arbeit gewinnt auch an Bedeutung, wenn man das Phänomen der Schattenwirtschaft betrachtet. Was die Bereitschaft von Steuerpflichtigen betrifft, ihre Arbeitskraft ganz oder teilweise in der Schattenwirtschaft anzubieten, zeigen jüngere Forschungsergebnisse, dass ein Rückgang der Steuerbelastung zu höherer Beschäftigung auf dem formellen Arbeitsmarkt führt [Schneider und Enste (2000)]. Die bisherigen Ergebnisse basieren auf empirischen Studien und partial-analytischen Betrachtungen.[12]

Welche normativen Schlussfolgerungen ergeben sich daraus? Ungeachtet der Notwendigkeit weiterer Studien, insbesondere bezüglich des Einflusses einer hohen Grenzbelastung auf Steuerhinterziehung und die Bereitschaft zum Arbeiten in der Schattenwirtschaft, spricht der derzeitige Forschungsstand tendenziell für eine maßvolle effektive Belastung.

[11] Vgl. dazu ausführlich Soerensen (1997, S. 231).

[12] Eine umfassende Analyse in einem allgemeinen Gleichgewichtsmodell wäre wünschenswert, um mögliche – bislang nicht bekannte – Rückwirkungen zu erfassen. Eine derartige Analyse wurde allerdings m.E. bislang nicht durchgeführt.

6.2. Kernelemente einer modernen Einkommensteuer

6.2.1. Die Definition des Einkommens

6.2.1.1. Das traditionelle SHS-Konzept

Die Definition des Einkommens im Steuerrecht ist eine der ältesten Fragestellungen in den Steuerwissenschaften.[13] Historisch betrachtet hat sich dabei der überwiegende Teil der Steuerwissenschaftler für das SHS-Konzept ausgesprochen, wonach Einkommen „der Zugang von Reinvermögen in einer Wirtschaft während einer gegebenen Periode" ist [Schanz (1896), S. 7].[14] Damit lässt sich das Einkommen E wie folgt formulieren:

$$E = \triangle V + C, \tag{6.10}$$

wobei $\triangle V$ die Veränderung des Reinvermögens und C den Konsum innerhalb eines Kalenderjahres bezeichnen. Demzufolge erfasst dieser traditionelle SHS-Einkommensbegriff sämtliche Zuflüsse in Geld oder Geldeswert (und damit auch Nutzungswerte) und sowohl realisierte als auch unrealisierte Wertsteigerungen. Das bedeutet u.a., dass Arbeits- und Kapitaleinkommen unterschiedslos besteuert werden. Dabei stützt sich das SHS-Ideal auf zwei methodische Konzepte. Im Bereich Humankapital wird die „Cash-Flow-Methode" angewendet, während der Besteuerung des Sach- und Finanzvermögens das Konzept des „ökonomischen Gewinns" zugrunde liegt.[15]

Ausgehend von der Reinvermögenzugangstheorie, die vielen Steuerwissenschaftlern als „konzeptionelle Richtschnur" dient, hat sich zumindest im deutschsprachigen Raum die (traditionell interpretierte) Markteinkommenstheorie durchgesetzt.[16] Diesem Konzept zufolge ist nur das am Markt erwirtschaftete Einkommen zu versteuern. Dieser Ansatz impliziert offensichtlich eine kleinere Steuerbasis als die Reinvermögenzugangstheorie, steht aber nicht unbedingt im Widerspruch dazu. Denn die Markteinkommenstheorie lässt sich als

[13] Vgl. z.B. Schremmer (2002) zum Begriff des Einkommens in den ersten deutschen Einkommensteuergesetzen.

[14] Dies soll nicht heißen, dass die SHS-Konzeption das einzig anerkannte Einkommenskonzept war. Mit der auf Fuisting (1902) zurückgehenden Quellentheorie lag bereits sehr früh ein alternativer Einkommensbegriff vor, der in der Praxis nicht nur das preußische dtEStG vom 24.6.1891 prägte, sondern sich auch heute noch im dtEStG in den sogenannten Überschusseinkunftsarten (§§ 19 bis 22 dtEStG) wiederfindet; vgl. u.a. Tipke und Lang (2002) zur Entwicklung des steuerrechtlichen Einkommensbegriffs. Dennoch besteht kein Zweifel, dass historisch betrachtet die auf Schanz (1896), Haig (1921) und Simons (1938) zurückgehende Reinvermögenzugangstheorie die „Richtschnur" für eine Vielzahl von Steuerwissenschaftlern war.

[15] Vgl. ausführlich dazu Wenger (1997).

[16] Vgl. zu dieser Einschätzung Tipke und Lang (2002, S. 187f bzw. S. 236) und die dort zitierte Literatur.

pragmatische Fortentwicklung der SHS-Konzeption – unter Berücksichtigung von Informationsproblemen – interpretieren.[17] Im deutschsprachigen Raum wird heute die bis dato von Steuerjuristen postulierte Besteuerung nach der Leistungsfähigkeit mehrheitlich im Sinne des auf die Markteinkommenstheorie reduzierten SHS-Konzeptes interpretiert.[18] Auch im angelsächsischen Raum wurde traditionell das Prinzip der Besteuerung nach der Leistungsfähigkeit im Sinne des SHS-Konzeptes verstanden, wobei die konzeptionelle Reduzierung auf Markteinkommen im Sinne der Markteinkommenstheorie weniger klar ausgeprägt ist.[19]

Für eine ökonomisch fundierte Bestimmung des Einkommensbegriff im Rahmen eines Benchmark ist der alleinige Rückgriff auf das traditionell interpretierte Leistungsfähigkeitsprinzip allerdings unbefriedigend. Die Forderung, dass (Einkommen-)Steuern zu den geringsten volkswirtschaftlichen Kosten erhoben werden sollten, hat ebenfalls eine lange Tradition[20] und kann unter dem Effizienzprinzip subsumiert werden.[21] Wie in Abschnitt 6.1 deutlich wurde, spricht à priori zunächst nichts für die Überlegenheit des traditionellen SHS-Konzepts gegenüber einem Alternativsystem, das Zinsen in Höhe einer marktüblichen Rendite steuerlich freistellt.

6.2.1.2. Das Konzept einer lebenszeitlichen Einkommensbesteuerung

Zeitgleich mit dem Aufkommen der effizienztheoretisch fundierten Kritik am SHS-Konzept, wurde auch die herrschende Interpretation des Leistungsfähigkeitsbegriffs in Frage gestellt. Feldstein (1976) verdeutlicht, dass die SHS-Definition von Einkommen unvereinbar ist mit dem Prinzip der horizontalen Gerechtigkeit (S. 87ff), das eine zentrale Säule des Leistungsfähigkeitsprinzips ist.

---

[17] Homburg (2000) vertritt die Auffassung, dass „[...] die Markteinkommenstheorie nicht an sich erstrebenswert [sei], sondern eine Teilkapitulation vor Informationsproblemen ist" (S. 224). Dabei bezieht er sich auf Tipke (1993), der sich ebenfalls in diesem Sinne äußert: „Die Markteinkommenstheorie erweist sich auch hier als die auf das Praktikable zurückgenommene Reinvermögenzugangstheorie" (S. 580).

[18] Vgl. dazu Tipke und Lang (2002). Kirchhof (2002), der mit dem „Karlsruher Entwurf" eine umfassende Reform der Einkommensteuer anstrebt, ist ein Idealbeispiel für einen Vertreter dieses Einkommensbegriffs.

[19] Vgl. z.B. Pechman (1990), Bird (1992) und Goode (1984), die zu den einflussreichsten US-Vertretern des traditionellen Einkommensbegriffs zählen. So meint Bird (1992), S. 89: „[...] it remains widely accepted in principle that from an equity point of view the tax implications of an additional dollar of net income (comprehensively defined) should be the same, regardless of the source of that income."

[20] Bereits die klassischen Ökonomen wie Adam Smith und John Stuart Mill haben die Effizienz zum Besteuerungsprinzip erhoben. So fordert z.B. Mill (1848, S. 803): „Every tax ought to be so contrived as both to take out and keep out of the pockets of the people as little as possible over and above what it brings into the public treasury of the state."

[21] Für einen Überblick über Besteuerungsprinzipien vgl. Elschen (1991).

Diese Überlegungen haben dazu geführt, dass das traditionelle Leistungsfähigkeitsprinzip in lebenszeitlicher Sicht neu interpretiert wurde.[22] Das Konzept einer lebenszeitlichen Besteuerung von Einkommen ist synonym zum Konzept einer konsumorientierten Einkommensteuer, wenn man den Begriff „konsumorientiert“ nicht auf eine bestimmte Erhebungsform reduziert, bei der die persönliche Steuerbasis einer Periode mit dem Periodenkonsum übereinstimmen muss.[23] Die Äquivalenz lässt sich leicht aus der folgenden intertemporalen Budgetbeschränkung erkennen:

$$LE \equiv L_1 + \frac{L_2}{1+r} = C_1 + \frac{C_2}{1+r} \equiv LC \ , \tag{6.11}$$

wobei auf der linken Seite das Lebenseinkommen und auf der rechten Seite der Lebenskonsum steht; $L_i \ \forall i = 1,2$ beschreibt das Lohneinkommen in der jeweiligen Periode und $C_i \ \forall i = 1,2$ den Periodenkonsum.

Für die lebenszeitliche Ausgestaltung einer persönlichen Einkommensteuer stehen zwei Konzepte zur Verfügung. Dies ist auf der einen Seite die persönliche Ausgabensteuer, die bereits von Kaldor (1955) propagiert wurde und auch als sparbereinigte Einkommensteuer firmiert. Einkommen ist demnach nur der Teil der Zugänge im Sinne von SHS, der um die Ersparnisse der laufenden Periode bereinigt wurde.[24] Die Bemessungsgrundlage BG_{sp} in jedem Zeitabschnitt lässt sich dann wie folgt darstellen:

$$BG_{sp} = L - S \ , \tag{6.12}$$

was unmittelbar eine Besteuerung des Lebenseinkommens impliziert. Sei t der Einkommensteuersatz, dann ergibt sich dies aus Gleichung (6.11), wenn man die Ersparnisse berücksichtigt:

$$(L_1 - S_1)(1-t) + \frac{[L_2 + S_1(1+r)](1-t)}{1+r} \equiv LE(1-t) \ . \tag{6.13}$$

---

[22] Aaron und Galper (1985, S.21f) sprechen von einer lebenszeitlichen Einkommensteuer. Vgl. auch Rose (1991) und Rose (2002), der seit längerem für eine lebenszeitliche Perspektive im Rahmen der Einkommensteuer plädiert. Ablehnend dagegen Pechman (1990), S. 8.

[23] In der Literatur wird unter einer konsumorientierten Einkommensteuer häufig ausschließlich eine Besteuerung nach der sparbereinigten Methode verstanden. Geeigneter ist der Begriff Lebenseinkommen, da er beim Betrachter keine irreführenden Assoziationen hervorruft.

[24] Hinsichtlich der steuerlichen Technik, die in einem Kalenderjahr getätigten Ersparnisse von der Steuerbasis abzuziehen, wird im englischsprachigen Raum auch von „individual cash flow tax“ (ICF) gesprochen, vgl. McLure und Zodrow (1990). In Deutschland wird die sparbereinigte Einkommensteuer u.a. von Lang (1993) vertreten.

Auf der anderen Seite steht die Methode der Zinsbereinigung.[25] Sie sieht vor, dass Zinsen in Höhe einer marktüblichen Rendite steuerfrei bleiben, was unter der Annahme perfekter Kapitalmärkte die Steuerfreiheit von Zinsen impliziert.[26] Die Bemessungsgrundlage BG_{zb} in jedem Zeitabschnitt lässt sich dann wie folgt darstellen:

$$BG_{zb} = L \ , \tag{6.14}$$

was – wie anhand von Gleichung (6.11) ersichtlich ist – ebenfalls eine Besteuerung des Lebenseinkommens impliziert.[27]

Das Konzept der lebenszeitlichen Einkommensbesteuerung ist zwar theoretisch nicht auf Markteinkommen beschränkt, doch wird es oft in diesem Sinne propagiert.[28] In diesem Fall kann man auch von einer lebenszeitlich interpretierten Markteinkommenstheorie sprechen.

6.2.1.3. Der Einkommensbegriff und Anforderungen in einem Transformationsland

Wie sollte Einkommen „idealerweise" in einem Transformationsland definiert werden? Die geeignete Abgrenzung des Einkommens hängt mit den speziellen Bedürfnissen eines Transformationslandes zusammen. Die Anforderungen, die an ein Steuersystem in diesen Ländern gestellt werden, lassen sich m.E. neben dem originären Ziel der Aufkommenserzielung auf drei wesentliche Punkte reduzieren:

1. Effizienz und Wachstumskompatibilität,
2. Einfachheit der Steuererhebung und
3. Akzeptanz des Steuersystems.

1. Effizienz und Wachstumskompatibilität. Auch wenn Wachstum und Effizienz nicht gleichzusetzen sind, so ist doch ein second-best effizientes Steuersystem anzustreben, da die Vermeidung von Ineffizienzen per definitionem das Wachstumspotential erhöht. Es scheint jedenfalls plausibel anzunehmen, dass steuerlich bedingte Ineffizienzen ceteris paribus langfristig nicht zu höherem

---

[25] Man spricht hier auch von der „individual tax pre-payment method" (ITP), vgl. McLure und Zodrow (1990). In Deutschland wird die zinsbereinigte Methode der Besteuerung u.a. von Rose (1991, 2003) und Wenger (2001) vertreten.

[26] Vgl. dazu vor allem Kapitel 7 und zur Zinsbereinigung u.a. Rose und Wenger (1992), Gress et al. (1998), Kiesewetter (1999).

[27] Dies ergibt sich offensichtlich auch dann, wenn man Gleichung 6.11 um Ersparnisse ergänzt: $[L_1(1-t) - S_1] + \frac{[L_2(1-t)+S_1(1+r)]}{1+r} \equiv LE(1-t)$.

[28] Vgl. die Umsetzung dieses Konzepts in Kroatien (siehe Kapitel 7).

Wachstum führen. Aus effizienztheoretischer Sicht wurde oben gezeigt, dass die Wahl des Einkommensbegriffs von empirisch plausiblen Werten bezüglich der Eigenpreiselastizitäten zwischen Freizeit und heutigen Konsum bzw. zukünftigen Konsum abhängt. Die empirische Ermittlung dieser Parameter ist schwierig, wenn nicht sogar unmöglich.[29] Andererseits kann eine Abwägung plausibler Verhaltensszenarien einen Anhaltspunkt geben. So argumentiert Homburg (2000, S. 187), dass die Existenz von Eigenproduktion der Haushalte die Wahrscheinlichkeit erhöht, dass bei einer Zinsbesteuerung, die aufkommensneutral eine gleichzeitige Nettolohnerhöhung ermöglicht, die Produktion eigener Leistungen durch ein verstärktes Arbeitsangebot am Markt substituiert wird und der Gegenwartskonsum zunimmt. Dies ist der Fall $\sigma_{20} < \sigma_{10}$, der eine Zinsbesteuerung rechtfertigen würde. Dagegen argumentiert Wenger (1997, S. 135), dass Gegenwartskonsum plausiblerweise immer Zeit binde, was zu einem niedrigeren Arbeitsangebot führe. Zukunftskonsum dagegen fiele tendenziell in die Ruhestandsphase, so dass sich die Arbeitsangebotsentscheidung durch Förderung des Zukunftskonsums verbessern ließe.[30] Es handelt sich um den Fall $\sigma_{20} > \sigma_{10}$, der die Subventionierung von Zinsen rechtfertigen würde. Da dies in der steuerpolitischen Praxis nicht umsetzbar ist, würde das für die zinsbereinigte Besteuerung sprechen, die dem second-best am ehesten entspricht. Zudem weist Wenger (1997, S. 134) darauf hin, dass die Behauptung, der Verzicht auf die Besteuerung von Zinsen führe zwangsläufig zu einer stärkeren Verzerrung der Arbeitsangebotsentscheidung, nicht allgemein gültig ist: Bei Unabhängigkeit von Arbeitsangebotsentscheidung und zeitlicher Struktur des Konsums ist der Verzicht auf eine Zinsbesteuerung immer effizient, weil es zu keiner kompensierenden Verzerrung der Arbeits-Freizeit-Entscheidung kommt.

In der Tat basiert das Argument von Homburg auf der Annahme, dass der Verzicht auf Besteuerung von Zinsen zu einer „aufkommensneutralen Verschärfung der Arbeitseinkommensteuer“ (S. 187) führen würde. Angesichts der administrativen Unzulänglichkeit einer umfassenden Zinsbesteuerung ist es aber fraglich, ob der formale Wegfall der Zinsbesteuerung zu enormen Aufkommensverlusten führen wird. Insbesondere in Transformationsländern bestehen angesichts technischer und informationeller Probleme der Durchsetzung des Besteuerungsanspruchs in diesem Bereich erhebliche Zweifel an der Aufkommensergiebigkeit von Zinssteuern.[31]

[29] Deaton (1987) weist auf einige methodische Schwierigkeiten hin, die sich aus dem Mangel an Daten über Präferenzen und Nachfrageverhalten ergeben.

[30] Vgl. dazu auch Wenger (1983).

[31] Die Situation in Deutschland scheint diese Überlegung zu stützen: Die Steuereinnahmen, die durch Kapitalertragsteuer und Zinsabschlagsteuer erhoben wurden, beliefen sich im Jahr 2002 nur auf 4,4 Prozent der Steuereinnahmen insgesamt. Insbesondere die Durchset-

Zudem sollten Effizienzüberlegungen wie die in Abschnitt 6.1.2 dargelegte optimale Steuerpolitik für eine kleine offene Volkswirtschaft berücksichtigt werden. Das Ergebnis bezieht sich zwar zunächst nur auf die Sub-Optimalität von Quellensteuern auf Kapitaleinkommen. Denkbar wäre eventuell die – international koordinierte – Besteuerung von Kapitaleinkommen nach dem Wohnsitzlandprinzip wie es auch im OECD-Musterabkommen vorgesehen ist. Die Diskussion oben über die Schwierigkeit der Durchsetzung des Wohnsitzlandprinzips bei Zinseinkommen zeigt jedoch die beschränkten Möglichkeiten der Durchsetzung.[32] Sinn (1999, S. 49f) weist zudem darauf hin, dass es „zur Entfaltung seiner vollen Wirksamkeit auf die Erträge direkt investierten Kapitals ausgeweitet werden [müsste], die heutzutage überwiegend nach dem Quellenlandprinzip besteuert sind". So spricht auch vor diesem Hintergrund einiges für die Wahl einer lebenszeitlich orientierten Definition des Einkommens.

In Zusammenhang mit diesen Effizienzüberlegungen steht schließlich die Frage, inwieweit das Steuersystem kompatibel ist mit dem wirtschaftspolitischen Ziel der Generierung gesamtwirtschaftlicher Ersparnisse. Die Wahl des Einkommensbegriffs im Steuerrecht sollte dies berücksichtigen, da es weitgehend unstrittig ist, dass eine niedrige Sparquote langfristig nicht vereinbar ist mit nachhaltigem Wachstum.[33] Ein typisches Muster in Transformationsländern ist eine relativ geringe gesamtwirtschaftliche Sparquote. Eine steigende Sparquote wird deshalb oft als adäquates Mittel zur Stimulierung des Wirtschaftswachstums gesehen.

Hier stellt sich die Frage, ob der Verzicht auf die Besteuerung von Zinsen Vorteile verspricht. Von Interesse ist hier die Zinselastizität des Sparens. Aus

---

zung des Welteinkommensprinzips in diesem Bereich gelingt de facto nicht. Auch die von den EU-Finanzministern seit langem angestrebte Erschließung zusätzlicher Einnahmen aufgrund von Auslandsvermögen im Zuge der angestrebten Harmonisierung der Zinsbesteuerung wird die Einnahmen für den inländischen Fiskus nicht wesentlich verbessern. Der Harmonisierungsvorschlag in Europa sieht zwar einen Informationsaustausch der Finanzbehörden vor, akzeptiert aber gleichzeitig, dass Länder wie z.B. Österreich, Luxemburg und die Schweiz in Zukunft lediglich eine Zinsabgeltungssteuer von zunächst 15 Prozent erheben sollen. Diese soll zudem nur auf Zinsen von natürlichen Personen erhoben werden, woraus faktisch keineswegs Staatseinnahmen für den deutschen Fiskus resultieren würden [vgl. Zitzelsberger (2004) in einem Beitrag der Süddeutschen Zeitung vom 9. Februar 2004, S. 19]. Man beachte, dass aus dieser Argumentation nicht zu folgern ist, dass die Zinsbesteuerung keinen Einfluss hat: Die in Kapitel 6.1 diskutierte Verzerrung der intertemporalen Konsumentscheidung ist ein Effizienzverlust, der in jedem Fall bleibt.

[32] Vgl. Fn. 31 dieses Kapitels.

[33] Die mit der Wachstumsdynamik verbundenen Investitionen müssten auf Dauer vom Ausland finanziert werden, was insbesondere für kleine Volkswirtschaften nicht möglich ist, da die wachsende Auslandsverschuldung zu steigenden Zinsen aufgrund der zukünftig zu erwartenden Steuern führt und damit die Investitionen wieder drosselt (über die erhöhte Anforderung an die Grenzproduktivität des Kapitals).

theoretischer Sicht ist das Vorzeichen dieser Größe unbestimmt, da bekanntlich Einkommens- und Substitutionseffekte gegenläufig sind.[34] Aus empirischer Sicht haben Tanzi und Zee (1998) versucht, den Zusammenhang zwischen Zinssteuern und der privaten Sparquote zu beleuchten. Dabei kommen sie für OECD-Länder auf Basis aggregierter Querschnittsdaten zu dem Schluss, dass der Verzicht auf eine Zinsbesteuerung durch stärkere Verlagerung auf Konsumsteuern einen klar positiven Effekt hat. Dies scheint die Intuition der Vertreter konsumorientierter Steuerreformen zu stützen. Vorbehaltlich weiterer Untersuchungen ist dies zumindest ein starkes Indiz gegen eine traditionelle SHS-Einkommensteuer in Transformationsländern, sofern die Sparquote als eigenständiges wirtschaftspolitisches Instrument zur Förderung von Wachstum gesehen wird.

2. Einfachheit der Steuererhebung. Die Einfachheit der Steuererhebung ist von großer Bedeutung in Entwicklungs- und Transformationsländern. Dabei ist zu betonen, dass „Einfachheit" nur ein Hilfskriterium für ein Einkommensteuersystem ist, das insgesamt zu möglichst geringen Erhebungskosten, d.h. sowohl bei den Steuerpflichtigen zu geringen Befolgungskosten als auch bei der Verwaltung zu geringen administrativen Kosten, führt. Der Begriff Einfachheit kann auch mit Effizienz der Steuererhebung gleichgesetzt werden und wird fortan in diesem Sinne verwendet. Dass es sich hier um versteckte volkswirtschaftliche Kosten in erheblichem Umfang handeln kann, geht aus verschiedenen Studien hervor. So gaben frühe Studien von Arthur D. Little (1988) und Witte und Woodbury (1985) über Steuerbefolgungkosten im Rahmen der US-Einkommensteuer den Anstoß zu verschiedenen Folgeuntersuchungen[35], aus denen sich quantitativ eine Bandbreite von Erhebungskosten abschätzen lässt. Tab. 6.1 zeigt die Ergebnisse empirischer Schätzungen der Erhebungskosten für die USA und Großbritannien – gemessen als Anteil an den jeweiligen Steuereinnahmen. Auch wenn diese Bandbreiten die tatsächlichen Kosten in Transformationsländern eher überzeichnen, so gilt dennoch, dass es sich hierbei um beachtliche Größen handelt.[36]

[34] Vgl. Atkinson und Stiglitz (1980).

[35] Vgl. Blumenthal und Slemrod (1992, 1995), Slemrod (1996) für die USA und Godwin (1995) für Großbritannien; für einen Überblick siehe Sandford (1995).

[36] Der größte Anteil an den Steuerbefolgungskosten besteht in dem Zeitaufwand der Steuerpflichtigen. Um diesen zu monetarisieren, nimmt man den Lohn zur Berechnung der Opportunitätskosten. Aufgrund der niedrigen Löhne in Transformationsländern sind vermutlich auch die Kosten der Steuerbefolgung geringer.

Tabelle 6.1.: **Steuererhebungskosten der Einkommensteuer in ausgewählten Ländern, in % der Einnahmen**

	Administrative Kosten			Steuerbefolgungskosten			Erhebungskosten
	Pers. ESt[a] (1)	KSt[b] (2)	insg. (3)	Pers. ESt (4)	KSt (5)	insg. (6)	(3)+(6)=(7)
US	-	-	0,5	7,4	2,6	10,0	10,5
UK	1,5	0,5	2,1	3,4	2,2	5,6	7,7

Quelle: Blumenthal und Slemrod (1992, 1995), Godwin (1995).

[a]Persönliche Einkommensteuer.
[b]Körperschaftsteuer.

Noch bedeutsamer als die Steuerbefolgungskosten sind in Transformationsländern vermutlich die administrativen Kosten.[37] Die Ressourcenausstattung der Verwaltung, d.h. gering qualifizierte Mitarbeiter, fehlendes Know-How über Verwaltungsabläufe und Prüfungstechniken und fehlende Datenverarbeitungsmöglichkeiten, ist – je nach Entwicklungsstadium des betreffenden Landes – typischerweise gering.[38]

Für die Frage des Einkommensbegriffs sind Steuerbefolgungs- und administrative Kosten u.U. von enormer Bedeutung. Es gilt zu überprüfen, ob die beiden genannten Komponenten der Erhebungskosten sich hinsichtlich der Besteuerung von Kapitaleinkommen unterscheiden und welche normativen Schlussfolgerungen daraus zu ziehen sind. Zulässig ist der Vergleich nur dann, wenn – gedanklich ausgehend von einer Lohnsteuer – eine Situation mit Besteuerung von Kapitaleinkommen verglichen wird mit einer aufkommensgleichen Situation ohne Kapitaleinkommensbesteuerung, wobei die Aufkommensneutralität z.B. durch Variation des Steuersatzes hergestellt werden kann. Dies lässt sich mit Hilfe des Konzepts der „marginal efficiency costs of funds", $MECF$, konkretisieren.[39] Das Konzept der $MECF$ beinhaltet alle wichtigen ökonomischen Kosten der Besteuerung[40], d.h. administrative Kosten, Steuerbefolgungskosten, die bekannten Effizienzkosten im Sinne des Excess-Burden, Steuerhinterziehungskosten und die sozialen Kosten der Steuervermeidung.

[37]Anders dagegen in industrialisierten Staaten, in denen aufgrund der größeren Reichweite der Einkommensteuer und der höheren Opportunitätskosten die Steuerbefolgungskosten den Hauptanteil an den Erhebungskosten insgesamt ausmachen.

[38]Vgl. Mansfield (1988).

[39]Für eine ausführliche Darlegung des Konzepts vgl. Slemrod und Yitzhaki (1996).

[40]Slemrod und Yitzhaki (1996) geben eine detaillierte Erläuterung der verschiedenen volkswirtschaftlichen Kostenkomponenten der Besteuerung.

Das Konzept ist geeignet, auf Basis empirischer Daten Aussagen über die relative Vorteilhaftigkeit verschiedener Steuervorhaben zu geben. Die $MECF$ messen die gesamten sozialen Kosten der Besteuerung, so dass für zwei Vorhaben *(i=a, b)* – z.B. Einführung einer Zinsbesteuerung *(i=a)* oder alternativ Erhöhung des Lohnsteuersatzes ohne Zinsbesteuerung *(i=b)* – gilt:

$$a\left\{\begin{matrix}\succeq\\ =\\ \prec\end{matrix}\right\}b \iff MECF_a\left\{\begin{matrix}\leq\\ =\\ >\end{matrix}\right\}MECF_b. \tag{6.15}$$

Die $MECF$ sind wie folgt definiert[41]:

$$MECF_i = \frac{\mu(X_i - MR_i) + C_i + MR_i}{MR_i - A_i}, \tag{6.16}$$

wobei X_i das potentielle Grenzsteueraufkommen ist,[42] MR_i das tatsächliche Grenzsteueraufkommen, C_i die marginalen Befolgungskosten und A_i die marginalen administrativen Kosten. Der Ausdruck in Klammern zeigt an, in welchem Umfang Steuern „versickern" (durch Vermeidungsstrategien und/oder Steuerhinterziehung); dabei handelt es sich um soziale Kosten, die mit dem Parameter μ pro Einheit gewichtet werden.[43] Die $MECF$ ergeben sich demnach aus dem Verhältnis zwischen Kosten für die Gesellschaft, $\mu(X_i - MR_i) + C_i + MR_i$, und den verbleibenden Einnahmen nach Verwaltungskosten, $MR_i - A_i$.

Genaue Aussagen lassen sich jeweils nur länderspezifisch auf Basis empirischer Daten zu den jeweiligen Variablen treffen. Aufgrund der Schwierigkeit, insbesondere in Transformationsländern verlässliche Daten zu Steuererhebungskosten zu bekommen, soll an dieser Stelle lediglich ein Plausibilitätstest durchgeführt werden. Untersucht werden soll die relative Vorteilhaftigkeit einer Nichtbesteuerung ($i = b$) von Zinsen im Vergleich zur Besteuerung ($i = a$). Dazu sollen $MECF$-Eckwerte berechnet werden für die in Tabelle 6.2 angegebenen Variablen. Bei einem angestrebten Zusatzaufkommen von einer Geldeinheit (GE) durch Maßnahme a ist es plausibel anzunehmen, dass in der Praxis

[41] Die folgende Darstellung und Notation ist stark an Slemrod und Yitzhaki (1996, S. 185ff) angelehnt.

[42] Die Schätzung des potentiellen Grenzsteueraufkommens erfolgt unter der Annahme, dass die Steuerbasis inelastisch ist.

[43] Das „Versickern" von Steuereinnahmen ist deshalb als sozialer Kostenfaktor zu sehen, weil ein rationaler Steuerpflichtiger an der Grenze gerade einen Euro bereit ist aufzugeben, um einen Euro Steuern zu sparen. Diese privaten Kosten des Einzelnen sind aber zugleich soziale Kosten der Gesellschaft. Dies muss allerdings nicht unbedingt im Verhältnis 1:1 zutreffen – das ist insbesondere nicht der Fall bei Steuerhinterziehung, bei der die sozialen Kosten sicher unter den privaten Kosten liegen (z.B. Geldstrafen, die lediglich einen Transfer vom Steuerpflichtigen zum Staat darstellen) –, so dass die sozialen Kosten ermittelt werden durch Gewichtung mit dem Parameter μ, der die marginale soziale Wertschätzung eines gesparten Euro des Steuerpflichtigen widerspiegelt.

Tabelle 6.2.: **Zinsbesteuerung vs. Steuerbefreiung und die Bedeutung von Steuerbefolgungskosten: Ein numerisches Beispiel mit Hilfe der $MECF$ ($MR_a = MR_b = 0,5$)[a]**

Maßnahme	μ	$MECF$	X_i	C_i	A_i
	0,2	2,33			
a	0,5	2,83	1,0	0,1	0,2
	1,0	3,66			
	0,2		2,66		
b	0,5	↘	1,76	0,0	0,1
	1,0		1,46		

[a]Anmerkung: Für gegebene Werte von $MECF_a$ resultieren bestimmte Werte X_b als Obergrenze, bei der b gerade noch besser ist als a.

nur ein geringeres Aufkommen erzielt werden kann, d.h. z.B. nur ein zusätzliches Aufkommen von 0,5 GE ($MR_a = 0,5$). Mit angenommenen zusätzlichen Steuerbefolgungskosten in Höhe von 10 Prozent der angepeilten Einnahmen ($C_a = 0,1$) und Verwaltungskosten von 20 Prozent ($A_a = 0,2$) ergeben sich je nach Gewichtungsparameter μ Werte zwischen 2,33 (für $\mu = 0,2$) und 3,66 (für $\mu = 1$).[44] Man könnte nun bei Vorliegen entsprechender Daten – wie oben dargelegt – die $MECF$ für Maßnahme b berechnen.

Alternativ kann man folgendes Gedankenspiel anstellen: Wie hoch dürfen die zu erwartenden Effizienzverluste und damit das potentielle Grenzsteueraufkommen, X_b, der Steuersatzerhöhung von Maßnahme b höchstens sein, so dass $b \succ a$ und damit eine Nichtbesteuerung von Zinsen gerade noch vorteilhafter ist als die Zinsbesteuerung? Geht man plausiblerweise davon aus, dass durch die bloße Anhebung des Steuersatzes die Steuerbefolgungkosten konstant bleiben und die Verwaltungskosten mit $A_b = 0,1$ geringer ansteigen als bei der Zinsbesteuerung, so lassen sich die entsprechenden X_b-Werte berechnen. Tabelle 6.2 verdeutlicht, dass X_b zwischen 2,66 GE (für $\mu = 0,2$) und 1,46 GE (für $\mu = 1,0$) liegen darf. Diese Werte liegen im gesamten Bereich $\mu = \{0,2; 1,0\}$ über dem für Alternative a angenommenen Wert $X_a = 1,0$, was enorme Effizienzverluste in Form des Excess-Burden und der Steuerhinter-

[44]Die angenommenen Werte für die administrativen und Steuerbefolgungskosten erscheinen angesichts der Zahlen in Tab. 6.1 zunächst etwas hoch. Man muss aber beachten, dass es sich zum einen um marginale Kosten handelt, die bei Neueinführung einer Steuer plausiblerweise deutlich höher sind als die in der Tabelle angegebenen aggregierten Werte; zum anderen sind die entsprechenden Kosten in Transformationsländern deutlich höher und – wie oben bereits argumentiert wurde – mit umgekehrter Rangfolge, d.h. administrative Kosten sind deutlich größer als Steuerbefolgungskosten.

ziehungskosten voraussetzen würde. Dies ist aber in dieser Größenordnung völlig unplausibel.[45] Daraus folgt, dass realistischerweise bei niedrigeren Werten es stets besser wäre, auf eine Zinsbesteuerung zu verzichten. Das numerische Beispiel kann zwar eine genauere Analyse nicht ersetzen, zeigt aber den Handlungsspielraum für plausible Parameterwerte der Steuerverwaltungskosten und Steuerbefolgungskosten auf. Es spricht vieles dafür, auf eine Besteuerung von Zinsen zu verzichten.

Schließlich sei angemerkt, dass aus administrativer Sicht eine Beschränkung steuerpflichtiger Einkommen auf Markttransaktionen sinnvoll ist. Eine Besteuerung der Veräußerungsgewinne privater Gebrauchs- oder Vermögensgegenstände ist kontrolltechnisch nicht administrierbar. Ein formaler Besteuerungsanspruch birgt lediglich die Gefahr, Korruptionspotential in Bereichen zu schaffen, die fiskalisch nicht bedeutsam sind. Aus diesem Grund sollte der lebenszeitliche Einkommensbegriff im Sinne der Markteinkommenstheorie ausgestaltet werden.

3. Akzeptanz des Steuersystems. Die Akzeptanz des Steuersystems bei den Bürgern ist gerade in sich entwickelnden Transformationsländern von enormer Bedeutung. Dabei spielen nicht nur die bereits erwähnten Steuerbefolgungskosten eine Rolle. Bedeutsamer in Transformationsländern ist, dass ein Akzeptanz-Defizit mit Einführung eines neuen Systems zu dauerhaftem Misstrauen gegenüber dem Fiskus führen kann und den Aufbau langfristiger staatlicher Strukturen gefährdet. Es ist deshalb legitim zu erörtern, ob das traditionell interpretierte Leistungsfähigkeitsprinzip auf größere Akzeptanz stößt als die lebenszeitliche Interpretation, was dann u.U. für die Besteuerung von Kapitaleinkommen sprechen würde. Mangels geeigneter Daten aus Transformationsländern kann ein solcher Einwand hier allerdings weder bestätigt noch ausgeräumt werden. Jedoch bestehen zumindest anekdotische Hinweise, dass die Zinsbesteuerung keineswegs als notwendiges Element einer Einkommensteuer gesehen wird.[46]

Die Forderung einer Besteuerung nach der Leistungsfähigkeit, aus der von Vertretern des traditionellen Leitbilds die Zinsbesteuerung abgeleitet wird, ist m.E. Ausdruck distributionaler Werturteile. Wenn dem so ist, dann sollte die effektive Verteilungswirkung im Vordergrund stehen, nicht aber das Prinzip. Kaplow (1995) und Kaplow und Shavell (2000, 2001) argumentieren in einer Serie von Beiträgen, dass das Festhalten an Prinzipien, die keine wohlfahrts-

[45] Dies würde bedeuten, dass für die jeweils angestrebten Aufkommensziele, d.h. für die X_b-Werte, und gegeben das tatsächliche Aufkommen ($MR_b = 0,5$) eine Entzugsrate in Form des Excess-Burden, legaler Vermeidung und illegaler Steuerhinterziehung zwischen 79 Prozent ($\mu = 0,2$) und 66 Prozent ($\mu = 1,0$) vorliegt.

[46] Vgl. Gerken und Schick (2002) über die Akzeptanz der Zinsbesteuerung in Deutschland.

theoretische Fundierung haben, in der Regel zu sub-optimalen Ergebnissen führt. Folgt man dieser Idee, so sollte in der Frage der Besteuerung und des Leistungsfähigkeitsprinzips auf die tatsächlichen Verteilungswirkungen geachtet werden. Hier bestehen aber Zweifel, ob eine gleichmäßigere Verteilung bei gegebenem administrativen Aufwand durch die Besteuerung von Zinsen herbeigeführt werden kann. Verschiedene Indizien aus der Steuerpraxis deuten eher darauf hin, dass die gezielte Prüfung bestimmter steuerlicher Sachverhalte zu einer progressiveren Besteuerung führen kann[47], als wenn die vorhandenen Mittel für die Erhebung von Zinssteuern verwendet werden.[48]

Die Jahrzehnte währende Diskussion über die richtige Definition des Einkommens im Steuerrecht hat bis dato zu keinem Disziplinen übergreifenden Konsens geführt. Dennoch überwiegen die oben genannten Argumente für eine lebenszeitliche bzw. konsumbasierte Definition des Einkommens. Dies gilt umso mehr, wenn es um ein Benchmark für ein Transformationsland geht, das sich an den drei Zielen Wachstumskompatibilität, Einfachheit und Akzeptanz des Systems orientiert. Im Folgenden wird deshalb eine Benchmark-Einkommensteuer konkretisiert, die der lebenszeitlichen Definition des Einkommens folgt.

6.2.2. Die persönliche Einkommensteuer: Steuerbasis, Steuerpflicht und Tarifstruktur

6.2.2.1. Einkommensarten und Steuerbasis

Akzeptiert man die lebenszeitliche Interpretation des Einkommensbegriffs, so stellt sich die Frage, wie die Steuerbasis konzipiert sein sollte. Zunächst soll hier die Steuerbasis der persönlichen Einkommensteuer diskutiert werden.[49] Dabei bedarf es zuerst der Festlegung auf die Erhebungstechnik einer lebenszeitlichen Einkommensteuer. Zudem muss aus technischer Sicht die Zahl der Einkommensarten als Erhebungskategorie bestimmt werden und nicht zuletzt abgegrenzt werden, welche Zu- und Abflüsse tatsächlich das Einkommen beeinflussen.

Erhebungstechnik der lebenszeitlichen Einkommensteuer. Welche der beiden oben dargelegten Methoden, d.h. Sparbereinigung und Zinsberei-

[47] Es ist allerdings aus theoretischer Sicht keineswegs eindeutig, dass eine verstärkte Prüfung vermögender Einkommensbezieher auch zu einer progressiveren Belastung führt. Ausweichreaktionen der Betroffenen, die in der Regel mobiler sind als Geringverdiener, können u.U. die stärkeren Kontrollbemühungen als sub-optimale Politik entlarven und die Verteilungsziele konterkarieren.

[48] Bezüglich der Umverteilung siehe auch Abschnitt 6.2.2.3.

[49] Siehe Abschnitt 6.3 zur Steuerbasis der Gewinnsteuer.

nigung, sollte in einer Benchmark-Einkommensteuer implementiert werden? McLure und Zodrow (1990) sprechen sich aus administrativen Gründen für die zinsbereinigte Methode aus (S. 351ff):

> „[...] the ICF approach requires substantially more record-keeping than does the ITP approach. Compliance would require precise records on all transactions involving savings, loans, the receipt of capital income including interest income, dividends and capital gains, interest payments and the repayment of principal on loans, and all withdrawals from qualified accounts; a tax audit would require strict monitoring of all such transactions. By comparison, compliance with and administration of the ITP approach would be considerably simpler, since non of these capital transactions has any tax consequences.“

Sie verweisen zudem auf zusätzliche administrative Kosten, die dadurch entstehen würden, dass der Steuerabzug regelmäßig nicht mit der korrekten Einkommensteuerschuld korrespondiert, weil Ersparnisse in vollem Umfang zum Abzug zugelassen werden.[50] Bei Existenz eines progressiven Tarifverlaufs ist zudem zu beachten, dass der Anreiz zu Steuervermeidung durch zeitliche, örtliche oder personelle Verschiebung von Kapitaleinkommen bei der sparbereinigten Methode stärker ist als bei der zinsbereinigten, da letztere Kapitaleinkommen freistellt.

Auf die Bedeutung eines funktionierenden Systems zur Kontrolle der qualifizierten Konten, die Kernelemente einer jeden sparbereinigten Einkommensteuer sind, haben bereits Bradford (1984) und Aaron und Galper (1985) verwiesen. Diese Probleme nehmen noch zu, wenn man internationale Aspekte berücksichtigt. Um massiven Missbrauch zu vermeiden, der dadurch entstehen könnte, dass Ersparnisse im Inland gebildet werden, aber im Ausland konsumiert werden, muss sich die Sparbereinigung auf das Inland beschränken oder im Rahmen internationaler Vereinbarungen geregelt werden. Aus rechtlicher Sicht ist zum einen zu klären, wie Kapitaleinkommen behandelt werden, die an einen früheren inländischen Sparer mit Sitz im Ausland transferiert werden, als auch inländische Ersparnisse, die im Inland aufgelöst und versteuert werden und ins Ausland zu Konsumzwecken transferiert werden. In beiden Fällen könnte ein Besteuerungsanspruch des Auslands bestehen und das Konzept der lebenszeitlichen Einkommensbesteuerung konterkarieren. Eine internationale Abstimmung ist unerlässlich, was zu enormen administrativen Kosten führen kann.[51]

---

[50] Vgl. McLure und Zodrow (1990), S. 352.

[51] Bereits das Meade-Committee (1978, S. 428ff) diskutiert internationale Probleme bei der Einführung einer persönlichen Ausgabensteuer durch ein Land.

Die lebenszeitliche Besteuerung sollte deshalb in einem Transformationsland erhebungstechnisch mit der zinsbereinigten Methode erfolgen. Allerdings kann die Methode der Sparbereinigung für bestimmte Formen der Altersvorsorge eine sinnvolle Ergänzung sein, sofern die damit verbundenen Verwaltungskosten (Kontrollkosten etc.) überschaubar bleiben.

Einkommensteuerbasis und Einkommensarten. Nach der konzeptionellen Festlegung auf eine zinsbereinigte Einkommensteuer stellt sich die Frage nach der Erfassung der Einkommen, d.h. der Abgrenzung steuerbarer Zu- und Abflüsse im Rahmen von Einkommensarten.

In der Frage der Konzeption der Einkommensteuerbasis und der Zahl der Einkommensarten werden in dieser Arbeit zwei Thesen vertreten. Erstens, die Gestaltung der Steuerbasis sollte sich am Syntheseprinzip sowie dem objektiven und subjektiven Nettoprinzip orientieren. Dies beinhaltet sowohl die weitgehende Verlustverrechnung innerhalb und zwischen den Einkommensarten (Syntheseprinzip und objektives Nettoprinzip), als auch die Berücksichtigung persönlicher Abzüge (subjektives Nettoprinzip).[52] Zweitens, die konkrete Zahl der Einkommensarten ist von nachgeordneter Bedeutung, sofern durch die Aufgliederung keine gravierenden Belastungsunterschiede entstehen. Bei der Konzeption der Einkommensarten sollte sichergestellt sein, dass im Sinne des Syntheseprinzips keine Arbitrage-Möglichkeiten entstehen, Einkommen zwischen den Einkommensarten zu verschieben. Wenn kein Anreiz zu Gestaltungsmöglichkeiten gegeben ist, sollte die konkrete Anzahl der Einkommensarten in erster Linie von administrativen Überlegungen abhängen. Im Rahmen der Ableitung eines Benchmark ist es naheliegend, auf einige in der Literatur diskutierte Reformvorschläge einzugehen. Im Folgenden soll deshalb überprüft werden, inwiefern diese den oben genannten Forderungen Rechnung tragen und damit in eine praktikable Lösung für ein Transformationsland einzubeziehen sind.

Hall und Rabushka (1995) haben mit der „Flat Tax" einen vieldiskutierten Reformvorschlag vorgelegt, der aus einer Lohnsteuer („wage tax") und einer Gewinnsteuer ("business tax") besteht. Arbeitnehmer, die Lohn aus einer nichtselbständigen Arbeit beziehen, unterliegen der Lohnsteuer; Einkommen

[52] Das Syntheseprinzip verlangt die Zusammenlegung aller Einkommen, sofern sie dem (zinsbereinigten) Einkommensbegriff entsprechen. Demnach würden Lohneinkommen genauso behandelt werden wie selbständig erzielte Einkommen und gegebenenfalls andere Einkommensarten und zu einem Gesamtbetrag zusammengefasst werden. Dies beinhaltet implizit die Möglichkeit der Verlustverrechnung sowohl innerhalb einer Einkommensart, als auch zwischen den Einkommensarten. Ausgehend vom Gesamtbetrag könnten auch persönliche Abzüge berücksichtigt werden, womit das subjektive Nettoprinzip im Sinne des Leistungsfähigkeitsprinzips gewährleistet wäre. Die Steuerbasis ergäbe sich dann nach Abzug der persönlichen Abzüge vom Gesamtbetrag.

aus allen anderen Tätigkeiten sind damit automatisch unternehmerisch und unterliegen der Gewinnsteuer, so dass Gewerbetreibende, Selbständige und Freiberufler etc., die in vielen Einkommensteuersystemen weltweit im Rahmen der persönlichen Einkommensteuer besteuert werden, nicht mehr der Einkommensteuer unterliegen.[53]

Zunächst ist festzuhalten, dass die „Flat Tax“ gegen das Syntheseprinzip der Einkommensbesteuerung verstößt: Verluste, die ohnehin nur bei der Gewinnsteuer entstehen können, sind nicht verrechenbar mit der Lohnsteuer, können jedoch verzinst vorgetragen werden. Diese Beschränkung des Verlustausgleichs ist vermutlich darauf zurückzuführen, dass Gewinne im Rahmen der Gewinnsteuer auf Basis einer reinen Kassenrechnung mit voller Sofortabzugsfähigkeit der Investitionsausgaben ermittelt werden, was in der Investitionsphase in der Regel zu hohen Verlusten führt.[54] Dies offenbart allerdings eher die Schwäche der Kombination aus Lohnsteuer und R-Cash-Flow-Steuer. Während ein Verstoß gegen das Syntheseprinzip bei langfristig erfolgreichen Unternehmern – die zugleich Lohneinkommen beziehen – nicht ins Gewicht fällt, kann es bei liquiditätsbeschränkten Unternehmern und solchen, die ihren Verlustvortrag aufgrund unternehmerischen Misserfolgs nicht geltend machen, zu ungleichen Steuerlasten führen. Problematisch ist dies nicht nur aus Fairnessgründen („Besteuerung nach der Leistungsfähigkeit“), sondern auch aus Effizienzsicht. Buchholz und Konrad (2000) und in Bezug auf eine zinsbereinigte Einkommensteuer auch Thalmeier (2002) diskutieren die Wirkungen einer Beschränkung der Verlustverrechnung auf die Bereitschaft zur Risikoübernahme. Sie zeigen jeweils, dass sich bei Verlustausgleichsbeschränkung die Attraktivität einer risikobehafteten Anlage in der Regel ändert, was als unerwünschte Nebenwirkung effizienzmindernd ist.[55]

Auch hinsichtlich des subjektiven Nettoprinzips ist der Vorschlag problematisch. Das subjektive Nettoprinzip wird von Hall und Rabushka (1995) zwar dadurch berücksichtigt, dass persönliche Abzüge bei der Lohnsteuer geltend gemacht werden können.[56] Dies kann jedoch in der Praxis zu erheblichen negativen Anreizwirkungen führen. Ein Selbständiger kann in der „Flat Tax“ einen Freibetrag für sich und seine Familie nur beanspruchen, wenn er sich einen Un-

[53] Auf die Bezeichnung „Einkommensteuer“ kann dann streng genommen sogar verzichtet werden.

[54] Zur Abgrenzung der verschiedenen Konzepte der Kassenrechnung vgl. Nguyen-Thanh et al. (2003) und auch Kaiser (1992), Meade-Committee (1978).

[55] Konkret kann gezeigt werden, dass eine Einkommensteuer mit beschränktem Verlustausgleich nur dann einen risikodämpfenden Effekt hat, wenn der Investor wenig risikoscheu ist. Wenn er sehr risikoscheu ist, kommt es zu einer Zunahme in das riskante Projekt; vgl. Buchholz und Konrad (2000), S. 82ff.

[56] Eine ausführliche Erörterung über Details der persönlichen Abzüge erfolgt weiter unten (s. S.153f).

ternehmerlohn zahlt, der die Steuerbasis der Lohnsteuer erhöht und die der Gewinnsteuer in gleichem Umfang reduziert. Voraussetzung für die Attraktivität dieser Regelung ist aber, dass die Beiträge der Sozialversicherung nicht ausschließlich an Arbeitseinkommen anknüpfen, wie das in den meisten OECD-Staaten heute der Fall ist und auch in den jungen Transformationsökonomien so übernommen wurde. Denn in diesem Fall besteht systematisch ein Anreiz, sein Einkommen im Rahmen der Gewinnsteuer zu versteuern, wodurch allerdings die Freibeträge wegfallen. Sofern die Sozialversicherung nicht auch auf selbständige Einkommen zurückgreift, besteht dann stets ein Anreiz zwischen dem Vorteil der Freibeträge und dem Nachteil aus höheren Sozialversicherungsbeiträgen zu optimieren. Das subjektive Nettoprinzip sollte unabhängig von diesem Kalkül verwirklicht werden, da realpolitische Überlegungen der Politikberatung nahelegen, dass die an sich notwendige simultane und abgestimmte Reform von Steuer- und Sozialversicherung äußerst unwahrscheinlich ist. Das Modell der „Flat Tax" mit zwei unabhängigen Einkommensarten bietet sich deshalb nicht als Referenz an.

Da viele Probleme in der Abgrenzung der Einkommensarten gesehen werden, ist es naheliegend, dass einige Reformvorschläge die Reduktion auf nur mehr eine einzige Einkommensart vorsehen. Hussey und Lubick (1992) haben mit dem BWTC explizit einen Reformvorschlag für Transformationsländer konzipiert, der prinzipiell nur noch eine Einkommensart kennt. Auch der Karlsruher Entwurf (KE), der im Zuge der deutschen Steuerreformdebatte diskutiert wird,[57] unterscheidet nicht mehr nach verschiedenen Einkommensarten. Im BWTC gibt es nur Bruttoeinkommen („gross income"), von dem man nach Abzug bestimmter Positionen zum versteuernden Einkommen („taxable income") kommt.[58] Steuer ist allerdings nur zu zahlen auf das zu versteuernde Einkommen aus inländischen Quellen. Letztere werden definiert, indem abschließend sechs Einkommensquellen genannt werden, die quasi über die Hintertür wieder den Charakter eigener Einkommensarten haben.[59] Präziser ist hier der Karlsruher Entwurf, der explizit nur noch eine Einkommensart

[57] Beim KE handelt es sich um ein Gesamtreformentwurf für ein neues Einkommensteuerrecht, der von einem Arbeitskreis um den Steuerrechtler Paul Kirchhof entworfen wurde; vgl. Kirchhof et al. (2001), Kirchhof (2002).

[58] Vgl. Chapter 2, Sec. 13 (a)-(f) BWTC.

[59] Im Entwurf für den BWTC wird nicht weiter auf diese Einkommensquellen Bezug genommen, so dass ihre Einstufung als eigenständige Einkommensarten unklar bleibt. Es handelt sich dabei um 1) Einkommen aus dem Einsatz von Kapitalgütern (im Inland), 2) Einkommen aus der Verarbeitung, dem Verkauf etc. von Gütern, 3) Einkommen aus kommerziellen, industriellen etc. Aktivitäten, 4) Einkommen aus dem Einsatz persönlicher Arbeit, 5) Zinsen und 6) Einkommen aus verbrieften Darlehen; vgl. Chapter 10, Sec. 131 BWTC.

kennt.[60] Sowohl der BWTC als auch der KE entledigen sich damit prima facie der Abgrenzungsproblematik zwischen den Einkommensarten.

Problematisch ist allerdings, dass die Reduktion auf eine Einkommensart die in der Praxis bestehenden Abgrenzungsprobleme keineswegs beseitigt. Berücksichtigt man, dass Lohneinkommen typischerweise dem Quellenabzug unterliegt und auch Renten und andere Einkommen an der Quelle einbehalten werden, so wird dadurch zumindest aus administrativer Sicht eine Abgrenzung in der Praxis erforderlich.[61] Auch die international übliche Pauschalierung von Erwerbsausgaben, auf die in einem Transformationsland aus administrativen Gründen kaum verzichtet werden kann, verlangt zumindest konzeptionell die Zuordnung von Einnahmen zu einer Einkommensart, um die Rechtmäßigkeit einer Erwerbsausgabenpauschale im Einzelfall prüfen zu können.[62] Entscheidet sich der Gesetzgeber zudem für die oben erwähnte Umsetzung der Sparbereinigung im Bereich der Altersvorsorge, so liegt es allein aus Transparenzgründen nahe, dafür eine eigene Einkommensart zu schaffen.[63] Zwar setzen beide Entwürfe zentrale Prinzipien der Besteuerung ansatzweise um, doch die Reduzierung auf nur eine Einkommensart kann aus administrativer Sicht kein Modell für ein Transformationsland sein.

Ein alternatives Modell präsentiert Rose (2003) mit dem Entwurf zur *Einfachsteuer* (EFSt).[64] Die EFSt folgt dem Konzept der Zinsbereinigung und kennt im Rahmen einer synthetischen Einkommensteuer insgesamt vier Einkommensarten („Einkunftsarten“): Einkünfte aus nichtselbständiger Erwerbstätigkeit, Einkünfte aus selbständiger Erwerbstätigkeit, Vorsorgeeinkünfte und Ausgaben für berufliche Bildung (Humankapital).[65] Die Vorsorgeeinkünfte werden nach dem Konzept der Sparbereinigung ermittelt. Die Ausgaben für Humankapital sind eine negative Einkommensart, in deren Rahmen Ausgaben für Aus- und Weiterbildung (Humankapitalausgaben) des Steuerpflichtigen angesetzt werden können. Die Erfolgsbeiträge aller vier Einkommensarten

---

[60] Vgl. §3 KE in Kirchhof et al. (2001).

[61] Vgl. dazu auch Tipke (2002), S. 161.

[62] Wird z.B. eine Erwerbsausgabenpauschale für Lohneinkommen gewährt, so muss der Steuerpflichtige dokumentieren, dass er tatsächlich Lohneinkommen hatte. Die Abgrenzung wird in der Praxis durch die Unterscheidung in verschiedene Einkommensarten erleichtert.

[63] Dadurch wird dem Steuerpflichtigen deutlich, dass das Konzept der Sparbereinigung sich bewusst auf den Bereich der Altersvorsorge bezieht und nicht willkürlich auf andere Formen ausgeweitet werden soll. Das Problem, dass Interessengruppen eine Ausweitung der nachgelagerten Besteuerung auf alternative Sparformen fordern könnten, stellt sich akut in einem traditionellen System. So wäre es womöglich einfacher, diese Anliegen abzuwehren, wenn der KE, der die Sparbereinigung in §9 KE für „Leistungen zur Zukunftssicherung“ umsetzt, dafür eine eigene Einkunftsart geschaffen hätte.

[64] Vgl. auch Rose (2002); die Einfachsteuer wurde erstmals 2000 der Öffentlichkeit vorgestellt und seitdem fortentwickelt.

[65] Vgl. §6 Abs. 1 EFStG.

werden als „marktbestimmtes Einkommen" zusammengefasst. Die EFSt kennt sowohl einen Verlustausgleich innerhalb als auch zwischen den Einkunftsarten sowie den zeitlichen Verlustausgleich mit begrenztem Verlustrücktrag und aufgezinstem Verlustvortrag. Das subjektive Nettoprinzip kommt dadurch zum Ausdruck, dass vom marktbestimmten Einkommen persönliche Abzüge abgezogen werden.

Was folgt aus den verschiedenen Reformentwürfen für die Konzeption einer „idealen" Steuerbasis der Einkommensteuer in einem Transformationsland? Die Umsetzung des Syntheseprinzips sowie des objektiven und subjektiven Nettoprinzips im Steuerrecht ist m.E. eine notwendige Voraussetzung für die Akzeptanz der Einkommensteuer. Aus effizienztheoretischer Sicht ist die Beschränkung der Verrechnung von positiven und negativen Einkommen aus verschiedenen Quellen grundsätzlich zuzulassen. Eine teilweise Beschränkung ist allerdings in Transformationsländern aus administrativer Sicht (aufgrund der hohen Informationskosten) denkbar.[66] Damit sollten die Einkommensarten so aufgebaut werden, dass die verschiedenen Erfolgsbeiträge synthetisch zu einem Gesamtbeitrag zusammengefasst werden. Aus diesem Grund ist die „Flat Tax" kein geeignetes Referenzmodell. Beim Aufbau der Einkommensteuer sollten im übrigen Arbitrage-Möglichkeiten zwischen den Einkommensarten vermieden werden. Die Lösung, die Steuerbasis nur auf einer einzigen Einkommensart zu basieren – wie beispielsweise im BWTC oder dem KE – ist zwar denkbar, aber administrativ keineswegs vorteilhaft. Sofern keine Belastungsunterschiede entstehen, rechtfertigt m.E. allein schon der Quellenabzug bei verschiedenen Einkommen die Unterscheidung in verschiedene Einkommensarten. Der Abzug von Ausgaben für berufliche Bildung sollte nicht innerhalb der einzelnen Einkommensarten, sondern als eigene Position zugelassen werden. Dadurch werden unnötige Abgrenzungsprobleme zwischen den Einkommensarten vermieden.[67] Im Bereich der Altersvorsorge sollte die sparbereinigte Methode im Rahmen einer eigenen Einkommensart zur Anwendung kommen, so dass sich damit vier Einkommensarten anbieten: Lohneinkommen, Vorsorgeeinkommen, unternehmerische Einkommen und Einkommen aus Humankapital, wie dies mit dem EFSt-Reformmodell vorgeschlagen wurde.[68]

Steuerbares und steuerfreies Einkommen. Ungeachtet der Festlegung bestimmter Einkommensarten besteht die Notwendigkeit der Abgrenzung, wel-

---

[66] Vgl. auch Thalmeier (2002, S. 97ff), der eine ähnliche Auffassung vertritt.

[67] Dieser Abzug lässt sich auch als eigene Einkommensart interpretieren. Faktisch werden spätere Rückflüsse aus Investitionen in Humankapital bei den anderen Einkommensarten erfasst, so dass es sich um eine negative Einkommensart handeln würde.

[68] Zur Verwirklichung des subjektiven Nettoprinzips durch persönliche Abzüge von der Steuerbasis siehe weiter unten.

che Zu- und Abflüsse im Rahmen der Einkommensarten zu erfassen sind. Zu unterscheiden ist hier zwischen der Zuordnung von Einkommen zu einer der Einkommensarten und der allgemeinen Zuordnung von Einnahmen/Ausgaben bei der Ermittlung von Einkommen.

Ersteres, d.h. die Abgrenzung von Einkommen mit entsprechender Zuordnung zu den Einkommensarten, kann durch unterschiedliche Techniken erfolgen. Am unproblematischsten ist die Abgrenzung von „Einkommen aus nichtselbständiger Arbeit", zu der typischerweise alle Einkommen aus Tätigkeiten zählen, die im Rahmen eines weisungsgebundenen Arbeitsverhältnisses erfolgen.[69] Weniger klar ist die Zuordnung von Einkommen zu der Einkommensart „Einkommen aus selbständiger Arbeit". Hier werden typischerweise im Gesetz Einkommen aus verschiedenen Tätigkeiten genannt wie z.B gewerbliche Tätigkeit, freiberufliche Tätigkeit und andere selbständige Arbeiten. Dies ist allerdings insofern problematisch, weil jede enumerative Erwähnung potentiell Lücken zulässt. Alternativ könnte man einen all umfassenden Unternehmerbegriff wählen, der jede selbständige Tätigkeit erfasst. In Anlehnung an das deutsche Umsatzsteuerrecht und im Bereich der Einkommensteuer an die EFSt von Rose (2002) wäre jeder erfasst, der selbständig auf Märkten tätig ist und die Absicht verfolgt, Einnahmen zu erzielen. Gewinne aus dieser unternehmerischen Tätigkeit wären als „Einkommen aus selbständiger Arbeit" zu versteuern.

Auf einer grundsätzlichen Ebene ist außerdem zu klären, welche Einnahmen/Ausgaben anzusetzen sind. Burns und Krever (1998) weisen darauf hin, dass diese oftmals nicht exakt einer Kategorie zugeordnet werden können und schlagen deshalb eine (enumerative) Auflistung diverser Positionen vor, die zu versteuern sind (S. 503). Diese aus dem angelsächsischen Steuerrecht bekannte Vorgehensweise ist problematisch, da sie anfällig ist für Vermeidungsstrategien – indem Einnahmen zu einer nicht aufgeführten Kategorie und Ausgaben zu einer aufgeführten Kategorie zugeordnet werden – und damit zu administrativen Schwierigkeiten führt.[70]

Alternativ dazu ist eine umfassende Herangehensweise denkbar. Zunächst ist festzuhalten, dass im Sinne des oben definierten Einkommensbegriffs prinzipiell nur Markteinkommen erfasst werden sollen. Um Markteinkommen von den privat veranlassten Einnahmen bzw. Ausgaben abzugrenzen und weitere Abgrenzungsfragen zu klären, könnte man technisch auf das aus dem deutschen Steuerrecht bekannte Veranlassungsprinzip zurückzugreifen.[71] Definiert

[69] Vgl. dazu z.B. die steuerrechtliche Literatur in Deutschland.

[70] In jedem Fall ist ein kasuistisches Steuerrecht vorprogrammiert, das zumindest für Steuerpflichtige und Steuerverwaltung unübersichtlich wird.

[71] Sowohl Kirchhof (2002) als auch Rose (2002) knüpfen in ihren Reformmodellen an dieses Prinzip an.

man das Einkommen (der einzelnen Einkommensarten) als Differenz von Erwerbseinnahmen und Erwerbsausgaben, so besagt das Veranlassungsprinzip, dass nur solche Einnahmen bzw. Ausgaben einkommenswirksam sind, die durch eine Erwerbstätigkeit *veranlasst* sind.[72] Unter Erwerbstätigkeit ist eine Marktbeteiligung zu verstehen, die auf dem Prinzip von Leistung und Gegenleistung beruht und nicht dem privaten Konsum zuzurechnen ist. Dies ist z.B. nicht der Fall bei „Liebhaberei", da keine Marktbeteiligung vorliegt, so dass damit zusammenhängende Vorgänge nicht einkommmensrelevant sind.

Der Vorteil des Veranlassungsprinzips ist, dass es als Generalvorschrift alle marktbezogenen Vorgänge beinhaltet und als Richtschnur für Steuerpflichtige, Verwaltung und Rechtsprechung fungieren kann. Dennoch wird nach wie vor die Notwendigkeit bestehen, in vielen zweideutigen Fällen eine Abgrenzung von Erwerbssphäre und Privatsphäre vorzunehmen. Dies kann durchaus dazu führen, dass auf der Ausgabenseite bestimmte Pauschalierungen, Abzugsbeschränkungen der Höhe nach und – in begründeten Fällen – auch vollständige Abzugsverbote aufgenommen werden.[73] Die Liste derartiger Abgrenzungen sollte begrenzt und die Einzelregelungen möglichst transparent sein. Dabei liegt offensichtlich ein Zielkonflikt vor zwischen der Umsetzung des formal korrekten Einkommensbegriffs und damit des Leistungsfähigkeitsprinzips einerseits und der administrativ einfachen Besteuerung andererseits. Aus nahe liegenden Gründen sollte in einem Transformationsland eine Lösung mit stärkerer Betonung auf eine einfache und transparente Regelung gewählt werden. Ungeachtet dieses allen Einkommensteuersystemen immanenten Problems der Abgrenzung ist m.E. die Technik mittels Veranlassungsprinzip dem kasuistischen Prinzip vorzuziehen.[74] Man könnte in diesem Zusammenhang auch von steuerbaren Einkommen sprechen.

Praktisch alle realexistierenden Einkommensteuersysteme weltweit weisen eine bestimmte Zahl von Steuerbefreiungen auf. Ihre Existenz ist auf verschiedene Gründe zurückzuführen, u.a. sozialpolitische, lenkungspolitische, administrative und steuersystematische. Es besteht seit vielen Jahren ein Konsens unter Ökonomen und Beratern, Steuerbefreiungen zu reduzieren oder abzuschaffen, was auch unter dem Begriff „Verbreiterung der Bemessungsgrundlage" firmiert. Allerdings ist weniger klar, was darunter im Einzelfall konkret zu verstehen ist. Es wurde bislang in der Literatur wenig thematisiert, dass bei unterschiedlichen Einkommensbegriffen auch unterschiedliche Auffassung

---

[72] Vgl. Prinz (1996) zu einer grundlegenden Darstellung und zu möglichen Anwendungsbereichen.

[73] Dies könnte im Rahmen einer Verordnung geschehen.

[74] Die mit dem enumerativen Ansatz verbundene arbiträre Gruppenbildung von abzugsfähigen Ausgaben ist nicht geeignet, dem Leistungsfähigkeitsprinzip gerecht zu werden.

darüber bestehen kann, was eine systemwidrige Steuerbefreiung ist.[75] Im Zuge des Absteckens einer Benchmark-Einkommensteuer gilt es zu prüfen, inwieweit Befreiungen im Rahmen einer zinsbereinigten Einkommensteuer eine Rolle spielen bzw. zu vermeiden sind.

Entsprechend dem in dieser Arbeit propagierten Einkommensbegriff sind nur Markteinkommen steuerbar, so dass staatliche Sozialleistungen definitionsgemäß kein Einkommen darstellen und damit auch nicht steuerbefreit werden müssen. Generell sollte es aus steuersystematischer Sicht keine Befreiungen von Einkommen geben, die aus einer regulären Erwerbstätigkeit (s.o.) resultieren und bei denen keine der nachfolgenden Überlegungen die Steuerbefreiung rechtfertigen. Eine Steuerbefreiung kann

1. aus sozialpolitischen Gründen für eine kleine klar umgrenzte Gruppe an Begünstigten u.U. akzeptiert werden, wenn diese nach herrschenden Werturteilen bedürftig sind und eine alternative Förderung durch gezielte Transfers kostenintensiver ist;

2. aus administrativen Gründen für bestimmte Einkommen sinnvoll sein, wenn der damit verbundene administrative Aufwand unverhältnismäßig ist;

3. aufgrund internationaler Vereinbarungen zur Vermeidung von Doppelbesteuerung geboten sein, sofern international üblich;

4. aus steuersystematischen Gründen notwendig sein, wenn es ansonsten zu einer steuerlichen Mehrfachbelastung des zugrunde liegenden Einkommens käme.

Die beiden erst genannten Überlegungen sollten bei der Konzeption einer modernen Einkommensteuer Berücksichtigung finden, wobei es in der Praxis oftmals schwer ist, diese konkret anzuwenden. Ein Beispiel für sozialpolitisch motivierte Befreiungen könnte das Einkommen von Behinderten sein, die in einem Betrieb zur beruflichen Ausbildung und Rehabilitation von Behinderten beschäftigt sind. Ein Beispiel für die zweite Kategorie sind z.B. bestimmte Sachbezüge von Gesellschaftern und Arbeitnehmern wie etwa betrieblich bereitgestellte Verpflegung, die Nutzung von Sport- und Erholungsanlagen oder die Nutzung betrieblicher PKWs. In diesen Fällen wäre die individuelle Zurechnung auf das persönliche Einkommen administrativ nicht zumutbar. Die steuerliche Einmalbelastung kann jedoch problemlos dadurch hergestellt werden, dass die den jeweiligen Nutzungswerten zugrunde liegenden Erwerbsausgaben in entsprechendem Umfang nicht zum Abzug bei der Gewinnermittlung zugelassen werden. Prinzipiell muss darauf geachtet werden, dass die

[75] Im deutschsprachigen Raum hat u.a. Wagner (1997) darauf verwiesen.

angeführten Überlegungen nicht zur Rechtfertigung willkürlicher Befreiungen missbraucht werden. Die dritte Überlegung ist unstrittig und Bestandteil eines jeden Einkommensteuersystems.[76] Die unter Punkt vier genannte Überlegung spielt insbesondere in einem lebenszeitlich konzipierten Einkommensteuersystem eine herausragende Rolle. Um eine Doppelbelastung von Einkommen aus intertemporaler Sicht zu vermeiden, müssen marktübliche Zinsen steuerbefreit werden. Gewinne aus der Veräußerung von Anteilen an anderen Unternehmen sind ebenfalls steuerfrei zu stellen, da ihnen bereits versteuertes bzw. noch zu versteuerndes Einkommen zugrundeliegt.[77] Nicht nur eine Doppelbelastung, sondern eine Doppelbesteuerung liegt auch vor, wenn Dividenden nicht steuerbefreit werden, da es sich hier um auf Unternehmensebene bereits versteuertes Einkommen handelt.[78]

Persönliche Abzüge. Die Verwirklichung des subjektiven Nettoprinzips drückt sich typischerweise dadurch aus, dass dem Steuerpflichtigen ein persönlicher Freibetrag zum Schutz seines Existenzminimums gewährt wird. Um die geringere Leistungsfähigkeit von Familien zu berücksichtigen, dürfen in vielen Ländern zusätzliche Freibeträge für Lebenspartner und/oder Kinder angesetzt werden. Auch das Vorhandensein einer Behinderung des Steuerpflichtigen oder seiner Angehörigen begründet prinzipiell eine niedrigere Leistungsfähigkeit.

Die konkrete Umsetzung im Einkommensteuergesetz ist abhängig von nationalen Präferenzen, so dass insbesondere was die Höhe des persönlichen Freibetrags betrifft keine à priori Aussagen über die richtige Höhe möglich sind.[79] Einen Anhaltspunkt für die relative Höhe des Freibetrags ergibt sich aber aus einem Vergleich der Regelungen in verschiedenen Transformationsländern (vgl. Tab. 6.3).

Neben den Freibeträgen sind oftmals auch die gesetzlichen Beiträge zur Sozialversicherung teilweise oder in vollem Umfang abzugsfähig. Hier ist zu beachten, dass die Beiträge zur Renten- und Arbeitslosenversicherung ökonomisch als Ausgaben zur Erzielung zukünftiger Einnahmen (d.h. Renten) zu sehen sind, so dass sie idealerweise als Erwerbsausgaben abziehbar sein sollten, z.B. im Rahmen der Einkommensart „Vorsorgeeinkommen“.[80] Dagegen sind Beiträ-

---

[76] Vgl. z.B. Burns und Krever (1998, S. 504) oder die entsprechenden Empfehlungen im OECD-Musterabkommen in OECD (1997).

[77] Vgl. Wenger (2000) und Rose (2000).

[78] Zur (Sub-)Optimalität der Besteuerung von Dividenden siehe auch Abschnitt 6.3.2, S.169ff.

[79] Die Höhe des Freibetrags muss auch unter Berücksichtigung der zu erwartenden Einnahmeausfälle getroffen werden.

[80] Vgl. Einkommensarten, S. 145ff.

Tabelle 6.3.: **Persönliche Abzüge in ausgewählten Transformationsländern im Vergleich, 2001**

	Persönliche Freibeträge			SV-Beiträge
Land	Beträge in Landeswährung		in % des ⊘-Einkommens[a]	Abzugsfähigkeit
Bulgarien	0	–	–	ja
Estland	12.000	EEK	18,7	ja
Kroatien	15.000	HRK	28,0	ja
Lettland	252	LVL	15,0	nein
Polen	0	–	–	ja
Ungarn	tc[b]	–	–	ja
Slowakei	38.760	SKK	25,0	nein
Slowenien	235.747	SIT[c]	11,0	––
Tschechien	38.040	CZK	26,9	ja
Durchschnitt:			16,5	

Quelle: Eigene Berechnungen auf Basis von IBFD (2002), ILO.

[a]Durchschnittliches Pro-Kopf-Einkommen pro Jahr im verarbeitenden Gewerbe.
[b]Statt Freibeträgen gewährt Ungarn Steuerkredite („tax credits“[tc]) u.a. für Kinder.
[c]Slowenien berechnet den persönlichen Freibetrag jährlich neu i.H.v. 11 Prozent des durchschnittlichen Einkommens.

ge zur Kranken- und gegebenenfalls Pflegeversicherung privater Natur[81], so dass ihre steuerliche Berücksichtigung im Rahmen der persönlichen Abzüge erfolgen sollte. An Stelle der Abzugsfähigkeit verschiedener persönlicher Abzüge (u.a. der SV-Beiträge) von der Steuerbasis wäre es denkbar, diese als Steuerkredit auf die Steuerschuld anzurechnen. Das ungarische Steuersystem geht diesen Weg bei den Freibeträgen und diversen anderen Abzügen (vgl. Tab. 6.3). Der Vorteil liegt darin, dass bei progressivem Tarif der entsprechende Vorteil nicht mit steigendem Einkommen steigt, was u.U. aus verteilungspolitischer Sicht wünschenswert ist.

Zusammenfassend lässt sich festhalten, dass es zur Akzeptanz der Einkommensteuer in Transformationsländern hilfreich ist, die oft exorbitant hohen Beiträge zur Sozialversicherung zum Abzug von der Steuerbasis zuzulassen. Bei der Wahl des persönlichen Freibetrags sollten gesellschaftliche Präferenzen über die richtige Höhe in die Entscheidung eingehen. Dabei ist die Wahl ins-

[81]Dies ist freilich nur internationale Konvention, da individuelle Gesundheitsausgaben prinzipiell auch dazu beitragen, dass der Steuerpflichtige in der Lage bleibt, Erwerbseinnahmen zu erzielen. Da die Abgrenzung in der Praxis nicht vertretbar erscheint, ist die pauschale Zuordnung zur privaten Lebenssphäre akzeptabel.

besondere des persönlichen Freibetrags sorgfältig abzustimmen mit der Wahl der Tarifstruktur, da gewünschte Verteilungswirkungen sich erst aus einem Zusammenspiel von Tarif und Steuerbasis ergeben. Generell sollte die Einkommensteuer bei den persönlichen Abzügen nicht durchlöchert werden, d.h. eine unkontrollierte Ausdehnung von Abzugsmöglichkeiten mit dem Ziel der Einzelfallgerechtigkeit ist in jedem Fall zu vermeiden.

6.2.2.2. Persönliche Steuerpflicht

Jedes Einkommensteuerrecht muss die (persönliche) Steuerpflicht definieren, d.h. den Steuerschuldner benennen, der Einkommensteuer zu zahlen hat. Grundsätzlich ist zu unterscheiden zwischen Steuerpflicht im engeren Sinne (i.e.S.) und der Steuerpflicht im weiteren Sinne (i.w.S.). Letztere bezieht sich auf Personen, die lediglich bestimmte Mitwirkungspflichten haben ohne dass sie zum eigentlichen Steuerschuldner werden. Es besteht kein Zweifel daran, dass sich die Steuerpflicht i.e.S. auf die natürliche Person[82] beziehen sollte.

Allerdings ist zu klären, ob nur natürliche Personen einkommensteuerpflichtig sein sollen. Es könnte womöglich aus administrativer Sicht vorteilhaft sein, einer Personenvereinigung die Steuerpflicht zuzuschreiben. So definieren Hussey und Lubick (1992) zum Beispiel in ihrem *Basic World Tax Code* (kurz: BWTC) den Steuerpflichtigen sehr allgemein: „The term 'taxpayer' means any person subject to any tax imposed by this code“ (S. 36). In einer weitergehenden Abgrenzung eines „inländischen Steuerpflichtigen“ werden dann im BWTC neben Individuen explizit „entities“ und „pass-throughs“ genannt, die ihren Sitz im Inland haben. Damit ist die angesprochene Grenzziehung zur Steuerpflicht i.w.S. aufgehoben, weil prinzipiell auch Personengesellschaften, Personenvereinigungen usw. einkommensteuerpflichtig sind, obwohl es sich hier nicht um natürliche Personen handelt.

Diese Vorgehensweise hat den Nachteil, dass der Steuerdestinatar im Gesetz nicht klar benannt ist. Die Vermengung von Steuerpflicht i.e.S. mit der i.w.S. wird in Konfliktsituationen problematisch, wenn es darum geht, den Steueranspruch des Fiskus durchzusetzen und abzuwägen ist, an wen sich der Fiskus wenden soll. Eine genauere Abgrenzung kann u.U. zu einer faireren Besteuerung führen, wenn der Fiskus sich zwar rechtlich an mehrere Parteien wenden könnte, er aber den Steuerdestinatar im Hauptblickpunkt behält. Die Regelung im BWTC dagegen gibt diesen Spielraum nicht. Das Verfahren ist im übrigen keineswegs zwingend, da z.B. das Einkommen von Personengesellschaften auch ohne explizite Steuerpflicht dieser „Personengesellschaft“ dadurch besteuert werden kann, dass der erwirtschaftete Gewinn den Beteiligten

[82] Im angelsächsischen Steuerrecht wird meist vom Individuum gesprochen; vgl. Mennel und Förster (2003).

zugerechnet wird. Gewisse Mitwirkungspflichten bei der Steuererhebung durch die Personengesellschaft können diesen „Personen“ auch durch Nennung in der Abgabenordnung oder einem Steuerverwaltungsgesetz auferlegt werden.[83]

Die Abgrenzung der persönlichen Steuerpflicht ist weiterhin abhängig von der Entscheidung, ob nach dem Wohnsitzlandprinzip oder dem Quellenlandprinzip besteuert werden soll. International hat sich eine Mischung aus beiden durchgesetzt. Demnach wird das in den meisten Ländern dominierende Wohnsitzprinzip, wonach die (natürliche) Person mit (Wohn-)Sitz im Inland unbeschränkt steuerpflichtig ist und damit ihr weltweit erzieltes Einkommen im Wohnsitzland zu versteuern hat, ergänzt um das Territorialprinzip, wonach die (natürliche) Person ohne inländischen (Wohn-)Sitz beschränkt steuerpflichtig ist und damit zumindest ihr im Inland erzieltes Einkommen im Inland zu versteuern hat.[84] Zum Teil wird in diesem Zusammenhang auch von inländischen versus ausländischen Steuerpflichtigen gesprochen, womit allerdings inhaltlich nichts anderes verbunden ist.[85] Gegen diese international übliche Handhabung mit Wohnsitzprinzip und partiellem Territorialprinzip ist prinzipiell nichts einzuwenden. Sie sollte Grundlage für die Konzeption der Steuerpflicht in Transformationsländern sein.

Zusammenfassend lässt sich festhalten, dass die Steuerpflicht i.e.S. sich ausschließlich auf Individuen beziehen und zwischen unbeschränkter/inländischer und beschränkter/ausländischer Steuerpflicht unterschieden werden sollte. Eine Ausweitung auf andere „Personen“ ist nicht empfehlenswert, da die Einkommensteuer eine Individualsteuer ist und die Steuerpflicht nicht der richtige Ansatz ist, um erhebungstechnische Probleme zu lösen. Dies könnte vielmehr in einer Abgabenordnung oder einem Steuerverwaltungsgesetz erfolgen, in dem bestimmten Akteuren Pflichten auferlegt werden, ohne dass diese Steuerpflichtige i.e.S. werden.

6.2.2.3. Tarifstruktur

Nach der Konzeption der Steuerbasis schließt sich die Frage an, wie der Tarif einer Benchmark-Einkommensteuer für ein Transformationsland ausgestaltet sein sollte. Hinsichtlich der Ausgestaltung des Tarifs bestehen unterschiedliche Auffassungen, die man in zwei Grundpositionen einteilen kann: Auf der einen Seite wird gefordert, dass der Tarif progressiv verlaufen sollte. Dies wird zum

[83] Vgl. dtEStG, das keine eigene Steuerpflicht für Personengesellschaften kennt. Das dtEStG knüpft die persönliche Steuerpflicht an die natürliche Person an (§1 dtEStG) und weist ansonsten Mitwirkungspflichten in der Abgabenordnung zu.

[84] Diese Vorgehensweise erfordert natürlich Maßnahmen zur Vermeidung einer Doppelbesteuerung wie z.B. die Anrechnung der im Ausland auf das dort erwirtschaftete Einkommen gezahlten Steuer.

[85] Vgl. Hussey und Lubick (1992), S. 36f.

Abbildung 6.2.: **Differenzierter vs. proportionaler Tarif I: Umverteilung bei stark abweichenden Freibeträgen**

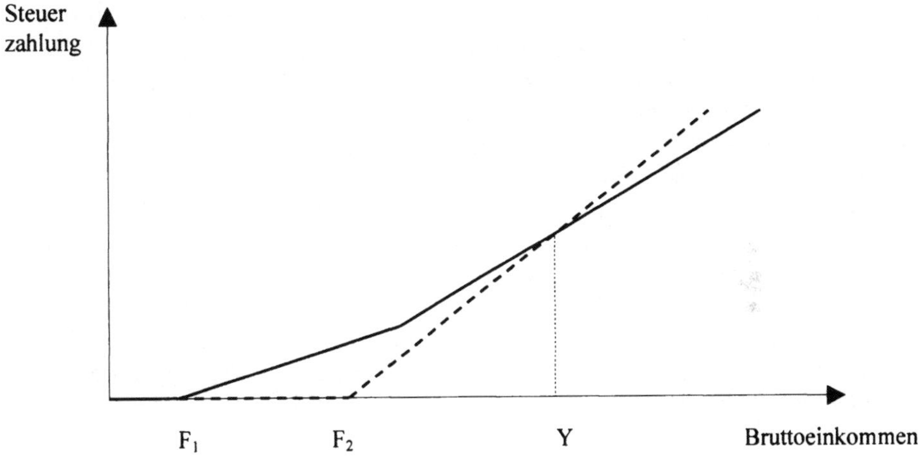

Quelle: Kaplow (2003), Abb. 9.

einen mit der Umverteilungsfunktion der Einkommensteuer begründet und zum anderen mit dem Prinzip der Besteuerung nach der Leistungsfähigkeit, das von einigen in vertikaler Interpretation als hinreichend für einen progressiv-steigenden Tarifverlauf gesehen wird.

Dem wird auf der anderen Seite entgegnet, dass ein linearer Tarif einem progressiven Tarif stets vorzuziehen ist. Ein Teil der Kritik basiert auf optimalsteuertheoretischen Modellen. So zeigt Mirrlees (1971) die Sub-Optimalität eines positiven Grenzsteuersatzes für das Individuum mit dem höchsten Einkommen, was in der Literatur vielfach als Plädoyer für einen einheitlichen Steuersatz interpretiert wurde.[86]

Für die Zwecke der wirtschaftspolitischen Beratung ist es zunächst wichtig zu erkennen, dass die Wahl des Tarifs nicht gleichzusetzen ist mit dem Grad der Umverteilung: Ein progressiver Tarif kann oder kann nicht zu stärkerer Umverteilung führen als ein einheitlicher Tarif. Vergleicht man bei Aufkommensgleichheit einen differenzierten mit einem einheitlichem Tarif, so kann

[86] Sadka (1976) identifiziert sogar abnehmende Grenzsteuersätze als optimal.

keineswegs allgemein gültig einer der beiden als stärker umverteilend charakterisiert werden. Entscheidend ist zunächst sowohl die Höhe des Satzes als auch die Höhe des Freibetrags.[87] In den Abbildungen 6.2 und 6.3 findet sich jeweils ein Vergleich beider Tarife, bei dem der proportionale Tarif redistributiver ist in dem Sinne, dass von den Reichen zu den Armen und der Mittelschicht umverteilt wird (Abb. 6.2) bzw. von der Mittelschicht zu den Armen und zu den Reichen (Abb. 6.3). Im erstgenannten Fall liegt der Grund darin, dass mit F_2 ein deutlich höherer Freibetrag gewählt wurde als beim differenzierten Tarif. Bei Bruttoeinkommen bis zur Grenze Y ist weniger zu zahlen, was insbesondere den Gering- und Mittelverdienern zu Gute kommt; Besserverdiener mit Einkommen jenseits von Y werden stärker belastet. Im zweiten Fall ist der Freibetrag F_2 nur geringfügig höher als F_1, was bei entsprechendem Steuersatz dazu führt, dass mittlere Einkommensbezieher stärker belastet werden zugunsten von Armen und Reichen gleichermaßen. Gerade Letzteres wird oft von Kritikern als Beleg für die These verwendet, dass einheitliche Sätze keine Umverteilung ermöglichen. Dabei wird hier allerdings übersehen, dass der Fall in Abb. 6.3 auch eine Besserstellung der Armen impliziert, was distributiv sicherlich stärker gewichtet werden sollte als die gleichzeitige Begünstigung der Reichen.[88]

Um eine qualitative Aussage über die Umverteilungswirkung machen zu können, ist im übrigen eine Gesamtanalyse unter Einbeziehung staatlicher Ausgaben (Transfers etc.) erforderlich. Die Bedeutung der Einbeziehung von Transfer-Programmen, die nicht selten hohe Grenzsteuersätze für Niedrigverdiener implizieren, ist seit langem bekannt und hat zu verschiedenen Vorschlägen zur Gesamtreform des Transfer- und Steuersystems geführt.[89] Da für Arme und Niedrigverdiener typischerweise die Transfers und die damit verbundenen Anreize eine größere Rolle spielen als der Grenzsteuersatz der Einkommensteuer, kommt es für die effektive Umverteilungswirkung für diese Personengruppe auf die Höhe und Struktur der Staatsausgaben an. Wenn durch die Einführung eines proportionalen Satzes insgesamt weniger Staatseinnahmen generiert werden, so führt dies bei ausgeglichenem Staatsbudget zu geringeren Ausgaben und damit u.U. netto zu einem Nutzenverlust der Armen, sofern diese von Kürzungen betroffen sind. Umgekehrt kann mit der gleichen Maßnahme bei entsprechender Kürzung der Ausgaben, die nur die

---

[87] Dies ist Ökonomen zwar im Prinzip seit langem klar, hat aber gängige Vorurteile über die regressive Wirkung von einheitlichen Tarifen – auch unter Ökonomen – nicht ausräumen können. Kaplow (2003) hat dies jüngst in einem empfehlenswerten Überblicksartikel verdeutlicht und die Notwendigkeit der Unterscheidung von Tarif und Umverteilung betont.

[88] Dieses Argument wird auch von Kaplow (2003, S. 9) angeführt.

[89] Prominente Reformansätze sind das sogenannte Bürgergeld bzw. die negative Einkommensteuer; vgl. u.a. BMF (1996) für eine vergleichende Studie.

Abbildung 6.3.: **Differenzierter vs. proportionaler Tarif II: Umverteilung bei gering abweichenden Freibeträgen**

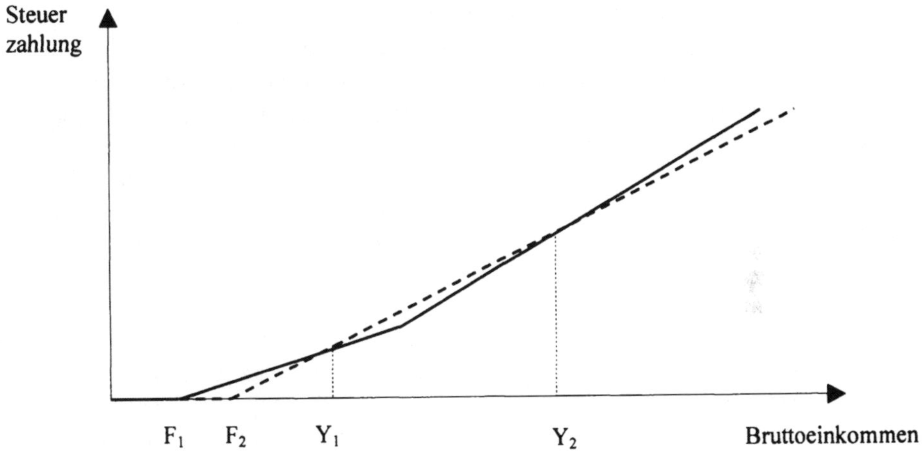

Quelle: Kaplow (2003), Abb. 8.

Mittelschicht und Besserverdienenden trifft, ein gewünschter Umverteilungseffekt erzielt werden. Entscheidend ist demnach, ob die Steuerreform und die Wahl des Tarifs aufkommensneutral vollzogen wird und wenn dem nicht so ist, wen die Ausgabenkürzungen treffen.

Wenn es aber so ist, dass die Wahl des Tarifs noch keine Festlegung bezüglich der Umverteilungswirkung impliziert, so sollte bei der Neukonzeption der Einkommensteuer in Transformationsländern zunächst verstärkt auf Anreiz- und Effizienzwirkungen des Tarifs geachtet werden. Hier spricht vieles für einen proportionalen Tarif, bei dem Anreize zur zeitlichen und interpersonellen Verlagerung von Einkommen im Unterschied zu einem differenzierten Tarif ausgeschlossen sind. Das allerdings bedeutet nicht, dass jeder proportionale Tarif besser ist, wenn die Gesellschaft Umverteilung als wirtschaftspolitisches Ziel verfolgt. Hier bedarf es der Abwägung der Effizienz- und Verteilungswirkungen für bestimmte Tarifverläufe.

Ein konkretes Beispiel für eine Analyse dieser Art gibt Newbery (1997), der in einem wohlfahrtstheoretischen Modell den Versuch unternimmt, in einem Transformationsland konkrete Tarife abzuleiten. Dabei gehen in seine Analyse Ungleichheitsaversions-Maße, die zu beobachtende Ungleichheit in Fähigkeiten (Skills), empirische Daten über Elastizitäten des Arbeitsangebots und der Freizeit-Konsum-Entscheidung ein sowie ein Parameter, der die Steuerhinterziehung erfasst. Ausgehend von der Existenz einer MWSt zeigt Newbery zunächst, dass eine Einkommensteuer immer wohlfahrtserhöhend ist, wenn die tatsächliche Erfassung der wirtschaftlichen Akteure durch die MWSt unzureichend ist – auch wenn ein Teil der Einkommensteuer hinterzogen wird. Unter der Annahme, dass in Transformationsländern zwei Muster zu beobachten sind, nämlich eine sinkende Ungleichheitsaversion der Gesellschaft und steigende Ungleichheit der Vorsteuerlöhne, kommt Newbery zu dem Ergebnis, dass beide Effekte hinsichtlich des Tarifs gegenläufig sind und sich in etwa neutralisieren. Bedeutsamer in ihrer Wirkung auf den optimalen Tarif aber ist die zunehmende Ineffizienz der Steuererhebung, die in diesem Modell niedrigere ESt-Sätze impliziert. Daraus folgert er, dass ein einheitlicher Tarif durchaus angemessen sein kann.

Angesichts der in Transformationsländern zu beobachtenden Defizite seitens der Steuerverwaltung und der Anreizprobleme von differenzierten Tarifen ist es m.E. gerechtfertigt, von einem proportionalen ESt-Tarif für eine Benchmark-ESt auszugehen. Dabei sollte in der Praxis der wirtschaftspolitischen Beratung auf die Höhe des proportionalen Steuersatzes, die Höhe des Freibetrags und die Maßnahmen auf der Ausgabenseite geachtet werden, um unerwünschte distributive Wirkungen zu vermeiden.

6.3. Gewinnbesteuerung

6.3.1. Grundsätzliches

Hat sich der Gesetzgeber grundsätzlich für eine Einkommensteuer ausgesprochen, so muss auch die Besteuerung der Gewinne geregelt werden.[90] Diesbezüglich ist weltweit ein nahezu einheitliches Muster zu erkennen, wonach Gewinne von Kleinunternehmern, Freiberuflern und unternehmerisch tätigen natürlichen Personen im Rahmen der persönlichen Einkommensteuer besteuert werden und Gewinne von Gesellschaften, insbesondere von Kapitalgesellschaften, einer separaten Körperschaft- bzw. Gewinnsteuer unterliegen. Unterschiede bestehen hinsichtlich der Abgrenzung, ab wann ein Unternehmer oder eine Gesellschaft der Gewinnsteuer unterliegt, ob es Optionsmöglichkeiten gibt

[90] Denkbar wäre durchaus, nur eine persönliche Einkommensteuer auf der Haushaltsebene zu erheben und damit auf die direkte Besteuerung von Gewinnen auf der Unternehmensebene zu verzichten (s.u.).

und inwiefern eine Integration der Gewinnbesteuerung in die persönliche Einkommensteuer besteht.

Die Existenz einer eigenen Gewinnsteuer, die neben der Einkommensteuer fungiert, ist in der Literatur verschiedentlich in Frage gestellt worden. Da aus ökonomischer Sicht weitgehend Konsens darüber besteht, dass Unternehmen lediglich eine sinnvolle Organisationsform zum Zweck der Einkommenserzielung darstellen und deshalb als Institution keine eigene Leistungsfähigkeit begründen[91], liegt es nahe auf eine Besteuerung auf Unternehmensebene vollständig zu verzichten. Einkommen würden dann zum Zeitpunkt des Zuflusses bei den Eigentümern besteuert.

Gegen diese Position wurden in der Literatur zahlreiche Einwände vorgebracht, die m.E. in Transformationsländern besondere Berücksichtigung finden sollten.[92] Erstens ist aus administrativer Sicht die Ermittlung von Gewinnen auf Unternehmensebene - aufgrund der Zahl der Unternehmen im Vergleich zur Zahl der natürlichen Personen - besser zu kontrollieren. Angesichts der Tatsache, dass Unternehmen handelsrechtlich ohnehin bestimmte Dokumentationspflichten haben, ist es erhebungstechnisch sinnvoll daran anzuknüpfen. Das Problem der Abgrenzung zwischen gewinnmindernden Erwerbsausgaben und privaten Konsumausgaben kann durch gezielte Prüfung und pauschale Vorschriften auf Unternehmensebene effektiver angegangen werden als entsprechend bei zahlreichen Eigentümern auf Haushaltsebene. Folgt man diesen Argumenten, so lässt sich die Gewinnsteuer in erster Linie durch ihren Charakter als Quellenabzugsteuer erklären. Zweitens käme ein Verzicht auf Unternehmensteuern auch einem Verzicht der Besteuerung von Einkommen ausländischer Investoren gleich. Da nach wie vor viele kapitalexportierende Staaten das Welteinkommensprinzip praktizieren und eine Anrechnung für im Ausland gezahlte Gewinnsteuern gewähren, wäre es ineffizient auf eine Quellenbesteuerung zu verzichten - dies käme einem Ressourcentransfer vom Inins Ausland gleich. Schließlich wurde auch immer wieder darauf verwiesen, dass eine separate Unternehmensteuer ein effizientes Mittel zur Besteuerung ökonomischer Renten darstellt.[93]

Damit stellt sich die Frage, ob in einem Transformationsland eine Gewinnsteuer eingeführt werden sollte. Die oben genannten Gründe sind m.E. hinreichend, um eine Gewinnsteuer zu rechtfertigen. Dies gilt insbesondere deshalb,

---

[91] Dies ergibt sich aus der einfachen Verteilungsüberlegung, dass jedes im Unternehmen erwirtschaftete Einkommen als Residuum den Eigentümern zu Verfügung steht. Die Tatsache, dass diese ihr Einkommen durch Investition in einem Unternehmen erwirtschaften statt durch Investition in alternative Anlagen kann keine Höherbelastung rechtfertigen; vgl. Wagner und Wenger (1996).

[92] Vgl. McLure und Zodrow (1990).

[93] Vgl. McLure und Zodrow (1990), S. 147.

weil in der Transformationsphase typischerweise wenige große Unternehmen aus dem Ausland engagiert sind, die oft Monopolrenten erwirtschaften. Der Verzicht auf eine Gewinnsteuer brächte keine allokativen Vorteile und ist deshalb keine sinnvolle Option für ein Transformationsland. Doch auch die genannten administrativen Schwierigkeiten sprechen für eine Besteuerung an der Quelle, da sich die in Transformationsländern meist überforderte Steuerverwaltung somit auf wenige Unternehmen konzentrieren kann.

6.3.2. Konzeption der Gewinnsteuer

6.3.2.1. Optimale Einkommensbesteuerung, Neutralitätskriterien und die Besteuerung von Unternehmensgewinnen

Seit der grundlegenden Arbeit von Sinn (1985) über die allokationstheoretischen Wirkungen von Steuern ist bekannt, dass eine optimale Besteuerung dadurch charakterisiert ist, dass sowohl die Zeitpräferenzraten γ der Individuen in einer Ökonomie gleich sein sollten (und damit keine weiteren vorteilhaften Kreditkontrakte zwischen Haushalten möglich sind) als auch die Nettogrenzproduktivitäten des Kapitals $F_K - \delta$ (und damit bei gegebenem Faktoreinsatz keine Erhöhung des Produktionswerts im Unternehmenssektor möglich ist).[94] Optimierung aller Marktteilnehmer in einem vereinfachten Zwei-Perioden-Ansatz führt zu folgender bekannter Gleichung[95]

$$F_K - \delta = r = \gamma, \tag{6.17}$$

die zugleich das soziale Optimum beschreibt. Eine Laisser-faire-Politik führt in diesem neoklassischen Wachstumsmodell demnach zu einer Angleichung der genannten Parameter an den Marktzinssatz r. Es ist deshalb ein steuerpolitisches Ziel, dass ein Steuersystem die durch (6.17) beschriebene Gleichheit gewährleistet und damit dem Kriterium der Wachstumsneutralität genügt. Sinn hat in seiner Untersuchung verschiedene Reformsysteme diskutiert, die dieses Kriterium erfüllen.[96] Neben dem System einer zinsbereinigten Gewinnsteuer in Verbindung mit einer zinsbereinigten Einkommensteuer untersuchte er die Cash-Flow-Vorschläge des Meade-Committee (1978) und einen eigenen Vorschlag, der als sogenanntes Mischsystem eine R-Cash-Flow-Steuer verbunden mit der Abzugsfähigkeit von Fremdkapitalzinsen auf Unternehmensebene und eine proportionale Besteuerung von Zinsen auf Haushaltsebene vorsieht.

---

[94] Mit δ sei die technische Abnutzungsrate des Kapitalbestandes beschrieben.

[95] Vgl. Buchholz und Wiegard (1990) für eine einfache Behandlung in einem Zwei-Perioden-Modell. Sinn (1985) behandelt das Problem im Rahmen eines dynamischen kontrolltheoretischen Ansatzes.

[96] Auch die traditionelle Einkommens- und Gewinnbesteuerung (s.o.) wurde untersucht, aber als geeignetes Modell verworfen.

Die von Seiten der betriebswirtschaftlichen Literatur einseitige Orientierung am Kriterium der Investitionsneutralität ist vor diesem Hintergrund fragwürdig. Ein Politiker, der sich nur an dem Kriterium der Investitionsneutralität orientiert, würde damit zwar bei entsprechendem Handeln die Übereinstimmung der linken Seite von Gleichung (6.17) erreichen. Wachstumsneutralität wäre in diesem Fall aber nur gegeben, wenn zugleich Zinsen auf der Haushaltsseite entweder zinsbereinigt oder sparbereinigt besteuert werden. Dies verdeutlicht im übrigen die Bedeutung der simultanen Betrachtung von Unternehmens- und Haushaltsseite. Das erwähnte Mischsystem würde zudem bei enger Orientierung an der Investitionsneutralität aus der engeren Wahl fallen, weil es gerade nicht investitionsneutral ist [$F_K - \delta = r(1\text{-}\tau) = \gamma$]. Entscheidend für die Allokationsneutralität der Einkommens- und Gewinnbesteuerung ist allein die Erfüllung von Gleichung (6.17).

Aus steuerpolitischer und praktischer Sicht reduziert sich damit die Reformfrage auf Unternehmensebene darauf, ob eine Form der Cash-Flow-Besteuerung oder die zinsbereinigte Gewinnsteuer zu wählen ist – bei entsprechender Ausgestaltung der persönlichen Einkommensbesteuerung. Sinn hat sich bei der Ableitung einer Reformempfehlung – mit dem Hinweis auf mögliche politische Widerstände – für das Mischsystem ausgesprochen, das an der Zinsbesteuerung auf Haushaltsebene festhält.[97] Dabei betont er, dass „Vorschläge zur Reform der Kapitaleinkommensbesteuerung umso geringere Realisierungschancen [haben], je krasser die Abkehr vom bestehenden System der Kapitaleinkommensbesteuerung ist, die sie implizieren. Insbesondere wenn sie die Abschaffung von Steuern verlangen, muss mit erheblichen, wenn nicht gar prohibitiven politischen Widerständen gerechnet werden“ (S. 287). Man mag diese Einschätzung teilen oder nicht,[98] in jedem Fall hat sie keine Relevanz für die Transformationsländer Ost- und Südosteuropas, die bislang keine Zinsbesteuerung auf der Haushaltsebene kennen. Gegen eine Gewinnermittlung auf reiner Cash-Flow-Basis sprechen aber u.U. andere schwer wiegende Argumente. Die Entscheidung für ein System muss verschiedene Faktoren berücksichtigen, die es im folgenden Unterabschnitt zu diskutieren gilt.

Zunächst soll an dieser Stelle aber nochmal auf die Bedeutung der von der betriebswirtschaftlichen Steuerlehre formulierten Neutralitätskriterien eingegangen werden, darunter neben dem Kriterium der Investitionsneutralität

[97] In Bezug auf die Brownsche R-Steuer schreibt Sinn (1985, S. 127): „Als Alleinsteuer wird die Brownsche Gewinnsteuer die gewünschten Resultate bringen. Ihre entscheidende Schwäche liegt jedoch darin, daß sie nicht mit einer Besteuerung der Zinseinkünfte der Haushalte kompatibel ist.“

[98] Es ist keineswegs klar, dass die Widerstände gegen eine Abschaffung der Zinsbesteuerung auch in Industrieländern prohibitiv sind. Denn wie die Diskussion in Abschnitt 6.2 gezeigt hat, stößt die Zinsbesteuerung auch in entwickelten Ökonomien keineswegs auf breite Zustimmung.

die Kriterien der Finanzierungsneutralität, der Bewertungsneutralität und der Rechtsformneutralität.[99] Grundsätzlich könnte man fragen, welche Bedeutung den Neutralitätskriterien überhaupt zukommt, wenn ein konkreter Reformvorschlag Ergebnis einer optimalsteuertheoretischen Analyse ist und damit second-best oder zumindest third-best optimal. Diese Sicht würde zu kurz greifen. Der Nutzen dieser Kriterien liegt m.E. darin, dass ein Abweichen zugleich eine Verletzung der Produktionseffizienz im Unternehmensbereich impliziert, denn die Wahl einer Finanzierungsform kann durchaus als Produktionsfaktor gesehen werden. Gleiches gilt für die Wahl der Rechtsform.[100] Eine Verletzung der Produktionseffizienz ist aber im Sinne von Diamond und Mirrlees (1971) abzulehnen, die zeigen, dass die unternehmerische Entscheidung über den richtigen Faktoreinsatz steuerlich unbeeinflusst bleiben sollte. Aus Sicht der Transaktionskostenökonomik ließe sich zudem argumentieren, dass bei Beachtung neutraler Besteuerung die laufenden Planungskosten der Unternehmer vermieden werden.[101]

Konkret kann die Ausrichtung steuerpolitischer Handlungen an den Neutralitätskriterien sehr hilfreich sein. Erstens, die Bedeutung der Finanzierungsneutralität ist u.a. darin zu sehen, dass bei einseitiger Begünstigung der Fremdfinanzierung die Gefahr besteht, dass die Insolvenzanfälligkeit durch eine zu hohe Verschuldung der Unternehmen steigt.[102] Ein Steuersystem sollte demnach à priori nicht eine bestimmte Form der Finanzierung begünstigen. Zweitens, als weiteres Kriterium wird oft die Bewertungsneutralität genannt, die man auch in Abschreibungs- und Inflationsneutralität untergliedern kann. Es ist einleuchtend, dass gerade in Transformationsländern die Unabhängigkeit der Rentabilität einer Investition von inflationären Entwicklungen bedeutsam ist. Die Bedeutung der Abschreibungsneutralität ist weniger klar: Auf den ersten Blick lässt sich einwenden, dass es ausreiche, eine bestimmte Abschreibungsform zu finden, solange das System investitionsneutral ist. Das Problem besteht aber darin, dass die Investitionsneutralität von dieser einmal gewählten Abschreibungsform abhängt. Eine mögliche Änderung zu einem zukünftigen Zeitpunkt wird dem System von da an die Neutralitätseigenschaft nehmen. Aus Transaktionskosten-Sicht liegt es nahe, von vornherein ein System zu wählen, dass von der zu einem bestimmten Zeitpunkt gewählten Form der

[99] Vgl. Schneider (1987), Elschen (1991).

[100] Vgl. Homburg (2000, S. 346f) für eine Argumentation in diesem Sinne.

[101] Vgl. Wagner (1999) für eine Argumentation in diesem Sinne.

[102] Einige neuere optimalsteuertheoretische Arbeiten kommen aufgrund von Informationsasymetrien zu dem Ergebnis, dass eine Diskriminierung bestimmter Finanzierungsformen effizient sein könnte; vgl. Soerensen (1995) für einen Überblick. Diese Ansätze sind reformpolitisch nur bedingt tauglich, weil grundsätzlich zweifelhaft ist, ob spezifische Marktunvollkommenheiten in bestimmten Subsystemen der Ökonomie durch das Steuersystem korrigiert werden sollten.

Bewertungs- und Abschreibungsmodalität unabhängig ist. Dies würde unvermeidliche Reaktionen seitens der Unternehmen erübrigen und damit Transaktionskosten verringern. Drittens, die Forderung nach Rechtsformneutralität ist aus den bereits genannten Gründen ökonomisch gerechtfertigt, weil die Rechtsform eines Unternehmens lediglich als Produktionsfaktor des Unternehmers im Produktionsprozess fungiert und steuerlich induzierte Änderungen der Rechtsformwahl erhebliche Planungskosten bei den Unternehmen verursachen.

6.3.2.2. Cash-Flow-Steuer vs. zinsbereinigte Gewinnsteuer

Spätestens seit der Arbeit des Meade-Committee (1978) genießen verschiedene Systeme der Cash-Flow-Rechnung Sympathie unter Ökonomen. Zu unterscheiden ist zwischen der sogenannten R-Cash-Flow-Steuer auf realwirtschaftliche Zahlungsströme, der R+F-Cash-Flow-Steuer, die zusätzlich finanzwirtschaftliche Ströme erfasst und der dazu äquivalenten S-Cash-Flow-Steuer, die auch als Ausschüttungssteuer firmiert.[103] Auf der anderen Seite wird seit einigen Jahren intensiv die zinsbereinigte Gewinnsteuer diskutiert, die auf die theoretischen Arbeiten von Boadway und Bruce (1984) und Wenger (1983) zurückgeht.[104]

Aus allokativer Sicht im engeren Sinne sind beide Konzepte gleichwertig.[105] Beide sind wachstumsneutral im Sinne von Gleichung (6.17) und sind geeignet, die Besteuerung ökonomischer Renten zu gewährleisten. Der Vorteil beider Alternativen liegt darin, dass Bewertungsprobleme weitgehend entfallen: Im Fall der Cash-Flow-Rechnung, weil Investitionen im Zeitpunkt der Anschaffung vollständig abgeschrieben werden, und bei der Zinsbereinigung dadurch, dass die steuerliche Berücksichtigung von Zinsen auf das im Unternehmen eingesetzte Eigenkapital den Barwert der Abschreibung konstant hält und damit zu einer Cash-Flow-Steuer prinzipiell äquivalent ist.[106]

Die Argumente für die Zinsbesteuerung können angesichts der ausführlichen Diskussion in Abschnitt 6.2 nicht überzeugen, so dass das erwähnte Mischsystem von Sinn keine Alternative ist. Da sich aber ansonsten aus allokativer Sicht keine Rangfolge von Cash-Flow-Konzepten und zinsbereinigter Gewinnermittlung ableiten lässt, müssen weitere Entscheidungskriterien berücksich-

---

[103] Vgl. u.a. Sinn (1985), Kaiser (1992).

[104] Sie wurde der Fachwelt zunächst durch die Plädoyers von Gammie (1991) und vor allem durch die Umsetzung dieses Systems in der Praxis in Kroatien bekannt (siehe Kapitel 7). Für eine ausführliche Darlegung über konsumorientierte Systeme der Unternehmensbesteuerung siehe Kaiser (1992).

[105] Vgl. z.B. Wenger (1997).

[106] Vgl. dazu die inzwischen umfangreiche Literatur zum System und der Wirkungsweise der zinsbereinigten Gewinnsteuer, u.a. Nguyen-Thanh (2004a), Rose (1998), Schmidt (1998a), Kiesewetter (1999).

Tabelle 6.4.: **Cash-Flow-Steuer und zinsbereinigte Gewinnsteuer im Vergleich**[a]

	Ziele / Probleme	Cash-Flow-Steuer	zinsb. GSt
(1)	Steuerbefolgungskosten	+	+
(2)	administrative Kosten	o	o
(3)	Missbrauchsanfälligkeit	-	+/-
(4)	Korruptionsanfälligkeit	-	+/o
(5)	Inflationsschutz	o	+
(6)	Übergangsprobleme	-	+
(7)	Intern. Kompatibilität	-	+

[a]Notation: Ein Pluszeichen (+) kennzeichnet eine gute Bewertung, ein Minuszeichen (-) eine schlechte Bewertung und ein Kreis (o) eine neutrale Bewertung.

tigt werden. Aus einer Transaktionskosten-Sicht ist es sinnvoll, dasjenige System zu wählen, das (1) in der Einführungsphase mit geringeren Kosten der Einrichtung und Umsetzung des Systems einhergeht und (2) geringere laufende Kosten im Zuge der alltäglichen Handhabung impliziert.[107] Dies ist gerade in Transformationsländern von Bedeutung, auf die sich die Diskussion in der Literatur bislang kaum eingelassen hat.[108]

In Transformationsländern ist es unerlässlich, dass eine Gewinnsteuer administrativ einfach ist und geringe Missbrauchsmöglichkeiten eröffnet. Welche Erkenntnisse können diesbezüglich aus der auf Industrieländer fokussierten Debatte für Transformationsländer gezogen werden? Tab. 6.4 stellt die Cash-Flow-Steuer der zinsbereinigten Gewinnsteuer gegenüber und zeigt das relative Abschneiden bezogen auf wichtige Problembereiche in Transformationsländern. In Bezug auf die Steuerbefolgungskosten sind beide Systeme den herkömmlichen traditionellen Körperschaftsteuern überlegen – d.h. im direkten Vergleich sind beide ebenbürtig, so dass in Tabelle 6.4 jeweils ein Plus vermerkt werden kann.

Weniger klar fällt die Bewertung bei dem Kriterium der administrativen Effizienz und Missbrauchsmöglichkeiten aus. Aaron und Galper (1985) weisen auf die Probleme im administrativen Bereich hin, die z.B. darin bestehen, dass ein verstärkter Anreiz besteht, bereits vollständig abgeschriebene Wirtschaftsgüter der Privatsphäre unversteuert zuzuführen. Eine gut funktionierende Steu-

[107]Vgl. dazu die Ausführungen in Kapitel 2, S. 28ff.

[108]Ausnahmen hiervon sind u.a. Rose (1994, 1999), Rose und Wiswesser (1998) und Wagner und Wenger (1996).

Tabelle 6.5.: **Cash-Flow-Steuer, zinsbereinigte Gewinnsteuer und Inflationsneutralität (r=0,1; $\pi = 0,2$ und z=0,32)**

		CF-Steuer		zGSt	
		01	02	01	02
(1)	Buchwert$_{1.1.xx}$	1.000	0	1.000	500
(2)	AfA	1.000	-	500	500
(3)	Schutzzinsen	-	-	320	160
(4)	Abzugsfähige Kapitalkosten$_{31.12.xx}$	1.000	-	820	660
(5)	Barwert von (4)	757,57	-	621,21	378,78
(6)	ΣBarwert$_{1.1.xx}$	757,57		1.000	

erverwaltung kann dies womöglich durch gezielte Kontrolle bewältigen, nicht aber eine gering ausgestattete Verwaltung in Transformationsländern. Aufgrund des enormen steuerlichen Vorteils entstehen daraus zudem vermeidbare Korruptionspotentiale, weshalb die Cash-Flow-Steuer in beiden Kategorien ein Minus bekommt. Die zinsbereinigte Gewinnsteuer schneidet hier prinzipiell besser ab. Da es auf die Höhe der Abschreibung nicht ankommt, wird bei üblichen Abschreibungssätzen der erwähnte Anreiz deutlich geringer sein. Die konkrete Missbrauchsanfälligkeit hängt allerdings von der konkreten Ausgestaltung des Systems ab, da bei Fehlkonstruktion und mangelnder Kontrolle seitens der Verwaltung auch hier Missbräuche nicht auszuschließen sind.[109] Dennoch ist die zinsbereinigte Gewinnsteuer tendenziell vorzuziehen.

Ein weiterer wichtiger Aspekt in Transformationsländern ist der Inflationsschutz.[110] Bei in vielen Ländern zumindest in Übergangsphasen zum Teil exorbitanten Inflationsraten ist die Inflationsneutralität des Steuersystems unerlässlich. Hier zeigt sich jedoch, dass – konträr zu der weitverbreiteten Ansicht gerade unter Ökonomen – die Sofortabschreibung im Rahmen der Cash-Flow-Steuer keinen 100-prozentigen Inflationsschutz gewähren kann. Dies lässt sich an einer einfachen Investitionsrechnung zeigen (vgl. Tabelle 6.5), bei der im Beispiel eine Investition am 1.1.01 zu 1.000 GE getätigt wird. Der Realzinssatz sei r=0,10, die Inflationsrate $\pi = 0,20$ und der Schutzzinssatz z=0,32 im Sinne der Fisher-Formel[111]; bei der zinsbereinigten Gewinnsteuer (zGSt)

[109] Siehe dazu die Diskussion in den Kapiteln 7 und 9.

[110] Vgl. dazu Thuronyi (1998), Wenger (1985, 1990).

[111] Vgl. zum einen Wiswesser (1996) zur Diskussion über die Berechnung eines Nominalzinses und Kapitel 8 zur Berechnung des Schutzzinssatzes basierend auf der Fisher-Formel.

sei eine lineare Abschreibung (AfA) unterstellt. Bildet man das Investitionskalkül eines Investors realitätsbezogen ab, so zeigt sich, dass die Sofortabschreibung im Gegensatz zur Zinsbereinigung, insbesondere bei hoher Inflation, keinen umfassenden „Kapitalschutz“ ermöglicht, weil die Abschreibung steuerlich erst am Jahresende berücksichtigt wird.[112] Damit ist die Cash-Flow-Steuer in diesem Punkt der zinsbereinigten Gewinnsteuer unterlegen. Schließlich ist anzumerken, dass eine Cash-Flow-Steuer zwar per definitionem eine 100-prozentige Abschreibung zum Zeitpunkt des Zahlungsflusses zulässt, aber nur in diesem speziellen Fall abschreibungsneutral ist. Bei marginalen Einschränkungen der sofortigen Abzugsfähigkeit seitens der Politik, die freilich ein Abweichen vom Cash-Flow-System bedeuten würden, würde das System sofort seine Eigenschaft als investitionsneutrales Steuersystem verlieren. Dies trifft auf die zinsbereinigte Gewinnsteuer nicht zu, die damit im Gegensatz zur Cash-Flow-Steuer im umfassenden Sinne abschreibungsneutral ist.

Auch die Übergangsproblematik spielt eine Rolle bei der Abwägung der relativen Vorteilhaftigkeit beider Methoden. Obwohl in vielen Transformationsländern oft kein funktionierendes Steuersystem vorhanden ist, existiert meist eine mehr oder minder geeignete Form der Gewinnsteuer für Unternehmen. Die Einführung einer Cash-Flow-Steuer würde in diesen Fällen u.U. zu hohen Einnahmeausfällen führen. Das trifft zumindest dann zu, wenn die Gewinnsteuer bislang ein positives Steueraufkommen generiert hat und die Unternehmen sich in der Investitionsphase befinden: Die Sofortabschreibung hoher Investitionsausgaben würde dann das Gesamtaufkommen für einige Jahre reduzieren.[113] Dabei handelt es sich zwar theoretisch nur um ein Liquiditätsproblem, das für den Staat mit unbeschränktem Zugang zu Kapitalmärkten neutralisiert werden könnte. Doch ist dies gerade in Transformationsländern nur eingeschränkt möglich. Die zinsbereinigte Gewinnsteuer weist bei gleichem Barwert der Steuerzahlung einen fiskalisch verträglicheren Pfad der Steuerzahlungen auf, so dass sie in diesem Punkt der Cash-Flow-Steuer vorzuziehen ist.

Schließlich spielt für ein Transformationsland, das typischerweise ein kleiner Akteur auf dem Weltmarkt ist, die internationale Kompatibilität eine

[112] Der Barwert der insgesamt abzugsfähigen Kapitalkosten ist bei der Sofortabschreibung mit 757,57 GE geringer als die 1.000 GE bei der zGSt. Dies liegt offensichtlich daran, dass der Wert der Abschreibung technisch erst zum Jahresende erfolgt und dadurch auch eine 100-prozentige Abschreibung barwertmäßig unter den tatsächlichen Kapitalkosten liegt. Damit ist streng genommen die Cash-Flow-Steuer auch nicht investitionsneutral, wenn man einen engen Bewertungsmaßstab anlegt. Anders dagegen die Zinsbereinigung, die systembedingt die ganzen Opportunitätskosten zum Abzug zulässt und damit genau zu dem Ergebnis führt, das in den beliebten Ein-Zeitpunkt-Modellen vieler Ökonomen fälschlicherweise der Cash-Flow-Steuer zugeschrieben wird.

[113] Burgess und Stern (1993) dokumentieren, dass in unterentwickelten Ländern die Gewinnsteuer einen relativ großen Beitrag zum gesamten Steueraufkommen leistet.

wichtige Rolle. Ein Steuerreformexperiment in Bolivien, das 1994 eine Cash-Flow-Steuer auf Unternehmensebene vorsah, scheiterte daran, dass das US-Finanzministerium die Cash-Flow-Steuer als nicht anrechenbare Gewinnsteuer einzustufen drohte, was für US-Unternehmen eine klare Doppelbesteuerung bedeutet hätte.[114] Diese Gefahr besteht nicht bei der zinsbereinigten Gewinnsteuer[115], so dass diese im direkten Vergleich auch hier besser abschneidet.[116]

Fasst man die Bewertungen aus Tab. 6.4 zusammen, so ergibt sich eine klare Tendenz zur zinsbereinigten Gewinnsteuer. Zwar sind beide aus rein allokativer Sicht prinzipiell gleich einzuschätzen. Doch in wichtigen anderen Kategorien kann die Cash-Flow-Steuer nicht überzeugen. Zusammenfassend kann man festhalten, dass trotz der Vorzüge einer Cash-Flow-Steuer die zinsbereinigte Gewinnsteuer von den konsumorientierten Reformansätzen die bessere Alternative für ein Transformationsland ist.

6.3.2.3. Integration von Gewinn- und Einkommensteuer

Die Integration von Gewinn- und Einkommensteuer ist ein wichtiges Thema bei der Konzeption der Gewinnbesteuerung, das allerdings in der ökonomischen Literatur bislang wenig bearbeitet wurde.[117] Die oben erwähnte Sichtweise, wonach die Gewinnsteuer nur einen Quellensteuerabzug auf Einkommen der Anteilseigner darstellt, legt die Forderung nahe, die Gewinnsteuer möglichst umfassend in die Besteuerung der persönlichen Einkommen zu integrieren. In der Tat kennen die meisten OECD-Länder mehr oder weniger weitreichende Formen der Anrechnung von Unternehmensgewinnsteuern auf der persönlichen Ebene des Anteilseigners.[118]

Diese Grundvermutung wurde jüngst aus theoretischer Sicht in Frage gestellt. So zeigen Boadway und Bruce (1992) für eine kleine offene Volkswirtschaft, dass das Anrechnungsverfahren lediglich das Sparverhalten des inländischen Anlegers beeinflusst, aber keinen Einfluss auf die Investitionsentscheidung des Unternehmens hat, wenn der marginale Investor eines inländischen Unternehmens nichtansässig ist und damit von dem Integrationsschema nicht profitiert. Da der ausländische Investor jederzeit die Weltmarktrendite erwirtschaften kann, stellt die Gewinnsteuer in diesem Modell effektiv eine Steuer

---

[114] Vgl. McLure und Zodrow (1998).

[115] In Kroatien war dies zumindest kein Problem. Das US-Finanzministerium hat die Gewinnsteuer als reguläre Körperschaftsteuer anerkannt.

[116] Zur Vermeidung internationaler Doppelbesteuerung in konsumorientierten Systemen siehe Lončarević (2004).

[117] Ausnahmen sind u.a. Bradford (1984) und Boadway und Bruce (1992).

[118] Vgl. Ruding-Committee (1992). Eine Ausnahme sind die USA, die seit langem das klassische System der Körperschaftbesteuerung praktizieren, wobei die damit verbundene Doppelbelastung der Dividenden durch die jüngste Steuerreform 2003 reduziert wurde.

auf die unternehmerische Tätigkeit als solche dar und ist damit verzerrend. In diesem Sinne wären herkömmliche Ansätze zur Integration unwirksam, was als Rechtfertigung für die Einführung klassischer Systeme der Doppelbesteuerung gesehen wird.

Sollte sich folglich die Konzeption der Gewinnsteuer in Transformationsländern an dieser Analyse orientieren? Dies hätte u.a. zur Folge, dass von dem oben abgeleiteten lebenszeitlich orientierten Einkommensbegriff abgewichen wird, weil Dividenden dann zu versteuern wären. Verschiedene Gründe sprechen m.E. gegen eine vorschnelle Übertragung dieser Analyse auf die praktische Steuerpolitik. Zunächst ist auf modelltheoretischer Ebene anzumerken, dass die Ergebnisse nur zutreffen, wenn der marginale Investor aus dem Ausland kommt. Dies ist zwar gerade zu Beginn der Transformationsphase eine plausible Annahme, doch langfristig keineswegs selbstverständlich. Grundsätzlich besteht bei Nicht-Integration ein Trade-off zwischen der Diskriminierung inländischer Unternehmer und effizienter Besteuerung im Sinne des von Boadway und Bruce (1992) vorgebrachten Arguments. Da das Steuersystem dauerhaft konzipiert wird und im Zeitablauf verstärkt Neugründungen von inländischen Unternehmern zu erwarten sind, ist es zumindest fraglich, ob die Doppelbesteuerung von ausgeschütteten Gewinnen erstrebenswert ist. Sinn (1990) hat gezeigt, dass zwar das klassische System bei alteingesessenen Unternehmen allokativ neutral ist, bei neugegründeten Unternehmen, die auf Beteiligungsfinanzierung angewiesen sind, aber eine klare Verzerrung vorliegt.[119] Dies ist aber gerade in Transformationsländern zu berücksichtigen, in denen die Entstehung unternehmerischer Aktivität zur Überwindung struktureller Defizite ein eigenständiges wirtschaftspolitisches Ziel ist. Zweitens, die Freistellung von Dividenden ist auch vor dem Hintergrund des lebenszeitlich interpretierten Leistungsfähigkeitsbegriffs zu sehen. Auch wenn es sich dabei um Werturteile handelt, muss dieser Aspekt in der Praxis der Politikberatung berücksichtigt werden, bei der Fairness-Kriterien eine Rolle spielen. Ein dritter Grund, der für eine integrative Lösung spricht, ist die Forderung nach rechtsformneutraler Besteuerung. Rechtsformneutralität ist insofern anzustreben, weil Nichtneutralität vermeidbare Planungskosten verursacht. Eine Körperschaftsteuer vom klassischen System schneidet hier eindeutig schlecht ab, weil sie die Unternehmen diskriminiert, die der Körperschaftsteuer unterliegen, während alle anderen Unternehmen ceteris paribus im Rahmen der Einkommensteuer nicht der Dividendensteuer unterliegen. Es spricht demnach sehr viel dafür, eine weitgehende Integration der Gewinnsteuer in die persönliche Einkommensteuer anzustreben.

---

[119] Dieses Ergebnis wird auch als „New-new-view“ bezeichnet; vgl. dazu u.a. Soerensen (1995).

Bei der konkreten Ausgestaltung der Integration sind verschiedene Ansätze denkbar. Diese reichen von einem Anrechnungsverfahren[120] bis hin zu der administrativ einfachen Lösung einer abschließenden Besteuerung der Gewinne auf Unternehmensebene bei Großunternehmen und gleichzeitiger Besteuerung sonstiger Gewinne im Rahmen der Einkommensteuer. Für letzteres käme z.B. die Besteuerung mittels sogenannter persönlich geführter Durchreichgesellschaften in Frage, deren Gewinne auf Unternehmensebene ermittelt und dann an die Anteilseigner durchgereicht würden.[121] Diese Gewinne wären dann z.B. Teil der Einkommen aus selbständiger Erwerbstätigkeit (siehe Abschnitt 6.2.2.1). Im Rahmen eines Benchmark einer Gewinnsteuer erscheint dieser Vorschlag sinnvoll, da er die Gewinnbesteuerung systematisch in die persönliche Einkommensteuer integriert und relativ einfach zu administrieren ist.

[120] Kiesewetter (1999) diskutiert u.a. das Anrechnungsverfahren bei der Zinsbereinigung.

[121] Diese Form der Integration von Gewinnbesteuerung in die persönliche Einkommensteuer findet sich u.a. im US-amerikanischen Steuerrecht als sogenannte S-corporation, im BWTC von Hussey und Lubick (1992) und im Reformvorschlag der Einfachsteuer von Rose (2002).

7. Die Reform der persönlichen Einkommensbesteuerung in Kroatien und der IWF

7.1. Die Reform der persönlichen Einkommensbesteuerung in Kroatien: Ein Überblick

Dieser Abschnitt gibt einen Überblick über die wichtigsten Elemente der kroatischen Einkommensteuer, wie sie am 01.01.1994 in Kraft getreten ist. Die kroatische Einkommensteuer wurde zu Beginn der 1990er Jahre von einer Gruppe deutscher Ökonomen unter der Leitung von Manfred Rose konzipiert. Die folgende Darstellung stützt sich zum Teil auf die Ausführungen in Gress et al. (1998), Wagner und Wenger (1996) und Schmidt et al. (1996). Sofern nicht anders angegeben, beziehen sich die Verweise auf das kroatische EStG (krEStG) in der Fassung vom 29.11.1993 („Narodne Novine" Nr. 109/93).[1]

7.1.1. Grundsätzliches: Die Definition des Einkommens

Die kroatische Einkommensteuer gehört zur Gruppe der zinsbereinigten Einkommensteuern und folgt damit dem Konzept einer lebenszeitlichen Einkommensbesteuerung (vgl. Abschnitt 6.2). Ziel des Gesetzgebers ist die Besteuerung von Einkommen nach der individuellen Leistungsfähigkeit unter Berücksichtigung dieses Konzepts. In der Umsetzung des Leitbildes einer lebenszeitlichen Einkommensbesteuerung basiert die kroatische Einkommensteuer auf bestimmten Prinzipien der Einkommensbesteuerung. Die wichtigsten darunter sind:[2]

1. das Prinzip des Systembezugs,

2. das Syntheseprinzip,

[1] Bei Verweisen auf die kroatische Ordnungsrichtlinie (ORE) handelt es sich nachfolgend um die Fassung Nr. 109/96, die am 01.01.1997 in Kraft getreten ist.

[2] Vgl. auch Gress et al. (1998), S. 63ff.

3. das objektive Nettoprinzip und

4. das subjektive Nettoprinzip.

Das Prinzip des Systembezugs fungiert als steuersystematische Richtschnur und dient zur Abgrenzung steuerbarer und nicht-steuerbarer Einkommen im Sinne des Leitbildes sowie zur Festlegung steuerfreier Einkommen. Da die kroatische Einkommensteuer der Markteinkommenstheorie folgt, sind Einkommen systembedingt nur dann steuerbar, wenn sie am Markt erzielt worden sind.[3] Weiterhin verlangt das Prinzip des Systembezugs im Rahmen einer zinsbereinigten Einkommensteuer, dass bestimmte Einkommen zur Vermeidung einer Doppelbelastung nicht steuerbar sind: Darunter fallen u.a. Dividenden gewinnsteuerpflichtiger Unternehmen, Zinsen aus der Vergabe von Darlehen, Kapitalerträge aus festverzinslichen Kapitalanlagen, Gewinne aus der Veräußerung von Finanzvermögen und Einnahmen aus Lebens- und Vermögensversicherungen.[4]

Das Syntheseprinzip verlangt, dass die Steuerbasis synthetisch ermittelt wird, d.h. dass Ausdruck der wirtschaftlichen Leistungsfähigkeit der Gesamtbetrag aller Einkommensarten ist. Die kroatische Einkommensteuer fasst die drei Einkommensarten „Einkommen aus nichtselbständiger Arbeit“, „Einkommen aus selbständiger Arbeit“ und „Einkommen aus Vermögen und Vermögensrechten“ zum Gesamtbetrag aller erwirtschafteten Einkommen zusammen.

Das objektive Nettoprinzip besagt, dass Einkommen als Differenz zwischen steuerbaren Einnahmen und Ausgaben zu verstehen ist. Damit wird lediglich explizit formuliert, was sich ohnehin aus den gängigen Definitionen des Einkommens ergibt, unabhängig davon ob es sich um eine traditionelle SHS-Steuer oder eine lebenszeitliche Einkommensteuer handelt. Dennoch ist die Forderung der Besteuerung im Sinne des objektiven Nettoprinzips sinnvoll, weil dadurch der Einkommensbegriff in der Praxis präzisiert wird und Fehlentwicklungen leichter erkannt werden.

Schließlich folgt die kroatische Einkommensteuer dem subjektiven Nettoprinzip, wonach Ausdruck der individuellen wirtschaftlichen Leistungsfähigkeit nur das um das Existenzminimum des Steuerpflichtigen und um bestimmte Freibeträge reduzierte Einkommen ist.

[3]Vgl. §12 Abs. 1 ORE.

[4]In der ersten Version vom 01.01.1994 wurde dies in §37 krEStG als „nicht zu versteuerndes Einkommen“ bezeichnet. Dies wurde später geändert, indem man den §6 krEStG um die genannten Einkommen ergänzte, womit sie nicht mehr steuerfrei, sondern von vornherein nicht steuerbar waren; vgl. auch §14 Abs. 4 ORE.

7.1.2. Steuerpflicht

Steuerpflichtiger der Einkommensteuer ist die natürliche Person.[5] Das krEStG unterscheidet zwischen inländischen Steuerpflichtigen (bei Wohnsitz oder gewöhnlichem Aufenthalt im Inland) und ausländischen Steuerpflichtigen (ohne dergleichen). Dabei handelt es sich jeweils um den Steuerpflichtigen im engeren Sinne.[6]

Es sei an dieser Stelle darauf hingewiesen, dass dadurch, dass die Gewinnsteuer separat existiert und gesetzestechnisch nicht in die persönliche Einkommensteuer integriert ist, eine natürliche Person Steuerpflichtiger sowohl der Einkommensteuer als auch der Gewinnsteuer sein kann – allerdings jeweils für unterschiedliche Einkommen.[7] Das kroatische EStG sieht vor, dass juristische Personen und Personengesellschaften nicht explizit einkommensteuerpflichtig sind. Der Gewinn von juristischen Personen unterliegt stets der Gewinnsteuer. Der Gewinn von Personengesellschaften unterliegt bei Vorliegen bestimmter Voraussetzungen der Gewinnsteuer oder wird anderenfalls den beteiligten Gesellschaftern zugerechnet, wo er im Rahmen der persönlichen Einkommensteuer zu versteuern ist (siehe Kapitel 8).

7.1.3. Einkommensarten und Steuerbasis

7.1.3.1. Einkommensarten

Das kroatische EStG kennt drei Einkommensarten: „Einkommen aus nichtselbständiger Arbeit" (§§7–9 krEStG), „Einkommen aus selbständiger Arbeit" (§§ 10–29 krEStG) und „Einkommen aus Vermögen und Vermögensrechten" (§§30–34 krEStG).[8] In Einklang mit dem Syntheseprinzip handelt es sich dabei nicht um eigenständige Einkommen, sondern um erhebungstechnische Einkommensarten im Rahmen der persönlichen Einkommensteuer.

Die Einkommensart „Einkommen aus nichtselbständiger Arbeit" wird gegenüber den anderen Einkommensarten wie international üblich abgegrenzt und umfasst alle Zuflüsse in Geld oder geldwerten Vorteilen, die ein Arbeitnehmer im Rahmen eines weisungsgebundenen Arbeitsverhältnisses von seinem

---

[5] Vgl. §2 Abs. 1 krEStG.

[6] Vgl. Abschnitt 6.2.2.2.

[7] So ist es z.B. denkbar, dass eine natürliche Person einkommensteuerpflichtige Mieteinnahmen hat und zugleich gewinnsteuerpflichtige Gewinne aus dem Betrieb eines Geschäfts; vgl. Gress et al. (1998), S. 53.

[8] Die hier angegebenen Paragrafen beziehen sich auf die Version vom 01.01.1994; in späteren Fassungen wurde insbesondere das „Einkommen aus selbständiger Arbeit" um einige Paragrafen gekürzt.

Tabelle 7.1.: **Bemessungsgrundlage der kroatischen Einkommensteuer (§6 krEStG)**

	Einkommen aus nichtselbständiger Arbeit
+	Einkommen aus selbständiger Arbeit
+	Einkommen aus Vermögensrechten
=	Gesamtbetrag der erwirtschafteten Einkommen
-	Verlustvortrag aus vorherigem Ermittlungszeitraum
-	persönliche Abzüge
=	**Bemessungsgrundlage der Einkommensteuer**

Quelle: §6 krEStG.

Arbeitgeber erhält.[9] Eine Besonderheit besteht darin, dass auch Rentenzahlungen an Rentner zu den Einkommen aus nichtselbständiger Arbeit zählen. Dadurch entfällt die Notwendigkeit einer eigenen Einkommensart für negative und positive Einkommen der Altersvorsorge.

Mit der Einkommensart „Einkommen aus selbständiger Arbeit" werden Einkommen aus Gewerbebetrieb, freiberuflichen Tätigkeiten, Land und Forstwirtschaft sowie bestimmten anderen selbständigen Tätigkeiten besteuert, sofern die zugrunde liegenden Tätigkeiten nachhaltig und mit Einkommenserzielungsabsicht ausgeübt werden.[10] Damit kann diese Einkommensart nicht ohne weiteres als Residualeinkommensart (alle Einkommen, die nicht „nichtselbständig" sind) gesehen werden, da sie nur die angegebenen Einkommen umfasst. Allerdings ist mit der Aufzählung des Einkommens aus Gewerbebetrieb etc. kaum eine selbständige nachhaltige Tätigkeit mit Einkommenserzielungsabsicht vorstellbar, die nicht hierunter fällt. Eine ausführliche Darlegung der Gewinnermittlung im Rahmen dieser Einkommensart findet sich in Kapitel 8.

Mit dem „Einkommen aus Vermögen und Vermögensrechten" kennt die kroatische Einkommensteuer eine eigene Einkommensart, mit der in erster Linie Mieteinkommen, Gewinne aus der Veräußerung von Immobilien und generell Einkommen aus der Überlassung von Eigentumsrechten (Patente, Autorenrechte etc.) erfasst werden. Im Sinne des konsumorientierten Leitbildes wer-

[9] Damit sind auch Sachlöhne und Zahlungen Dritter an den Arbeitnehmer für dessen Tätigkeit inbegriffen; vgl. §§ 20ff ORE.

[10] Vgl. §10 krEStG. Nach Überarbeitungen wurden in der Neufassung vom 01.01.1997 („Narodne Novine" Nr. 106/96) einige Sondervorschriften zur Ermittlung des Einkommen aus Land- und Forstwirtschaft (§§20-29 krEStG) gestrichen, insbesondere der Bezug auf Katastereinkommen sowie einige Steuerbefreiungen für Landwirte.

den dagegen Zinsen und andere auf Vermögen basierende Kapitalerträge nicht in dieser Einkommensart besteuert, da es sich dabei um bereits vorbelastete Einkommen handelt und diese Einkommen generell nicht steuerbar sind.[11]

7.1.3.2. Steuerbasis

Um auf die Bemessungsgrundlage der Einkommensteuer zu kommen, sind vom Gesamtbetrag der vom Steuerpflichtigen erzielten Einkommen, welcher aus der Summe der Ergebnisse aus den genannten Einkommensarten besteht, ein eventueller Verlust und die persönlichen Abzüge abzuziehen (vgl. Tab. 7.1).

Steuerliche Verluste, die bei der Ermittlung des Gesamtbetrags der Einkommen nicht ausgeglichen werden können, dürfen fünf Jahre vorgetragen werden. Der Verlustabzug ist dabei stets vor den persönlichen Abzügen zu berücksichtigen. Eine Besonderheit der kroatischen Einkommensteuer ist, dass der Verlustvortrag mit dem Schutzzins zu verzinsen ist.[12] Dies ist Ausdruck des systemkonform interpretierten objektiven Nettoprinzips und zeichnet den intertemporalen Charakter des kroatischen Einkommensteuerrechts aus.

Das subjektive Nettoprinzip findet im kroatischen Einkommensteuerrecht u.a. dadurch Ausdruck, dass persönliche Abzüge vom Gesamtbetrag der Einkommen zugelassen sind. Darunter fällt zum einen ein jährlicher Grundfreibetrag, Freibeträge für den unterhaltenen Ehepartner oder andere Familienmitglieder im engeren Sinne (inkl. des ersten Kindes), mit der Kinderzahl steigende Freibeträge für unterhaltene Kinder und Freibeträge im Falle einer Invalidität. Zusätzlich zu den Freibeträgen sind die Beiträge des Steuerpflichtigen zur Krankenversicherung bis zur Höhe der gesetzlichen Beitragspflicht abzugsfähig.[13]

Die Höhe der Freibeträge änderte sich mehrmals seit Inkrafttreten der Steuerreform 1994, wobei insbesondere die steuerliche Berücksichtigung von Kindern stark ausgeweitet wurde. Ab 01.01.1994 galt zunächst ein Grundfreibetrag i.H. von 9.600 HrK pro Steuerpflichtigen, der ab 2001 auf 15.000 HrK angehoben wurde.[14] Die Freibeträge für den unterhaltenen Ehepartner oder andere Familienmitglieder im engeren Sinne (inkl. des ersten Kindes) in Höhe des 0,3-fachen des Grundfreibetrags wurden 2001 auf das 0,5-fache angehoben.

---

[11] Siehe dazu oben die Prinzipien der Einkommensbesteuerung; vgl. auch Fn. 4 dieses Kapitels.

[12] Vgl. §35 krEStG; die Verzinsung des Verlustvortrags richtet sich nach den Vorschriften über die Gewinnsteuer (§35 Abs. 2 krEStG).

[13] Vgl. §34 krEStG.

[14] Der Grundfreibetrag betrug ab 1994 (2001) zunächst 800 (1.250) HrK pro Monat, woraus zu schließen ist, dass er sich reduziert, wenn der Ermittlungszeitraum kürzer ist. Für Rentner galt ein persönlicher Grundfreibetrag in Höhe der Rente, jedoch höchstens ein Betrag von 2.000 (2.500) HrK pro Monat.

Für jedes weitere Kind erhöht sich dieser um 0,1, so dass sich der Grundfreibetrag für das zweite Kind auf das 0,4-fache des Grundfreibetrags, für das dritte Kind auf das 0,5-fache des Grundfreibetrags usw. beläuft. Mit der Reform 2000 wurde diese Kinderförderung deutlich ausgeweitet, indem der Steuerpflichtige für das zweite Kind das 0,7-fache, das dritte das 1,0-fache, das vierte das 1,4-fache und das fünfte das 1,9-fache des Grundfreibetrags erhielt. Für jedes weitere Kind erhöhte sich der Freibetrag progressiv, indem für jedes weitere Kind der Faktor um das 0,6-fache, das 0,7-fache, 0,8-fache usw. angehoben wurde bezogen auf den Faktor für das jeweils vorhergehende Kind. Das siebte Kind einer Familie würde demnach zu einem Freibetragsfaktor von 3,2 berechtigen. Für Invalidität eines unterhaltenen Familienmitglieds erhöht sich der jeweilige Grundfreibetragsfaktor um 0,2 Prozentpunkte 1994 bzw. 0,3 Prozentpunkte ab 2001.

7.1.4. Tarifstruktur

Mit Inkrafttreten des krEStG wurde zunächst ein progressiver Stufentarif bestehend aus zwei Tarifstufen angewendet (Tarif 94). Jenseits des Freibetrags, F^{94}, wurde der Eingangssatz, t_N, von 20 Prozent auf Einkommen angewendet, die unterhalb einer Schwelle, S_1, lagen. Diese Schwelle war über das Dreifache des Grundfreibetrags definiert. Darüber hinausgehende Einkommen wurden mit dem Steuersatz, t_H, erfasst und unterlagen einer Grenzsteuerbelastung von 35 Prozent.

Mit der Steuerreform 2000 wurde der Grundfreibetrag, F^{00}, auf 1.250 HrK angehoben. Zugleich wurde der Tarif um einen mittleren Steuersatz, t_M, in Höhe von 20 Prozent ergänzt (Tarif 00). Der Eingangssatz wurde auf 15 Prozent reduziert und erstreckte sich bis zur Schwelle, S_1^{00}, die nun über das Zweifache des Grundfreibetrags definiert war. Der mittlere Steuersatz, t_M, bezog sich auf Einkommen, die über S_1^{00} hinausgingen, nicht aber über S_2^{00}. Die Schwelle S_2^{00} war über das Fünffache des Grundfreibetrags definiert. Darüber hinausgehende Einkommen unterlagen dem Spitzensatz, t_H, in Höhe von 35 Prozent.

Diese Einkommensteuersätze erhöhten oder verminderten sich um einen kommunalen Zuschlag, den die Kommunen innerhalb vorgegebener Grenzen festlegen dürfen.[15]

[15] Vgl. §5 Abs. 3 EStG.

Abbildung 7.1.: **Kroatische Einkommensteuertarife 1994 und 2000**

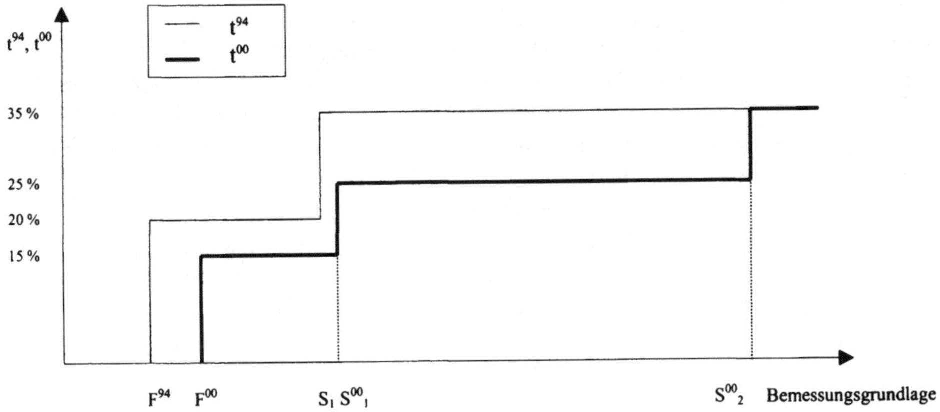

Quelle: § 5 krEStG.

7.2. Die Empfehlungen des IWF zur Reform der persönlichen Einkommensbesteuerung

Analog zur Vorgehensweise in Abschnitt 5.2 lassen sich die IWF-Missionen mit steuerpolitischem Bezug in zwei Phasen teilen: eine erste Phase ab 1992, in der es um die Grundausrichtung des neuen Systems der persönlichen Einkommensbesteuerung, und eine zweite Phase ab 2000, in der es um die Bewertung der Reformen und die Fortentwicklung des Steuersystems ging.

7.2.1. Die erste Phase: Eckpfeiler der neuen Einkommensteuer

7.2.1.1. Das Umfeld wirtschaftspolitischer Beratung und die Ziele des IWF

Die erste IWF-Mission des FAD nach Kroatien fand im November 1992 statt.[16] Sie fand, wie bereits oben dargelegt, zu einer Zeit statt, in der die wirtschaftliche Lage aufgrund des Krieges und des Transformationsprozesses hin zu einem marktwirtschaftlich orientierten Wirtschaftssystem äußerst angespannt

[16] Vgl. Tab. B.1 und auch IMF Country Report 02/178, August 2002, S. 33ff.

war. Die IWF-Delegation[17] habe vor diesem Hintergrund die Bedeutung makroökonomischer Stabilisierung unterstrichen, was sich hinsichtlich der Staatsfinanzen in der Forderung nach Stabilität der Einnahmen im Zuge einer Steuerreform ausdrückte.

In Bezug auf die Reform der persönlichen Einkommensbesteuerung hat der IWF – wie zu erfahren war – deutlich gemacht, dass diese im Zweifel auch kurzfristige Maßnahmen beinhalten könne, die von den langfristigen Zielen einer Steuerreform abweichen. Dennoch sei langfristig ein System der persönlichen Einkommensbesteuerung anzustreben, das weitgehend den Kriterien Effizienz, Fairness und Einfachheit entspreche.

Das Besondere an der Beratungstätigkeit des IWF in Kroatien zu diesem Zeitpunkt war, dass zeitgleich ein deutsches Beraterteam im Auftrag der GTZ Entwürfe zur Reform des Steuersystems erarbeitete.[18] Die IWF-Vertreter zeigten sich skeptisch gegenüber dem Reformvorhaben der deutschen Berater.[19] Es wurde moniert, dass den Reformentwürfen keine Strategie dahingehend zugrunde liegen würde, wie der gesamte Reformprozess aussehen könnte. Hauptkritik jedoch war, dass zu diesem Zeitpunkt eine umfassende grundlegende Steuerreform nicht angebracht wäre, da sie eine Gefährdung des Steueraufkommens und damit der kurzfristigen Stabilisierungziele darstellen würde. Schließlich wurde der Einwand vorgebracht, dass die Steuerreformpläne nicht den Vorstellungen des IWF bezüglich einer guten Einkommensteuer entsprechen würden. Die IWF-Delegation habe während ihrer Beratungen verdeutlicht, wie eine Reform der persönlichen Einkommensbesteuerung aussehen solle. Dabei seien drei Grundeigenschaften essentiell:

- Die Einkommensteuer solle im Sinne einer globalen Einkommensteuer ausgestaltet werden.
- Der ESt-Tarif solle eine geringe Satzdifferenzierung aufweisen.
- Die Reform der persönlichen Besteuerung müsse unbedingt die Sozialversicherungsabgaben einbeziehen.

---

[17] Die folgenden Ausführungen sind Ergebnis zahlreicher Gespräche mit Mitarbeitern der kroatischen Finanzverwaltung, die an den Beratungen mit den IWF-Vertretern zugegen waren. Wie mir mitgeteilt wurde, sollen die hier skizzierten Einschätzungen in ähnlicher Form auch in dem Bericht von Richard Hemming (1993): „Croatia: Tax Reform" zu finden sein.

[18] Siehe auch Kapitel 5.

[19] Grundlage der Kritik des IWF waren Entwürfe zur Reform der Einkommensteuer in der Fassung vom Oktober 1992. Diese waren noch nicht identisch mit den Vorschlägen, die am 01.01.1994 in Kraft traten. Die Grundlinien und wichtigsten Bestimmungen waren jedoch bereits enthalten.

7.2.1.2. Konkrete Empfehlungen

Die genannten Vorgaben waren Grundlage der Empfehlungen des IWF bezüglich der kurzfristigen Steuerpolitik. Mit der Forderung nach einer globalen Einkommensteuer war eine SHS-Einkommensteuer gemeint, von der man sich eine Beendigung systemwidriger Ausnahmen erhoffte. So hat der IWF, wie mir berichtet wurde, im Bereich der persönlichen Einkommensteuer empfohlen, Sachbezüge in die Bemessungsgrundlage einzubeziehen sowie die Mindeststeuer und den besonderen Steuersatz von 60 Prozent auf Überstunden und bestimmte andere Aktivitäten abzuschaffen. Auch die steuerliche Begünstigung bestimmter Regionen, die aufgrund des Krieges als förderungswürdig eingestuft waren, durch einen abgesenkten Lohnsteuersatz wurde kritisiert. In diesem Sinne habe der IWF auch eine stärkere Besteuerung der Landwirtschaft gefordert, indem in höherem Maße die Anwendung von Pauschalsteuern („presumptive taxes") empfohlen worden sei.

Da eine SHS-Orientierung zugleich auch die Besteuerung von Kapitaleinkommen bedeutet, habe man auch explizit die Einbeziehung von Kapitaleinkommen in die Bemessungsgrundlage angemahnt. Dabei habe man empfohlen, in der Anfangsphase eine Abzugsteuer von 1 Prozent auf Zinsen und Dividenden zu erheben.[20]

Entgegen dem oben erwähnten Hinweis auf die Bedeutung der Sozialabgaben, wurde von den Vertretern des IWF keine dezidierte Aussage über Schritte zur Reform der Sozialabgaben getroffen. Dies ist wohl damit zu erklären, dass eine signifikante Reduzierung der Abgaben und damit der staatlichen Ausgaben für Transfers aufgrund der schwerwiegenden Nachkriegssituation politisch nicht durchzusetzen war.

Dagegen nahmen die Delegationsvertreter des IWF erwartungsgemäß Stellung zu administrativen Themen. Ohne auf alle Aspekte einzugehen, lassen sich für die Einkommensteuer zwei zentrale Bereiche identifizieren: erstens, die Erhebungs- und Prüfungsproblematik und zweitens, der Komplex Sanktionen.

Gefordert wurde, das Prinzip der Selbstveranlagung möglichst weit umfassend anzuwenden, die Zahl der Finanzbeamten zu erhöhen und Außenprüfungen in Zukunft auf Stichprobenbasis vorzunehmen. Was die Sanktionsmaßnahmen betrifft habe der IWF empfohlen, höhere Strafen bei Steuerhinterziehung zu verlangen. Strafen sollten dabei als Prozentsatz der Steuerschuld erhoben werden, der überdies mit der Inflation steigen solle.

[20] Dabei habe die Delegation nur temporär wegen der hohen Inflation einen niedrigen Satz gefordert. Langfristig sei der Steuersatz anzuheben, um – unter Einbeziehung der Inflation – eine effektive Belastung in Höhe des max. Grenzsteuersatzes zu erreichen.

7.2.2. Die zweite Phase: Die Fortentwicklung der Einkommensteuerreform

7.2.2.1. Das Umfeld wirtschaftspolitischer Beratung und der Grundtenor der IWF-Empfehlungen

Im Mai 2000 besuchte eine FAD-Mission des IWF Kroatien mit dem Ziel, das bestehende Steuersystem zu begutachten und Empfehlungen über die zu diesem Zeitpunkt anstehenden steuerpolitischen Entscheidungen zu geben.[21]

Das Umfeld wirtschaftspolitischer Beratung unterschied sich dramatisch von der Situation 1992–1994. Spätestens mit dem Dayton-Abkommen war der Balkankrieg beendet und damit auch das Signal gegeben für Wiederaufbau und Konsolidierung in der Region. Kroatien hatte zu diesem Zeitpunkt bereits einige Reformen eingeleitet und damit einen deutlichen Vorsprung vor anderen Staaten Südosteuropas wie z.B. dem damaligen Restjugoslawien oder dem zersplitterten Bosnien-Herzegowina. Die im Jahr 2000 neu gewählte Regierung, die sich den EU-Beitritt auf mittlere Frist zum Ziel gesetzt hat, fand ein funktionierendes und aufkommenergiebiges Steuersystem vor, sah sich aber zugleich vor weiterem Reformbedarf gestellt in den Bereichen Arbeitsmarkt, Privatisierung und hinsichtlich der Umsetzung von Rechtsnormen, die von der Europäischen Kommission als Voraussetzung für einen EU-Beitritt verlangt wird.

Die makroökonomische Situation war schwierig. Das zwischen 1994 und 1997 hohe Wirtschaftswachstum von etwa 6 Prozent konnte nicht aufrecht erhalten werden und lag im Jahr 2000 bei 2,9 Prozent.[22] Die Arbeitslosenquote war mit 16,1 Prozent nach wie vor hoch[23]; die Leistungsbilanz gemessen am BIP rutschte von hohen Überschüssen bis ins Jahr 1994 in enorme Defizite ab dem Jahre 1995: Im Jahre 2000 wies sie einen Wert von -2,5 Prozent aus. Eine schwere Belastung für die kroatische Volkswirtschaft ist die hohe Staatsverschuldung, die sich von 20,7 Prozent 1994 auf 60,0 Prozent im Jahr 2000 verdreifachte. Die Staatsfinanzen dagegen waren stabil, wenn auch strukturell reformbedürftig. Die von den Vertretern des IWF im Jahre 1992 befürchtete Gefährdung der Staatseinnahmen durch die Steuerreform hatte sich nicht bewahrheitet. Der Anteil des Einkommensteueraufkommens am BIP blieb im Jahre 1994 weitgehend konstant bei etwa 5,8 Prozent; der Anteil der Gewinnsteuer erhöhte sich sogar von 1,6 Prozent 1994 auf 2,4 Prozent im Jahre 2000. Problematisch

[21] Vgl. Abschnitt 5.2.2.

[22] Allerdings zogen die Wachstumsraten wieder an mit 3,8 Prozent in 2001 und sogar 5,2 Prozent 2002.

[23] Dies ist der durchschnittliche Wert in 2000 gem. ILO-Arbeitstatistik. Die offizielle kroatische Arbeitslosenquote betrug sogar 21,4 Prozent. Die tatsächliche Quote dürfte weit darüber liegen.

war aber der nach wie vor hohe Staatsausgabenanteil am BIP, der trotz hoher Einnahmen zu Budgetdefiziten führte.

In diesem Umfeld war zu erwarten, dass auch die IWF-Mission im Jahre 2000 andere Schwerpunkte setzte als ihre Vorgängerin 1992. Akute Auswirkungen auf makroökonomische Variablen waren nicht unmittelbar zu erwarten, so dass es darum ging, eine steuersystematische Bewertung zu erarbeiten und gegebenenfalls eventuelles Reformpotential in bestimmten Bereichen zu identifizieren. Angesichts bestimmter steuerreformpolitischer Pläne der neuen Regierung war die IWF-Mission auch gefragt, diese zu bewerten.

Aus der Untersuchung der persönlichen Einkommensbesteuerung durch den IWF ging hervor, dass keine grundsätzliche Kritik am System der kroatischen Einkommensteuer geübt wurde.[24] Zwar wurde die grundsätzliche Diskussion über die „richtige" Systemorientierung offensichtlich gemieden, doch die Vertreter hätten sich insgesamt sehr positiv über Struktur und Funktionsweise der Einkommensteuer ausgelassen. Dennoch wurden einige Probleme identifiziert, die zu konkreten Empfehlungen führten und sich wie folgt einordnen lassen:

- Technische Probleme im Rahmen der persönlichen Einkommensteuer;
- Probleme bzgl. der Sozialabgaben und
- Probleme bzgl. der steuerpolitischen Vorschläge zur Belebung des Arbeitsmarkts.

7.2.2.2. Konkrete Empfehlungen

Aus den Gesprächen mit Mitarbeitern der Finanzverwaltung, die über die Ergebnisse der Beratungen informiert waren, wurde deutlich, dass der IWF im Bereich der persönlichen Einkommensteuer Kritik besonders an Höhe und Art der Freibetragsregelung für Familien geäußert hat. Im Fokus sei dabei die Höhe der Freibeträge für Kinder gewesen und die Tatsache, dass diese mit der Zahl der Kinder steige. Problematisch sei, dass damit die Bildung großer Familien gefördert würde. Außerdem sei es verteilungspolitisch problematisch, dass sich die finanzielle Unterstützung auf Steuerzahler beschränke und wohlhabendere Familien mit höheren Grenzsteuersätzen einen größeren Vorteil aus den Kinderfreibeträgen ziehen würden. Die IWF-Delegierten hätten aus diesem Grund die Empfehlung geäußert, die derzeitige Unterstützung von Familien

[24] Die folgenden Ausführungen basieren auf Gesprächen mit Mitarbeitern der kroatischen Finanzverwaltung, die an den Beratungen mit den IWF-Vertretern zugegen waren. Wie mir mitgeteilt wurde, sollen die hier skizzierten Einschätzungen in ähnlicher Form auch in dem Bericht von Michael Keen (2000) et al.: „Croatia: A Review of Tax Policy" zu finden sein.

mit Kindern zu überarbeiten und dabei entweder Steuerkredite oder direkte Transfers an die Betroffenen in Erwägung zu ziehen.

Zudem habe man die direkte Bindung der Tarifzonen an die Höhe des Grundfreibetrags kritisiert. Bei geringer Inflation sei eine Indexierung der Tarifbereiche nicht notwendig, hätte aber die negative Eigenschaft, dass jede Änderung des Grundfreibetrags einen Aufkommenseffekt zweiter Ordnung habe. Aus diesem Grund sei empfohlen worden, diese Bindung an den Grundfreibetrag aufzugeben.

Im Bereich der Sozialabgaben sei von der IWF-Delegation kritisiert worden, dass Beitragszahlungen in sehr schwachem Zusammenhang zu späteren Leistungsansprüchen stünden, da letztere durch Ober- und Untergrenzen stark limitiert seien. Deshalb habe man sich für eine Stärkung des Äquivalenzprinzips, d.h. für eine verstärkte Koppelung von Beitragszahlungen und Leistungsansprüchen, ausgesprochen. Zweitens habe man angemahnt, die Finanzierung allgemeiner Ausgaben durch die Sozialversicherungsfonds zu beenden und durch den allgemeinen Staatshaushalt zu ersetzen.

Vor dem Hintergrund eines damals geplanten Reformvorhabens der kroatischen Regierung habe sich der IWF bei den Beratungen auch zu dem Vorschlag geäußert, Lohnsubventionen in das bestehende Steuersystem einzubauen. Diesbezüglich habe der IWF sich sowohl gegen die doppelte Abzugsfähigkeit von Löhnen[25] ausgesprochen als auch gegen die pauschale Subventionierung pro Arbeitnehmer, wenn dieser neu eingestellt wurde und eine bestimmte Zeit angestellt bleibt.

7.3. Evaluation

In diesem Abschnitt soll zunächst die kroatische Steuerreform von 1994 kritisch beleuchtet werden. Im Anschluss daran erfolgt eine Bewertung der Vorstellungen und Empfehlungen des IWF.

7.3.1. Steuersystematische Aspekte

Mit der Reform der kroatischen Einkommensteuer von 1994 wurde der Versuch unternommen, eine lebenszeitlich geprägte Einkommensteuer auf Basis theoretischer Fundierung im Rahmen eines Gesamtsystems konsequent umzusetzen. Wie die Diskussion in Kapitel 6 nahe legt, ist die grundsätzliche Reformrichtung sehr positiv einzuschätzen. Zwar lassen sich auf rein theoretischer Ebene

[25] So kursierte der Vorschlag, neben der Abzugsfähigkeit von Löhnen im Rahmen der Gewinnermittlung die Löhne neu eingestellter Arbeitnehmer ein zweites mal von der Gewinnsteuerbemessungsgrundlage abzugsfähig zu machen.

auch Argumente gegen eine konsumorientierte Einkommensteuer vorbringen, doch – wie im Benchmark deutlich wurde – spricht vieles, nicht zuletzt in Transformationsländern, für diese Reformausrichtung. Hervorzuheben ist die innere Systematik der Einkommensteuer. Die juristische Kodifizierung orientiert sich an wenigen klaren Grundprinzipien, mit denen das Leitbild einer lebenszeitlichen Einkommensbesteuerung verwirklicht wird.

7.3.1.1. Einkommensarten

Von den drei Einkommensarten sind „Einkommen aus selbständiger Arbeit“ und „Einkommen aus nichtselbständiger Arbeit“ in Bezug auf die steuerrechtliche Ausgestaltung unproblematisch. Die Verwirklichung der sparbereinigten Methode bei der Besteuerung von Altersvorsorgeeinkommen im Rahmen des „Einkommens aus nichtselbständiger Arbeit“ bedarf zwar der expliziten Kommunikation gegenüber dem Steuerpflichtigen, ist aber steuersystematisch nicht zu beanstanden.

Zu hinterfragen ist allerdings die dritte der genannten Einkommensarten. Wie im Benchmark in Kapitel 6 verdeutlicht wurde, ist die Unterteilung in zwei bzw. drei Einkommensarten – wenn man „Einkommen aus Altersvorsorge“ hinzuzählt – ausreichend. Auf eine eigene Einkommensart „Einkommen aus Finanzvermögen“ kann verzichtet werden, da die hier zu besteuernden Einkommen – bei schlüssiger Anwendung des Unternehmerbegriffs[26] – bereits unter „Einkommen aus selbständiger Erwerbstätigkeit“ fallen. Eine gesonderte Einkommensart für Immobilien etc. widerspricht dem umfassenden Unternehmerbegriff und birgt die Gefahr, dass für diese Einkommen spezielle Vergünstigungen eingeführt werden.

7.3.1.2. Steuerbasis

Mit der Steuerbasis im kroatischen EStG wurde das objektive und subjektive Nettoprinzip stringent umgesetzt. Die Steuerfreiheit von Dividenden ist gerechtfertigt, da es sich hier um bereits versteuerte Gewinne auf Unternehmensebene handelt. Eine Dividendenbesteuerung würde die Ungleichbehandlung der Finanzierungsformen bedeuten (siehe Kapitel 8). Die Steuerfreiheit von Zinsen ist Bestandteil des zinsbereinigten Systemkonzepts. Grundsätzlich entspricht dies den effizienztheoretischen Empfehlungen aus den Abschnitten 6.1 und 6.2. Es ist allerdings festzuhalten, dass die theoretischen Ausführungen nur die Steuerfreiheit von Zinsen rechtfertigen, die einer marktüblichen Rendite entsprechen. Zinszahlungen an Haushalte, die Überrenditen reflektieren,

---

[26] Vgl. dazu die Diskussion über die umfassende Definition der unternehmerischen Tätigkeit zur Abgrenzung von Einkommen aus selbständiger Tätigkeit in Abschnitt 6.2, S. 149f.

sollten versteuert werden. Aus praktischer Sicht ist die generelle Steuerfreiheit von Zinsen nur dann akzeptabel, wenn die Auszahlungen von übermäßigen Zinsen beim steuerpflichtigen Auszahler nicht zum Abzug zugelassen sind. Dadurch kommt es zu einer Belastung, auch wenn die Besteuerung nicht auf Haushaltsebene vollzogen wird. Voraussetzung hierfür ist (1) eine entsprechende Vorschrift im Rahmen der Gewinnermittlung, und (2) die Sicherstellung, dass der Steuertarif beim auszahlenden Gewinnsteuerpflichtigen dem höchsten Steuersatz der persönlichen Einkommensteuer entspricht. Diese Voraussetzungen waren zunächst nicht gegeben, weil der kroatische Gesetzgeber 1994 eine Tarifspreizung beim Spitzensatz der persönlichen Einkommensteuer und der Gewinnsteuer verabschiedete. Diese sehr problematische Regelung wurde zwar später aufgehoben, womit die generelle Steuerfreiheit vertretbar wurde, doch ab 2001 mit der Absenkung des Gewinnsteuersatzes wieder hergestellt.[27] Dies zeigt grundsätzlich die Problematik einer generellen Steuerfreiheit, was vor allem im Rahmen einer Evaluation aus Transaktionskosten-Perspektive besonders zu hinterfragen ist. Die Abhängigkeit dieser steuerlichen Behandlung von Veränderungen in Tarif und Ermittlungsvorschriften im Gewinnsteuergesetz lassen sich als Transaktionskosten des Steuersystems interpretieren. Tarifliche Änderungen durch zukünftige politische Entscheidungen können dazu führen, dass Arbitrage-Anreize entstehen und die Einmalbelastung von Einkommen gefährdet ist. Vor diesem Hintergrund wäre alternativ zu überlegen gewesen, die Steuerfreiheit im Rahmen des krEStG auf marktübliche Zinsen zu beschränken. Die weithin positive Einschätzung aus normativer Sicht wird im Rahmen einer Transaktionskosten-Analyse nur teilweise bestätigt.

7.3.2. Effektive Besteuerung des Faktors Arbeit

Die effektive Belastung des Faktors Arbeit spielt eine große Rolle in herkömmlichen Analysen und sollte in einer Evaluation eines Einkommensteuersystems nicht fehlen. Dabei kann nicht auf die nominelle Belastung rekurriert werden, da diese nicht die effektive Gesamtbelastung widerspiegelt und nichts über die mikroökonomischen Anreize für das einzelne Individuum aussagt. Die hier untersuchten effektiven Grenzsteuersätze beziehen sowohl alle relevanten einkommensteuerlichen Vorschriften als auch die der Sozialversicherung ein. Letztere wird in die Analyse einbezogen, weil Sozialabgaben in der Regel als eine Art Steuer gesehen werden können, sofern nicht – wie im Falle der Rentenversicherung in einigen Ländern – eine strikte Äquivalenz zwischen Beiträgen und späterer Auszahlung besteht teilweise zutreffend.

---

[27] Siehe Abschnitt 8.1.3.

In der folgenden Analyse wird deshalb zunächst die Methodik effektiver Grenzsteuersätze kurz umrissen. Im Anschluss werden die Ergebnisse diskutiert. Dabei wird sowohl das System im Jahr 1994 als auch der seit 2000 geltende Rechtszustand untersucht.

7.3.2.1. Methodik und Daten

Der effektive Steuerkeil ω auf Arbeitseinkommen einschließlich der Sozialversicherungsabgaben ergibt sich aus der Differenz zwischen Bruttoarbeitskosten G des Arbeitgebers und dem Nettoeinkommen N des Arbeitnehmers

$$\omega = G - N, \tag{7.1}$$

woraus sich direkt der effektive Grenzsteuersatz ergibt:

$$t_{eff} = \frac{\partial \omega}{\partial G}. \tag{7.2}$$

Das Nettoeinkommen N ist die Differenz aus Bruttolohn B (ohne Arbeitgeberanteile zur Sozialversicherung) abzüglich des Arbeitnehmeranteils zur Sozialversicherung $s_A B$ und der Einkommensteuer T:[28]

$$N = B(1 - s_A) - T. \tag{7.3}$$

Die Bruttoarbeitskosten G für den Arbeitgeber ergeben sich aus dem Bruttolohn B zuzüglich des Arbeitgeberanteils zur Sozialversicherung $s_U B$. Damit beträgt der Bruttolohn

$$B = \frac{G}{1 + s_U}. \tag{7.4}$$

Die Berechnung der Einkommensteuer ist abhängig vom Steuersatz, der steuerlichen Behandlung der Sozialversicherungsbeiträge, den persönlichen Freibeträgen und etwaigen Zuschlägen auf die Einkommensteuer. Konkret ergibt sich die Bemessungsgrundlage der Einkommensteuer als Bruttolohn des Arbeitnehmers abzüglich der Beiträge zur Sozialversicherung, die mit dem SV-Satz s_A auf den Bruttolohn erhoben werden. Wie in Abschnitt 7.1.4 dargelegt, war der kroatische Tarif 94 ein Stufentarif mit zwei Sätzen, t_N und t_H, der mit der Steuerreform 2000 um einen mittleren Steuersatz t_M ergänzt wurde. Der Niedrigsatz t_N bezieht sich auf Einkommen, die unterhalb einer Schwelle S_1 lagen, wobei die Schwelle nach dem Tarif 94 (Tarif 00) über das dreifache (zweifache) des Grundfreibetrags F definiert war. Der Steuersatz t_M nach dem Tarif

[28] Der Mindestbeitrag zur Sozialversicherung ist in den folgenden Gleichungen nicht explizit aufgeführt, jedoch in den Berechnungen enthalten (siehe auch Tab. 7.2).

00 bezog sich auf das Einkommen, das über S_1 hinausging, nicht aber über S_2, wobei S_2 das Fünffache des Grundfreibetrags betrug. Der Spitzensatz t_H bezog sich auf Einkommen, das über S_2 hinausging. Unter Berücksichtigung lokaler Zuschläge θ auf die Einkommensteuerzahlung, ergibt sich somit für den jeweiligen Tarif folgende Einkommensteuer[29]

$$T_{94} = \begin{cases} 0 \\ (1+\theta)t_N[B(1-s_A)-F] \\ (1+\theta)\{t_H[B(1-s_A)-F-S_1]+t_N S_1\} \end{cases}$$

$$\text{für} \begin{cases} B(1-s_A)-F \leq 0 \\ 0 < B(1-s_A)-F < S_1 \\ B(1-s_A)-F > S_1 \end{cases} \quad \text{bzw.} \qquad (7.5)$$

$$T_{00} = \begin{cases} 0 \\ (1+\theta)t_N[B(1-s_A)-F] \\ (1+\theta)\{t_M[B(1-s_A)-F-S_1]+t_N S_1\} \\ (1+\theta)\{t_H[B(1-s_A)-F-S_2]+t_M[S_2-S_1]+t_N S_1\} \end{cases}$$

$$\text{für} \begin{cases} B(1-s_A)-F \leq 0 \\ 0 < B(1-s_A)-F < S_1 \\ S_1 < B(1-s_A)-F < S_2 \\ B(1-s_A)-F > S_2 \end{cases} \qquad (7.6)$$

Durch Einsetzen von (7.4) in (7.5) bzw. (7.6) und (7.3) erhält man das Nettoeinkommen

$$N_{94} = \begin{cases} G - SV \\ \frac{G}{1+s_U}(1-s_A)-(1+\theta)t_N[\frac{G}{1+s_U}(1-s_A)-F] \\ \frac{G}{1+s_U}(1-s_A)-(1+\theta)\{t_N S_1 + t_H[\frac{G}{1+s_U}(1-s_A)-F-S_1]\} \end{cases}$$

$$\text{für} \begin{cases} B(1-s_A)-F < 0 \\ 0 < B(1-s_A)-F < S_1 \\ B(1-s_A)-F > S_1 \end{cases} \quad \text{bzw.} \qquad (7.7)$$

$$N_{00} = \begin{cases} G - SV \\ \frac{G}{1+s_U}(1-s_A)-(1+\theta)t_N[\frac{G}{1+s_U}(1-s_A)-F] \\ \frac{G}{1+s_U}(1-s_A)-(1+\theta)\{t_N S_1 + t_M[\frac{G}{1+s_U}(1-s_A)-F-S_1]\} \\ \frac{G}{1+s_U}(1-s_A)-(1+\theta)\{t_N S_1 + t_M[S_2-S_1]+t_H[\frac{G}{1+s_U}(1-s_A)-F-S_2] \end{cases}$$

[29]Das Subskript „94“ bzw. „00“ bezeichnet jeweils das Jahr 1994 bzw. 2000 und damit die jeweiligen Systeme der kroatischen Einkommensteuer.

Tabelle 7.2.: **Entwicklung der Beitragssätze zur kroatischen Sozialversicherung, in Prozent des Bruttolohns**[a]

	1995		1998		2000	
Beitragsart	AG	AN	AG	AN	AG	AN
Rentenversicherung	12,75	12,75	10,75	10,75	8,75	10,75
Arbeitslosenversicherung	7,0	7,0	9,0	9,0	7,0	9,0
Krankenversicherung	0,0	1,9	0,85	0,85	0,85	0,85
Sonstige Abgaben	1,135[b]	2,2[c]	1,117[d]	2,2[c]	0,357[b]	0,0
Summe	20,885	23,85	21,717	22,8	16,957	20,6

Quelle: Računovodstvo i Financije (verschiedene Jahrgänge).

[a]Die Mindestbemessungsgrundlage lag 1995 bei 906 HrK, 1998 bei 1.370 HrK und 2000 bei 1.700 HrK. Bis zu diesem Lohn wurden RV- u. KV-Beiträge pauschal abgeführt.
[b]Abgabe für Handelskammer.
[c]Abgabe für Kinderfonds.
[d]Abgabe für Handelskammer (0,375%) und Wasserabgabe (0,76%).

$$\text{für} \begin{cases} B(1-s_A) - F < 0 \\ 0 < B(1-s_A) - F < S_1 \\ S_1 < B(1-s_A) - F < S_2 \\ B(1-s_A) - F > S_2 \end{cases} \tag{7.8}$$

wobei mit SV die Beitragszahlung zur Sozialversicherung von Arbeitgeber und Arbeitnehmer beschrieben ist. Diese ergibt sich entweder über die herkömmliche Ermittlung durch Anwendung der Beitragssätze oder bei Geringverdienern als Pauschbetrag bezogen auf die Mindestbemessungsgrundlage der Sozialversicherung. Die Entwicklung der Beitragssätze lässt sich anhand von Tab. 7.2 ablesen. Die Sozialabgaben waren in den 1990er Jahren außerordentlich hoch. Die Beitragssätze auf Arbeitseinkommen erreichten fast 45 Prozent und wurden erst in den vergangenen Jahren sukzessive abgesenkt.

7.3.2.2. Ergebnisse und Evaluation

Wie aus Tab. 7.3 hervorgeht, war die Belastung des Faktors Arbeit Mitte der 1990er Jahre mit effektiven Grenzsteuersätzen auf Arbeitseinkommen – sowohl für Alleinstehende als auch für ein verheiratetes Paar mit zwei Kindern – von etwa 52 Prozent für Monatseinkommen von umgerechnet 500 Euro sehr hoch. Für höhere Einkommen lag die Belastung sogar bei 63 Prozent. Verschiedene Änderungen der Sozialversicherungssätze (vgl. Tab. 7.2) änderten daran im

Tabelle 7.3.: **Entwicklung der effektiven Grenzsteuersätze t_{eff} auf Arbeit in Kroatien, in Prozent**[a]

	1995		1998		2000	
Bruttolohn/ Monat in *Euro*[b]	Single	Paar	Single	Paar	Single	Paar
200	44,7	44,7	0,0	0,0	0,0	0,0
500	51,8	51,8	51,5	44,5	44,1	37,5
750	63,0	51,8	62,7	51,5	52,1	37,5
1,000	63,0	63,0	62,7	51,5	52,1	44,1
2,000	63,0	63,0	62,7	62,7	60,1	52,1

[a]Die Berechnung geht von einem lokalen Zuschlagsatz von 18 Prozent auf die Einkommensteuerschuld aus, wie er in der Stadt Zagreb erhoben wird. Bei dem Paar handelt es sich um ein verheiratetes Ehepaar mit zwei Kindern.

[b]Für die Umrechnung der monatlichen Bruttolöhne von kroatischer HrK in Euro wurde der durchschnittliche Wechselkurs des jeweiligen Jahres von der Landeswährung in Euro (bzw. Ecu für die Zeit vor 1999) verwendet.

Wesentlichen nichts. Erst eine deutliche Absenkung des Arbeitgeber-Anteils zur Sozialversicherung im Jahr 2000 und die Änderung des Tarifs durch die im gleichen Jahr beschlossene Einkommensteuerreform führte zu einem teilweisen Rückgang der effektiven Grenzsteuersätze auf 44 Prozent bei Alleinstehenden und 37 Prozent bei Verheirateten für Bruttoeinkommen von 500 Euro. Für Einkommen von 1.000 Euro reduzierte sich der Steuersatz auf 52 Prozent (ledig) bzw. 44 Prozent (verheiratet). Dagegen unterliegen Bruttoeinkommen von etwa 2000 Euro nach wie vor einer Grenzbelastung von 60 Prozent. Maßgebend für die teilweise Entlastung ist neben der Absenkung der Sozialversicherungssätze vor allem die Neugestaltung des Tarifs mit einem reduzierten Eingangssteuersatz von 15 Prozent und einem neuen mittleren Satz von 25 Prozent.

Die effektive Grenzsteuerbelastung des Faktors Arbeit in Kroatien ist außerordentlich hoch. Aus normativer Sicht ist dies bedeutsam, da hohe effektive Steuersätze zum einen die Anreize erhöhen können, in der Schattenwirtschaft zu arbeiten, und zum anderen unter Umständen die Arbeitsangebotsentscheidung negativ beeinflussen.[30]

Was bedeutet dies für die Evaluation des Steuersystems? Aus theoretischer Sicht ist keineswegs klar, wie hoch die effektiven Grenzsteuersätze optimalerweise sein sollten. Zudem besteht in der Praxis wirtschaftspolitischer Beratung

[30]Siehe Abschnitt 6.1.3.

typischerweise keine Möglichkeit, exakte Berechnungen optimaler Steuersätze vorzunehmen. Allerdings wurde im Referenzrahmen des Kapitels 6 deutlich, dass eine höhere Besteuerung des Faktors Arbeit bei gleichzeitiger Nichtbesteuerung von Zinsen effizient sein kann. Berücksichtigt man zudem, dass in kleinen offenen Volkswirtschaften wie Kroatien die Nichtbesteuerung von Zinsen grundsätzlich empfehlenswert ist, da etwaige Kapitaleinkommensteuern ohnehin auf den Faktor Arbeit überwälzt werden würden, erscheint eine explizite und etwas höhere Besteuerung von Arbeitseinkommen sinnvoll. Dennoch: die Diskussion bezüglich der Besteuerung von Arbeitseinkommen in Abschnitt 6.1.3 legt nahe, dass darauf zu achten ist, dass die effektive Grenzbelastung insgesamt nicht zu hoch wird.

Bezogen auf Kroatien kann man festhalten, dass im Rahmen des durch steuersystematische Gestaltung Möglichen bereits durch die Reform von 1994 die Grenzbelastung weitestgehend optimiert wurde. Allenfalls die Einführung eines einheitlichen Tarifs könnte die Grenzbelastung für einen Teil der Steuerpflichtigen nochmals reduzieren. Die Analyse auf Basis effektiver Steuersätze hat gezeigt, dass vor allem das System der Sozialversicherung maßgeblich zu den hohen effektiven Grenzsteuersätzen beiträgt. Insbesondere die Mitte der 1990er Jahre noch existierenden und mittlerweile abgeschafften sonstigen Abgaben für diverse Zwecke (siehe Tab. 7.2), aber auch die Zweckentfremdung der Sozialversicherung zur Finanzierung allgemeiner staatlicher Aufgaben sind in diesem Zusammenhang zu nennen. Hier besteht weiterer Reformbedarf. Durch Neugestaltung des Sozialversicherungssystems kann mittel- und langfristig eine Reduzierung der effektiven Grenzsteuersätze erreicht werden.

7.3.3. Die Evaluation der steuerpolitischen Empfehlungen des IWF: Normative Sicht versus Transaktionskosten-Theorie

7.3.3.1. Die normative Sicht

Aus normativer Sicht, wie sie in Kap. 6 dargelegt wurde, sind die Empfehlungen des IWF differenziert zu beurteilen. Dabei ist auch zeitlich zu differenzieren zwischen den Empfehlungen 1992 und 2000.

Die 1992 in der ersten Stellungnahme formulierte Forderung nach Beseitigung bestimmter Regelungen wie z.B. die gesonderte Besteuerung exzessiver Löhne und die Forderung nach Einbeziehung von Sachlöhnen in die Bemessungsgrundlage ist positiv einzuschätzen. Durch diese Maßnahmen fällt zum einen die effektive Belastung geringer aus, da bei gleichem Aufkommen ein geringerer Spitzensteuersatz erhoben werden muss. Zum anderen wird das Steuersystem transparenter, wodurch die Steuererhebungs- und Steuerbefolgungskosten sinken.

Andererseits ist die Forderung nach Besteuerung von Zinsen mit einem Abgeltungssatz von 1 Prozent, wie sie von den IWF-Vertretern 1992 geäußert wurde, schwer nachzuvollziehen.[31] Vor dem Hintergrund der theoretischen Ausführungen in den Abschnitten 6.1 und 6.2 ist weder eine umfassende noch eine partielle Zinsbesteuerung, die zudem hohen administrativen Aufwand bedeutet, empfehlenswert. Die Empfehlung der damaligen IWF-Berater in diesem Bereich ist deshalb sehr negativ einzuordnen. Sowohl die IWF-Mission im Jahr 1992 als auch die aus dem Jahr 2000 hat mit Nachdruck auf die hohe Grenzbelastung auf den Faktor Arbeit hingewiesen, was grundsätzlich positiv zu würdigen ist, allerdings zugleich eine genauere Analyse der zugrunde liegenden Faktoren erfordert. Nur die IWF-Berater aus der zweiten Phase ordneten diesen Umstand entsprechend ein.

Grundsätzlich zeigt sich, dass die Äußerungen aus dem Jahr 2000 in deutlichem Gegensatz zu den ersten Empfehlungen aus dem Jahr 1992 stehen. Die steuerliche Freistellung von Zinsen wurde offensichtlich nicht als Makel qualifiziert, sondern mit ausdrücklichem Verweis auf die effizienztheoretischen Vorteile für Kroatien gelobt. Hervorgehoben wurde auch die Einfachheit und die Tatsache, dass die kroatische Einkommensteuer Teil eines insgesamt systematischen Steuerrechts ist. Die Kritik des IWF zu einzelnen Aspekten des kroatischen Steuerrechts, wie z.B. der großzügigen Regelung von Freibeträgen im Zuge der Familienbesteuerung, ist fundiert, weil sie einige Defizite aufzeigt. Allerdings ist dies keine Kritik am Steuersystem selbst. Die Empfehlungen sind nachvollziehbar und eine wertvolle Quelle für jede Regierung, die an der Optimierung eines insgesamt gut gestalteten Systems interessiert ist.

Insgesamt ist beim Autor auf Basis der ihm zugänglichen Informationen über die IWF-Beratungstätigkeit ein äußerst ambivalenter Eindruck entstanden. Die Tätigkeit im Jahre 1992 legt nahe, dass die Empfehlungen den traditionellen Vorstellungen über das aus Sicht einiger IWF-Vertreter „richtige" Einkommensteuersystem folgen.[32] Dabei wurden aber nicht nur effizienztheoretische Überlegungen ausgeblendet, sondern auch auf die konkreten Bedürfnisse in Kroatien in einigen Punkten keine Rücksicht genommen. Die ausgewogene und inhaltlich nicht zu beanstandende Analyse aus dem Jahre 2000 hebt sich davon deutlich ab. Der offensichtliche Widerspruch in der Argumentation wirft jedoch die Frage nach der Arbeitsweise von IWF-Missionen im steuerpolitischen Bereich auf. Zweifel an der konstanten Bereitstellung qualitativer Beratung sind angebracht.

---

[31] Dies gilt ungeachtet der Tatsache, dass der Steuersatz im Zeitablauf in Richtung des Normalsatzes der Einkommensteuer angehoben werden sollte.

[32] Vgl. dazu IMF (1993), Stotsky (1995).

7.3.3.2. Der Transaktionskosten-Ansatz

Wie bereits in der Analyse der IWF-Politik zur kroatischen MWSt (siehe Kapitel 5), ist zunächst zu prüfen, welche Restriktionen (im Sinne von Transaktionskosten) auf politischer Ebene zu den verschiedenen Zeitpunkten in Kroatien vorhanden waren und bei einer umfassenden Evaluation der Beratungstätigkeit zu berücksichtigen sind: Sind bestimmte Empfehlungen des IWF im Lichte politischer Beschränkungen anders zu würdigen als bei einer rein normativen Betrachtung? In einem zweiten Schritt ist zu fragen, ob Vorschläge des IWF geeignet waren, bestehende Transaktionskosten zu reduzieren oder zumindest deren Entstehung zu verhindern.

Hinsichtlich der politischen Transaktionskosten ist vor allem die Empfehlung der IWF-Mission von 1992 zur Einführung einer Zinsabgeltungssteuer von 1 Prozent von Interesse. In Kapitel 2 wurde argumentiert, dass institutionelle Barrieren existieren, die eine Veränderung erschweren. Diese können Ergebnis historischer Entscheidungen sein, durch welche die Gesellschaft als Ganzes in eine bestimmte Situation gebracht wurde, aus der sie nur mit enormen Kosten wieder herausfindet (Pfadabhängigkeiten). Es gibt aber auch Barrieren, die Ergebnis des politischen Prozesses sind und deren Funktion darin besteht, Transaktionskosten in anderen Bereichen zu reduzieren. Dies kann z.B. eine institutionelle Konsensorientierung sein, durch welche die Gesellschaft Transaktionskosten in bestimmten Bereichen reduziert.[33]

Zu prüfen wäre demnach, ob die IWF-Empfehlung nach Einführung einer Zinsbesteuerung möglicherweise durch eine der genannten institutionellen Restriktionen beeinflusst war, so dass sich daraus eine Rechtfertigung für die Einführung einer niedrigen Zinsabgeltungssteuer ableiten ließe. So könnte man diese Forderung als vorweg genommenen Kompromiss im Sinne der Konsensorientierung wirtschaftspolitischer Reformvorschläge sehen. Folgt man dieser Argumentation, so hätte die Einführung einer derartigen Zinssteuer nur symbolischen Charakter mit dem Ziel der Beseitigung grundsätzlicher Einwände gegen das Gesamtreformmodell. Auch bestimmte Formen von Pfadabhängigkeiten könnten die Empfehlung zur Einführung einer moderaten Zinsbesteuerung erklären. Hier wäre womöglich zu denken an die 1992 nach wie vor vorhandenen Netzwerke kroatischer (Steuer-)juristen, die ungern bereit waren, alte Rechtstraditionen aufzugeben.

---

[33] Zu nennen wäre hier das deutsche Beispiel der Konsensorientierung von Arbeitgeberorganisationen und Gewerkschaften, die über Jahrzehnte hinweg institutionelle Mitspracherechte in gesellschaftlichen Fragen errungen haben. Olson (1965, 1982) argumentiert, dass dies in der Nachkriegszeit gesellschaftliche Konflikte gemäßigt hat und dadurch zu hohem Wirtschaftswachstum beigetragen hat. Damit soll allerdings nicht behauptet werden, dass diese Konsensorientierung auch heute noch angemessen ist.

Beide Erklärungsversuche, die IWF-Empfehlung zur traditionellen Zinsbesteuerung aus Transaktionskosten-Perspektive zu rechtfertigen, sind allerdings wenig plausibel. Die IWF-Empfehlung ist einzuordnen in die steuerpolitische Beratungs-„Philosophie", wonach eine umfassende Besteuerung von Kapitaleinkommen zwingend geboten sei.[34] Es liegen dem Autor auch keine Hinweise vor, nach denen der entsprechende Vorschlag als Kompromiss zur Gewinnung eines möglichst breiten Konsenses zu sehen wäre. Auch die Pfadabhängigkeit trifft auf diesen speziellen Untersuchungsgegenstand nicht zu: Erstens bestand keine Rechtstradition der Besteuerung von Zinsen in den ehemaligen sozialistischen Volkswirtschaften; zweitens war unter allen wichtigen gesellschaftlichen Kräften unstrittig, dass es Reformen bedarf, um die Finanzierung des kroatischen Staates mit den neuen marktwirtschaftlichen Gegebenheiten kompatibel zu machen. Pfadabhängigkeiten spielten in dieser Phase eine geringe Rolle.

In einem zweiten Schritt ist zu prüfen, ob es dem IWF gelungen ist, im Rahmen seiner Empfehlungen bestehende Transaktionskosten zu beseitigen und die Entstehung neuer Transaktionskosten zu verhindern. Hier fällt das Urteil negativ aus. Der IWF hat in seinen ersten Stellungnahmen zu erkennen gegeben, dass er die mit dem vorgeschlagenen Steuersystem verbundenen Effizienzeigenschaften nicht sieht oder diese zumindest in einer Gesamtwürdigung für unbedeutend hält. Damit hat er zugleich zum Ausdruck gebracht, dass er die mit einem neutralen Steuersystem verbundenen geringeren Transaktionskosten nicht berücksichtigt. Geht man sogar soweit, die Entscheidung für ein traditionelles Leitbild der Einkommensbesteuerung als einen wichtigen Faktor für das Entstehen von Schlupflöchern zu betrachten, die von Lobbygruppen als Ausgleich für exzessive Belastungen in anderen Bereichen gefordert werden, so müssen die Empfehlungen des IWF sogar als ein Beitrag für das Entstehen zukünftiger Transaktionskosten gewertet werden.[35] Vorbehaltlich weiterer empirischer Untersuchungen zu diesem Einwand ist festzustellen, dass die Politik des IWF im Rahmen einer Transaktionskosten-Analyse kritikwürdig erscheint.

Anders dagegen ist die Arbeit des IWF von 2000 zu sehen. Die Würdigung des damals bestehenden Steuerrechts als ein abgestimmtes System lässt sich als Warnung vor fundamentalen Änderungen verstehen, was in einer ex post Analyse wiederum als Versuch interpretiert werden kann, zukünftige Transaktionskosten im Zuge eines veränderten Systems zu vermeiden.

---

[34] Dies geht aus dem Gesamtzusammenhang hervor, in dem die Gespräche der IWF-Vertreter mit der Ministerialbürokratie stattfanden; vgl. auch Fußnote 32 dieses Kapitels.

[35] Vgl. Wagner (1997) für diese Sichtweise.

7.4. Zwischenfazit

Die kroatische Einkommensteuer von 1994 ist ein gelungenes Beispiel für die Umsetzung einer ökonomisch fundierten Besteuerung des persönlichen Einkommens. Gemessen am Benchmark schneidet die kroatische Einkommensteuer sehr gut ab. Hervorzuheben ist hier der systematische Aufbau nach klaren Prinzipien. Korrekturbedarf hätte allenfalls in kleineren Bereichen bestanden, wie z.B. bei Aufbau und Zahl der Einkommensarten oder der Freibetragsregelung. Vor diesem Hintergrund ist es bedauerlich, dass die kroatische Politik im Jahre 2000 die systematische Herangehensweise durchbrochen hat, indem sie u.a. zusätzliche Einkommensarten einführte[36] und die Besteuerung von Dividenden beschloss.

Die Empfehlungen des IWF in der Phase um 1992, als es um die Weichenstellung hin zu einem grundlegenden Umbau der Einkommen- und Gewinnsteuer ging, sind methodisch aus den hier betrachteten Perspektiven eindeutig negativ zu bewerten. In dem wichtigen Bereich der Kapitaleinkommensbesteuerung ist wohlfahrtstheoretisch die Befürwortung einer halbherzigen Besteuerung von Kapitaleinkommen mit 1 Prozent nicht nachvollziehbar. Fiskalisch unbedeutend, hätte die Umsetzung dieses Vorschlags unnötigerweise administrative Ressourcen beansprucht, da das Aufkommen vermutlich geringer als der Erhebungsaufwand gewesen wäre. Zudem bestehen aus wohlfahrtstheoretischer Perspektive Zweifel an der Optimalität einer Zinsbesteuerung. Auch die Betrachtung dieses Sachverhalts aus institutionenökonomischer Sicht lässt das Urteil nicht anders ausfallen. Zwar sind mit dem Transaktionskosten-Ansatz grundsätzlich Einwände denkbar, die normativ zu einer modifizierten Bewertung führen könnten. Doch gilt dies sicher nicht für die kroatische Situation im Jahre 1992.

Interpretiert man die Warnung des IWF im Jahre 2000 vor fundamentalen Änderungen als Versuch, zukünftige Transaktionskosten zu vermeiden, so offenbart sich zumindest ein deutliches Gefälle hinsichtlich der Qualität der Beratung zweier unterschiedlicher IWF-Missionen.

[36]Zu nennen sind hier die Einkommensarten „Kapitaleinkommen“ und „Einkommen aus Versicherungen“; vgl. §10 krEStG in der Fassung vom 01.01.2001 („Narodne Novine“ Nr. 127/00).

8. Die Reform der Gewinnbesteuerung in Kroatien und der IWF

8.1. Die Reform der Gewinnbesteuerung in Kroatien: Ein Überblick

Dieser Abschnitt gibt einen Überblick über die wichtigsten Elemente der kroatischen Gewinnbesteuerung. Ein Teil der Gewinne, insbesondere von Kleinunternehmern und Selbständigen, wird im Rahmen der persönlichen Einkommensteuer erfasst, der Großteil jedoch im Rahmen der Gewinnsteuer, die zum 01.01.1994 zusammen mit der persönlichen Einkommensteuer in Kraft trat. Die kroatische Gewinnsteuer wurde zu Beginn der 1990er Jahre von einer Gruppe deutscher Ökonomen unter der Leitung von Manfred Rose konzipiert.[1] Die folgende Darstellung behandelt zunächst ausführlich die Gewinnsteuer und geht dann knapp auf die Gewinnbesteuerung im Rahmen der persönlichen Einkommensteuer ein. Dabei stützt sich die Darstellung zum Teil auf die Ausführungen in Rose und Wenger (1992), Wagner und Wenger (1996), Stöckler und Wissel (1995) und Rose und Wiswesser (1998). Sofern nicht anders angegeben, beziehen sich die Verweise auf das kroatische Gewinnsteuergesetz (krGStG) in der Fassung vom 01.01.1997 („Narodne Novine" Nr. 106/96).[2]

8.1.1. Grundsätzliches: Idee und Konzeption der Gewinnsteuer

Die Intention der kroatischen Gewinnsteuer ist die Besteuerung von Gewinnen unter Vorgabe, dass mit dem System diverse Neutralitätskriterien der Besteuerung erfüllt werden (vgl. Kapitel 6.3). Dabei kommt dem steuerlichen Abzug von kalkulatorischen Zinsen auf das im Unternehmen eingesetzte Eigenkapital eine wichtige Rolle zu. Die Gewinnsteuer wurde in einem eigenen Gesetz geregelt, ist aber konzeptionell mit der Besteuerung des persönlichen

[1] Die Konzeption der Gewinnsteuer geht vor allem auf Ekkehard Wenger und Manfred Rose zurück; vgl. Rose und Wenger (1992).

[2] Dabei sind im Vergleich zur Fassung von 1994 „Narodne Novine" 109/93, 95/94, 25/95 und 52/95) einige kleine Änderungen enthalten; an der Substanz hat sich jedoch nichts geändert im Vergleich zu der ursprünglichen Fassung. Bei Verweisen auf die kroatische Ordnungsrichtlinie (ORG) handelt es sich nachfolgend um die Fassung vom 26.01.1996 („Narodne Novine" Nr. 7/96).

Einkommens abgestimmt. Die Besteuerung der Gewinne erfolgt abschließend, d.h. Dividendenzahlungen und andere Formen der Ausschüttung unterliegen auf der Haushaltsebene keiner weiteren Besteuerung.[3] Dies ist Ausdruck des Ziels, Einkommen in Form von Gewinnen nur einmal zu belasten. Dieses Prinzip zeigt sich u.a. auch bei der Gewinnermittlung, bei der Erfolgsbeiträge durch Beteiligungen an anderen gewinnsteuerpflichtigen Unternehmen herausgerechnet werden (siehe Steuerbasis).

Wie international üblich, sieht die Gewinnsteuer bei inländischen Unternehmen die Besteuerung des weltweit erwirtschafteten Gewinns vor, bei ausländischen Unternehmen nur die Besteuerung des Inlandsgewinns (siehe Steuerpflicht). Der jährlich zu ermittelnde Gewinn basiert auf dem Betriebsvermögensvergleich gemäß handelsrechtlichen Vorschriften wobei dieser für steuerliche Zwecke zu korrigieren ist (siehe Steuerbasis). Die Zahlung der Gewinnsteuer erfolgt durch monatliche Vorauszahlungen auf den voraussichtlichen Gewinn, wobei die Berechnung auf Basis des Vorjahresgewinns erfolgt.

8.1.2. Steuerpflicht

Steuerpflichtiger der kroatischen Gewinnsteuer ist der Unternehmer. Der Unternehmerbegriff umfasst juristische und natürliche Personen, die erstens eine Tätigkeit ausüben, die den Kriterien Selbständigkeit, Nachhaltigkeit und Gewinnerzielungsabsicht genügt, und die zweitens buchführungspflichtig sind.[4] Damit erfasst die Gewinnsteuer rechtsformneutral alle unternehmerischen Gewinne von juristischen und natürlichen Personen und Personenvereinigungen, die entweder aufgrund gesetzlicher Vorschriften oder aber freiwillig Bücher führen (d.h. Gewinne auf Basis einer Bilanzierung ermitteln). Damit kennt das krGStG eine Optionsmöglichkeit für einkommensteuerpflichtige Unternehmer zur Besteuerung im Rahmen des Gewinnsteuergesetzes.[5]

Die Bedeutung, die der Gesetzgeber der Gewinnsteuer gegeben hat, kommt auch dadurch zum Ausdruck, dass ein Unternehmer als natürliche Person gewinnsteuerpflichtig wird, sobald er bestimmte Umsatz-, Einkommens- oder Vermögensgrenzen überschreitet oder eine bestimmte Mitarbeiterzahl beschäftigt.[6] Damit wird die Gewinnsteuer ihrem Namen gerecht, denn sie ist das zentrale Zugriffsinstrument zur Besteuerung von Gewinnen – im Unterschied zu den in vielen Ländern verbreiteten Körperschaftsteuern.[7]

[3] Vgl. Kapitel 7.

[4] Vgl. §2 Abs. 1 und 2 krGStG.

[5] Vgl. §2 Abs. 5 krGStG.

[6] Vgl. §2 Abs. 6 krGStG.

[7] Letztere erfassen in der Regel nur die Gewinne von Körperschaften und selten von natürlichen Personen; vgl. Mennel und Förster (2003).

Unternehmen mit Sitz oder Geschäftsleitung in Kroatien müssen ihren im In- und Ausland erzielten Gewinn versteuern (Welteinkommensprinzip). Ausländische Unternehmen, d.h. Unternehmen, die weder Sitz noch Geschäftsleitung in Kroatien haben, sind nur für den im Inland erzielten Gewinn steuerpflichtig (u.a. Betriebsstätten ausländischer Unternehmer).[8]

8.1.3. Tarif und Steuerbasis der Gewinnsteuer

Die Steuerbemessungsgrundlage der Gewinnsteuer (kurz: Steuerbasis) ist der zinsbereinigte Gewinn, korrigiert um bestimmte steuerlich nicht abzugsfähige Aufwendungen bzw. Erstattungen dieser Aufwendungen. Dieser basiert auf dem bilanzorientierten Vermögensvergleich.[9] In praktisch allen real existierenden Steuersystemen weltweit wird der kaufmännisch ermittelte Gewinn um zahlreiche Positionen korrigiert, die entweder administrativ, steuerpolitisch[10] oder oft vor allem fiskalisch motiviert sind. Das Besondere an der Ermittlung der Steuerbasis der kroatischen Gewinnsteuer ist, dass die Korrekturen – ausgehend vom Gewinn bzw. Verlust gemäß Handelsbilanz – fast ausschließlich im Sinne des Steuersystemkonzepts erfolgen. Demnach haben die Korrekturen den Zweck, die Einmalbelastung von Unternehmensgewinnen in intertemporaler Sicht unter Berücksichtigung administrativer Vereinfachungen zu gewährleisten. Hervorzuheben ist in diesem Zusammenhang die steuerliche Behandlung von Beteiligungen. Diese folgt ebenfalls dem Prinzip der Einmalbelastung von Gewinnen, welche dadurch sichergestellt werden soll, dass Gewinne bzw. Verluste grundsätzlich bei dem Unternehmen erfasst werden, bei dem die den Erfolgsbeiträgen zugrunde liegende wirtschaftliche Tätigkeit erfolgt ist oder gegebenenfalls erfolgen wird.[11] Aus diesem Grund werden zugeflossene Dividenden aus dem handelsrechtlichen Gewinn herausgerechnet. Allgemein gilt: Der handelsrechtliche Gewinn ist um alle Gewinne bzw. Verluste zu korrigieren, die aus dem Erwerb, dem Halten oder der Veräußerung von Beteiligungen resultieren.

Tab. 8.1 gibt einen Überblick über verschiedene Korrekturen und deren jeweilige Rechtfertigung. Nur wenige der Korrekturposten sind auf fiskalische oder administrative Gründe zurückzuführen, wobei diese aufgrund der steuersystematischen Eigenschaften des Systems überwiegend keine negativen Verzerrungen implizieren.

---

[8] Vgl. §§2 und 3 krGStG.

[9] Vgl. Stöckler und Wissel (1995) für eine ausführliche Erläuterung des Eigenkapitalbegriffs im krGStG.

[10] Mit dem Begriff „steuerpolitisch" sind hier lenkungspolitisch motivierte Eingriffe gemeint, die zum Ziel haben, Mehr- oder Minderbelastungen für bestimmte Aktivitäten oder Zielgruppen zu bewirken.

[11] Stöckler und Wissel (1995, S. 532) sprechen von „Einmalbesteuerung an der Quelle".

Tabelle 8.1.: **Bemessungsgrundlage der kroatischen Gewinnsteuer (§§3-9 krGStG)**

	Ermittlung der Steuerbasis	Anmerkungen
	Eigenkapital am Ende des Steuerjahres	kaufmännischer
-	Eigenkapital am Anfang des Steuerjahres	EK-Vergleich,
+/-	offene und verdeckte Entnahmen/Einlagen	korrigiert um diverse
+/-	Gewinnsteuerzahlungen/-erstattungen	steuerliche Positionen
=	Gewinn/Verlust gemäß Handelsbilanz, modifiziert um steuerliche Ansatz- und Bewertungsvorschriften	
+	zuzurechnende Anteile an der Steuerbasis von Unternehmen, deren Gewinne der ESt unterliegen	Ziel: Einmalbelastung von Gewinnen "
-	bezogene Dividenden von gewinnsteuerpflichtigen Unternehmen	"
-/+	sonstige Gewinne/Verluste, die aus Anteilen an anderen Unternehmen resultieren (Veräußerung von Anteilen, Zu- bzw. Abschreibungen auf Beteiligungen etc.)	"
-/+	Gewinne/Verluste aus gesellschaftsrechtlichen Vorgängen (Liquidation, Fusion, Aufspaltung etc.)	"
+/-	steuerlich nicht erlaubte/ nachzuholende Abschreibungen	Ziel: fiskalisch motiviert (allokativ neutral; s.u.)
+	steuerlich nicht anerkennungsfähiger Teil der Schuldzinsen	Ziel: Einmalbelastung (administrativ motiviert)
-	Schutzzinsen auf das berücksichtigungsfähige Eigenkapital	Ziel: Einmalbelastung von Gewinnen
-	verzinster Verlustvortrag aus dem Vorjahr	"
=	zinsbereinigter Gewinn/Verlust	Steuersystematisch bedingter Gewinn/Verlust
+/-	steuerlich nicht abzugsfähige Aufwendungen bzw. Erstattungen dieser Aufwendungen	Ziel: Einmalbelastung (administrativ motiviert)
=	**Steuerbemessungsgrundlage**	

Quelle: Eigene Darstellung; kroatische Gewinnsteuer (§§ 3-9 krGStG).

In diesem Zusammenhang kommt dem Abzug von Schutzzinsen eine zentrale Rolle zu, da dieser jeden Rentabilitäts-Vorteil/Nachteil für den Unternehmer exakt kompensiert.[12] Schutzzinsen sind als kalkulatorische Zinsen auf das im Unternehmen gebundene Eigenkapital bei der Gewinnermittlung abzugsfähig, womit die Opportunitätskosten des im Unternehmen gebundenen Eigenkapitals steuerlich berücksichtigt werden. Dies stellt eine symmetrische Behandlung zur Steuerbefreiung von Zinsen auf der Haushaltsebene dar. Der Schutzzinsabzug impliziert aber zugleich, dass ein negativer Betrag an Schutzzinsen aufgrund eines negativen Eigenkapitalbestandes gewinnerhöhend anzusetzen ist.[13] Dies ist steuersystematisch notwendig, um die Neutralitätseigenschaften des Systems zu bewahren.

Auf die Steuerbasis wird der einheitliche Gewinnsteuersatz angewendet. Dieser betrug bei Einführung im Jahre 1994 25 Prozent und wurde zum 01.01.1997 auf 35 Prozent angehoben.[14] Mit der Reform des Einkommens- und Gewinnsteuersystems im Jahre 2000 durch die damals neu gewählte Regierung wurde der Gewinnsteuersatz zum 01.01.2001 auf 20 Prozent reduziert.

8.1.4. Technische Aspekte der Ermittlung von Schutzzinsen

Ein zentrales Element des krGStG ist die Ermittlung von Schutzzinsen. Ausgangspunkt ist das sogenannte berücksichtigungsfähige Eigenkapital $EK_{1.1.}$ zum 01.01. eines Jahres. Sei $EK_{1.1.}^{HB}$ das handelsrechtlich bestimmte Eigenkapital, Q der Buchwert der Beteiligungen an anderen Unternehmen und z der vom Finanzministerium auf Basis des krGStG festgesetzte Jahresschutzzinssatz, so gilt:

$$EK_{1.1.} = EK_{1.1.}^{HB} - Q, \tag{8.1}$$

woraus sich unmittelbar die Schutzzinsen zum 1.1. eines Jahres ergeben:

$$Z_{1.1.} = zEK_{1.1.}. \tag{8.2}$$

Die Schutzzinsen $Z_{1.1.}$ entsprechen ökonomisch den Opportunitätskosten des Eigenkapitals. Sie sind zugleich der Betrag, der bei der Gewinnermittlung abgezogen werden darf, wenn es unterjährig keine Veränderungen des Eigenkapitals gegeben hat. Sollte es dagegen im Laufe des Jahres zu Veränderungen des berücksichtigungsfähigen Eigenkapitals gekommen sein, so bedarf es idealerweise einer Korrektur. Das kroatische Gewinnsteuergesetz trägt dem Rechnung, indem Auszahlungen, Entnahmen, Gewinnsteuerzahlungen und der Buchwert von erworbenen Anteilen an anderen Unternehmen als Abgänge vom

[12] Vgl. Boadway et al. (1984), Wenger (1983) und die Diskussion in Abschnitt 6.3.
[13] Vgl. §7 Abs. 3 krGStG.
[14] Vgl. „Narodne Novine" Nr. 106/96.

berücksichtigungsfähigen Eigenkapital ($\triangle_{(-)}EK$) behandelt werden und analog Einlagen, Gewinnsteuererstattungen und der Buchwert von veräußerten Anteilen an anderen Unternehmen als Zugang zu erfassen sind ($\triangle_{(+)}EK$).[15] Damit ergibt sich der tatsächlich abzugsfähige Schutzzinsbetrag $Z_{31.12.}$ zum Ende des Ermittlungszeitraums wie folgt

$$Z_{31.12.} = Z_{1.1.} + \sum_{m=1}^{12} z_m \triangle_{(+)}EK_m - \sum_{m=1}^{12} z_m \triangle_{(-)}EK_m, \qquad (8.3)$$

wobei Subskript m für den jeweiligen Kalendermonat steht, da die Zu- und Abgänge monatlich zu erfassen sind. Bei z_m handelt es sich demnach um den Schutzzinssatz, der vom Monat m an auf die Zugänge $\triangle_{(+)}EK_m$ angewendet wird.[16] Aus systematischen Gründen müssen die unterjährigen Schutzzinssätze z_m niedriger sein als der Jahresschutzzinssatz z, da die Opportunitätskosten entsprechend geringer sind.[17] Der Jahresschutzzinssatz ebenso wie die unterjährigen Schutzzinssätze z_m werden vom kroatischen Finanzministerium festgesetzt.[18] Die konkrete Berechnung der Schutzzinsen erfolgt nach den im krGStG vorgegeben Schema, wonach der Schutzzinssatz so festgesetzt wird, dass die Inflationsrate um den Realzinssatz von fünf Prozent erhöht wird.[19]

8.1.5. Steuerliche Aspekte gesellschaftsrechtlicher Vorgänge

Ein wichtiger Bestandteil jedes Unternehmensteuerrechts ist die steuerliche Behandlung von gesellschaftsrechtlichen Vorgängen. Darunter sind Vorgänge wie die Liquidation, die Veräußerung eines Betriebs, Fusion, Aufspaltung und Rechtsformwechsel zu verstehen. Dies ist gerade in Transformationsländern von Bedeutung, wo sich im Zuge der Transformationsphase in kürzester Zeit Änderungen in Struktur und Organisationsform von Unternehmen ergeben

[15] Vgl. §7 Abs. 4 krGStG. Zudem sind bei Zu- bzw. Abgängen auch bestimmte Ausgaben bzw. Erstattungen zu berücksichtigen, die explizit nicht abzugsfähig sind (z.B. der Betrag der übermäßigen Schuldzinsen oder Repräsentationskosten).

[16] Umgekehrt ist z_m bei Abgängen der unterjährige Zinssatz, der bis zum Monat m Anwendung findet.

[17] Für eine ausführliche Darlegung zur Berechnung von z und z_m siehe §27 ORG. Man beachte, dass die Berechnung von z_m eine finanzmathematische Korrektur zur Erfassung von Zinseszinseffekten enthält

[18] Um mögliche Vorteile aus der Gestaltung von Zu- und Abgängen zu verhindern, sieht das kroatische Gewinnsteuergesetz vor, dass Abgänge vom Anfang des Monats, in dem der Abgang erfolgt, zu berücksichtigen sind, während Zugänge erst zum Ende des jeweiligen Monats steuerlich akzeptiert werden; vgl. §7 Abs. 5 krGStG.

[19] Vgl. §9 krGStG. Der Realzinssatz von 5 Prozent war im Jahr 1997 im Gesetz festgesetzt. Im Jahr 1994 lag der festgesetzte Realzinssatz bei drei Prozent. Bei der Inflationsrate handelt es sich um den Satz der Preiserhöhung von Industrieprodukten, der durch das Staatliche Amt für Statistik monatlich und jährlich bekannt gegeben wird.

können. Auch wenn dies im Benchmark in Kapitel 6 nicht explizit diskutiert wurde, soll im Folgenden die kroatische Lösung dargestellt werden, weil sie ein Beispiel ist für ein am Systemleitbild der Einmalbelastung von Gewinnen orientiertes Regelwerk.

Die Behandlung gesellschaftsrechtlicher Vorgänge ist deshalb von Interesse, weil im Zuge dessen meist stille Reserven von oftmals erheblichem Umfang aufgedeckt werden, die einer einmaligen steuerlichen Belastung nicht entzogen werden dürfen. Eine Belastung setzt aber nicht unbedingt die Besteuerung zum Zeitpunkt eines gesellschaftsrechtlichen Vorgangs voraus. Die Grundidee des krGStG ist, dass Gewinne nur dann zu versteuern sind, wenn die Kontinuität der Besteuerung nicht gewährleistet ist.[20] In allen anderen Fällen ist die Einmalbelastung durch spätere Besteuerung im Zeitpunkt der Aufdeckung stiller Reserven gesichert.

Für den Fall einer Liquidation folgt daraus, dass etwaige Gewinne aus dem Verkauf von Wirtschaftsgütern im Zuge einer Liquidation – bei der eine Fortführung per definitionem nicht stattfindet – wie gewöhnliche Gewinne zu versteuern sind. Die in Tab. 8.1 aufgeführte Korrektur bezieht sich auf Unternehmen, die an einem liquidierten Unternehmen beteiligt sind. Hier muss ein eventuell vorhandener handelsbilanzieller Erfolgsbeitrag korrigiert werden, da es bei dem liquidierten Unternehmen bereits zur Besteuerung kommt. Ein möglicher Erfolgsbeitrag (d.h. Anteil am versteuerten Liquidationserlös) stellt dann eine steuerlich irrelevante Eigenkapitaländerung dar.

Dagegen besteht bei der Veräußerung eines Betriebs, bei einer Unternehmensaufspaltung oder auch bei Rechtsformwechsel die Möglichkeit, dass die Buchwerte fortgeführt werden und damit die Kontinuität der Besteuerung gewährleistet ist.[21] In diesem Fall kommt es nicht zur Aufdeckung der stillen Reserven und damit auch nicht zur Besteuerung. Auch im Falle der Fusion kommt es bei entsprechender Buchwertfortführung nicht zur Besteuerung.[22] Wie auch bei der Liquidation hat ein möglicher handelsbilanzieller Erfolgsbeitrag im Zuge der Fusion keine steuerliche Wirkung.

[20]Diese liegt gemäß §18 Abs. 2 ORG vor, wenn es 1. bei der Übertragung auf den Rechtsnachfolger zu keinen Veränderungen bei der Bewertung der Vermögensgegenstände und Verbindlichkeiten kommt, 2. der Gewinn des Rechtsnachfolgers im ersten Geschäftsjahr so ermittelt wird, dass die Werte der Bilanz, die der Rechtsvorgänger am Tag des Übergangs erstellt hat, in die Bilanz des Rechtsnachfolgers übernommen werden, 3. wenn der jeweils vor bzw. nach dem Übergangstag ermittelte Gewinn beim bisherigen bzw. zukünftigen Steuerpflichtigen in vollem Umfang besteuert wird.

[21]Bei der Veräußerung setzt dies eine Einigung mit dem Erwerber voraus, da dieser bereit sein muss, die Buchwerte im oben beschriebenen Sinne fortzuführen.

[22]Vgl. §21 ORG.

8.1.6. Besteuerung von Gewinnen im Rahmen der persönlichen Einkommensteuer

Wie in Abschnitt 7.1 des vorigen Kapitels dargelegt wurde, sind die Gewinne von nichtbilanzierenden Kleinunternehmern, Selbständigen und Freiberuflern als „Einkommen aus selbständiger Arbeit" im Rahmen der persönlichen Einkommensteuer zu versteuern. Hier stellt sich die Frage, nach welcher Ermittlungsmethode die Gewinne zu ermitteln sind und ob die Steuerpflichtigen ebenfalls Schutzzinsen geltend machen können.

Grundsätzlich gilt, dass ein Unternehmer ein Optionsrecht auf Besteuerung gemäß krGStG hat. Nimmt er dieses nicht in Anspruch, so muss er seine Gewinne nach einer vereinfachten Kassenrechnung ermitteln. Der Gewinn ergibt sich als Differenz zwischen Betriebseinnahmen und Betriebsausgaben.[23] Dabei handelt es sich jeweils um Güter, die dem Steuerpflichtigen im Rahmen seiner selbständigen Tätigkeit während des Jahres zu- bzw. abgeflossen sind. Nimmt man die R+F-Cash-Flow-Steuer als Referenz,[24] so sind im Unterschied zur reinen Kassenrechnung folgende Modifikationen vorgesehen:

- Ausgaben zum Erwerb langlebiger abnutzbarer Anlagegüter (Maschinen, Büroeinrichtungen etc.) sind nicht abzugsfähig. Sie werden über den Ansatz von Abschreibungen über den Zeitraum ihrer Nutzung steuerlich berücksichtigt;
- Ausgaben zum Erwerb nicht abnutzbarer Anlagegüter (vor allem Grundstücke) sind grundsätzlich nicht zum *Zeitpunkt der Zahlung* abzugsfähig;
- Buchwerte von Anlagegütern im Zeitpunkt des Abgangs (z.B. bei Veräußerung einer Maschine oder eines Grundstücks) dürfen als Betriebsausgabe angesetzt werden;
- Einzahlungen aus eingegangenen Kapitalverbindlichkeiten und umgekehrt Auszahlungen zur Tilgung dergleichen dürfen nicht angesetzt werden[25];
- Zinskosten auf die Buchwerte der verzeichneten Anlagegüter sind abzugsfähig; Fremdkapitalzinsen sind nicht abzugsfähig.

---

[23] Vgl. §15 krEStG.

[24] Vgl. Nguyen-Thanh et al. (2003) für eine Einordnung des Begriffs Kassenrechnung.

[25] Damit gilt symmetrisch für den Gläubiger, dass Auszahlungen zum Erwerb von Kapitalforderungen (Vergabe von Darlehen) und umgekehrt Einzahlungen aus der Tilgung von Kapitalforderungen nicht anzusetzen sind.
Die Nichtansetzung von Einnahmen gilt aus systematischen Gründen nur, soweit hierin keine zu versteuernden Erträge (z.B. Kreditzinsen) enthalten sind.

Damit handelt es sich um eine typische vereinfachte Ermittlungsmethode, wie sie in vielen Ländern für Kleinunternehmer vorgesehen ist. Ein interessanter Aspekt ist die Frage nach Gleichbehandlung zwischen dieser Ermittlungsmethode gemäß dem krEStG und der Gewinnermittlung gemäß dem krGStG. Die Tatsache, dass es sich um eine Kassenrechnung handelt ist aus Liquiditätssicht für viele Kleinunternehmer bedeutsam. Da die kroatische Gewinnsteuer aufgrund des Schutzzinsabzugs abschreibungsneutral ist, sind beide Ermittlungsformen dann identisch, wenn auch die vereinfachte Kassenrechnung einen Schutzzinsabzug kennt. Hier hat sich der Gesetzgeber für eine implizite Form der Berücksichtigung von Schutzzinsen entschieden. Um den Steuerpflichtigen den Aufwand der Schutzzinsberechnung mittels einer ausführlichen Eigenkapital-Ermittlung zu ersparen (s.o.), dürfen stattdessen Zinsen auf das im langlebigen Vermögen gebundene Kapital des Betriebs abgezogen werden. Um einen doppelten Abzug von Zinskosten zu verhindern, dürfen jedoch Fremdkapitalzinsen nicht abgezogen werden. Für die Ermittlung der abzugsfähigen Zinskosten sind alternativ zwei Methoden vorgesehen:[26] (1) Multiplikation des gesetzlich vorgegeben Realzinses in Höhe von 5 Prozent mit dem revalorisierten Buchwert des Betriebs, oder (2) Multiplikation des Schutzzinssatzes gemäß dem krGStG mit dem nicht-revalorisierten Buchwert. Es ist leicht zu zeigen, dass sich zwar die zeitliche Struktur der Kapitalkosten, d.h. die Summe aus Zinskosten und Abschreibungen, unterscheidet, aber der Barwert der insgesamt abzugsfähigen Kapitalkosten bei beiden Methoden gleich ist.[27]

8.2. Die Empfehlungen des IWF zur Reform der Gewinnbesteuerung

Die gleichen IWF-Missionen, die sich seit Anfang der 1990er Jahre zur Reform der persönlichen Einkommensteuer äußerten, haben auch zur Gewinnbesteuerung Stellung bezogen. Die nachfolgenden Ausführungen sind deshalb in Zusammenhang zu sehen mit den Darlegungen in Kapitel 7.

---

[26] Vgl. §18 Abs. 4 krEStG.

[27] Dies setzt voraus, dass der Steuerpflichtige zukünftige Zahlungsströme mit dem Schutzzinssatz diskontiert; vgl. dazu Gress et al. (1998), S. 239f.

8.2.1. Die erste Phase: Eckpfeiler der neuen Gewinnsteuer

8.2.1.1. Ziele einer Reform der Gewinnbesteuerung aus Sicht des IWF

Erste Stellungnahmen des IWF zur Gewinnsteuer gehen auf die IWF-Mission des FAD in Kroatien vom November 1992 zurück. Angesichts der Neigung der IWF-Vertreter zu einer traditionellen Form der persönlichen Einkommensbesteuerung sprach vieles dafür, dass sie auch für eine entsprechende Reform der Gewinnsteuer plädieren würden. In der Tat ist aus Gesprächen mit damaligen Beteiligten deutlich geworden,[28] dass die IWF-Delegation sich in diesem Sinne geäußert hat.

Als Ziele einer Reform der Gewinnbesteuerung habe man gefordert, dass sich die Steuer auf den Gewinn von Körperschaften beziehen sollte und dabei den „wahren ökonomischen Gewinn" zu erfassen habe. Abzüge, Steuervergünstigungen und zeitliche Steuerbefreiungen (Tax Holidays) sollten begrenzt werden. Zudem habe man sich für eine Abstimmung der persönlichen Einkommensteuer mit der Gewinnsteuer ausgesprochen und dabei nahe gelegt, den Gewinnsteuersatz näherungsweise dem höchsten Satz der persönlichen Einkommensteuer anzugleichen. Ein Reformziel auf der Unternehmensebene sei schließlich auch die Neutralität des Systems bezüglich der Finanzierungswahl durch die Unternehmer.

8.2.1.2. Reformstrategie und konkrete Empfehlungen des IWF

Diese Vorgaben bestimmten damit die Empfehlungen für die Prioritäten steuerpolitischer Maßnahmen. Angesichts des zu diesem Zeitpunkt vorliegenden und intensiv diskutierten GTZ-Entwurfs zur Reform der Einkommens- und Gewinnsteuer äußerte sich die IWF-Mission direkt zu diesem geplanten Vorhaben und verdeutlichte die eigenen Vorstellungen.

Zunächst habe man begrüßt, dass mit dem GTZ-Entwurf die im damals noch existierenden Gewinnsteuerrecht vorhandenen Investitionsvergünstigungen sowie die Besteuerung ausländischer Unternehmen mit einem reduzierten Gewinnsteuersatz abgeschafft würden. An dem Vorhaben habe man allerdings kritisiert, dass dieser einen unbegrenzten Verlustvortrag erlaube. Die Hauptkritik richtete sich jedoch auf den vorgesehenen Abzug von Schutzzinsen auf das im Unternehmen gebundene Eigenkapital. Dieser sei problematisch aus

[28] Wie die Darstellung der IWF-Politik zur persönlichen Einkommensteuer (vgl. die Anmerkung in Kapitel 7), sind auch die folgenden Ausführungen Ergebnis zahlreicher Gespräche mit Mitarbeitern der kroatischen Finanzverwaltung, die an den Beratungen mit den IWF-Vertretern zugegen waren. Wie mir mitgeteilt wurde, sollen die hier skizzierten Einschätzungen in ähnlicher Form auch in dem Bericht von Richard Hemming (1993): „Croatia: Tax Reform" zu finden sein.

zwei Gründen: Erstens habe der IWF befürchtet, dass es zu Aufkommensproblemen kommen würde und Regelungen zur Rechnungslegung Auswirkungen auf den Schutzzins haben würden. Dies wurde damit begründet, dass bei hoher Inflation der Abzug von Schutzzinsen – wodurch es zu einer automatischen Inflationsbereinigung kommt – zu einer Erosion des nominellen Steueraufkommens führen könnte, was bei einer traditionellen Körperschaftsteuer nicht der Fall wäre. Letzteres könne allenfalls durch Abschreibungsregeln im Rechnungslegungsgesetz konterkariert werden. Ob dies gelinge, sei jedoch ungewiss. Grundsätzlich habe man Neuerungen abgelehnt, weil darin eine Gefahr für das Steueraufkommen bestehe. Zweitens habe man Bedenken geäußert zur internationalen Verträglichkeit des Schutzzinsabzugs, da man die Ablehnung dieser Methode in Doppelbesteuerungsabkommen befürchte.

Stattdessen sei eine Revaluierung der Bilanzansätze möglich. Als ad-hoc-Anpassungen zur Kompensation inflationsbedingter Scheingewinne sollten nach Ansicht des IWF insbesondere die beschleunigte Abschreibung, die LIFO-Bewertung bei Umlaufvermögen und eventuell die Steuerbefreiung von Veräußerungsgewinnen umgesetzt werden. Bei Hyperinflation käme eine umfassende Indexierung in Frage. Um die Eigenkapitalfinanzierung attraktiv zu halten, habe man die Vollintegration von Einkommen- und Gewinnsteuer durch ein Anrechnungsverfahren nahe gelegt.

Vor dem Hintergrund dieser Einschätzungen habe die IWF-Mission von 1992 folgende Empfehlungen für die kurz- bis mittelfristige Steuerpolitik abgegeben:

- Abschaffung der Steuervergünstigungen für neugegründete Firmen;
- Ausweitung von Pauschalbesteuerungen bei Kleinunternehmern;
- Einführung einer Mindestbesteuerung bezogen auf die Aktiva von Unternehmen, da diese Steuerschlupflöcher ausnutzen würden;
- Ausweitung der Steuerbasis auf alle Formen von Einkommen, einschließlich Zinsen, Veräußerungsgewinnen[29] und Dividenden;
- Besteuerung von Staatsunternehmen, soweit sie auf üblichen Märkten tätig sind.

[29] Tatsächlich hat der IWF anscheinend die Besteuerung von Veräußerungsgewinnen gefordert, auch wenn er in anderem Zusammenhang die Steuerbefreiung als mögliches Instrument zur Inflationsbereinigung (s.o.) sieht.

8.2.2. Die zweite Phase: Die Evaluierung der Gewinnsteuerreform

8.2.2.1. Die grundsätzliche Einschätzung des Gewinnsteuersystems durch den IWF

Die FAD-Mission des IWF, die im Mai 2000 Kroatien besuchte, befasste sich auch mit dem kroatischen Gewinnsteuersystem, das seit 1994 in Kraft war. Anders als die Vorgänger-Mission aus der ersten Phase würdigte sie das Gesamtsystem der Einkommens- und Gewinnbesteuerung und stellte die aus ökonomischer Sicht wünschenswerten Eigenschaften heraus.[30] Keen und King (2002, S. 5f) skizzieren den Aufbau der kroatischen Gewinnsteuer und die aus der Anwendung des Schutzzinses resultierenden Neutralitätseigenschaften. Dabei würdigen sie verschiedene Aspekte des Schutzzinses, die ihrer Meinung nach – neben der Investitionsneutralität – von besonderer Bedeutung sind: Erstens, die in anderen Gewinnsteuersystemen bestehende Tendenz zur Beschränkung von Abschreibungsmöglichkeiten ist wegen der Bewertungsneutralität hinfällig. Zweitens, damit zusammenhängend besteht auch keine Notwendigkeit für Maßnahmen zur Entschärfung des Problems der Scheingewinnbesteuerung bei Inflation. Drittens, die Finanzierungsneutralität des Systems macht die in anderen Ländern zu beobachtenden Anstrengungen überflüssig, wirtschaftspolitische Maßnahmen gegen zu geringe Eigenkapitalausstattung zu treffen, die sich u.a. aufgrund des Anreizes zur verstärkten Fremdfinanzierung ergäben.

8.2.2.2. Eine Analyse der Einwände gegen die kroatische Gewinnsteuer

Sowohl die IWF-Mission als auch Keen und King (2002) haben sich intensiv mit dem Schutzzins und vor allem mit gängigen Argumenten gegen die Einführung desselben beschäftigt. Es geht ihnen dabei um die Frage, ob die typischen Einwände gegen den Schutzzinsabzug einer kritischen Überprüfung stand halten. Mit direktem Bezug auf die kroatische Situation werden sechs gelegentlich vorgebrachte Einwände thematisiert: Erstens, eine oft geäußerte Kritik sei die Bevorzugung kapitalintensiver Unternehmen durch den Schutzzinsabzug, da diese typischerweise ein hohes Eigenkapital aufweisen. Diesbezüglich weisen die IWF-Vertreter darauf hin, dass die Investitionsneutralität gerade nicht zu einer Bevorzugung führt. Entscheidend sei die Rentabilität vor Steuern, die

[30] Die folgenden Ausführungen basieren auf Gesprächen mit Mitarbeitern der kroatischen Finanzverwaltung, die an den Beratungen mit den IWF-Vertretern zugegen waren. Diese decken sich wiederum mit den Erläuterungen in einer kürzlich erschienenen Analyse von Keen und King (2002). Beide Autoren sind Mitglied der IWF-Beratermission vom Mai 2000 gewesen. Diese Studie reflektiert – wie mir mitgeteilt wurde – die wesentlichen Einschätzungen der IWF-Mission, die in ähnlicher Form auch in dem Bericht von Michael Keen (2000) et al.: „Croatia: A Review of Tax Policy“ zu finden sein soll.

sich nach Steuern nicht ändere.[31] Zweitens, oftmals würde die Befürchtung geäußert, ein zinsbereinigtes System sei international nicht akzeptiert. Auch hier weisen die Ökonomen darauf hin, dass es in Kroatien keine Hinweise auf Probleme bei bilateralen DBA-Verhandlungen gegeben hätte. Drittens, die Vertreter des IWF räumen den Vorwurf der Komplexität beiseite, indem sie auf die Vorzüge der einfachen Gewinnermittlung hinweisen. Allerdings geben sie zu Bedenken, dass die monatliche Berechnung von Eigenkapitalveränderungen eventuell dahingehend geändert werden könnte, dass unterjährig weniger häufig Korrekturen anzusetzen sind. Schließlich befassen sie sich mit dem Einwand, dass ein zinsbereinigtes System Steueraufkommensprobleme impliziere. Keen und King (2002, S. 14) nehmen hier einen ausgewogenen Standpunkt ein. Einerseits argumentieren sie, dass der Schutzzinsabzug 1998 die Steuerbasis um etwa 16 Prozent reduziert habe. Dabei sei nicht auszuschließen, dass die tatsächlichen Einnahmeausfälle höher waren, weil die vorhandenen Statistiken sich nur auf die profitablen Unternehmen beziehe und damit nicht die Unternehmen beinhalte, die aufgrund des Schutzzinses aus den Statistiken herausfielen (weil sie keinen zu versteuernden Gewinn ausweisen). Andererseits weisen sie auf die enorme Aufkommensergiebigkeit der kroatischen Gewinnsteuer in den 1990er Jahren hin. So habe das Steueraufkommen aus der Gewinnsteuer im Jahre 1998 bei 2,9 Mrd. HrK gelegen, was einen Anteil von 2,5 Prozent des BIP ausmacht. Damit entspreche Kroatien dem Durchschnitt im internationalen Vergleich. In diesem Zusammenhang verweisen Keen und King (2002) auch auf die erfolgreiche Akquirierung ausländischer Direktinvestitionen, die mit einem Zufluss von etwa 4 Prozent des Bruttoinlandsprodukts neben Tschechien den höchsten Wert in Ost- und Südosteuropa aufweisen.

8.2.2.3. Empfehlungen der IWF-Mission

Vor dem Hintergrund dieser Einschätzungen ist es nicht verwunderlich, dass die IWF-Berater sich klar für die Beibehaltung des Systems der kroatischen Gewinnbesteuerung aussprachen. Dabei haben sie sich auch zu Plänen der kroatischen Regierung geäußert, spezielle Investitionsanreize einzuführen. Im Gespräch waren die Steuerbefreiung auf einbehaltene Gewinne, die Einführung von sogenannten Tax Holidays, die Gewährung von Tax Credits, die Gewährung von Freibeträgen bei Investitionen und der Einsatz beschleunigter Abschreibungen.

Wie zu erfahren war, habe die IWF-Mission diesbezüglich folgende Empfehlungen ausgesprochen:

[31] Keen und King (2002) argumentieren, dass es eher in traditionell-ausgerichteten Gewinnsteuersystemen so sei, dass wegen der häufigen Bevorzugung der Fremdfinanzierung v.a. kapitalintensive Unternehmen begünstigt seien, die eher kreditwürdig sind.

- Vermeidung von spezifischen Investitionsanreizen;
- Einsatz von Abschreibungsmöglichkeiten im Rahmen des bestehenden Systems;
- Verstärkung der Bemühungen, die attraktiven Eigenschaften des bestehenden Systems gegenüber internationalen Investoren zu kommunizieren;
- Beibehaltung des bestehenden Systems mangels überlegener Alternativen.

8.3. Evaluation

Eine Analyse eines zinsbereinigten Systems der Gewinnbesteuerung erscheint auf den ersten Blick müßig, da die dem System zugesprochenen Neutralitätseigenschaften – wie an verschiedenen Stellen in dieser Arbeit verdeutlicht – in der Literatur hinreichend analysiert wurden.[32] Was jedoch erstaunlicherweise bis dato nicht erfolgte, ist eine genauere Analyse der praktischen Umsetzung des Systems wie es in Abschnitt 8.1 ausführlich dargelegt wurde.[33] Insbesondere sind in der Literatur bislang Details und technische Aspekte des praktizierten Systems ausgeblendet worden, die aber für die Praxis und damit für die Bewertung praktischer Steuerpolitik von Bedeutung sind.

Im Folgenden soll auf Basis der vorhergehenden Abschnitte die kroatische Gewinnsteuerreform von 1994 kritisch beleuchtet werden. Im Anschluss daran erfolgt wieder eine Bewertung der Vorstellungen und Empfehlungen des IWF.

8.3.1. Steuersystematische Aspekte

Ausgehend von dem in Kapitel 6 abgeleiteten Benchmark einer modernen Gewinnsteuer, kann die kroatische Gewinnbesteuerung von 1994, die in erster Linie durch das krGStG und für Kleinunternehmer auch durch das krEStG geregelt ist, als äußerst gelungen eingeschätzt werden. Auf Basis einer theoretischen Fundierung stellt sie eine konsequente Umsetzung einer konsumorientierten Gewinnsteuer dar. Hervorzuheben ist die innere Systematik der Gewinnsteuer, deren wesentliches Merkmal der steuerliche Abzug von Schutzzinsen ist. Dennoch bedarf es im Rahmen einer normativen Analyse einer genaueren Betrachtung der steuerlichen Einzelregeln.

---

[32] Vgl. u.a. Kaiser (1992), Schmidt (1998a), Kiesewetter (1999).

[33] Eine Ausnahme sind Keen und King (2002), die allerdings nur einige wenige zentrale Merkmale des praktizierten Systems diskutieren.

8.3.1.1. Tarif und Steuerbasis

Die Ermittlung des Gewinns im krGStG basiert auf dem kaufmännischen Eigenkapitalvergleich. Der Rückgriff auf das Handelsrecht für die Ermittlung des steuerlichen Gewinns hat in vielen Ländern eine lange Tradition. Meist lässt sich dies darauf zurückführen, dass man in der Frühphase nach Einführung der ersten Einkommensteuern im 19. Jahrhundert den Kaufleuten neben den handelsrechtlichen keine separaten steuerlichen Vorschriften zumuten wollte. Allerdings ist festzuhalten, dass sich die Zwecke einer Bilanz nach Handelsrecht von denen nach Steuerrecht klar unterscheiden. Während erstere u.a. Informationsfunktion für Gläubiger und Kapitalmarkt haben, soll letztere eine effiziente und administrativ einfache Erzielung von Staatseinnahmen ermöglichen. Vor diesem Hintergrund ist zu fragen, ob die Anknüpfung an die Handelsbilanz sinnvoll ist. Eine steuerlich eigenständige Gewinnermittlung wäre denkbar gewesen. Andererseits ist die kroatische Lösung von 1994 steuerlich vollkommen neutral, weil aufgrund des Abzugs von Schutzzinsen das Gesamtsystem bewertungsneutral ist. Die Anknüpfung an die handelsrechtlichen Bestimmungen ist vor diesem Hintergrund akzeptabel. Dennoch muss in diesem Zusammenhang darauf verwiesen werden, dass es idealerweise für die Neutralität des Systems erforderlich ist, den Schutzzins wie bei Gewinnsteuerpflichtigen auch den Kleinunternehmern zu gewähren, die nicht bilanzieren und stattdessen den Gewinn nach einer vereinfachten Kassenrechnung im Rahmen der Einkommensteuer ermitteln (s.u.).[34] Eine fehlende Abstimmung diskriminiert Kleinunternehmer gegenüber Bilanzierern bei Fremdfinanzierung, wenn diese übermäßige Fremdkapitalzinsen zahlen müssen, und induziert Anreize zum Wechsel der Ermittlungsmethode. Dieses Problem würde entfallen, wenn für alle Unternehmen unabhängig von Größe und Rechtsform nur eine einheitliche Gewinnermittlung möglich wäre. Dies könnte eine vereinfachte Kassenrechnung sein, bei der der Schutzzinsabzug entsprechend geregelt sein müsste.[35] Dennoch ist festzuhalten, dass die Ermittlung des Gewinns im krGStG einem stringenten Ansatz folgt und ein insgesamt neutrales System der Gewinnbesteuerung ermöglicht.

Die Gestaltung des Tarifs ist zwar keine steuersystematische Frage im engeren Sinne, kann aber über unerwünschte Anreizwirkungen steuersystematisch Bedeutung erlangen. In der Tat hat der kroatische Gesetzgeber gegen die ökonomische Empfehlung 1994 eine Tarifspreizung beschlossen, so dass bei Einführung der Einkommen- und Gewinnsteuer der Tarif nicht abgestimmt war. So hat man zum 01.01.1994 einen Spitzensatz der persönlichen Einkommensteuer von 35 Prozent gewählt, während der einheitliche Gewinnsteuersatz bei 25 Prozent lag. Damit gab es einen starken Anreiz, Gewinne nicht im Rah-

[34] Vgl. dazu Abschnitt 8.1.6.
[35] Vgl. Nguyen-Thanh et al. (2003).

men der persönlichen Einkommensteuer zu versteuern, sondern im Rahmen des krGStG.[36] Da letztere aber die freiwillige Führung von Büchern vorsah, bedeutete dies einen vermeidbaren Befolgungsaufwand für viele Kleinunternehmer, die nun zur Bilanzierung übergehen mussten, wenn sie in den Genuss des niedrigeren Satzes kommen wollten.[37] Diese Tarifspreizung ist zwar auf eine politische Entscheidung zurückzuführen, muss aber im Rahmen einer Evaluation bemängelt werden, weil dadurch enorme Anreize für Ausweichverhalten gesetzt wurden, die im Sinne der Neutralität abzulehnen sind und überdies Steuerbefolgungs- und Steuerverwaltungskosten induzierten. Insoweit ist die Angleichung beider Sätze auf 35 Prozent ab 1997 positiv zu bewerten, die erneute Absenkung auf 20 Prozent ab 2001 ist dagegen negativ zu sehen.

8.3.1.2. Beteiligungen und gesellschaftsrechtliche Vorgänge

Bemerkenswert sind die gewinnsteuerlichen Regelungen zu Beteiligungen und gesellschaftsrechtlichen Vorgängen. Die oben dargelegte Behandlung von Beteiligungen ist Ausdruck eines in sich stimmigen Systemkonzepts, das am Leitbild der Einmalbelastung orientiert ist. Die Idee, Gewinne grundsätzlich dort zu besteuern, wo sie entstehen bzw. voraussichtlich entstehen werden, ist aus administrativer Sicht überzeugend. Natürlich kann theoretisch jedes gewünschte Resultat durch beliebigen steuerlichen Zugriff erreicht werden, *wenn* es zu entsprechenden Korrekturen kommt. Bei reiner Beliebigkeit würde das System aber insgesamt beliebig, weil durch zahlreiche Korrekturen die Klarheit darüber verloren ginge, was im Sinne des gewünschten Zwecks sinnvoll wäre. Demgegenüber ist das krGStG völlig transparent, weil die Korrekturen gezielt erfolgen, um die Einmalbesteuerung an der Quelle zu gewährleisten. Ein Leitfaden ist dabei immer das erklärte Ziel des Gesetzgebers zur Einmalbelastung von Einkommen.

Vorbildlich ist auch die steuerliche Behandlung von gesellschaftsrechtlichen Vorgängen. Die Beschränkung des steuerlichen Zugriffs auf die Fälle, in denen die Kontinuität der Buchwertfortführung nicht gegeben ist und damit die Einmalbelastung gefährdet wird, ist die Auflösung eines Trade-Offs zwischen fiskalischem Anspruch und der Liquiditätssituation der Steuerpflichtigen. In einem zinsbereinigten System hat der Steuerpflichtige aus der Buchwertfortführung keine Rentabilitätsvorteile gegenüber einer Aufdeckung stiller Reserven. Das kroatische System kann damit auch in Zukunft anderen Ländern als Bench-

[36] Dies wurde noch dadurch verstärkt, dass der kommunale Zuschlag nur auf die Einkommensteuerschuld angewendet wurde, nicht jedoch auf die Gewinnsteuerschuld.

[37] Die Kosten bestanden zum einen in dem Aufwand der Ermittlung eines Übergangsgewinns und zum anderen in dem höheren laufenden Aufwand im Zuge der Bilanzierung im Vergleich zur Kassenrechnung.

mark dienen für die Gestaltung einer konsumorientierten Lösung in diesem Bereich.

8.3.1.3. Schutzzinsabzug

In einer theoretischen und transaktionskostenfreien Welt müssten die Schutzzinsen idealerweise wie folgt ermittelt werden:

$$Z = \int_{j=1}^{365} z(u)EK(u)du. \tag{8.4}$$

Nur Gleichung (8.4) gewährleistet die vollständige Neutralität im Sinne von Boadway et al. (1984), Wenger (1983). Offensichtlich ist jedoch eine Berücksichtigung von Eigenkapitaländerungen auf Tagesbasis administrativ unzumutbar. Die kroatische Methode der Berechnung von Schutzzinsen [vgl. Gleichung (8.3)] auf Monatsbasis stellt vermutlich die aus steuerpolitischer Sicht exakteste Lösung dar, die in der Steuerpraxis gerade noch umsetzbar ist. Der große Vorzug ist, dass es sehr präzise zur steuerlichen Berücksichtigung kalkulatorischer Eigenkapitalzinsen kommt, und gleichzeitig kein Gestaltungsmissbrauch möglich ist. Das Problem könnte sein, dass die monatliche Berücksichtigung von Eigenkapitaländerungen u.U. zu aufwändig ist. Angesichts der dadurch entstehenden Dokumentationspflichten wäre eine Lösung eventuell auf Vierteljahresbasis für viele Unternehmen besser, doch ein abschließendes Urteil über die Vorteilhaftigkeit kann nur unter Einbeziehung empirischer Daten über die Steuerbefolgungskosten von Unternehmen verschiedener Größe erfolgen. Vorbehaltlich einer solchen Analyse kann die kroatische Regelung in diesem Bereich als gute Lösung betrachtet werden, die in einer Abwägung der verschiedenen Ziele den Akzent eher auf Exaktheit setzt.

Im Bereich der Besteuerung der Gewinne von Kleinunternehmern verdient die in Abschnitt 8.1.6 erläuterte Regelung des Abzugs von Zinskosten Beachtung. Unternehmer, deren Gewinne in Kroatien nach der Kassenrechnung besteuert werden, dürfen statt des Abzugs von Eigenkapitalzinsen im Sinne von Gleichung (8.3) sowie der Fremdkapitalzinsen nur Zinskosten auf den Buchwert der langlebigen Anlagegüter abziehen. Steuerlich ist dies dann äquivalent zur gewinnsteuerlichen Behandlung, wenn der Unternehmer einen Fremdkapitalzinssatz in Höhe des Schutzzinssatzes z zahlen muss. Steigt jedoch der von ihm zu zahlende Zinssatz für Fremdkapital darüber, so wird das objektive Nettoprinzip verletzt: Fremdkapitalzinsen, welche die Steuerbasis und damit die Steuerschuld mindern müssten, bleiben steuerlich unberücksichtigt. Dadurch entsteht der Anreiz zum Wechsel der Gewinnermittlung gemäß krGStG. Betrachtet man die Gewinnermittlung als notwendigen Faktor im Produktionsprozess, dann verlangt Produktionseffizienz die kostengünstigste Faktorwahl.[38] Ein steuerlich induzierter Wechsel ist prinzipiell negativ zu werten, da dies eine Verletzung des Produktionseffizienzkriteriums darstellt. Zwar sprechen administrative Gründe teilweise für eine Lösung wie sie das krEStG vorsieht. In einem Land mit imperfektem Kapitalmarkt und damit in der Regel übermäßigen Fremdkapitalzinssätzen ist diese Regelung aber problematisch.

8.3.2. Evaluation der steuerpolitischen Empfehlungen des IWF

8.3.2.1. Die normative Sicht

Wie bereits in den vorigen Kapiteln, soll auch an dieser Stelle unterschieden werden zwischen den beiden IWF-Missionen in den Jahren 1992 und 2000. Erstere hat von der kroatischen Politik die Erfüllung dreier Reformziele gefordert. Es ist zu prüfen, ob die Empfehlungen des IWF geeignet sind, diesen Zielen gerecht zu werden. Zunächst sind aber die Ziele selbst zu hinterfragen.

Wie in Abschnitt 8.2 dargelegt, spricht sich der IWF (1) für die Besteuerung des „wahren Gewinns“ aus, was auch die Abschaffung spezifischer Vergünstigungen einschließt, (2) für die Angleichung von Einkommen- und Gewinnsteuer (u.a. durch Anpassung des Spitzensteuersatzes der ESt und des Gewinnsteuersatzes) und (3) für ein finanzierungsneutrales System der Kapitaleinkommensbesteuerung. Die beiden zuletzt genannten Ziele sind unproblematisch und aus normativer Sicht erstrebenswert. Gerade die Evaluation bezogen auf den Tarif in Abschnitt 8.3.1 hat gezeigt, dass der IWF-Hinweis auf die Notwendigkeit der tariflichen Abstimmung sehr wertvoll ist. Fraglich dagegen ist, ob es einen „wahren ökonomischen Gewinn“ gibt und ob die Ausrichtung des Steuersystems in diesem Sinne erstrebenswert ist.[39] In verschiedenen theoretischen Beiträgen mit steuerpolitischer Zielsetzung wurde überzeugend argumentiert, dass die Suche nach dem „wahren“ Gewinn eine theoretische Fiktion ist [Wenger (1999)], in jedem Fall aber – aufgrund der Unmöglichkeit der Umsetzung einer Ertragswertabschreibung in der Praxis [u.a. Sinn (1985)] – kein Leitbild für die Konzeption einer praxistauglichen Gewinnsteuer sein kann. Dennoch lässt sich prüfen, ob die IWF-Empfehlungen mit den eigens vorgegebenen Zielen kompatibel sind.

Zu begrüßen ist zunächst die Forderung nach Beseitigung spezifischer Steuervergünstigungen und die Forderung nach Besteuerung von Staatsunternehmen (sofern diese auf Märkten agieren, auf denen auch private Unternehmen konkurrieren). Problematisch ist die Forderung, den Verlustvortrag zu begrenzen.

---

[38] Vgl. die Diskussion in Abschnitt 6.3.

[39] Die Ermittlung des „wahren“ Gewinns setzt die Ertragswertabschreibung voraus im Sinne von Johansson (1961) und Samuelson (1964).

Dies ist ein Verstoß gegen das objektive Nettoprinzip und kann die Investitionsentscheidungen verzerren. Allerdings ist die Forderung angesichts der im Benchmark aus Kapitel 6 dargelegten Gründe für eine Beschränkung des Verlustvortrags vertretbar, so dass diese Position insgesamt akzeptabel ist. Unverständlich dagegen ist die Ablehnung des Schutzzinses, da dieser gerade die als Ziel ausgegebene Finanzierungsneutralität bewirkt. Die Ausführungen zu den IWF-Empfehlungen legen allerdings die Vermutung nahe, dass die IWF-Vertreter im Schutzzins in erster Linie ein Mittel zum Inflationsschutz sehen. Um so unverständlicher ist allerdings, dass der Schutzzins in Kenntnis dessen abgelehnt wird und man alternativ konventionelle Methoden der Inflationsbereinigung vorschlägt. Diese sind alle administrativ aufwändig und der einfachen Konzeption des Schutzzinsabzugs unterlegen.[40]

Ist die Ablehnung des Schutzzinses angesichts der eigens vorgegebenen Ziele bereits schwer nachzuvollziehen, so ist die Forderung nach Besteuerung von Zinsen und Dividenden sowie einer Ausweitung der Veräußerungsgewinnbesteuerung in diesem Zusammenhang völlig widersprüchlich. Betrachtet man die Finanzierungskosten eines Unternehmens in einem Standardinvestitionsmodell[41] unter Berücksichtigung von Steuern, so erhält man folgende Finanzierungskosten ρ für den Fall der Fremdfinanzierung (FF), der Beteiligungsfinanzierung (BF) und der Selbstfinanzierung (SF):

$$\rho^{FF} = r(1-\tau), \tag{8.5}$$

$$\rho^{BF} = \frac{r(1-\tau_z)}{(1-\tau_d)\Phi}, \tag{8.6}$$

$$\rho^{SF} = \frac{r(1-\tau_z)}{1-\tau_c}, \tag{8.7}$$

wobei r der Marktzins, τ der Gewinnsteuersatz, τ_z der persönliche Steuersatz auf Zinsen, τ_d, der Steuersatz auf Dividenden, τ_c, der Steuersatz auf Veräußerungsgewinne und Φ die Bardividende[42] ist. Ein finanzierungsneutrales System verlangt die Gleichheit der Gleichungen (8.5) bis (8.7).

[40] Dies zeigt sich sehr schön an der Diskussion in Thuronyi (1998), der verschiedene Methoden zur Inflationsbereinigung im Rahmen einer traditionellen Einkommensteuer darstellt.

[41] Vgl. dazu z.B. OECD (1991), Weichenrieder (1995). Die Finanzierungskosten sind die Mindestrendite nach Gewinnsteuer und vor Berücksichtigung der Abschreibungsregelung, die ein Investitionsprojekt erwirtschaften muss, um daraus den Kapitalgeber gerade zu kompensieren.

[42] Dies ist der Betrag, den ein Anteilseigner vor Einkommensteuer erhält, wenn das Unternehmen eine Dividende von 1 HrK aus versteuerten Gewinnen auszahlt. Bei Vollanrechnung gilt $\Phi = 1/(1-\tau)$, im klassischen System gilt Φ=1.

Tabelle 8.2.: **Finanzierungskosten bei Umsetzung des IWF-Vorschlags**

Finanzierungsform	ρ (kurzfristige Variante) τ_z=0,01; τ_d=0,35; τ_c=0,25 τ=0,25; Φ=1	ρ (langfristige Variante) τ_z=0,35; τ_d=0,35; τ_c=0,35 τ=0,25; $\Phi=1/(1-\tau)$
Fremdfinanzierung	r·0,75	r·0,75
Beteiligungsfinanzierung	r·2,0	r·0,75
Selbstfinanzierung	r·1,3	r

Quelle: Eigene Berechnungen.

Tab. 8.2 zeigt die Finanzierungskosten, die sich bei Umsetzung der IWF-Empfehlungen ergeben. Dabei wird zwischen einer kurz- und langfristigen Variante unterschieden. Erstere spiegelt die konkreten IWF-Empfehlungen zur unmittelbaren Umsetzung wider, bei letzterer handelt es sich um die steuerliche Situation in einem traditionellen System mit Anrechnungsverfahren (siehe Abschnitte 7.2 und 8.2). Man sieht, dass weder die langfristige noch die kurzfristige Variante zu einem finanzierungsneutralen System führt. Bei den kurzfristigen Vorschlägen ist sogar eine enorme Diskriminierung festzustellen. Insgesamt lässt sich festhalten, dass die IWF-Politik im Jahre 1992 im steuerpolitischen Bereich jeder theoretischen Grundlage entbehrt und zudem den selbst gesteckten Zielen in keiner Weise gerecht wird.

Anders sieht es bei der Bewertung der IWF-Politik aus dem Jahre 2000 aus. Diese hat sich selbst die Evaluierung des damals bestehenden kroatischen Gewinnsteuersystems zum Ziel gesetzt. Im Rahmen einer normativen Analyse sind die Ausführungen des IWF nicht zu beanstanden. Die konkreten Empfehlungen zur Vermeidung von Investitionsanreizen und Beibehaltung des bestehenden Systems der zinsbereinigten Gewinnsteuer deckt sich mit der Evaluation aus Abschnitt 8.3.1. Die Herangehensweise an die Evaluierung lässt auf die Anwendung fundierter ökonomischer Analyse schließen. Zu kritisieren ist allenfalls, dass die IWF-Mission zu einigen anderen Problembereichen der Gewinnsteuer, die in dieser Arbeit angesprochen wurden, nicht Stellung nimmt. So wird die nicht unproblematische Besteuerung von Kassenrechnern nicht thematisiert. Dies ist jedoch damit zu entschuldigen, dass es den IWF-Vertretern um eine grobe Evaluierung ging und nicht um eine umfassende Analyse des Steuerrechts mit dem Anspruch der Erarbeitung von Verbesserungsvorschlägen.

Wie bereits in den vorigen Kapiteln gezeigt werden konnte, besteht auch bei der Gewinnbesteuerung ein erhebliches Gefälle in der Qualität der Beratung zwischen den IWF-Missionen zu den verschiedenen Zeitpunkten. Die Zweifel an der konstanten Bereitstellung qualitativer Beratung bestätigen sich erneut.

8.3.2.2. Der Transaktionskosten-Ansatz

Betrachtet man die Äußerungen des IWF, so ist offensichtlich, dass dessen Aufmerksamkeit in erster Linie auf Bedeutung, Wirkungsweise und Vorzüge des Schutzzinsabzugs gerichtet war. Es ist deshalb interessant, die aus normativer Sicht inkonsistente Politik des IWF im Rahmen der Transaktionskosten-Analyse zu betrachten und zu prüfen, ob das ambivalente Urteil zu revidieren ist.

Die Warnung der IWF-Mission von 1992 vor Einführung des Systems scheint hauptsächlich auf die Befürchtung zurückzuführen sein, dass es zu fiskalischen Risiken kommt. Dies wären gewichtige Transaktionskosten, die bei der Entscheidung über die Einführung eines System eine Rolle spielen. In der Tat kann man in einer statischen Einperioden-Betrachtung zeigen, dass die Einführung eines Schutzzinsen ceteris paribus zu niedrigerem Aufkommen führt, was gegebenenfalls durch eine Anhebung des Gewinnsteuersatzes auszugleichen wäre.

Dies ist aber nur vordergründig richtig. Erstens, jedes fiskalische Problem kann im Rahmen eines zinsbereinigten Systems auch durch kurzfristige Maßnahmen allokationsneutral beseitigt werden. So wäre es jederzeit möglich gewesen, durch Verschlechterung von Abschreibungsbedingungen die Liquidität des Staates kurzfristig zu verbessern. Auch die Variation des Gewinnsteuersatzes wäre – in gewissen Grenzen[43] – ein allokationsneutrales Instrument zur Generierung von Staatseinnahmen. Der Vorteil dabei ist, dass Reingewinne abgeschöpft werden ohne dabei wachstumsbremsende Verzerrungen zu induzieren. Zweitens, eine kurzfristige Einperioden-Sicht ist wenig geeignet, Einsichten in die optimale Gestaltung eines nachhaltigen Systems zu geben. Denn diese ignoriert gerade die positiven wie negativen Folgen eines bestimmten Systems, aus denen sich zukünftige Transaktionskosten ergeben. In dieser Arbeit wurde argumentiert, dass ein systematisch aufgebautes System der Kapitaleinkommensbesteuerung im Sinne einer Zinsbereinigung geeignet sein kann, nachhaltig Steuereinnahmen zu erzielen ohne dabei Transaktionskosten zu verursachen. Dabei liegt die Betonung sowohl auf effiziente Kapitaleinkommensbesteuerung als auch auf Systematik. Letztere kann in einer Transaktionskosten-Sicht ein

[43] Die Möglichkeit des Gesetzgebers, den Gewinnsteuersatz deutlich über das Niveau von angrenzenden Nachbarländern anzuheben, ist durch die Mobilität des Kapitals begrenzt, wenngleich regionale Unterschiede durchaus einen gewissen Handlungsspielraum lassen.

„Commitment" der Regierung gegenüber den Steuerpflichtigen sein, um das in Kapitel 2 beschriebene Problem des Opportunismus zu überwinden.

Der Einwand des IWF ist deshalb m.E. unbegründet. Man erkennt an dieser Position aber zugleich die Prioritätensetzung des IWF: Die fiskalische Konsolidierung auf kurze Frist hat Vorrang und ist offensichtlich auch auf Kosten von Effizienzeinbußen zu rechtfertigen, auch wenn sie u.U. die makroökonomische Stabilität auf mittlere bis lange Frist gefährden könnte.

Insgesamt lässt sich festhalten, dass die fragwürdige Position aus der ersten Beratungs-Phase nicht mit vermeintlichen Transaktionskosten zu rechtfertigen ist.[44]

Umgekehrt bestätigt sich die positive Bewertung der IWF-Arbeit in der zweiten Phase auch aus Transaktionskosten-Sicht. Die konkrete Empfehlung an die politischen Entscheidungsträger, Abschreibungsmöglichkeiten im Rahmen des bestehenden Systems zu nutzen, legt nahe, dass sich die IWF-Vertreter der politischen Vorgabe, nämlich in diesem Fall die Erzielung zusätzlicher Einnahmen, bewusst waren und zugleich sichtlich bemüht waren, die Entstehung zukünftiger Transaktionskosten des Steuersystems zu vermeiden (wie z.B. Bewertungsprobleme, Inflationsschutz, Anreize zur Erzielung von Steuervergünstigungen nach dem Wegfall des Schutzzinses etc). Auch der Appell an die Politik, die Bemühungen zu verstärken, die attraktiven Eigenschaften des bestehenden Systems gegenüber internationalen Investoren zu kommunizieren, ist ein Beleg dafür, dass man auch auf politischer Seite Informationsprobleme über die Wirkungen des Steuersystems erkannt hat. Diese sind aber nichts anderes als Transaktionskosten, deren Beseitigung der IWF durch seine Arbeit vor Ort offensichtlich anstrebte.

8.4. Zwischenfazit

Die kroatische Gewinnbesteuerung von 1994 fügt sich nahtlos ein in das Gesamtsystem der Einkommensbesteuerung. Die Gewinnsteuer ist ein Beispiel par excellence für die Umsetzung ökonomisch fundierter Besteuerungsprinzipien in der Praxis. Die konzeptionelle Ausgestaltung sucht bis heute ihresgleichen. Hervorzuheben ist der Schutzzinsabzug, dessen Berechnung dem theoretischen Ideal äußerst nahe kommt. Auch die steuerliche Behandlung gesellschaftsrechtlicher Vorgänge ist als Referenz für zukünftige Reformen der Un-

[44] Das Kuriose ist, dass der Verweis auf die angebliche Aufkommensgefährdung von der IWF-Mission 2000 stringent entkräftet wurde. Letztere hat nicht nur auf die relative fiskalische Ergiebigkeit des Gewinnsteuersystems im Vergleich zu anderen osteuropäischen Ländern hingewiesen, sondern auch auf die erfolgreiche Akquirierung ausländischer Direktinvestitionen (s.o.).

ternehmensbesteuerung geeignet. Verbesserungswürdig wäre allenfalls die Besteuerung von Gewinnen im Rahmen der persönlichen Einkommensteuer. Gemessen am Benchmark schneidet die kroatische Gewinnbesteuerung insgesamt sehr gut ab. Kapitaleinkommen unterliegen einer effektiven Grenzbelastung von Null, so dass die Wachstumsneutralität der Kapitaleinkommensbesteuerung gewährleistet ist (siehe Kapitel 6). Vor dem Hintergrund dieser Analyse ist die Abschaffung des Schutzzinsabzugs ab dem Jahr 2001 bei gleichzeitiger Einführung von spezifischen Steuervergünstigungen auf breiter Ebene bedauerlich.

Die wirtschaftspolitischen Empfehlungen des IWF in der Phase um 1992, als es um die Weichenstellung hin zu einem grundlegenden Umbau der Einkommen- und Gewinnsteuer ging, sind methodisch aus den hier betrachteten Perspektiven eindeutig negativ zu bewerten. Bereits die Zielsetzung ist teilweise fragwürdig, in jedem Fall aber die Analyse und die darauf basierende Empfehlung. Zwar sind einzelne Forderungen, wie die Abschaffung der vor 1994 bestehenden Steuervergünstigungen für Unternehmen oder die Ausweitung der Pauschalbesteuerung bei Kleinunternehmern, nachvollziehbar. Doch die strikte Ablehnung des zinsbereinigten Systems der Gewinnbesteuerung ist problematisch. Dies umso mehr, weil man stattdessen komplizierte Inflationsausgleichs-Maßnahmen empfahl, ein nicht-neutrales System in Kauf nahm und zudem die problematische Forderung nach Mindestbesteuerung von Unternehmen artikulierte. Diese Einschätzung bestätigt sich auch, wenn man die IWF-Empfehlungen von 1992 aus Sicht des Transaktionskosten-Ansatzes beurteilt.

Die IWF-Politik in der zweiten Phase, in der es um die Evaluierung des bestehenden Systems ging, ist dagegen überaus positiv zu bewerten. Wie bereits in der Einschätzung der IWF-Politik zur Einkommensteuer (siehe Kapitel 7) handelt es sich bei der Arbeit des IWF um eine aus normativer Sicht fundierte Analyse. Auch die Warnung des IWF im Jahr 2000 vor fundamentalen Änderungen kann als Versuch interpretiert werden, zukünftige Transaktionskosten zu vermeiden. Das Gesamtbild, das der IWF in Kroatien hinterlässt, ist jedoch ambivalent und hinterlässt Zweifel an der Qualität der Arbeit des IWF.

9. Die Reform der Einkommensbesteuerung in Bosnien und der IWF

9.1. Die Reform der Einkommensbesteuerung in Bosnien: Ein Überblick

Dieser Abschnitt gibt einen Überblick über die wichtigsten Elemente der bosnischen Einkommensteuer, die in einem Teilgebiet Bosniens – dem Distrikt Brčko – in vollem Umfang am 01.01.2004 in Kraft getreten ist.[1] Seit 2001 arbeitet eine Gruppe von Steuerexperten unter der Leitung von Manfred Rose – darunter auch der Autor dieser Arbeit – an der Reform der direkten Besteuerung in Bosnien im Rahmen eines GTZ-Projekts.[2] Sofern nicht anders angegeben, beziehen sich die Verweise in diesem Kapitel auf das bosnische Einkommensteuergesetz des Distrikts Brčko (bEStG) in der Fassung vom 01.07.2003 („Brčko Gazette" Nr. 12/03).[3] Die Beträge sind in der bosnischen Landeswährung Konvertible Mark (KM) angegeben.[4]

9.1.1. Die Rahmenbedingungen steuerpolitischer Reformen in Bosnien

Bosnien hatte Mitte der 1990er Jahre im Vergleich zu anderen Staaten Südosteuropas eine besondere Ausgangslage, welche die mit dem Reformprozess befassten Entscheidungsträger von Beginn an vor eine enorme Herausforderung stellte. Die als Folge des Krieges zu beobachtende ethnische Zersplitterung und politische Rivalität zwischen Volksgruppen waren und sind eine Bürde für das Land. Das Dayton-Abkommen von 1995, das in erster Linie Friedenssicherung

[1] Das Gesetz wurde im Juni 2003 verabschiedet. Der Teil des Gesetzes, der sich auf den Steuerabzug bei Löhnen, Renten und Honoraren bezieht, trat bereits zum 01.07.2003 in Kraft.

[2] Die folgenden Ausführungen finden sich auch in einem Beitrag von Nguyen-Thanh und Rose (2004).

[3] Im Zuge der Verabschiedung des Gesetzes wurden bzw. werden derzeit auch Durchführungsverordnungen (DV) verabschiedet. Die DV1 regelt den allgemeinen Teil der Durchführung und wird im Laufe des Jahres 2004 verkündet; die DV2 regelt den Steuerabzug und ist bereits veröffentlicht.

[4] Der Umrechnungskurs der Landeswährung KM zum Euro beträgt 1,9558 KM / Euro.

und Stabilität der Region zum Ziel hatte, teilte dem mit weitreichenden Kompetenzen ausgestatteten Office of the High Representative (OHR) die Aufgabe der Überwachung und Implementierung des Dayton-Vertrags zu. Damit wurde eine bedeutende Entscheidungsebene geschaffen, die der internationalen Staatengemeinschaft enormen Einfluss auf die politischen Entscheidungen gibt.

Das Abkommen von Dayton stellt auch eine besondere Herausforderung für die Reform des Steuersystems und damit auch der direkten Besteuerung dar. Dies ist hauptsächlich auf die neugeschaffene Staatsstruktur zurückzuführen, die aus Gebietskörperschaften mit drei Ebenen zuzüglich des OHR besteht.[5] Neben einer zentralstaatlichen Ebene gibt es mit der Föderation von BiH (Föderation) einerseits und der Republik Srpska (RS) andererseits zwei Entitäten. Hinzu kommt das Gebiet des Distrikts Brčko, das seit dem 8. März 2000 quasi als Stadtstaat mit weitgehend autonomen Charakter den Entitäten gleichgestellt ist. In der Föderation gibt es unterhalb der Entitätsebene die Kantone als regionale Gebietskörperschaften und die Gemeinden auf unterster Ebene. In der Republik Srpska bilden die Gemeinden die unterste Ebene der Gebietskörperschaften.

Kennzeichnend für diesen Staatsaufbau ist die Fokussierung von Kompetenzen auf Entitätsebene, wobei zum Teil eine überlappende Verteilung von Kompetenzen vorliegt. Die Entitäten sind u.a. zuständig für die Verteidungspolitik, das Polizeiwesen, die Wirtschafts- und Sozialpolitik, den Wiederaufbau, das Justizwesen und die Steuer- und Zollverwaltung.[6] Die Einnahmen aus Zöllen und speziellen Gütersteuern gehen direkt in den Haushalt der Entitäten. Im Gegensatz dazu hat eine finanziell und mit Kompetenzen unterausgestattete Zentralregierung die Verantwortung in erster Linie für die Bereiche Außenpolitik, Geldpolitik, Einwanderungs- und Flüchtlingspolitik.[7] Die Zentralregierung verfügt jedoch über keine eigene Steuerkompetenz mit Ausnahme der ab 2005/6 geplanten MWSt, so dass sie auf die Finanzierung durch die Entitäten und Brčko angewiesen ist. Sie finanziert sich bislang aus Zuschüssen seitens der Entitäten. Fox und Wallich (2001, S. 414) sprechen hier von einem „bottom up“-Arrangement, das auf Finanzierungsstrukturen des früheren Jugoslawiens zurückgeht.

Die Entitäten und Brčko sind die Hauptakteure im Bereich der Reform der Einkommens- und Gewinnbesteuerung. Sie haben als die staatstragenden Ge-

[5] Im Falle der Föderation von BiH sind es mit den Kantonen insgesamt vier Ebenen.

[6] Die Kantone in der Föderation sind zuständig für Bildung, Kultur, bestimmte staatliche Dienstleistungen, Landnutzung und die Zahlung von Sozialtransfers. Für einige Aufgaben wie z.B. Gesundheitspolitik, Umweltpolitik, Infrastrukturmaßnahmen und Sozialprogramme sind Kantone und Föderation gemeinsam verantwortlich. Die Gemeinden in beiden Entitäten sind für die Aufgaben zuständig, die ihnen jeweils von der nächst höheren Gebietskörperschaft zugewiesen werden.

[7] Vgl. Fox und Wallich (2001), S. 408f.

bietskörperschaften die Steuergesetzgebungs- und Steuererhebungskompetenz für die Einkommensteuer, die Gewinnsteuer und die Sozialversicherungsbeiträge. Dies steckt damit den Handlungsspielraum für die Reform der Einkommens- und Gewinnbesteuerung ab. Denn solange die Kompetenz in diesem Bereich nicht auf die zentralstaatliche Ebene übergeht, wird eine Reform jeweils in den Entitäten und Brčko stattfinden.

Aus reformpolitischer Sicht besteht – aufgrund des Festhaltens des OHR an dem politischen Ziel eines einheitlichen Wirtschaftsraums in ganz Bosnien[8] – die Notwendigkeit einer Koordination in den einzelnen Gesetzen. Die Zustimmung des OHR zu den Einzelgesetzen hängt von entsprechenden Regelungen ab, wie z.B. Bestimmungen zur Vermeidung der Doppelbesteuerung oder die Vorgabe einer Bandbreite für die jeweiligen Steuersätze bei der Gewinnsteuer.[9]

Trotz des erklärten Ziels der GTZ und des OHR, ein einheitliches System der direkten Besteuerung für ganz Bosnien zu erreichen, musste das Ziel sehr bald modifiziert werden, weil eine einheitliche, zeitlich und inhaltlich abgestimmte Vorgehensweise nicht zu verwirklichen war.[10] Stattdessen fokussierte sich die Beratung sehr bald auf den Distrikt Brčko, der als Vorreiter für die Reform der Einkommen- und Gewinnbesteuerung in ganz Bosnien betrachtet wurde. In der Tat wurde dies auch vom OHR akzeptiert, so dass die Bemühungen zur Reform der direkten Besteuerung seit 2000 zunächst auf Brčko und die Entitäten fokussiert sind.

Zum Zeitpunkt der Erstellung dieser Arbeit ist die Reform sowohl der Einkommens- als auch der Gewinnbesteuerung in den beiden Entitäten noch im Entscheidungsprozess. Das in Brčko in Kraft getretene Einkommensteuergesetz dient den Entitäten derzeit als Orientierung. Da zentrale Elemente voraussichtlich übernommen werden, wird im Folgenden die neue Einkommensteuer von Brčko dargelegt. Diese wird auch Grundlage für die darauf folgende Analyse und die Evaluation der IWF-Politik sein.

9.1.2. Grundprinzipien der Einkommensteuer

Die Einkommensteuer des Distrikts Brčko folgt der ökonomischen Sicht, wonach Einkommen und Gewinne unabhängig von Art und Ort ihrer Entstehung stets Einkommen einer natürlichen Person sind. Dementsprechend sieht das

[8] Dies erklärt sich durch das Mandat des OHR, jedwede Bestrebungen zu unterbinden, die einer Trennung Bosniens förderlich sind, da dies als Gefährdung von Frieden und Stabilität in der Region gesehen wird.

[9] Ansonsten kommt es zu unerwünschter Steuerarbitrage durch Vereinbarung von Transferpreisen zwischen Unternehmen mit Betriebstätten mit Sitz in der jeweils anderen Entität bzw. Brčko.

[10] Dies ist Ausdruck der faktischen Teilung des Landes und der Dominanz der jeweiligen Entitäten, die nur bedingt an einem einheitlichen Staat Bosnien interessiert sind.

bEStG von Brčko vor, Einkommen – soweit administrativ möglich – weitgehend auf der persönlichen Ebene der natürlichen Person zu versteuern. Da dies eine Abstimmung der Besteuerung von Unternehmensgewinnen und persönlichen Einkommen erfordert, wird die Besteuerung beider Bereiche in einem einheitlichen Gesetz geregelt, so dass eine Verzahnung durch Rückgriff auf gemeinsame Begriffe im Gesetz erleichtert wird. Erhebungstechnisch kennt das bEStG die persönliche Einkommensteuer und eine Gewinnsteuer, die von Unternehmen zu zahlen ist, deren Gewinne nicht auf der Ebene der Gesellschafter besteuert werden.

Konzeptionell folgt das bEStG der Idee der Lebenseinkommenbesteuerung. Das Gesetz verwirklicht damit das Prinzip der Besteuerung nach der lebenszeitlich verstandenen Leistungsfähigkeit, wonach alle Einkommen in lebenszeitlicher Betrachtung einmal belastet werden müssen. Dabei findet zum einen das objektive Nettoprinzip Anwendung, welches Einkommen als Differenz zwischen Erwerbseinnahmen und Erwerbsausgaben definiert.[11] Dies bezieht sich jedoch nur auf Einkommen, die durch Marktbeteiligung erwirtschaftet werden, nicht dagegen auf Einkommen, die im Rahmen der Privatsphäre entstehen (s.u.). Das subjektive Nettoprinzip findet Anwendung, so dass bestimmte persönliche Ausgaben steuermindernd berücksichtigt werden.

Das Konzept der Lebenseinkommenbesteuerung wird technisch durch die in Kapitel 6 dargelegten Methoden der Zins- und Sparbereinigung umgesetzt, wobei sich letztere nur auf den Bereich der Altersvorsorge bezieht (siehe Abschnitt 9.1.3).[12] Insgesamt zieht sich durch das gesamte bEStG das Prinzip des Systembezugs, durch das die systemgerechte Einmalbelastung von Einkommen sichergestellt wird. Demnach handelt es sich bei bestimmten Zuflüssen um steuerfreie Einnahmen bzw. bei Abflüssen um nichtabzugsfähige Ausgaben, wenn die Einmalbelastung gefährdet ist.

Eine Besonderheit ist der Tarif, bei dem ein einheitlicher Steuersatz von 10 Prozent sowohl auf Einkommen der natürlichen Personen als auch auf Unternehmensgewinne erhoben wird.[13]

[11] Vgl. Art. 4–6 bEStG. Es sei darauf hingewiesen, dass Gesetze nach Artikeln – gefolgt von Paragrafen – gegliedert sind.

[12] Durch den Abzug von Ausgaben beruflicher Bildung (s.u.) wird faktisch auch der Bereich Humankapital nach der sparbereinigten Methode behandelt.

[13] Vgl. Art. 10 bEStG. Die Höhe des Tarifs wurde von den lokalen Entscheidungsträgern festgesetzt.

9.1.3. Die Besteuerung des persönlichen Einkommens

9.1.3.1. Steuerpflicht

Steuerpflichtige der persönlichen Einkommensteuer sind die natürlichen Personen, wenn sie ein Einkommen erzielen, das nach dem bEStG steuerbar ist.[14] Das bEStG unterscheidet zwischen unbeschränkten Steuerpflichtigen (bei Wohnsitz oder gewöhnlichem Aufenthalt in Brčko) und beschränktem Steuerpflichtigen (ohne dergleichen). Dabei handelt es sich jeweils um Steuerpflichtige im engeren Sinne.[15] Zudem besteht für beschränkt Steuerpflichtige auf Antrag ein Wahlrecht zur unbeschränkten Steuerpflicht, wenn eine zwischenstaatliche Vereinbarung besteht, wonach der Wohnsitzstaat bzw. die Wohnsitzentität den Steuerpflichtigen als beschränkt Steuerpflichtigen behandelt.

9.1.3.2. Steuerbares und steuerpflichtiges Einkommen

Das bEStG unterscheidet zwischen steuerbaren und steuerpflichtigen Einkommen. Einkommen gehen demnach nur dann in die Steuerbasis ein und sind damit zu versteuern, wenn sie steuerbar und zugleich nicht steuerbefreit sind.

Einkommen sind grundsätzlich nur dann steuerbar, wenn sie am Markt erzielt worden sind, weshalb das Gesetz auch von Markteinkommen spricht.[16] Markteinkommen werden immer dann erzielt, wenn Leistungen (Waren, Anlagegüter, Arbeitskraft, Dienstleistungen u.a.) zum Erwerb einer Gegenleistung mit der Absicht getätigt werden, einen Überschuss zu erzielen. Um nichtsteuerbare Einkommen handelt es sich insbesondere dann, wenn einer der folgenden Tatbestände vorliegt: (1) Das Einkommen wurde nicht auf Märkten realisiert und ist damit privat veranlasst (z.B. Einnahme in Form einer staatlichen Unterstützungszahlung); (2) es fehlt die Absicht, mit der Tätigkeit einen Überschuss der Einnahmen über die Ausgaben zu erzielen (z.B. Einnahmen aus einer ehrenamtlichen Tätigkeit).

Das bEStG kennt eine Reihe von Steuerbefreiungen, die im Rahmen des Systemkonzepts zu verstehen sind. Unter den Begriff der Befreiung fällt nicht nur die Steuerfreiheit bestimmter Einnahmen, sondern auch die Nichtabzugsfähigkeit von Ausgaben. Die Steuerbefreiungen lassen sich nach den Gründen für ihre jeweilige Befreiung in folgende Kategorien einordnen (siehe Art. 13 DV1):

---

[14] Vgl. Art. 3 Par. 1 bEStG.
[15] Vgl. Abschnitt 6.2.2.2.
[16] Art. 4 Par. 1 bEStG.

1. Vermeidung einer steuerlichen Doppelbelastung von Einkommen in lebenszeitlicher Sicht (darunter fällt u.a. die Steuerfreiheit für marktübliche Zinsen, Dividenden, Einnahmen aus der Veräußerung und Entnahme von Anteilen an Unternehmen).

2. Vereinfachung des Besteuerungsverfahrens (z.B. diverse Abzugsbeschränkungen[17], Steuerfreiheit von Gewinnen aus der Veräußerung von Anlagegütern und Betrieben bei Buchwertfortführung oder z.B. die Steuerfreiheit von Trinkgeldern in bestimmter Höhe.).

3. Sozialpolitische Gründe (z.B. Einkommen von Behinderten, die in dem Betrieb einer Geschäftsgesamtheit oder einer Behörde zur beruflichen Ausbildung und Rehabilitation von Behinderten beschäftigt sind).

4. Regelungen zur Vermeidung von Doppelbesteuerung sowohl international als auch zwischen Brčko und den Entitäten.

Zu beachten ist, dass Zinsen nicht grundsätzlich steuerfrei sind. Steuerfrei sind nur marktübliche Zinsen. Steuertechnisch versteht der Gesetzgeber darunter effektive Zinssätze verzinslicher Kapitalforderungen, die den für den gleichen Zeitraum geltenden Schutzzinssatz nicht überschreiten.[18] Der jährliche Schutzzinssatz ist der jahresdurchschnittliche Zinssatz für einjährige festverzinsliche Anlagen bei Banken im Distrikt Brčko. Im ersten Jahr der Anwendung des Gesetzes wurde der Schutzzinssatz aus Vereinfachungsgründen auf 6 Prozent festgelegt.

9.1.3.3. Einkommensarten und Steuerbasis

Das bEStG kennt zwei Einkommensarten: „Einkommen aus nichtselbständiger Erwerbstätigkeit“ und „Einkommen aus selbständiger Erwerbstätigkeit“.

[17] Die Abzugsfähigkeit von Erwerbsausgaben bei der Ermittlung von Gewinnen der Betriebe einer Geschäftsgesamtheit ist z.B. beschränkt, wenn die Ausgaben einen geldwerten Vorteil für den Nutznießer der Ausgaben bedeuten, aber eine Besteuerung dieses Vorteils als Erwerbseinnahme bei dem Nutznießer verfahrenstechnisch nicht möglich bzw. zu aufwendig ist (siehe Art. 50 DV1).

[18] Vgl. Art. 14 bEStG. Als marktüblich gelten in bestimmten Fällen allerdings auch effektive Zinssätze, die den Schutzzinssatz überschreiten, wenn 1. die Zinsen auf Schuldverschreibungen gezahlt werden, für die die Gebietskörperschaften von Brčko direkt oder indirekt haften; 2. die Zinsen auf Schuldverschreibungen gezahlt werden, die im Zeitpunkt der Emission einer breiten Öffentlichkeit zur Zeichnung angeboten und überlassen wurden; 3. der Gläubiger im Zeitpunkt der Zinsvereinbarung die Möglichkeit gehabt hätte, einen mindestens gleich hohen Zins für eine vergleichbare Laufzeit mit der Anlage in Schuldtiteln gemäß Nr. 1 zu erhalten. Effektiv werden damit Zinsen auf typischen Sparkonten etc. steuerbefreit, wohingegen die Überrenditen bei Kapitaleinkommen aus besonderen Arrangements zwischen Gläubiger und Schuldner besteuert werden.

Wie auch in der kroatischen Einkommensteuer handelt es sich hier nicht um eigenständige Einkommenssteuern, sondern um erhebungstechnische Formen im Rahmen der persönlichen Einkommensteuer. Das Einkommen aus nichtselbständiger Erwerbstätigkeit umfasst alle Zuflüsse in Geld oder Geldwert, die ein Arbeitnehmer im Rahmen eines weisungsgebundenen Arbeitsverhältnisses erhält. Bei der Einkommensermittlung dürfen insgesamt 600 KM als Erwerbsausgabenpauschbetrag angesetzt werden.[19] Zudem sind die Beiträge zur gesetzlichen Rentenversicherung vollständig abzugsfähig. Da die Einnahmen aus staatlichen Rentenzahlungen ebenfalls in dieser Einkommensart zu versteuern sind, findet hiermit die sparbereinigte Methode Anwendung.

Das Einkommen aus selbständiger Erwerbstätigkeit umfasst den Gewinn der Geschäftsgesamtheit einer natürlichen Person, die Einkommen der Abgeordneten und Einkommen aus gelegentlichen selbständigen Tätigkeiten. Die zahlenmäßig und fiskalisch größte Bedeutung kommt in dieser Einkommensart den unternehmerischen Einkommen zu, die im Rahmen einer Geschäftsgesamtheit erzielt werden. Geschäftsgesamtheit ist der steuerliche Terminus für ein Unternehmen und ist definiert als eine „Gesamtheit von mit Gewinnerzielungsabsicht geführten Betrieben unter einheitlicher Leitung" (Art. 3 Par. 4 bEStG). Da der Betrieb umfassend definiert ist als „eine nachhaltige selbständige Tätigkeit, die auf Marktbeteiligung gerichtet ist und durch die Einnahmen erzielt werden" (Art. 3 Par. 6 bEStG), sind alle erdenklichen wirtschaftlichen Tätigkeiten steuerlich erfasst. So gehören zum Gewinn einer Geschäftsgesamtheit z.B. Einkommen aus gewerblichen, freiberuflichen, land- und forstwirtschaftlichen Tätigkeiten, Einkommen aus der Vermietung und Verpachtung von Immobilien und Rechten sowie Einkommen aus Anteilen an sogenannten Durchreichgesellschaften (siehe Abschnitt 9.1.4). Der Betriebsbegriff ist damit umfassend definiert und in dieser Form dem deutschen Umsatzsteuerrecht entlehnt.

Aus dem umfassenden Betriebsbegriff ergibt sich die Besonderheit, dass Zinsen zunächst grundsätzlich steuerbar sind, weil es sich dabei technisch um Einnahmen aus dem Betrieb „Kapitalforderung" (z.B. Sparkonto) handelt. Die systembedingte Steuerfreiheit der Zinsen wird dadurch bewirkt, dass wenn es sich in diesen Fällen um die einzigen Wirtschaftsgüter der Betriebe handelt und marktübliche Zinsen vorliegen, diese steuerbefreit sind.[20] In allen anderen Fällen erhöhen Zinsen zwar als Erwerbseinnahmen zunächst den Gewinn, doch der Schutzzins auf das zu berücksichtigende Eigenkapital verhindert dessen Besteuerung.

Tab. 9.1 gibt einen Überblick über die Bestandteile der Steuerbasis. Daraus wird auch deutlich, dass Ausgaben für die berufliche Bildung (z.B. Gebühren

[19] Vgl. Art. 23 bEStG.
[20] Vgl. Art. 14 bEStG.

Tabelle 9.1.: **Steuerbasis der bosnischen Einkommensteuer des Distrikts Brčko (Art. 8 bEStG)**

	Einkommen aus nichtselbständiger Erwerbstätigkeit
+	Einkommen aus selbständiger Erwerbstätigkeit
-	Ausgaben für die berufliche Aus- und Fortbildung
-	Verlustvortrag und hierauf entfallende Schutzzinsen
=	marktbestimmtes Einkommen
-	Ausgaben der privaten Lebensführung
=	**Zu versteuerndes Einkommen (Steuerbasis)**

Quelle: Art. 8 bEStG.

für die Teilnahme an einem EDV-Kurs) abzugsfähig sind, wobei dies nur gilt, wenn sie nicht privat veranlasst sind und den Betrag von 200 KM im Kalenderjahr übersteigen.[21] Liegt ein Verlust aus dem Vorjahr vor, so kann dieser mit dem Schutzzinssatz verzinst vorgetragen werden und mit dem positiven Einkommen verrechnet werden. Der Verlust kann insgesamt in die nächsten fünf Kalenderjahre vorgetragen werden.

Das Ergebnis aus den bis dahin ermittelten Einkommen und Abzügen ist das marktbestimmte Einkommen.[22] Dies ist Ausdruck der durch Marktbeteiligung erzielten wirtschaftlichen Leistungsfähigkeit des Steuerpflichtigen. Hiervon dürfen bestimmte Ausgaben abgezogen werden, die der privaten Lebensführung zuzuordnen sind.[23] Dazu gehört ein persönlicher Freibetrag des Steuerpflichtigen in Höhe von 2.880 KM pro Jahr. Bei Rentnern, die Einkommen aus einer Rente beziehen, hat der Gesetzgeber aus politischen Gründen den Freibetrag mit 5.760 KM angesetzt. Außerdem darf ein Steuerpflichtiger Freibeträge für zu unterhaltende Personen (Ehepartner, Kinder) und für den Fall einer Invalidität ansetzen. Zu den persönlichen Abzügen zählen auch Spenden für gemeinnützige Zwecke, deren Abzug allerdings auf 5 Prozent des marktbestimmten Einkommens beschränkt ist, sowie Steuerberatungskosten des Steuerpflichtigen.

[21] Vgl. Art. 13 bEStG. Der Gesetzgeber wollte damit einerseits Investitionen in Humankapital nicht gegenüber Sachinvestitionen diskriminieren und andererseits den detaillierten Einzelnachweis von Ausgaben für eine breite Zahl an Steuerpflichtigen vermeiden, da dies auf unverhältnismäßige Weise Ressourcen der Steuerverwaltung beanspruchen würde.

[22] Vgl. Art. 8 bEStG.

[23] Vgl. Art. 25 bEStG.

9.1.3.4. Die Erhebung der Einkommensteuer: Abzugsteuern und Vorauszahlungen

Die Einkommensteuer wird im Wege des Steuerabzugs auf bestimmte Formen von Einkommen und mit Hilfe von Steuervorauszahlungen bei Unternehmensgewinnen erhoben. Das bEStG kennt fünf Abzugsteuern und zwar die Lohnsteuer, die Rentensteuer für gesetzliche Rentenbezüge, die Diätensteuer für Abgeordnetendiäten, die Honorarsteuer für Honorare bestimmter Tätigkeiten[24] und die Kapitalertragsteuer für nicht steuerbefreite Zinsen. Das Gesetz sieht im übrigen vor, dass Honorar- und Kapitalertragsteuer dann nicht einzubehalten sind, wenn das zugrunde liegende Einkommen zum Gewinn des nach den Vorschriften des Rechnungslegungsgesetzes bilanzierenden Betriebs einer Geschäftsgesamtheit gehört. Der Gesetzgeber verhindert damit unnötigen administrativen Aufwand, soweit der Steueranspruch nicht gefährdet ist.[25]

Analog zu den Steuerabzügen müssen natürliche Personen, die unternehmerisch tätig sind und deshalb eine Geschäftsgesamtheit im oben dargelegten Sinn führen, während des Jahres monatliche Vorauszahlungen auf ihren voraussichtlich zu erwartenden Gewinn leisten.

Jeder Bürger muss am Ende des Jahres eine Steuererklärung abgeben, in der er seine erzielten Einkommen deklariert. Der Distrikt Brčko folgt hier dem in angelsächsischen Ländern verbreiteten System der Selbstveranlagung, wonach der Steuerpflichtige für Erklärung, Abrechnung und Zahlung der Steuer selbst verantwortlich ist. Bei Arbeitnehmern und Rentnern entfällt diese Pflicht zur Erklärung, wenn sie ausschließlich Einkommen aus der jeweiligen Einkommensquelle bezogen haben und der Steuerabzug vom Auszahler korrekt durchgeführt wurde.

9.1.4. Die Besteuerung der Unternehmensgewinne

9.1.4.1. Formen der Besteuerung von Unternehmensgewinnen

Wie in Abb. 9.1 gezeigt, werden die Gewinne durch die Gewinnsteuer mit einem Steuersatz von 10 Prozent abschließend besteuert, wenn es sich um Gesellschaften handelt, bei denen mindestens eine der folgenden Bedingungen vorliegt: Die Anteile der Gesellschaft werden auf Börsen gehandelt, es sind

[24] Diese sind in Art. 37 bEStG enumerativ aufgeführt: 1. Einkommen, die für künstlerische, artistische, sportliche, wissenschaftliche, literarische, journalistische, berichtende Tätigkeiten und für Tätigkeiten im Zusammenhang mit Druck, Radio und Fernsehen gezahlt werden; 2. Einkommen aus Tätigkeiten als Mitglied des Aufsichtsrates juristischer Personen und anderer Organisationen, als Vertreter der Treuhand in den Aktionärsversammlungen, als Gerichtsgutachter und ähnliche selbständige Tätigkeiten; 3. Einkommen, die für die Nutzung von beweglichen Sachen, Rechten (z.B. von Patenten) gezahlt werden.

[25] Vgl. Art. 37 Par. 1 bEStG.

Abbildung 9.1.: **Besteuerung von Unternehmensgewinnen in (Brčko)**

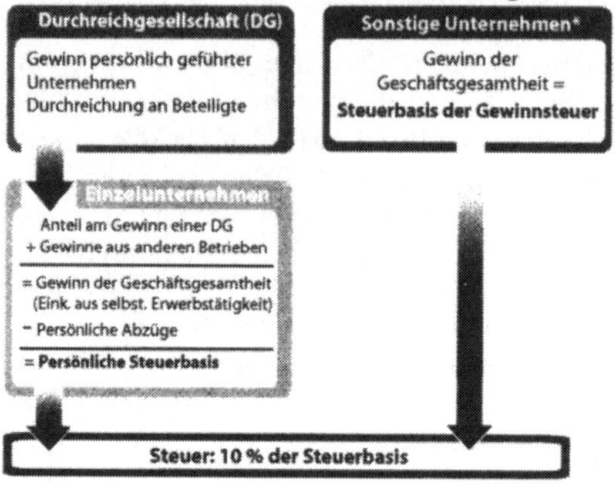

*Sonstige Unternehmen sind alle Geschäftsgesamtheiten, die nicht als Durchreichgesellschaft (DR) besteuert werden. Darunter fallen vor allem diejenigen, bei denen eine der folgenden Tatbestände vorliegt: börsennotiertes Unternehmen, Unternehmen mit mindestens einer juristischen Person als Beteiligten, mehr als 20 Gesellschafter oder das Unternehmen wird von einer nichtansässigen Geschäftsgesamtheit geführt.

Quelle: Eigene Darstellung in Anlehnung an Rose (2002), S. 30.

mehr als 20 Gesellschafter beteiligt, mindestens einer der Beteiligten ist eine juristische Person oder das Unternehmen wird von einer nichtansässigen Geschäftsgesamtheit geführt. Anders sieht es bei Durchreichgesellschaften aus. Gesellschaften mit Sitz in Brčko, die nur natürliche Personen als Gesellschafter haben (höchstens 20 Beteiligte) und nicht börsennotiert sind, können auf Antrag als Durchreichgesellschaft behandelt werden. In diesem Fall wird der Gewinn bzw. Verlust an die Gesellschafter durchgereicht, d.h. er gehört dann zu dem Gewinn der von einer natürlichen Person geführten Geschäftsgesamtheit. Zusammen mit möglicherweise vorhandenen Gewinnen aus anderen Betrieben ergibt sich der Gewinn der Geschäftsgesamtheit, der als Einkommen aus selbständiger Erwerbstätigkeit zu versteuern ist (siehe Tab. 9.1). Diese technische Umsetzung entspricht dem gesetzgeberischen Ziel, Einkommen soweit wie möglich bei den natürlichen Personen zu besteuern.[26]

[26]Damit können Personen, die unternehmerisch tätig sind und deren einzige Einkommensquelle aus Anteilen am Gewinn von Durchreichgesellschaften besteht, ihre persönlichen Abzüge geltend machen. Da dies für fast alle persönlich geführten Geschäftsgesamtheiten gilt, hängt die Steuerbelastung nicht mehr von der Rechtsform des Unternehmens ab,

9.1.4.2. Gewinnermittlung

Alle Geschäftsgesamtheiten (s.o.) unabhängig von Größe und Rechtsform ermitteln ihren Gewinn als Unterschied zwischen Erwerbseinnahmen und Erwerbsausgaben nach den Prinzipien einer modifizierten Kassenrechnung. Dabei handelt es sich nicht um eine reine Überschussrechnung, wie sie in verschiedenen Ausprägungen in der Literatur u.a. vom Meade-Committee (1978) diskutiert wurde. Im Vergleich zu einer reinen R+F-Cash-Flow-Steuer werden einige Zahlungsvorgänge steuerlich anders behandelt, so dass man von einer modifizierten Kassenrechnung sprechen kann (siehe auch Abschnitt 8.1.6).[27] Die Modifikation besteht darin, dass

- Ausgaben zum Erwerb langlebiger abnutzbarer Anlagegüter (Maschinen, Büroeinrichtungen etc.) nicht im Jahr ihres Erwerbs abzugsfähig sind, sondern über den Ansatz von Abschreibungen über den Zeitraum ihrer Nutzung steuerlich berücksichtigt werden;
- Ausgaben zum Erwerb nicht abnutzbarer Anlagegüter (vor allem Grundstücke) grundsätzlich nicht abzugsfähig sind;
- Buchwerte von Anlagegütern im Zeitpunkt des Abgangs (z.B. bei Veräußerung einer Maschine oder eines Grundstücks) als Erwerbsausgabe angesetzt werden dürfen;
- Einzahlungen aus eingegangenen Kapitalverbindlichkeiten und umgekehrt Auszahlungen zur Tilgung dergleichen nicht angesetzt werden[28];
- Schutzzinsen als kalkulatorische Kosten des Eigenkapitals der Geschäftsgesamtheit abzugsfähig sind.

Mit dem Abzug von Schutzzinsen wird die Grundrendite des eingesetzten Eigenkapitals eines Unternehmers im Sinne von Boadway et al. (1984) und Wenger (1983) steuerlich berücksichtigt. Die Ermittlung der Schutzzinsen weicht von der Ermittlungstechnik im kroatischen Steuerrecht von 1994 ab. Dabei handelt es sich um eine im Vergleich zur kroatischen Lösung vereinfachte Ermittlung. Demnach ergeben sich die Schutzzinsen durch Multiplikation des

---

da sich sowohl Kapitalgesellschaften als auch Personengesellschaften als Durchreichgesellschaft besteuern lassen können, wenn die genannten Voraussetzungen vorliegen.

[27] Nguyen-Thanh et al. (2003) geben eine ausführliche Begründung für die Modifikationen.

[28] Damit gilt symmetrisch für den Gläubiger, dass Auszahlungen zum Erwerb von Kapitalforderungen (Vergabe von Darlehen) und umgekehrt Einzahlungen aus der Tilgung von Kapitalforderungen nicht anzusetzen sind. Die Nichtansetzung von Einnahmen gilt aus systematischen Gründen nur, soweit hierin keine zu versteuernden Erträge (z.B. Kreditzinsen) enthalten sind.

Abbildung 9.2.: **Vereinfachte Bilanz zur Ermittlung des zu berücksichtigenden Eigenkapitals**

Vereinfachte Bilanz

Anlagegüter	Eigenkapital
Kapitalforderungen	Kapitalverbindlichkeiten
Kassenbestände	

Quelle: Nguyen-Thanh et al. (2003).

für den Ermittlungszeitraum zu berücksichtigenden durchschnittlichen Eigenkapitalbestandes eines Betriebs mit dem Schutzzinssatz. In Abweichung zu Gleichung (8.3) ergeben sich die Schutzzinsen wie folgt

$$Z_{31.12.} = z\frac{EK_{1.1.} + EK_{31.12.}}{2}, \tag{9.1}$$

d.h. als Produkt von Schutzzinssatz z und dem zu berücksichtigenden Eigenkapitalbestand, welcher sich als Jahresdurchschnitt der am Anfang und am Ende des Ermittlungszeitraums auf Grund einer vereinfachten Bilanz zu ermittelnden Bestände des eigenen Kapitals errechnet. Abb. 9.2 zeigt diese vereinfachte Bilanz. Demnach ist der zu berücksichtigende Bestand des Eigenkapitals gleich dem Unterschiedsbetrag zwischen der Summe aus den Werten der Anlagegüterbestände gemäß Anlageverzeichnis, den Kapitalforderungen gemäß Forderungsverzeichnis sowie den Kassenbeständen (Barbestände, Bankguthaben) einerseits und den Kapitalverbindlichkeiten gemäß Verzeichnis für Verbindlichkeiten andererseits.[29]

[29] Vgl. Art. 34 bEStG. Es sei darauf hingewiesen, dass das Recht zum Abzug von Schutzzinsen in bestimmten Fällen entfällt. Aus steuersystematischen Gründen führt im übrigen ein negativer durchschnittlicher Eigenkapitalbestand zu negativen Schutzzinsen, die dann in diesem Fall als besondere Erwerbseinnahmen anzusetzen sind.

9.2. Die Empfehlungen des IWF zur Einkommensbesteuerung

9.2.1. Grundausrichtung einer zukünftigen Einkommensteuer

Seit dem Dayton Abkommen von 1995 kam es zu einigen Besuchen von IWF-Delegationen in Bosnien. Die meisten der „Technical Assistance"-Missionen wurden vom FAD ausgeführt. Der inhaltliche Schwerpunkt des IWF lag im Bereich der Steuerverwaltung und der Umsatzbesteuerung. Dennoch wurde der Bereich der Einkommen- und Gewinnsteuer anlässlich einiger Aufenthalte zwischen 1995 und 1996 thematisiert.[30]

Ein grundlegendes Problem, das es zu Beginn der Neustrukturierung der Staatsfinanzen zu klären galt, betraf die Frage der Steuerkompetenz und der Steuerverteilung zwischen den verschiedenen Gebietskörperschaften.[31] Bezüglich der persönlichen Einkommensteuer hätten sich Vertreter des IWF dafür ausgesprochen, das Aufkommen der persönlichen Einkommensteuer den Kantonen in der Föderation zukommen zu lassen, die innerhalb vorgegebener Grenzen ein eigenes Steuersatzrecht bekommen sollten. Insgesamt solle jedoch die Föderation als nächsthöhere Ebene den Rahmen vorgeben, um eine einheitliche Bemessungsgrundlage zu ermöglichen und Steuerwettbewerb zu vermeiden. Auch sei angeführt worden, dass Verwaltungs- und Erhebungskosten für eine gewisse Harmonisierung auf zentraler Ebene sprächen.

Die Ausgestaltung der persönlichen Einkommensteuer auf Föderationsebene sollte sich nach Ansicht der IWF-Experten langfristig an einer globalen synthetischen Einkommensteuer orientieren, d.h. der Erfassung sämtlicher Formen von Einkommen unabhängig von ihrer Quelle. Dabei sei das Wohnsitzprinzip anzustreben. Bei der Ermittlung sei gefordert worden, einen persönlichen Jahresfreibetrag in Höhe von etwa ein Viertel des jährlichen Durchschnittslohns zu gewähren. Der Tarif könne moderat progressiv ausgestaltet werden mit zwei Progressionsstufen. Große Bedeutung habe die IWF-Mission dem Steuerabzug an der Quelle der Einkommen zugemessen. Dabei sei auf die Vorzüge des Quellensteuerabzugs hingewiesen worden, weil dieser Steuerhinterziehung erschwere (was zur Aufkommensstabilität beitrage) und aus administrativer Sicht zahlreiche Einzelveranlagungen vermeiden helfe. Dennoch solle die Ein-

[30] Vgl. Tab. B.1 und auch „IMF Country Report" 02/191, August 2002, S. 43.

[31] Die folgenden Ausführungen sind Ergebnis zahlreicher Gespräche mit Mitarbeitern der bosnischen Finanzverwaltung (v.a. Vertretern aus der Föderation und des Distrikts Brčko), die an den Beratungen mit den IWF-Vertretern zugegen waren. Wie mir mitgeteilt wurde, sollen die hier skizzierten Einschätzungen in ähnlicher Form auch in dem Bericht von Peter Heller et al. (1996): „Bosnia and Herzegowina: Fiscal Federalism, Taxation, and Expenditure" zu finden sein.

kommensteuer grundsätzlich auf der Selbstveranlagung der Steuerpflichtigen basieren. Als unmittelbare Zwischenschritte hin zu einer langfristigen Einkommensteuer solle eine Abgeltungssteuer auf Zinsen und Dividenden mit dem niedrigsten Satz des Einkommensteuertarifs erhoben werden.

Hinsichtlich der Gewinnbesteuerung habe sich die IWF-Mission, die Ende 1995 in Bosnien verweilte, nur zu einigen allgemeinen Eckpfeilern einer zukünftigen Gewinnsteuer geäußert. So solle eine Gewinnsteuer durch eine breite Steuerbasis, niedrige Sätze, keine speziellen Investitionsanreize und einfache Abschreibungsregeln gekennzeichnet sein. Die Besteuerung von Kleinunternehmern solle im Rahmen der persönlichen Einkommensteuer erfolgen.

Ende 1996 war erneut eine IWF-Mission in Bosnien, die sich allerdings auf die Analyse der Republik Srpska beschränkte. Dabei muss sich die IWF-Mission in ihren Empfehlungen im Bereich der Steuerpolitik stark an die Vorgaben der anderen Mission vom Frühjahr des gleichen Jahres gehalten haben.[32] So habe man empfohlen, bei der grundsätzlichen Gestaltung des Steuersystems die Kriterien Effizienz, Gerechtigkeit und Einfachheit zu beachten. Bemerkenswerterweise haben sich die IWF-Vertreter zu den Eigenschaften geäußert, die ihrer Ansicht nach ein effizientes Steuersystem kennzeichnen: (1) Güter und Faktoren, deren Nachfrage preis-inelastischer sei, sollten stärker belastet werden (2) eine breite Bemessungsgrundlage müsse gewährleistet werden, damit keine Ausweichreaktionen des Steuerpflichtigen induziert würden, (3) Steuern sollten nicht auf Faktoren bzw. Güter erhoben werden, die relativ mobil seien, und (4) Produktionsentscheidungen der Wirtschaftssubjekte sollten nicht verzerrt werden und deshalb Steuervergünstigungen vermieden werden. Das Kriterium der Gerechtigkeit (Fairness) sei am besten durch eine globale Einkommensteuer zu gewährleisten. Die Einfachheit des Systems sei am besten erreichbar durch (1) eine breite Bemessungsgrundlage mit geringer Satzdifferenzierung und (2) den Einsatz von Abzugsteuern an der Quelle.

Vor diesem Hintergrund habe man den Vertretern der Republik Srpska empfohlen, kurzfristig eine Erhöhung der Steuereinnahmen anzustreben und dabei die – zu diesem Zeitpunkt in der Republik Srpska verbreitete – Pauschalbesteuerung auf Selbständige zu beschränken. Teil der kurzfristigen Maßnahmen solle auch eine Abgeltungssteuer auf Zinserträge und Dividenden sein. Mittelfristig sollten diese in eine umfassende globale Einkommensteuer einbezogen werden.

[32] Die folgenden Ausführungen basieren auf einem Gespräch mit Mitarbeitern der Finanzverwaltung der Republik Srpska, die an den Beratungen mit den IWF-Vertretern zugegen waren. Wie mir mitgeteilt wurde, sollen die hier skizzierten Einschätzungen in ähnlicher Form auch in dem Bericht von Ebrill et al. (1996): „Republik Srpska, Bosnia and Herzegowina: Policy Development and Institution Building" zu finden sein.

In Bezug auf eine Reform der Gewinnbesteuerung habe man auf die Notwendigkeit eines Umbaus und einer Vereinfachung der geltenden Körperschaftsteuer hingewiesen.[33] Die komplizierten Abschreibungsregeln, die Besteuerung von an Manager ausgeschüttete Dividenden mit einem Steuersatz von 50 Prozent und zahlreiche Investitionsanreize seien problematisch. Wie bei der persönlichen Einkommensteuer solle nach Ansicht des IWF auch bei der Körperschaftsteuer mittelfristig eine breite Steuerbasis mit niedrigem Satz und die Streichung von Vergünstigungen angestrebt werden. Aufgrund der hohen Mobilität von Kapital sei es notwendig, dass die Steuerlast nicht über der von Nachbarländern in der Region liege.

9.2.2. Konkrete Empfehlungen zu den geplanten Reformen

Zu der seit 01.01.2004 geltenden Einkommensteuer von Brčko liegen dem Autor keine verlässlichen Aussagen des IWF vor. Allerdings hat der IWF zum Zeitpunkt des Verfassens dieser Arbeit eine Stellungnahme abgegeben über den Entwurf zur derzeit in Diskussion befindlichen Reform der Gewinnsteuer in der Föderation und der Republik Srpska. Beide Entitäten haben erklärt, eine abgestimmte Reform der Gewinnsteuer zum 01.01.2005 in Kraft treten lassen zu wollen. Die Reformdiskussion in den Entitäten basiert auf einem Entwurf, der weitgehend den Regelungen des Distrikts Brčko entspricht, so dass aus der Kommentierung des IWF zu diesem Entwurf hilfreiche Rückschlüsse über die steuerpolitischen Empfehlungen des IWF in Bosnien gezogen werden können.[34]

Angesichts der Erläuterungen aus den vorigen Kapiteln verwundert es nicht, dass der IWF offensichtlich den Abzug von Schutzzinsen in den Mittelpunkt seiner Kommentierung gestellt hat. Dabei habe er zunächst die Vorteile aus theoretischer Sicht unterstrichen. Gleichzeitig habe er darauf hingewiesen, dass Bosnien mit Einführung des Systems das einzige Land weltweit sein werde, das ein zinsbereinigtes System anwenden würde. Diese „Einzigartigkeit" sei ein Nachteil, der mit den Vorteilen abzuwägen sei. Das Urteil falle dabei, so der IWF, eher zum Nachteil der Zinsbereinigung aus. Der Grund sei, dass der Gewinnsteuersatz aufgrund zu erwartender Einnahmeausfälle erhöht werden müsse, was Bosnien vor Transferpreis-Probleme stellen würde. Dies müsse zwar noch geprüft werden, doch man gehe in diesem Zusammenhang von einem Aufkommensrisiko aus. Im übrigen sei es wünschenswert, Zinseinkommen zu

[33] Ende 1995 war in der Republik Srpska noch eine Körperschaftsteuer aus dem Jahr 1992 in Kraft.

[34] Bei der Stellungnahme handelt es sich um eine Kommentierung des GTZ-Entwurfs. Die folgenden Ausführungen zur Kommentierung des IWF sind Ergebnis von Gesprächen mit Mitarbeitern der bosnischen Finanzverwaltung, die mit dem Reformprozess betraut sind.

besteuern und zumindest auch die an nicht-ansässige Steuerpflichtige gezahlten Dividenden durch eine abschließende Quellensteuer steuerlich zu erfassen.

Angesichts der Warnung vor Aufkommensrisiken ist es erstaunlich, dass der IWF die Höhe des Schutzzinses moniert haben soll: Die in dem Entwurf getroffene Regelung, wonach der Schutzzins der um drei Prozentpunkte erhöhte Leitzinssatz der Europäischen Zentralbank sein solle, habe der IWF kritisiert, weil der auf diese Weise bestimmte Zinssatz – vorbehaltlich weiterer landesspezifischer Untersuchungen – zu niedrig sei. Allerdings habe der IWF diesbezüglich eingeräumt, dass damit auch der zu erwartende Steueraufkommensverlust geringer ausfalle.

9.3. Evaluation

Der folgende Abschnitt beleuchtet die bosnische Steuerreform von 2003. Vor diesem Hintergrund sind die Vorstellungen und Empfehlungen des IWF zu bewerten. Dazu wird auf die vorherigen Abschnitte dieses Kapitels Bezug genommen.

9.3.1. Steuersystematische Aspekte

9.3.1.1. Grundsätzliches: Definition des Einkommens

Die bosnische Einkommensteuer des Distrikts Brčko ist systematisch an dem Leitbild einer lebenszeitlichen Einkommensteuer ausgerichtet. Es handelt sich um eine zinsbereinigte Einkommensteuer, die von ihrer ökonomischen Wirkung her aus einer Lohnsteuer und einer Steuer auf Gewinne natürlicher Personen besteht. Allerdings handelt es sich dabei gerade nicht um eine schedulenartige Trennung: Das Syntheseprinzip wird umgesetzt, weil steuerbare Einkommen – im Rahmen des zinsbereinigten Systems – unabhängig von der Quelle in eine gemeinsame Steuerbasis eingehen und miteinander verrechnet werden können. Die Ermittlung der einzelnen Einkommen orientiert sich am objektiven und subjektiven Nettoprinzip der Besteuerung.

Ein wesentliches Kennzeichen ist die vom Gesetzgeber angestrebte Einmalbelastung von Einkommen in lebenszeitlicher Sicht. Technisch zeigt sich dies daran, dass zwar grundsätzlich jedes Markteinkommen steuerbar ist (d.h. Gegenstand der Einkommensbesteuerung ist), aber die Steuerpflicht nur greift, wenn Einkommen noch keiner Besteuerung unterlagen und auch in Zukunft keine Besteuerung erfolgen wird. Durch den einheitlichen Steuersatz in Höhe von 10 Prozent wird die administrative Umsetzung der Lebenseinkommensbesteuerung erheblich erleichtert, weil eine steuerliche Belastung auch durch die Nichtabzugsfähigkeit von Einkommen beim steuerpflichtigen Auszahler gewährleistet wird ohne dass es zu Arbitrage-Anreizen zwischen Steuerpflichtigen kommt.

Die Gewinnbesteuerung ist mit der Besteuerung des persönlichen Einkommens abgestimmt. Im Unterschied zu der kroatischen Version eines zinsbereinigten Steuersystems von 1994 zeigt sich dies daran, dass beides in einem einheitlichen Gesetz geregelt ist und z.B. die Gewinnermittlung einer einheitlichen Methode für alle Unternehmen folgt.

Das einem Systemprinzip folgende Steuerrecht kann aus Transaktionskosten-Sicht als ein Versuch des Gesetzgebers interpretiert werden, über die Steuersystematik ein „Commitment" gegenüber den Steuerpflichtigen einzugehen, das diese an die nachhaltige Einhaltung einer effizienten Kapitaleinkommensbesteuerung bindet.[35] Die administrativ einfache Einkommensteuer ist nicht nur aus rein normativer Sicht vorteilhaft, weil sie Ressourcen einspart, sondern kann als Voraussetzung im Rahmen eines Reputationsspiels im Sinne von Abschnitt 2.1.3 gesehen werden: Die Einfachheit des Systems für Verwaltung und Steuerpflichtige ermöglicht letzteren das Signalisieren einer kooperativen Strategie („Steuerehrlichkeit"), durch die wiederum der Fiskus an der effizienten Kapitaleinkommensbesteuerung festhalten kann.[36]

9.3.1.2. Einkommensarten und Steuerbasis

Die Wahl von zwei Einkommensarten ist vor dem Hintergrund des in Kapitel 6 diskutierten Benchmark positiv zu bewerten. Eine weitere Einkommensart für Vorsorgeeinkommen, durch welche die sparbereinigte Methode dem Steuerpflichtigen auch steuertechnisch transparent gemacht worden wäre, hätte man in Betracht ziehen können. Allerdings ändert sich ökonomisch wirkungsmäßig nichts durch die im bEStG getroffene Regelung, wonach Beiträge zur Rentenversicherung als Erwerbsausgaben bei einer der beiden Einkommensarten abzugsfähig sind. Begrüßenswert ist insbesondere die Tatsache, dass nicht weitere Einkommensarten aufgenommen wurden. Dadurch wäre materiell und erhebungstechnisch nichts gewonnen, jedoch wüchse die Gefahr lenkungspolitischer Eingriffe, weil das System damit optisch eher den alten Schedulen-Steuern der sozialistischen Steuersysteme entspräche.

Positiv hervorzuheben ist der Abzug beruflicher Bildungsausgaben. Zwar besteht das bekannte Abgrenzungsproblem, was jedoch durch bestimmte Typisierungen in Griff zu bekommen ist.[37] Ein administrativer Mehraufwand

---

[35] Vgl. Kapitel 2.

[36] Vgl. Nguyen-Thanh (2004b) für eine Diskussion über die Einfachheit des Systems.

[37] Vgl. Art. 25 bis 29 DV1.

rechtfertigt m.E. nicht ein komplettes Abzugsverbot, sofern es nicht Anzeichen für massiven Missbrauch gibt. Denn es handelt sich hier aus ökonomischer Sicht um Investitionsausgaben, die in einer lebenszeitlichen Betrachtung aus Gründen der effizienten und gerechten Besteuerung zum Abzug zuzulassen sind.

Schließlich ist die Möglichkeit einer umfassenden Verlustverrechnung zwischen Einkommensarten und eines verzinsten Verlustvortrags für fünf Jahre positiv zu werten. Wie im Benchmark diskutiert, führt eine Verlustausgleichsbeschränkung zu Effizienzverlusten. Die Verzinsung des Vortrags gewährleistet die Investitionsneutralität und ist Teil der systematischen Kapitaleinkommensbesteuerung im bEStG.

9.3.1.3. Unternehmensbesteuerung

Die Integration der Besteuerung von Unternehmen in die Einkommensteuer ist positiv hervorzuheben. Die enge Verzahnung von Gewinnbesteuerung und persönlicher Einkommensbesteuerung entspricht dem Ideal der Einkommensteuer. Zwar werden die Gewinne im bEStG von großen Publikumsgesellschaften abschließend besteuert, so dass in speziellen Fällen unterschiedliche Steuerlasten für gleich hohe unternehmerische Einkommen entstehen können.[38] Doch dies ist administrativ sinnvoll und international üblich. Für persönlich geführte Unternehmen wird damit Rechtsformneutralität gewährleistet. Das Optionsrecht des Steuerpflichtigen zur Besteuerung als Durchreichgesellschaft, sofern die Voraussetzungen vorliegen (siehe Abschnitt 9.1.4), ist aus rein normativer Sicht zweischneidig: Einerseits erhöht diese Regel unternehmerische Beweglichkeit und damit die Effizienz des Systems, weil die Wahl der Rechtsform als Produktionsfaktor unverzerrt bleibt; andererseits kann dies zumindest in der Anfangsphase den administrativen Aufwand erhöhen. Letzteres wird allerdings abgeschwächt durch die Verpflichtung des Steuerpflichtigen, sich bei der Wahl der Besteuerungsform für fünf Jahre zu binden.

9.3.1.4. Gewinnermittlung und Technik des Schutzzinsabzugs

Eine Besonderheit des bEStG ist die einheitlich vorgeschriebene Methode der Gewinnermittlung für alle Unternehmen, unabhängig von Größe und Rechtsform.[39]

---

[38] Dies ist dann der Fall, wenn der Gewinn eines der beiden Unternehmen im Rahmen einer Durchreichgesellschaft besteuert wird und damit bei den Anteilseignern persönliche Abzüge berücksichtigt werden.

[39] Vgl. §33 bEStG.

Diese weist einige Vorteile auf. Da es sich um eine Kassenrechnung handelt, folgt die Steuerschuld der Liquidität des Unternehmens. Dies ist nicht nur in Transformationsländern aufgrund der meist unterentwickelten Kapitalmärkte bedeutsam, sondern spiegelt generell die Leistungsfähigkeit besser wider.[40] Gleichzeitig wird dem Bedürfnis des Staates nach Berechenbarkeit des Steueraufkommens und zeitlich ausgeglichener Einnahmenströme Rechnung getragen, weil die Gewinne nach den Prinzip einer modifizierten Kassenrechnung ermittelt werden (s.o.). Dadurch, dass es nur eine einheitliche Gewinnermittlungsmethode gibt, entfallen beim Wechsel der Rechtsform und bei natürlichem Unternehmenswachstum die typischen Probleme, die durch den damit in der Regel verbundenen Übergang der Gewinnermittlungsmethode entstehen.[41] Allerdings ist die Ermittlung eines Übergangsgewinns auch bei einheitlicher Methode erforderlich, wenn bestimmte internationale Geschäftsvorfälle vorliegen. So sind z.B. Gewinne, die von einem inländischen Unternehmen im Ausland durch eine dort eingerichtete Betriebsstätte erzielt werden, nach den ausländischen Vorschriften zu ermitteln. Dies darf jedoch nicht überbewertet werden, da die Unterschiedlichkeit der steuerlichen Ermittlungsvorschriften im Ausland für jedes Unternehmen – unabhängig von der inländischen Ermittlungsmethode – eine gesonderte Berechnung notwendig macht.[42]

Ein Novum im internationalen Steuerrecht ist die besondere Technik des Schutzzinsabzugs. Anders als das damalige kroatische Steuerrecht mit seiner exakten Berechnung von Schutzzinsen, sieht das bEStG mit der in Gleichung (9.1) beschriebenen Methode eine vereinfachte Berechnung vor. Der große Vorteil ist die Einfachheit der Ermittlung. Ein Problem ist die fehlende Genauigkeit, da es aufgrund von unterjährigen Änderungen eigenkapital-relevanter Bestände im Vergleich zum theoretischen Ideal zu einer Über- oder Unterentlastung kommen kann. Die konkrete Regelung ist Ergebnis eines bekannten

[40] Schneider (1992, S. 712) hat die Orientierung an Zahlungsströmen als „Pfad der betriebswirtschaftlichen Tugend“ bezeichnet. Soweit diese Aussage das unternehmerische Planungskalkül richtig beschreibt, sollte dies auch der Staat bei der Gestaltung von Steuersystemen beachten; vgl. auch Nguyen-Thanh et al. (2003).

[41] Die in einigen Steuersystemen vorgesehenen Regelungen sehen vor, dass bei Überschreitung bestimmter Umsatz- und Gewinnschwellen, die Gewinnermittlung eines Unternehmens an die bilanzielle Gewinnermittlung anknüpfen muss. Dies zwingt natürlich wachsende Unternehmen zum Wechsel der Ermittlungsmethode.

[42] Wenn das Ausland die Ermittlung des Gewinns der dortigen Betriebsstätte nach dem Vermögensprinzip vorschreibt, dann müsste das inländische Unternehmen aufgrund des Welteinkommensprinzips (vgl. Art. 3 Par. 2 bEStG) zwei Ermittlungen für die Betriebsstätte durchführen. Aus Vereinfachungsgründen kann die Steuerverwaltung von Brčko dem Steuerpflichtigen erlauben, für die im Ausland erzielten Gewinne keine eigene Gewinnermittlung vorzulegen. In diesem Fall muss aber gewährleistet sein, dass der Betrieb im Ausland auch getrennt vom inländischen Unternehmen geführt wird und das Armslength-Prinzip Anwendung findet.

Trade-offs zwischen Einfachheit und Exaktheit. Im Rahmen einer zukünftigen Revision wird gegebenenfalls bei entsprechenden administrativen Rahmenbedingungen eine Anpassung in Richtung exakterer Berücksichtigung unterjähriger Änderungen vorzunehmen sein.

9.3.2. Effektive Besteuerung des Faktors Arbeit

9.3.2.1. Daten

Die effektive Grenzsteuerbelastung auf den Faktor Arbeit in Bosnien soll nachfolgend für die Jahre 1997, 1999 und 2003 ermittelt werden. Mitte der 1990er Jahre wurden in den Entitäten jeweils provisorische Änderungen bezüglich der direkten Besteuerung durchgeführt, die aber keine grundlegende Abkehr vom schedularen Aufbau des früheren jugoslawischen Steuersystems war. Die Ergebnisse der ersten beiden Jahre sind interessant (Szenario: Bosnien 97/99), um die Notwendigkeit einer grundlegenden Reform der direkten Besteuerung und des Sozialabgabensystems zu prüfen. Vor diesem Hintergrund soll die Auswirkung der Reform in Brčko aufgezeigt werden (Szenario: Bosnien 04/05).[43] Die Methodik ist die gleiche wie in Kapitel 7.

Bosnien 97/99. Aufgrund der faktischen Teilung Bosniens in zwei Entitäten mit jeweils unterschiedlichen Regelungen, bedarf es einer getrennten Analyse der Grenzbelastung. Sowohl in der Föderation, als auch in der Republik Srpska stellen die Beiträge zur Sozialversicherung wichtige Abgaben bezüglich des Faktors Arbeit dar (vgl. Tab. 9.2). In der Föderation wird die Einkommensteuer mit einem proportionalem Satz in Höhe von 15 Prozent erhoben. Allerdings werden bestimmte Einkommen, wie z.B. Urlaubsgeld, Sonderleistungen etc. mit einem höheren Satz zwischen 30 und 50 Prozent besteuert. In der Republik Srpska dagegen existiert ein dreistufiger Tarif, dessen Grenzsteuersätze mit steigendem Einkommen fallen; anders als in der Föderation wird ein Grundfreibetrag gewährt, so dass im ersten Tarifbereich effektiv ein Steuersatz von Null erhoben wird. Die Bemessungsgrundlage der Einkommensteuer in beiden Entitäten ist der Bruttolohn B, reduziert um die Arbeitnehmerbeiträge zur Sozialversicherung $s_A B$.[44] Im Falle der Republik Srpska dürfen zudem gegen Nachweis bestimmte Ausgaben bis maximal 15 Prozent der Bruttoein-

[43] Da die Reform in Brčko Grundlage für die anderen Entitäten ist, wird dieses Szenario mit Bosnien 04/05 beschrieben. Sollte das System des Distrikt Brčko von den Entitäten übernommen werden, so werden die Ergebnisse im Einzelfall abweichen, da man vermutlich einen anderen Steuertarif in der Föderation wählen wird.

[44] Der Bruttolohn ergibt sich aus den Bruttoarbeitskosten wie folgt: $B = G/(1 + s_U)$; siehe Abschnitt 7.3.

Tabelle 9.2.: **Entwicklung der Beitragssätze zur bosnischen Sozialversicherung, in Prozent**

	1997				1999				2003	
	Föd.		RS		Föd.		RS		Brčko	
Art	AG	AN	AG	AN	AG	AN	AG	AN	Föd.[a]	RS[b]
RV	7,5	17,0	11,0	11,0	7,0	17,0	11,0	11,0	24,0	24,0
KV	5,5	14,0	10,5	10,5	5,0	13,0	8,0	8,0	17,0	15,0
AV	1,0	2,0	0,75	0,75	1,0	2,0	0,5	0,5	2,5	1,0
Son.[c]	0,0	0,0	1,5	1,5	0,0	0,0	1,5	1,5	0,0	2,0
$\sum$	14,0	33,0	23,75	23,75	13,0	32,0	21,0	21,0	43,5	42,0

[a]Gesamtbeiträge zur SV, wenn Einzahlung in das SV-System der Föderation (AG-Anteil: RV: 7%, KV: 4%, AV: 0.5%).
[b]Gesamtbeiträge zur SV, wenn Einzahlung in das SV-System der RS (AG-Anteil: 42.%).
[c]Sonstige Abgaben für Kinderfonds.

nahmen abgezogen werden. Daraus ergibt sich jeweils das Nettoeinkommen der Föderation und der Republik Srpska

$$N_{Fd} = \frac{G}{1+s_U}(1-s_A)(1-t) \tag{9.2}$$

bzw.

$$N_{RS} = \begin{cases} \frac{G}{1+s_U}(1-s_A) \\ \frac{G}{1+s_U}(1-s_A) - t_1[\frac{G}{1+s_U}(1-s_A) - F] \\ \frac{G}{1+s_U}(1-s_A) - \{t_1 S_1 + t_2[\frac{G}{1+s_U}(1-s_A) - F - S_1]\} \\ \frac{G}{1+s_U}(1-s_A) - \{t_1 S_1 + t_2[S_2 - S_1] + t_3[\frac{G}{1+s_U}(1-s_A) - F - S_2]\} \end{cases}$$

$$\text{für} \begin{cases} B(1-s_A) - F < 0 \\ 0 < B(1-s_A) - F < S_1 \\ S_1 < B(1-s_A) - F < S_2 \\ B(1-s_A) - F > S_2 \end{cases} \tag{9.3}$$

Die Entwicklung der Beitragssätze zur Sozialversicherung in Bosnien geht aus Tab. 9.2 hervor. Die effektive Grenzbelastung des Faktors Arbeit ergibt sich dann analog zu der Berechnung in Kapitel 7. Durch Einsetzen in Gleichung (7.1) erhält man wie zuvor die effektiven Steuersätze.

Bosnien 04/05. Im Folgenden geht es um die neue Einkommensteuer in Brčko. Der derzeitige Rechtsstand in den Entitäten ist zwar noch ein anderer. Doch es kann von dem realistischen Szenario ausgegangen werden, dass sich die zukünftige Reform der Einkommensteuer in den Entitäten an dem Modell Brčko stark anlehnt. Überträgt man die reformierte Einkommensteuer des Distrikts Brčko auf ganz Bosnien, lässt sich die zukünftige Situation durch folgenden Ausdruck beschreiben

$$N_{BiH} = \begin{cases} \frac{G}{1+s_U}(1-s_A) \\ \frac{G}{1+s_U}(1-s_A)[1-t]+tF] \end{cases}$$

$$\text{für} \begin{cases} B(1-s_A)-F \leq 0 \\ B(1-s_A) > F, \end{cases} \tag{9.4}$$

wobei in die Berechnung u.a. der Grundfreibetrag von 2.880 KM/Jahr und die Erwerbsausgabenpauschale von 600 KM/Jahr über den Parameter F eingeflossen sind. Da Brčko keine eigene Sozialversicherungskasse hat, unterliegen die Einwohner entweder den Sozialversicherungsbestimmungen in der Föderation oder der Republik Srpska, was auch in Tab. 9.3 berücksichtigt wird.

9.3.2.2. Ergebnisse und Evaluation

Wie Tab. 9.3 für einen ledigen Steuerpflichtigen zeigt, war die Belastung des Faktors Arbeit in den 1990er Jahren mit effektiven Grenzsteuersätzen sehr hoch, wobei es deutliche Unterschiede zwischen den Entitäten gibt. In der Föderation ist die Grenzbelastung durchgehend mit etwa 71 Prozent im Jahre 1997 und 70 Prozent im Jahre 1999 außergewöhnlich hoch. Die Werte sind auf den nominalen Spitzensteuersatz von bis zu 50 Prozent auf zusätzliche Einkommen (wie z.B. Urlaubsgeld) zurückzuführen. In der Republik Srpska liegen die effektiven Grenzsteuersätze deutlich niedriger, weil es anders als in der Föderation keinen gesonderten Steuersatz für übermäßige Einkommen gibt und auch die Sozialversicherungssätze etwas geringer sind als in der Föderation. Bei den unteren Einkommensklassen macht sich zudem der Freibetrag spürbar. Eine Kuriosität ist der regressive Tarifverlauf in der Republik Srpska, der die Grenzbelastung für hohe Einkommen etwas abschwächt. Die Ergebnisse für beide Entitäten sind allerdings nur ein grober Indikator für die enorme Grenzbelastungen. Einerseits ist nicht sichergestellt, dass es immer zum Abzug der hohen Sozialabgaben von der Steuerbasis gekommen ist, was noch höhere Grenzsteuersätze impliziert.[45] Andererseits war die Belastung in einigen Fällen geringer, weil auf verschiedene Einkommen entweder keine Sozialabgaben

[45] Es gibt Anzeichen dafür, dass es oftmals in der Praxis – obwohl ein Rechtsanspruch bestand – nicht zu der steuerlichen Berücksichtigung der Sozialabgaben kam.

gezahlt wurden oder diese – wie es weitverbreitet war – auf einen arbiträren Nettolohn erhoben wurden.

Letzteres sollte allerdings gerade nicht als Abschwächung der Ergebnisse interpretiert werden, sondern im Gegenteil als Bestätigung, weil die Existenz zahlreicher Ausnahmen im Bereich der Sozialversicherung die Komplexität des Systems erhöht, die Mobilität auf dem Arbeitsmarkt einschränkt und hohe Steuererhebungskosten impliziert. Insgesamt wird deutlich, dass die Reform der direkten Besteuerung einschließlich der Sozialversicherung dringend geboten war. Die Grenzbelastungen, die sehr hoch waren und sich zudem noch regional unterschieden, sind aus den bereits in Kapitel 7 genannten Gründen nicht akzeptabel.

Auch vor diesem Hintergrund ist die Reform der Einkommensteuer in Brčko zu sehen. Durch den einheitlichen Tarif mit einem Steuersatz von 10 Prozent und dem konsequenten Abzug von Sozialversicherungsbeiträgen von der Steuerbasis ist es gelungen, die Grenzsteuerbelastungen über nahezu alle Einkommensgruppen abzusenken.[46] Allerdings ist die Grenzbelastung mit etwa 45 Prozent im Fall der Sozialversicherungspflicht bei der Föderation und etwa 37 Prozent im Fall der Sozialversicherungspflicht bei der Republik Srpska über alle Einkommensgruppen hinweg nach wie vor nicht niedrig, obwohl sie im internationalen Vergleich durchaus akzeptabel ist. Die Vergleichbarkeit dieser Situation mit der früheren durch Sicherstellung der Aufkommensneutralität ist in Brčko weitgehend gegeben, da die direkten Steuern bislang kaum zum Steueraufkommen beigetragen haben. In der Föderation und der Republik Srpska wird diesbezüglich im Rahmen der zukünftigen Reform ein höherer Steuersatz von ca. 15 bis 20 Prozent zu wählen sein, was die hier diskutierten Ergebnisse aber nicht wesentlich verändert.

Ein interessantes Resultat, das sich freilich in vielen Ländern Ost- und Südosteuropas findet, besteht darin, dass offensichtlich eine nachhaltige Absenkung der Grenzsteuerbelastung nur durch eine konsequente Reform der Sozialversicherung erfolgen kann. Von Seiten der Einkommensteuer beschränken sich die Einflussmöglichkeiten auf die Abzugsfähigkeit der Sozialversicherungsbeiträge und eine maßvolle Tarifstruktur. Im Fall des bEStG des Distrikts Brčko wurde das Problem im Rahmen des bis dahin Möglichen durch die Reform im

[46] Nur bei der Einkommensklasse bis zu einem Bruttolohn von 500 Euro/Monat sinkt die Grenzbelastung für diejenigen nicht, die bislang in der Republik Srpska steuerpflichtig waren, weil diese bislang aufgrund des extrem hohen Freibetrags von 10.000 KM (etwa 5.000 Euro) keine Steuern zahlen mussten. Da es unter Steuerpraktikern allgemeiner Konsens ist, dass ein Freibetrag in dieser Höhe für ein Land wie Bosnien fiskalisch nicht tragbar ist, muss eine geringfügige Erhöhung der Grenzbelastung durch Hereinnahme dieser unteren Einkommensbezieher in Kauf genommen werden. Dennoch: auch hier gilt, dass das Ausmaß der Grenzbelastung vor allem durch die Sozialversicherungsabgaben bestimmt ist.

Tabelle 9.3.: **Entwicklung der effektiven Grenzsteuersätze t_{eff} auf Arbeit in Bosnien, in Prozent**

Bruttolohn/ Monat in *Euro*	1997 Föd.[a]	1997 RS	1999 Föd.[b]	1999 RS	2003 Brčko (1)[c]	2003 Brčko (2)[d]
200	70,6	38,3	69,9	34,7	39,0	36,6
500	70,6	38,3	69,9	34,7	45,1	36,6
750	70,6	53,7	69,9	51,0	45,1	36,6
1,000	70,6	50,7	69,9	47,7	45,1	36,6
2,000	70,6	47,6	69,9	44,5	45,1	36,6

[a]Berechnung auf Basis eines nominalen Steuersatzes von 50 Prozent auf zusätzliches Einkommen. Wenn dieser 30 Prozent beträgt, liegt τ_{eff} bei 58,8 Prozent.
[b]Berechnung auf Basis eines nominalen Steuersatzes von 50 Prozent auf zusätzliches Einkommen. Wenn dieser 30 Prozent beträgt, liegt τ_{eff} bei 57,8 Prozent.
[c]Ann.: Steuerpflichtiger zahlt in die Sozialversicherungskasse der Föderation ein.
[d]Ann.: Steuerpflichtiger zahlt in die Sozialversicherungskasse der RS ein.

Jahre 2003 weitestgehend optimiert. Weitere Einflussmöglichkeiten seitens der Einkommensteuer scheinen ausgereizt.

9.3.3. Die Evaluation der steuerpolitischen Empfehlungen des IWF

9.3.3.1. Die normative Sicht

Die erste Mission des IWF in Bosnien im Jahr 1995 hat einige Forderungen erhoben, die aus normativer Sicht positiv zu bewerten sind. So hat man für die Föderation empfohlen, eine gewisse Harmonisierung der Einkommensteuer auf Kantonsebene anzustreben, sofern die Steuerhoheit bei den Kantonen bleiben sollte. Dies ist positiv zu bewerten, wobei grundsätzlich zu entscheiden ist, ob die Kompetenzen langfristig den Kantonen oder eher der Föderation zugeordnet werden sollen.[47] Auch die Forderung nach Besteuerung gemäß Wohnsitzprinzip ist prinzipiell richtig. Eine weitere Empfehlung, bei einer zukünftig reformierten Einkommensteuer einen Freibetrag in Höhe von 25 Prozent des

[47]Dies ist allerdings eine Frage des konstitutionellen Staatsaufbaus in Bosnien. Eine Evaluation der IWF-Politik muss berücksichtigen, dass der IWF seine Empfehlungen nur abgegeben kann bei gegebenem konstitutionellen Status Quo.

Durchschnittslohns zu wählen, ist ebenfalls akzeptabel, wenngleich dieser Wert relativ großzügig ist: Wie Tab. 6.3 im Benchmark zeigt, haben die meisten osteuropäischen Länder einen deutlich niedrigeren Freibetrag oder manche sogar keinen.

Die Arbeit der IWF-Mission von 1996 ist im Rahmen einer normativen Analyse interessant, weil von dieser Mission explizit Besteuerungskriterien formuliert wurden. Aus dem Kriterium der Effizienz schließt die Mission, dass zum einen Steuern auf relativ mobile Produktionsfaktoren nicht erhoben und zum anderen die Produktion nicht verzerrt werden sollen – zwei Aussagen, die auch von dieser Arbeit gestützt werden. Um so erstaunlicher ist es, dass die IWF-Vertreter daraus die Forderung nach einer globalen SHS-Einkommensteuer ableiten und deshalb als mittelfristige Maßnahme eine Abgeltungssteuer auf Zinsen und Dividenden vorschlagen. Wie im Benchmark und auch in der Analyse der kroatischen Gewinnsteuer gezeigt, ist diese Position nicht vereinbar mit einer effizienten Besteuerung in Transformationsländern. Über die Verletzung der Finanzierungsneutralität wird die Produktionseffizienz beeinträchtigt (siehe Abschnitt 8.3.2). Zudem sollten gerade Zinsen als Entlohnung des mobilen Faktors Kapital nicht besteuert werden, wenn man der Handlungsanweisung des IWF folgt, wonach mobile Faktoren aus effizienztheoretischer Sicht nicht zu besteuern sind.

Die Rechtfertigung der globalen Einkommensteuer mit den Kriterien Fairness und Einfachheit ist ebenfalls kritikwürdig, wie die ausführliche Diskussion über das „richtige“ Leitbild der Einkommensbesteuerung in einem Transformationsland gezeigt hat.[48]

Interessant schließlich ist auch die Position des FAD bezüglich der aktuellen Reformvorschläge, die seit 2003 in Bosnien diskutiert werden. Das im Distrikt Brčko verabschiedete Einkommensteuergesetz muss vor dem Hintergrund der oben durchgeführten Evaluation als großer Reformschritt gesehen werden, weil erstmals ein marktorientiertes System etabliert wurde, mit dem zentrale Ziele der Besteuerung erfüllt werden. Die Kommentierung des daran angelehnten Entwurfs eines Gewinnsteuergesetzes für die Föderation und die Republik Srpska ist diesbezüglich sehr aufschlussreich. Der IWF hat, soweit der Autor dieser Arbeit dies aufgrund der vorhandenen Informationen richtig einschätzen kann, zentrale Elemente des Entwurfs, wie die Umsetzung des Wohnsitzprinzips, der vorgesehene Einsatz von Abzugsteuern an der Quelle und die Selbstveranlagung nicht gewürdigt. Stattdessen beschränkt sich die Kommentierung weitgehend auf den geplanten Schutzzins. Wie in dieser Arbeit hinreichend verdeutlicht wurde, sprechen viele Argumente für den Abzug von Schutzzinsen, wenn man theoretische Überlegungen mit steuerpoliti-

[48] Vgl. dazu Abschnitt 6.2.

schen Anforderungen aus der Praxis vereinbaren will. Der Verweis auf mögliche Transferpreis-Probleme ist m.E. nicht ausreichend, um auf die zahlreichen positiven Wirkungen des Schutzzinsabzugs zu verzichten. Auf die Tatsache, dass es möglich ist, einen im regionalen Vergleich geringfügig höheren Gewinnsteuersatz zu haben und dabei ausreichend Steuereinnahmen zu erzielen, wurde bereits in Kapitel 8 hingewiesen. Kaum nachvollziehbar ist auch der Einwand des IWF, die Höhe des Schutzzinssatzes sei nach der Regelung des Entwurfs zu niedrig: Erstens, die derartig bestimmte Höhe erscheint durchaus vertretbar, wenn man das EU-Zinsniveau als Opportunitätskosten für viele bosnische Sparer sieht.[49] Zweitens, ein zu geringer Satz bewirkt lediglich, dass die gewünschten Effizienzwirkungen nicht in vollem Umfang greifen, dennoch kommen sie zum Tragen - anders als in einer Situation ohne Schutzzinsabzug. Drittens, ein etwas zu niedrig angesetzter Schutzzinssatz kann in der Einführungsphase etwaige Aufkommensausfälle abschwächen. Insgesamt bleibt festzuhalten: Berücksichtigt man die u.a. in Keen und King (2002) dargelegten positiven Argumente für den Schutzzins, so bestärkt dies die Zweifel, ob der IWF in seiner Bewertung immer die richtige Balance zwischen fiskalischen Erwartungen und strukturellen Notwendigkeiten findet.

9.3.3.2. Der Transaktionskosten-Ansatz

Anders als bei einer rein normativen Analyse muss eine Transaktionskosten-Analyse die lokalen Gegebenheiten berücksichtigen, die durch unterschiedlichste institutionelle Arrangements geprägt sind. Unterschiede zum Fallbeispiel Kroatien sind gerade wegen der schwierigen politischen Situation in Bosnien zu erwarten.

Aus Sicht des Autors sind keine speziellen Transaktionskosten des politischen Prozesses zu erkennen, die eine Ablehnung einer lebenszeitlich orientierten Einkommensteuer nahe legen. Überlegungen dieser Art wie z.B. ein möglicher gesellschaftlicher Konsens gegen eine Reform in diesem Sinne, sind für Bosnien genauso wenig wie für Kroatien plausibel und können die wenig überzeugende Position des IWF nicht rechtfertigen.

Wie oben erläutert, führt der IWF gegen den Schutzzinsabzug das Argument der „Einzigartigkeit“ des Systems an. Aus Transaktionskosten-Sicht scheint dieser Einwand zunächst plausibel, wenn man die Maßnahme Bosniens vergleicht mit dem vermeintlichen Nichtakzeptieren von gemeinsamen Spielregeln durch einen Spieler: Das Abweichen vom traditionellen Leitbild der Besteuerung, so die Intuition, könne nur dem ausscherenden Spieler schaden. Dieses Bild ist jedoch keine adequate Beschreibung des tatsächlichen „Spiels“, wenn es

[49] In der Tat hat ein großer Teil der Bevölkerung Sparkonten in Österreich, Deutschland und dem zukünftigen EU-Beitrittsland Slowenien.

um (internationale) Besteuerung im Zusammenhang mit einer zinsbereinigten Einkommens- und Gewinnsteuer geht. Denn es ist festzuhalten, dass es keine Einheitlichkeit in den weltweiten Steuersystemen gibt und auch nicht in denen der Transformationsländer Ost- und Südosteuropas. Auch wenn man die Systeme in vielen Ländern grob den traditionellen Systemen zuordnen wollte, so zeigt die Realität, dass viele Systeme hybrid sind, d.h. in der Praxis keinem klaren Leitbild der Besteuerung folgen.[50] Es lässt sich zeigen, dass das jeweilige Steuerrecht eines Landes eigene Vorschriften zur Unternehmensbesteuerung, zur Gewinnermittlung, zur Anrechenbarkeit internationaler Vorgänge etc. kennt und in diesem Sinne jedes Land ein „einzigartiges" System aufweist.

Sieht man dagegen die Situation Bosniens und seiner Nachbarstaaten als ein „Spiel", in dem durch bewusstes Setzen attraktiver Rahmenbedingungen das eigene Land profitieren kann, so ergibt sich auch aus Transaktionskosten-Perspektive ein anderes Resultat. Demzufolge könnte gerade der Schutzzinssatz verbunden mit einem systematischen Aufbau der Besteuerung ein Instrument sein, um die Rahmenbedingungen für Investoren zu verbessern ohne dabei die mit den typischen Steuervergünstigungen verbundenen Effizienzverluste in Kauf nehmen zu müssen. In diesem Sinne kann der Abzug von Schutzzinsen auch als „focal point" im Sinne von Schelling (1960) interpretiert werden.

9.4. Zwischenfazit

Das neue Einkommensteuergesetz des Distrikts Brčko stellt – wie zuvor die kroatische Steuerreform von 1994 – eine systematische Verwirklichung theoretisch fundierter Besteuerungsprinzipien in der Praxis dar. Die bosnische Einkommensteuer erfüllt zentrale Neutralitätskriterien, wie die Investitions-, Finanzierungs- und Bewertungsneutralität. Durch den Schutzzinsabzug unterliegen Kapitaleinkommen einer Grenzbelastung von Null, so dass das übergeordnete Ziel der Wachstumsneutralität des Steuersystems gegeben ist (siehe Kapitel 6). Einige Elemente des neuen bEStG weichen allerdings deutlich von der kroatischen Version ab. Die Einkommens- und Gewinnbesteuerung ist stärker verzahnt, was sich daran zeigt, dass (1) die persönliche Einkommensteuer und die Gewinnsteuer in einem einheitlichen Gesetz geregelt sind, (2) eine einheitliche Gewinnermittlung für alle unternehmerischen Einkommen vorgesehen ist und (3) Einkommen – mittels Durchreichgesellschaften – weitgehend bei den Anteilseignern besteuert werden, womit dem „Ideal" der Einkommensteuer Rechnung getragen wird. Zudem wird deutlich, dass mit dem bEStG

[50] Vgl. Aaron et al. (1988).

verstärkt auf die Einfachheit des Systems geachtet wurde, wozu der einheitliche Steuersatz maßgeblich beiträgt. Diskussionswürdig ist gegebenenfalls die Technik der Schutzzinsberechnung, die eine lokale Antwort auf den bekannten Trade-off zwischen Einfachheit und Genauigkeit darstellt. Insgesamt handelt es sich bei der Einkommensteuer des Distrikts Brčko um eine Weiterentwicklung des kroatischen Modells von 1994, das gemessen am Benchmark äußerst positiv zu würdigen ist und eine ernsthafte Diskussionsgrundlage für die Gesamtreform in ganz Bosnien sein sollte.

Der IWF hat in einer Reihe von Aufenthalten kurz nach Ende des Krieges und der folgenden Neukonstituierung Bosniens durch das Dayton-Abkommen zum Ausdruck gebracht, nach welchen Kriterien die zukünftige Einkommens- und Gewinnbesteuerung konzipiert sein sollte. Es ist positiv zu bewerten, dass sich die von ihm formulierten Anforderungen teilweise mit der theoretischen Analyse aus Abschnitt 6.1 decken, insbesondere was die Optimalität der Faktorbesteuerung in einer kleinen offenen Volkswirtschaft betrifft. Umso erstaunlicher ist, dass die konkreten Schlussfolgerungen des IWF bezüglich der Eckpfeiler der Einkommensteuer diesen nicht gerecht werden. Auch spätere Äußerungen des FAD zu einem aktuell diskutierten Entwurf der Gewinnbesteuerung für die Entitäten, welcher stark an der bEStG des Distrikts Brčko angelehnt ist, sind problematisch. Eine Betrachtung der IWF-Empfehlungen aus Transaktionskosten-Sicht verstärkt den negativen Eindruck. Insgesamt sind erhebliche Zweifel an der ökonomischen Fundierung der IWF-Empfehlungen angebracht.

10. Schlussbetrachtung

Diese Arbeit ist als Beitrag zu dem relativ jungen Forschungsgebiet der angewandten Steuerpolitik zu sehen. Im Mittelpunkt der Arbeit steht das Phänomen wirtschaftspolitischer Beratung von Steuerreformen in Transformationsländern. Am Beispiel des IWF sind konkrete Empfehlungen eines wichtigen Akteurs auf dem Markt für steuerpolitische Beratung dargestellt und evaluiert worden. Vor diesem Hintergrund ist auch das zweite Ziel dieser Arbeit, nämlich die Ableitung eines theoretisch fundierten Benchmark, zu sehen. Benchmarks zu den einzelnen Steuerarten sind nicht nur Bezugspunkt für die Analyse der Steuerreformen in Kroatien und Bosnien und der jeweiligen IWF-Politik in beiden Ländern, sondern auch als Beitrag zu einem Forschungsgebiet zu sehen, dessen Gegenstand ein besseres Verständnis des Zusammenspiels von Theorie und Praxis von Steuersystemen ist. Die Auswahl Kroatiens und Bosniens für die vorliegende Untersuchung ist auf den besonderen Ansatz beider Länder zurückzuführen, eine systematische und auf ökonomisch fundierten Besteuerungsprinzipien basierende Neukonzeption ihrer Steuersysteme anzustreben. Eine Evaluation der kroatischen Steuerreform von 1994 und der aktuellen bosnischen Steuerreform von 2004 im Distrikt Brčko war deshalb für die Zwecke dieser Arbeit nahe liegend. Bezüglich der kroatischen Reform wird damit auch der Nachfrage seitens der anwendungsorientierten Wissenschaft entsprochen, die vielbeachtete Reform von 1994 einer ausführlichen Analyse zu unterziehen.

Methodisch beruht die Analyse angewandter Steuerpolitik auf dem traditionell-normativen Ansatz. In dieser Arbeit wird vorgeschlagen, die Analyse um den Transaktionskosten-Ansatz zu erweitern. Es wurde deutlich gemacht, dass sich – betrachtet man das Steuersystem als Institution – vielfältige Transaktionskosten identifizieren lassen, die man in einmalige Kosten der Einführung und laufende Kosten des Systems unterteilen kann. Die Entscheidung über die relative Vorteilhaftigkeit entweder eines Gesamtsystems oder einzelner Systembestandteile sollte sowohl auf Basis einer normativen Theorie als auch in Hinblick auf die Minimierung bestehender und zukünftiger Transaktionskosten erfolgen. Weitere Formen der Anwendung einer transaktionskostenökonomischen Analyse sind vielfältig. So wurde in dieser Arbeit die These vertreten, dass das Streben nach „Systematik" des Steuersystems ein Instrument sein kann, um das bekannte Problem der zeitinkonsistenten Kapitaleinkommensbesteuerung zu überwinden. Diese Arbeit kann nur Anstoß geben für weitere

Forschung auf diesem Gebiet, die z.B. neben der empirischen Überprüfung der oben genannten These auch eine bessere konzeptionelle Erfassung von Transaktionskosten eines Steuersystems thematisieren könnte.

Unter Verwendung bekannter analytischer Instrumente konnte in Kapitel 3 gezeigt werden, dass der Markt für wirtschaftspolitische Beratung nicht ohne weiteres funktioniert. Aufgrund des Qualitätsproblems - zu beratene Regierungen können in der Regel nicht feststellen, ob die ihnen angetragene Beratung „gut" ist - entsteht ein Beratungsdilemma. Zwar können alternative Markt-Mechanismen das Dilemma grundsätzlich abschwächen, doch ist nicht zu erwarten, dass in dem komplexen Bereich der steuerpolitischen Beratung der Markt effizient funktioniert. Es ist deswegen aus Sicht des Autors durchaus Raum für die Rolle einer multilateralen Organisation, die das skizzierte Beratungsdilemma zu überwinden helfen kann. Weniger klar ist allerdings, *welche* Funktion eine internationale Organisation dabei spielen sollte. Dies kann entweder das bloße *Organisieren* von Beratung sein oder aber das eigenständige *Anbieten* von steuerpolitischer Beratung.

Es wurde deutlich, dass der IWF aufgrund zahlreicher Berührungspunkte mit steuerpolitischen Fragen ein möglicher Kandidat für eine derartige Rolle ist. Empirisch betrachtet zeigt sich, dass der IWF längst ein „Global Player" auf dem Markt für steuerpolitische Beratung ist und dabei beide Funktionen ausübt: Er bietet selbst Beratung in Form von technischer Hilfe an und übernimmt gleichzeitig Aufgaben, die sich auf das *Organisieren* von steuerpolitischer Beratung beschränken. Eine qualitative Aussage über die Rolle des IWF und dessen mögliche Neuausrichtung im Zuge einer Reform kann jedoch nicht allein auf Grundlage einer allgemeinen Analyse über die Funktionsweise des Marktes für wirtschaftspolitische Beratung getroffen werden. Es wurde zu Beginn der Arbeit argumentiert, dass ein Urteil über die Arbeit und Rolle des IWF auch von den Inhalten abhängt, die der IWF im Rahmen seiner Beratungstätigkeit vermittelt.

In Bezug auf die steuerpolitischen Empfehlungen des IWF offenbart sich ein gemischtes Bild. Die Evaluation der IWF-Politik zur kroatischen Mehrwertsteuer hat gezeigt, dass die Stellungnahmen des IWF weitgehend mit dem Benchmark übereinstimmen. Bereits in der Frühphase des beginnenden Reformprozesses haben IWF-Vertreter des FAD Vorschläge über die Grundausrichtung einer zukünftigen MWSt skizziert und damit klar eine Beratungsrolle eingenommen. Der Einfluss in Form von konkreten Empfehlungen ist dabei überwiegend positiv einzuschätzen. Auch spätere Äußerungen im Jahre 2000 bestätigen diesen Eindruck.

Ein anderes Bild ergibt sich bei Betrachtung der Einkommens- und Gewinnbesteuerung. Hier zeigt sich, dass der IWF nicht zu einer konsistenten Analyse in der Lage war und die Empfehlungen sich teilweise widersprechen. Hinzu kommt, dass die Empfehlungen nicht immer mit den vom IWF selbst vorgegebenen Zielen vereinbar waren. So sind die Empfehlungen aus der Frühphase des kroatischen Reformprozesses Anfang der 1990er Jahre äußerst problematisch, da deren Umsetzung weitgehend zu einem nicht-neutralen System der Kapitaleinkommensbesteuerung geführt hätte. Im deutlichen Gegensatz dazu stehen die Empfehlungen einer späteren IWF-Mission aus dem Jahre 2000, die das damals bestehende System von 1994 äußerst positiv bewertete und vor einer Änderung eindringlich warnte.

Die Zweifel an der Arbeitsweise des IWF bestätigen sich, wenn man aktuelle FAD-Empfehlungen zur derzeit diskutierten bosnischen Einkommen- und Gewinnsteuer betrachtet. Die ablehnende Haltung des IWF gegenüber einer – gemessen am Benchmark – effizienten Einkommens- und Gewinnbesteuerung in Bosnien steht zwar in Tradition zu der Position des IWF von 1992 in Kroatien, aber gleichzeitig in eklatantem Widerspruch zu der IWF-Position von 2000. Bei konsequenter Umsetzung der eigenen IWF-Empfehlungen aus dem Jahre 2000, müsste die Position des IWF aus dem Jahre 2004 umfassend revidiert werden.

Bezüglich der Evaluation der IWF-Politik wurde in dieser Arbeit auch der Frage nachgegangen, ob die IWF-Empfehlungen im Lichte einer Transaktionskosten-Analyse womöglich anders zu beurteilen sind. Eine Erkenntnis der TKÖ ist die Notwendigkeit eines kritischen Blicks für optimale Lösungen, da die „beste" aller Lösungen aufgrund von Transaktionskosten u.U. schlechter abschneidet als die „gute" [Dixit (1996)]. Qualitativ gute Beratung zeichnet sich dadurch aus, dass Transaktionskosten erkannt werden und zumindest die beste der erreichbaren Lösungen empfohlen wird. Diesem Anspruch ist der IWF – wie die vorliegende Arbeit gezeigt hat – jedoch über weite Strecken nicht gerecht geworden. So konnte im Falle Kroatiens auch aus Transaktionskosten-Sicht der offensichtliche Widerspruch nicht aufgelöst werden, der durch die beiden unterschiedlichen IWF-Einschätzungen zu dem gleichem Sachverhalt entstanden ist. Vielmehr spricht gerade eine transaktionskostenökonomische Analyse für den damaligen kroatischen Weg zur Einführung einer second-best bzw. third best optimalen Kapitaleinkommensbesteuerung.

Zusammenfassend ergibt sich ein sehr ambivalentes Erscheinungsbild des IWF. Während der IWF im Bereich der MWSt und auch bezüglich einiger weniger Einzelaspekte der Einkommensbesteuerung durchaus „gute" Beratung anbietet, kann dies mitnichten für die gesamte Einkommens- und Gewinnbesteuerung behauptet werden. Einschränkend ist zu sagen, dass es sich nur um eine Fallstudie handelt. Weitere Arbeiten sind notwendig, um ein umfassenderes Bild der IWF-Politik zu erhalten.

Wie lässt sich diese zum Teil widersprüchliche Bilanz der IWF-Tätigkeit erklären? Die Gründe für dieses ambivalente Bild des IWF sind u.a. darin zu sehen, dass der IWF einem Interessenkonflikt unterliegt. In Kapitel 2 wurde gezeigt, dass die steuerpolitische Arbeit des IWF vor dem Hintergrund der eigentlichen Ziele gesehen werden muss: Das prioritäre Anliegen gilt der kurzfristigen fiskalischen Stabilität der öffentlichen Haushalte. Hinzu kommt, dass die ständige Rotation von IWF-Missionen, die zudem nur kurze Zeit in dem betreffenden Land präsent sind, für eine konstante qualitative Beratung hinderlich ist.

Vor diesem Hintergrund ist es fraglich, ob der IWF auch in Zukunft eine derart dominierende Rolle im Bereich der steuerpolitischen Beratung spielen sollte. Die derzeitige Zwitterrolle des IWF – mit umfassender Beratungstätigkeit einerseits und gleichzeitigem Ausüben der Organisations- und Koordinierungstätigkeit andererseits – ist fragwürdig. Aus theoretischer Sicht sind Zweifel angebracht, ob der IWF als eigenständiger Berater auf dem Markt bessere Qualität bereitstellen kann als private Anbieter. Insbesondere die in Kapitel 3 diskutierten Interessenkonflikte legen nahe, dass der IWF nicht ohne weiteres ein Idealkandidat ist. Notwendig wäre eine Reform dahingehend, dass sich der IWF auf eine reine *Organisationsrolle* spezialisiert. Ob damit institutionell aber die angesprochenen Interessenkonflikte beseitigt werden können, muss offen bleiben.

Alternativ bietet sich die Gründung einer neuen unabhängigen Organisation an – etwa eine *World Public Finance Organization* (WPFO) nach dem Vorbild anderer internationaler Organisationen. Hierbei könnte es sich um eine kleine Unterorganisation der UN handeln, die verantwortlich wäre für die Koordinierung steuerpolitischer Beratung. Sie wäre vornehmlich damit beauftragt, das Zustandekommen wirtschaftspolitischer Beratung zu erleichtern, den Austausch von Informationen zu fördern sowie Evaluationen durchzuführen. Denkbar wäre hierbei eine partielle Zusammenarbeit mit Weltbank und IWF. Die WPFO wäre womöglich ein geeignetes Instrument, qualitative Beratung für Regierungen in Transformationsländern effizient sicherzustellen.

Teil IV

Anhang

A. Wirtschaftspolitische Beratung in Transformationsländern

Die folgende Tab. A.1 gibt einen Überblick über steuerpolitische Beratung in ausgewählten Transformationsländern Ost- und Südosteuropas im Zeitraum 1991–2003. Die Übersicht umfasst nur Projekte, welche die Themen Steuerpolitik und/oder Stärkung der Steuerverwaltung zum Schwerpunkt hatten. Projekte, die sich im weiteren Sinne auf das Thema öffentliche Finanzen und Verwaltungsreform beziehen (Zollwesen, Haushaltsreform, Finanzkontrolle, Fiskaldezentralsierung) sind nicht enthalten. Nicht aufgeführt ist in dieser Tabelle die Beratungstätigkeit des IWF, dessen Engagement im Bereich technische Hilfe („technical assistance“) aufgrund des Umfangs in Anhang B dokumentiert wird.

Die Daten basieren auf einer umfangreichen Recherche. Die einzelnen Quellen sind in den Fußnoten der Tabelle angegeben. Das Datenmaterial zu den GTZ-Aktivitäten basiert auf einer GTZ-eigenen Datenbank. Für die Ermöglichung des Zugangs zu dieser Datenbank möchte der Autor an dieser Stelle ausdrücklich den Verantwortlichen der GTZ (Eschborn) seinen Dank aussprechen.

Die Übersicht stellt keinen Anspruch auf Vollständigkeit.

Tabelle A.1.: **Wirtschaftspolitische Beratung im Bereich Steuerpolitik in ausgewählten Transformationsländern)**

Land I	Jahr II	Organisation III	Thema der Beratung IV	Details V
Bosnien	1991-1994	US Treasury	Steuerreform, Steuerverwaltung	Verschiedene Kurzzeitprojekte inkl. finanzieller Unterstützung; Beratung im Bereich Steueraufkommensschätzung
	2000-	GTZ	Einkommen- und Gewinnsteuer in Brcko (Teilgebiet Bosniens)	Langzeitprojekt mit Ziel der umfassenden Reform (Beratung, Begutachtung, Formulierung von Rechtsvorschriften, Schulung)
	2000-	USAid	Steuerverwaltung	Beratung beim Aufbau eines einheitlichen Steuersystems für ganz Bosnien; mehrere Kurzzeitprojekte; Beratung im Bereich Steueraufkommensschätzung
Bulgarien	1991-1994	US Treasury	Steuerreform, Steuerverwaltung	Verschiedene Kurzzeitprojekte inkl. finanzieller Unterstützung im Bereich Steueraufkommensschätzung
	1994	GTZ (BMF[1])	Steuerverwaltung	Hilfe beim Aufbau einer Betriebsprüfung und Steuerfahndung; 1 Langzeitexperte, mehrere Kurzzeitexperten

Fortsetzung folgt

[1] Bundesministerium der Finanzen, Deutschland.

Tabelle A.1.: **Wirtschaftspolitische Beratung im Bereich Steuerpolitik – Fortsetzung**

LAND I	JAHR II	ORGANISATION III	THEMA DER BERATUNG IV	DETAILS V
	1994-1996	GTZ	Steuerverwaltung	Analyse des bestehenden Steuersystems; Qualifizierung von Steuerbeamten; Entwurf eines Gesetzes zur Reform der Finanzverwaltung; Langzeitexperten, mehrere Kurzzeitexperten (insg.: 26 Monate)
	März 1997	HIID[2]	Wirtschaftsreformen und Steuerreform	Workshop zum Thema "Bulgarische Wirtschaftsreformen“
Estland	1991-1994	US Treasury	Steuerreform	Verschiedene Kurzzeitprojekte inkl. finanzieller Unterstützung; neuer Entwurf der Einkommen- und Gewinnsteuergesetzgebung; Beratung im Bereich Steueraufkommensschätzung
	1997-1998	Altair[3] (EU-Phare)	Steuerreform, Steuerverwaltung	Unterstützung der Steuer- und Zollverwaltung; Hilfe bei Entwurf und Überprüfung der Steuergesetzgebung; Unterstützung bei Verwaltungsstrukturen; Schulung; Dokumentationszentrum

Fortsetzung folgt

[2] Harvard Institute for International Development.

[3] Altair Asesores: private Politikberatungsgesellschaft mit Sitz in Madrid; Schwerpunkt: technische Hilfe im Bereich öffentliche Verwaltung (siehe http://www.altairasesores.es/english/index.htm.

Tabelle A.1.: **Wirtschaftspolitische Beratung im Bereich Steuerpolitik – Fortsetzung**

LAND I	JAHR II	ORGANISATION III	THEMA DER BERATUNG IV	DETAILS V
Kroatien	1992-1999	GTZ (BMZ)[4]	Einkommen- und Gewinnsteuer, Steuerverwaltung	Etablierung eines effizienten Steuersystems, Langzeitprojekt mit Ziel der umfassenden Reform (Beratung, Begutachtung, Formulierung von Rechtsvorschriften, Schulung), Reorganisation der Steuerverwaltung
	1994-1998	GTZ	MWSt	Etablierung einer modernen MWST, Entwurf eines StVwG.
Lettland	1991-1994	US Treasury	Steuerreform, Steuerverwaltung	Verschiedene Kurzzeitprojekte inkl. finanzieller Unterstützung; Beratung im Bereich Steueraufkommens-schätzung
	1996-	GTZ (Crown Agents[5])	Zoll- und Steuerverwaltung	Reform der Zollverwaltung, Einführung eines EDV-System
	1996-1997	Altair[6] (EU-Phare[7])	Steuerverwaltung	Technische Hilfe in Gesetzgebung und Verwaltung; Schulungen von Beamten

Fortsetzung folgt

[4]Bundesministerium für wirtschaftliche Zusammenarbeit und Entwicklung, Deutschland.

[5]„Crown Agents for Oversea Governments and Administrations“ ist eine privatrechtlich organisierte britische Entwicklungshilfeagentur.

[6]Siehe Fn. 3.

[7]EU-Finanzierungsprogramm zur Unterstützung der EU-Beitrittsländer..

Tabelle A.1.: **Wirtschaftspolitische Beratung im Bereich Steuerpolitik – Fortsetzung**

LAND I	JAHR II	ORGANISATION III	THEMA DER BERATUNG IV	DETAILS V
Litauen	1993	KPMG Peat, Marwick (US Treasury, USAid)	Steuerreform	Verschiedene Kurzzeitprojekte inkl. finanzieller Unterstützung mit dem Ziel der Analyse und Bewertung alternativer Steuerpolitikszenarien
	1993-1999	USAid / US Treasury	Steuerverwaltung	Erarbeitung des StVwG und Schulung von Beamten
	1996-2000	HIID[8] (USAid)	Steuergesetzgebung (ESt und GSt) und Steuerschätzung	Vollzeitberater des HIID
Mazedonien	1993-2003	GTZ (EU)	MWSt	Einführung der MWSt, Schulung der Finanzverwaltung
	1995-1998	PLS Rambøll Management[9] (Weltbank)	Steuerverwaltung, Sozialversicherungssystem	Einsatz von 13 Langzeitexperten im Bereich Verwaltung und Reform der Sozialversicherung
	1994-2006	USAid	Steuerverwaltung	Teilprojekt im Rahmen umfangreicher wirtschaftspolitischer Beratung

Fortsetzung folgt

[8]Siehe Fn. 2.
[9]Skandinavische Unternehmens- und Politikberatungsgesellschaft mit Sitz in Kopenhagen (siehe http://www.pls.dk/homepage/de/).

Tabelle A.1.: **Wirtschaftspolitische Beratung im Bereich Steuerpolitik – Fortsetzung**

Land I	Jahr II	Organisation III	Thema der Beratung IV	Details V
Polen	1991-1994	US Treasury	Steuerreform, Steuerverwaltung	Verschiedene Kurzzeitprojekte inkl. finanzieller Unterstützung; Beratung im Bereich Steueraufkommensschätzung
	2001-2004	GTZ (BMF)[10]	Steuerverwaltung	Modernisierung der Steuerverwaltung
Rumänien	1991-1994	US Treasury	Steuerreform, Steuerverwaltung	Verschiedene Kurzzeitprojekte inkl. finanzieller Unterstützung
	1996-2001		Steuerpolitik und Steuerverwaltung	Reform des Steuersystems in Hinblick auf eine marktwirtschaftliche Finanzverfassung; Entwurf eines StVwG; Reform der Verwaltungsstrukturen, Einführung eines Steuerschätzverfahrens; 1 Langzeitexperte, mehrere Kurzzeitexperten
	April 1997	HIID[11]	Wirtschaftsreformen und Steuerreform	Workshop zum Thema "‘Rumänische Wirtschaftsreformen“
	1995-1997	PLS Rambøll Management (EU-Phare[12])	(Steuer-) Verwaltungsreform	

Fortsetzung folgt

[10] Siehe Fn. 1
[11] Siehe Fn. 2.
[12] Siehe Fn. 7.

Tabelle A.1.: **Wirtschaftspolitische Beratung im Bereich Steuerpolitik – Fortsetzung**

LAND I	JAHR II	ORGANISATION III	THEMA DER BERATUNG IV	DETAILS V
	1997-1998	Altair[13] (EU-Phare[14])	EStG, Beratung des Finanzministeriums	Vorbereitende Arbeiten zur Einführung einer persönlichen Einkommensteuer (Hilfe für das Finanzministerium bei existierenden Gesetzestexten und neuen Entwürfen, EDV-Beratung, Schulung)
	1999-2001	Altair[15] (TACIS[16])	MWSt, indirekte Steuern	Unterstützung bei der Reform indirekter Besteuerung und anderer ausgewählter Gebiete
Serbien-Montenegro	2000	Altair (EU-Phare[17])	Steuerpolitik	Ausarbeitung und Umsetzung legislativer, administrativer und technischer Lösungen im Zuge der Verwaltungsreform (Planung von Budget- und Steuerreform)
	2001-2003	GTZ	MWSt, Steuerverwaltung	Einführung der MWSt; Hilfe bei Reform des steuerlichen Verfahrensrechts; Langzeitprojekt; Beratung der Regierung bei der Formulierung des MWSt-Gesetzes

Fortsetzung folgt

[13] Siehe Fn. 3.
[14] Siehe Fn. 7.
[15] Siehe Fn. 3.
[16] EU-Programm zur Unterstützung der Transformationsprozesses in 13 Ländern Osteuropas und Zentralasiens; aufgelegt 1991.
[17] Siehe Fn. 7.

Tabelle A.1.: **Wirtschaftspolitische Beratung im Bereich Steuerpolitik – Fortsetzung**

LAND I	JAHR II	ORGANISATION III	THEMA DER BERATUNG IV	DETAILS V
	2002-2005	US-Treasury/ USAid	Steuerpolitik und Steuerverwaltung	
Slowakei	1991-1994	US Treasury	Steuerreform, Steuerverwaltung	Verschiedene Kurzzeitprojekte inkl. finanzieller Unterstützung; Beratung im Bereich Steueraufkommens-schätzung
	1997	Altair (EU-Phare)	Steuerverwaltung	Technische Unterstützung im Bereich der Steuerverwaltung: Unterstützung der örtlichen Gebietskörperschaften nach in Kraft treten des neuen Bankengesetzes
Slowenien	1991-1994	US Treasury	Steuerreform, Steuerverwaltung	Verschiedene Kurzzeitprojekte inkl. finanzieller Unterstützung
	1996-2000	GTZ (BMZ)	Steuerpoltik und Steuerverwaltung	Einführung eines Steuerschätzmodells;Evaluierung und Überarbeitung des bestehenden Steuerrechts (MWSt, ESt, KSt); Reorganisation der Steuerverwaltung;
	1997-1998	Altair (EU-Phare)	(Steuer-)Verwaltung	Beratung und technische Unterstützung der öffentlichen Verwaltung; verschiedene Aufträge die gegenwärtige Situation zu prüfen

Fortsetzung folgt

Tabelle A.1.: **Wirtschaftspolitische Beratung im Bereich Steuerpolitik – Fortsetzung**

Land I	Jahr II	Organisation III	Thema der Beratung IV	Details V
	1998-2000	GTZ und ADETEF[18] (EU-Phare)	Steuerverwaltung	Hilfe bei Implementierung der Steuerreformen, Hilfe bei Einführung der MWSt
Tschechien	1991-1994	US Treasury	Steuerreform, Steuerverwaltung	Verschiedene Kurzzeitprojekte inkl. finanzieller Unterstützung
	1996	Altair (EU-Phare), US Treasury	Beratung im Bereich der indirekten Steuern	Beratung des Finanzministereriums
Ungarn	1991-1994	US Treasury	Steuerreform, Steuerverwaltung	Verschiedene Kurzzeitprojekte inkl. finanzieller Unterstützung
	1995-1998	GTZ (EU-Phare)	Zoll- und Steuerverwaltung	Zollgesetzgebung, Reform der Zoll- und Steuerverwaltung; 1 Langzeitexperte

[18] Französische Entwicklungshilfeagentur.

B. Zur Arbeit des IWF in Transformationsländern

B.1. Auszug aus den „Articles of Agreement" des IWF

Die „Articles of Agreement" beschreiben die Ziele des IWF und sind Grundlage für seine Arbeit.[1] Artikel 1 zufolge wurde der IWF gegründet, um

- die internationale monetäre Kooperation zu stärken;
- Internationalen Handel zu erleichtern und dadurch ein hohes Beschäftigungs- und Realeinkommensniveau zusichern;
- Wechselkursstabilität zu gewährleisten;
- die Etablierung eines multilateralen Zahlungssystems zu unterstützen;
- zeitlich beschränkte finanzielle Unterstützung für Mitgliedsländer im Falle von Zahlungsbilanzproblemen zu gewähren;
- den Grad des Ungleichgewichts der intern. Zahlungsbilanzen zu reduzieren.

B.2. Technische Hilfe des IWF in Tranformationsländern

Die folgende Tab. B.1 gibt einen Überblick über die steuerpolitische Beratungstätigkeit des IWF in Form von technischer Hilfe („Technical Assistance") in ausgewählten Transformationsländern Ost- und Südosteuropas im Zeitraum 1991–2003. Die Daten basieren auf den IMF Country Reports (siehe www.imf.org).

---

[1] Vgl. auch http://www.imf.org/external/pubs/ft/aa/aa.pdf.

Tabelle B.1.: **Technische Hilfe des IWF im Bereich Steuerpolitik („Technical Assistance")**

LAND I	THEMA DER BERATUNG II	ART DER BERATUNG III	ZEITRAUM IV
Bosnien	Steuerpolitik, ESt	FAD-Mission	Februar 1996
	Steuerverwaltung	FAD-Mission	April/Mai 1996
	StVwG	LEG-Mission	Mai 1996
	Diagnose / Analyse (u.a.Steuerpolitik)	FAD-Mission	November 1996
	Indirekte Besteuerung, Inter-Entitäten Handel	FAD-Mission	November 1999
	MWSt	FAD-Mission	Sept./Okt. 2000
	MWSt	FAD-Mission	April 2002
Estland	Steuerpolitik	FAD-Mission	März 2001
Kroatien	Steuerpolitik und Steuerverwaltung	FAD-Mission	November 1992
	MWSt und Steuerverwaltung	FAD-Mission	Mai 1993
	Auswirkung der MWSt	FAD-Mission	Juni – Juli 1997
	Steuerpolitik	FAD-Mission	Juni 2000
Lettland	Steuerverwaltung	FAD-Mission	Februar 1995
	"	FAD-Inspektion	Juli 1995
Bulgarien	Steuer- und Zollverwaltung	FAD-Mission	Februar 1997
	Steuerverwaltung	FAD-Mission	April 1997
	Steuerverwaltung	FAD-Experten	Aug. 1997 – Feb. 1998
	Steuerpolitik	FAD-Mission	September 1997
	Steuer- und Zollverwaltung	FAD-Mission	September 1997

Fortsetzung folgt

Tabelle B.1.: **Technische Hilfe („Technical Assistance") des IWF im Bereich Steuerpolitik – Fortsetzung**

LAND I	THEMA DER BERATUNG II	ART DER BERATUNG III	ZEITRAUM IV
	Steuerpolitik	FAD-Mission	Oktober 1997
	Steuerverwaltung	FAD-Experten	Februar – August 1997
	Steuerverwaltung	FAD-Mission	August 1998
	Sozialversicherungssysteme	FAD-Mission	Mai 1999
	Steuerverwalung	FAD-Mission	Januar – Februar 2000
	Steuerverwaltung	FAD-Mission	Mai 2000
	Steuerverwalung	FAD-Experten	Mai – Juni 2000
Mazedonien	Steuerverwaltung und MWSt	FAD-Mission	Nov. 1996 – Dez. 1999
	Zollverwaltung	FAD-Mission	April 1995 – Juli 1998
Polen	Steuerverwaltung und MWSt	FAD-Experten	Aug. 1992 – Okt. 1994
	Steuerverwaltung	FAD-Mission	November 1992
	Steuerverwaltung	FAD-Mission	Oktober 1998
	Steuerpolitik	FAD-Mission	November 1998
	Diskussion über Steuerverwaltung	FAD-Mission	März 1999
	Steuerverwaltungsseminar	FAD-Mission	April 1999
	Steuerverwaltung und Einführung durch Experten	FAD-Mission	November 1999
Rumänien	Grundlegende Analyse	FAD-Mission	September 1990
	Reform des indirekten Steuersystems	FAD-Mission	Okt. – Nov. 1990
	Einkommensteuersystem	FAD-Mission	Dezember 1990
	Budgetmethoden; Steuerreform	FAD-Mission	Mai & Juni 1991
	Steuerverwaltung: MWSt und globale Einkommensteuer	FAD-Mission	Februar 1992
	Steuerpolitik	FAD-Mission	August 1993

Fortsetzung folgt

Tabelle B.1.: **Technische Hilfe („Technical Assistance") des IWF im Bereich Steuerpolitik – Fortsetzung**

LAND I	THEMA DER BERATUNG II	ART DER BERATUNG III	ZEITRAUM IV
	Gewinnsteuerreform	FAD-Mission	November 1993
	Steuerpolitik und Steuerverwaltung	FAD- und FIAS-Mission	August 1999
Slowenien	Steuerreformstrategie	FAD-Mission	Oktober 1992
	Steuerverwaltung	FAD-Mission	April/Mai 1993
	Steuerpolitik	FAD-Mission	Juli 1993
	Einkommensteuergesetz	LEG-Mission	Juni 1995
	Steuerpolitik	FAD-Mission	Dezember 1996
	Steuerverwaltung& MWSt	FAD-Mission	April 1999
Tschechien	regelmäßige Besuche der FAD-Berater bezüglich der MWSt-Verwaltung	FAD-Mission	Dez. 1991 – Sept. 1993
	Weiterführende Besuche durch FAD-Berater bezüglich der MWSt-Verwaltung	FAD-Mission	Juli 1994
	Weiterführende Besuche durch FAD-Berater bezüglich der MWSt-Verwaltung	FAD-Mission	Juni 1995

Quelle: IMF Country Reports (verschiedene Jahrgänge).

Literaturverzeichnis

Aaron, H. J. und H. Galper (1985), *Assesing the Income Tax*, Washington, D.C.: Brookings Institution.

Aaron, H. J., H. Galper und J. A. Pechman (1988), *Uneasy compromise: Problems of a hybrid income-consumption tax*, Studies of Government Finance: Second Series, Washington, D.C.: Brookings Institution.

Ahlheim, M. und M. Rose (1989), *Messung individueller Wohlfahrt*, Berlin; Heidelberg: Springer.

Akerlof, G. A. (1970), „The Market for 'Lemons': Quality Uncertainty and the Market Mechanism", *Quarterly Journal of Economics* 84 (3), S. 488–500.

Arrow, K. J. (1951), *Social Choice and Individual Values*, New York: John Wiley.

Atkinson, A. B. (1977), „Optimal taxation and the direct versus indirect tax controversy", *Canadian Journal of Economics* 10, S. 590–606.

Atkinson, A. B. und A. Sandmo (1980), „Welfare implications of the taxation of savings", *Economic Journal* 90, S. 529–549.

Atkinson, A. B. und N. H. Stern (1974), „Pigou, Taxation and Public Goods", *Review of Economic Studies* 41 (1), S. 119–128.

Atkinson, A. B. und J. E. Stiglitz (1972), „The structure of indirect taxation and economic efficiency", *Journal of Public Economics* 1 (1), S. 97–119.

— (1976), „The design of tax structure: direct versus indirect taxation", *Journal of Public Economics* 6, S. 55–75.

— (1980), *Lectures on Public Economics*, New York: McGraw-Hill.

Auerbach, A. und J. Hines (2002), „Taxation and Efficiency", In: *Handbook of public economics*, (Hrsg.) A. Auerbach und M. Feldstein, Bd. 3, Kap. 21, Amsterdam: Elsevier.

Aujean, M., P. Jenkins und S. Poddar (1999), „A New Approach to Public Sector Bodies“, *International VAT Monitor* 10 (4), S. 144–149.

Axelrod, R. (1984), *The evolution of cooperation*, New York, NY: Basic Books.

Ballard, C. L. (1990), „Marginal Welfare Cost Calculations: Differential Analysis vs. Balanced-Budget Analysis“, *Journal of Public Economics* 41 (2), S. 263–276.

Berger, H., J. de Haan und S. C. W. Eijffinger (2001), „Central Bank Independence: An Update of Theory and Evidence“, *Journal of Economic Surveys* 15 (1), S. 3–40.

Bird, R. (1992), *Tax policy and economic development*, Baltimore: John Hopkins University Press.

Blumenthal, M. und J. Slemrod (1992), „The Compliance Cost of the U.S. Individual Income Tax System: A Second Look after Tax Reform“, *National Tax Journal* 45 (2), S. 185–202.

— (1995), „Recent Tax Compliance Research in the United States“, In: *Tax Compliance Costs: Measurement and Policy*, (Hrsg.) C. Sandford, S. 142–172, London: Fiscal Publications.

BMF (1996), *Probleme einer Integration von Einkommensbesteuerung und steuerfinanzierten Sozialleistungen. Gutachten der Experten-Kommission "Alternative Steuer-Transfer-Systeme"*, Nr. 59 In: Schriftenreihe des BMF, Bonn: Stollfuß Verlag.

Boadway, R. (1995), „The role of second-best theory in public economics“, *EPRU Discussion Paper* (6).

— (2002), „The role of public choice considerations in normative public economics“, In: *Political Economy and Public Finance*, (Hrsg.) S. L. Winer und S. Hirofumi, Kap. 4, S. 47–68, Cheltenham, UK: Edward Elgar.

Boadway, R. und N. Bruce (1984), „A General Proposition on the Design of a Neutral Business Tax“, *Journal of Public Economics* (24), S. 231–239.

— (1992), „Problems with integrating corporate and personal income taxes in an open economy“, *Journal of Public Economics* 48 (1), S. 39–66.

Boadway, R., N. Bruce und J. Mintz (1984), „Taxation, inflation, and the effective marginal rate on capital in Canada“, *Canadian Journal of Economics* 17 (1), S. 62–79.

Boadway, R., M. Marchand und P. Pestieau (1994), „Towards a theory of the direct-indirect tax mix", *Journal of Public Economics* 55, S. 71–88.

Bradford, D. F. (1984), *Blueprints for Basic Tax Reform*, Arlington, Virginia: Tax Analysts, 2. revidierte Aufl.

Buchanan, J. M. (1975), „A Contractarian Paradigm for Applying Economic Theory", *American Economic Review* 65 (2), S. 225–230.

— (1976), „Taxation in Fiscal Exchange", *Journal of Public Economics* 6 (1-2), S. 17–29.

Buchanan, J. M. und G. Tullock (1962), *The Calculus of Consent*, Ann Arbor, MI: University of Michigan Press.

Buchholz, W. und K. Konrad (2000), „Risiko und Steuern", In: *Probleme der Besteuerung III*, (Hrsg.) N. Andel, Bd. 259 von *Schriften des Vereins für Sozialpolitik*, S. 63–139, Berlin: Duncker & Humblot.

Buchholz, W. und W. Wiegard (1990), „Einfache Wahrheiten über intertemporal neutrale Besteuerung", *Regensburger Diskussionsbeiträge zur Wirtschaftswissenschaft* (225).

Burgess, R. und N. Stern (1993), „Taxation and development", *Journal of Economic Literature* 31 (2), S. 762–830.

Burns, L. und R. Krever (1998), „Individual income tax", In: *Tax law design and drafting*, (Hrsg.) V. Thuronyi, Bd. 2, S. 495–563, Washington, D.C.: International Monetary Fund.

Cassel, S. (2001), *Politikberatung und Politikerberatung. Eine institutionenökonomische Analyse der wissenschaftlichen Beratung der Wirtschaftspolitik*, Bern: Verlag Paul Haupt.

Cnossen, S. (1991a), „Design of the Value Added Tax: Lessons from Experience", In: *Tax policy in developing countries*, (Hrsg.) J. Khalilzadeh-Shirazi, Kap. 5, S. 72–85, Washington, D.C.: World Bank, 1. Aufl.

— (1991b), „Key questions in considering a Value-added Tax for central and eastern European countries", IMF Working Paper WP/91/69, IMF.

— (1994), „Administrative and Compliance Costs of the VAT: A Review of the Evidence", *Tax Notes International* S. 1649–1668.

Corlett, W. J. und D. Hague (1953), „Complementarity and the excess burden of taxation", *Review of Economic Studies* 21, S. 656–670.

Cowell, F. (1990), *Cheating the government: the economics of evasion*, Cambridge, Mass.: MIT Press.

Crow, J., R. Arriazu und N. Thygensen (1999), *External evaluation of IMF surveillance: report by a group of independent experts*, Washington, DC: IMF.

Darby, M. R. und E. Karni (1973), „Free Competition and the Optimal Amount of Fraud", *Journal of Law and Economics* 16 (1), S. 67–88.

Deaton, A. (1987), „Econometric issues for tax design in developing countries", In: *The theory of taxation for developing countries*, (Hrsg.) D. M. Newbery und N. H. Stern, Kap. 14, S. 92–113, Oxford: Clarendon Press.

Diamond, P. A. und J. A. Mirrlees (1971), „Optimal taxation and public production I: production efficiency / Optimal taxation and public production II: tax rules", *American Economic Review* 61, S. 8–27 / 261–278.

Dixit, A. (1996), *The Making of Economic Policy*, Cambridge, MA: MIT Press.

Döring, T. (2001), *Institutionenökonomische Fundierung finanzwissenschaftlicher Politikberatung*, Marburg: Metropolis Verlag.

Dziadkowski, D. (2002), „Entwicklung des Umsatzsteueraufkommens und finanzielle Auswirkungen neuerer Modelle bei der Umsatzbesteuerung", Ifo Forschungsberichte 13, ifo-Institut, München.

Ebrill, L., M. Keen, J.-P. Bodin und V. Summers (2001), *A Modern VAT*, Washington, D.C.: International Monetary Fund.

Eggert, W. und B. Genser (2001), „Is Tax Harmonization Useful?", *International Tax and Public Finance* 8 (4), S. 511–27.

Elschen, R. (1991), „Entscheidungsneutralität, Allkationseffizienz und Besteuerung nach der Leistungsfähigkeit: gibt es ein gemeinsames Fundament der Steuerwissenschaften?", *Steuern und Wirtschaft* 68 (2), S. 99–115.

Feldstein, M. (1976), „On the theory of tax reform", *Journal of Public Economics* 6, S. 77–104.

— (1978), „The welfare cost of capital income taxation", *Journal of Political Economy* 86 (2), S. S29–S51.

— (1992), „The Council of Economic Advisers and Economic Advising in the United States", *The Economic Journal* 102 (414), S. 1223–1234.

Fischer, S. (1980), „Dynamic Inconsistency, Cooperation and the Benevolent Disembling Government", *Journal of Economic Dynamics and Control* 2 (1), S. 93–107.

Folkers, C. (1985), „Steuerreforminteressen und Steuervergünstigungen in positiver und institutioneller Perspektive", *Jahrbuch für Sozialwissenschaft* 36, S. 274–301.

Fox, W. und C. Wallich (2001), „Fiscal Federalism in Bosnia-Herzegovina: The Dayton Challenge", In: *Intergovernmental Fiscal Relations in Fragmented Societies*, (Hrsg.) R. Bird und T. Stauffer, Bd. 33 von *Publications de l'Institut du Fédéralisme Fribourg, Suisse: Etudes et colloques*, S. 397–434, Bâle, Genève, Munich: Helbing & Lichtenhahn.

Frey, B. S. und K. Gebhard (1994), *Demokratische Wirtschaftspolitik: Theorie und Anwendung*, München: Verlag Vahlen.

Fuisting, B. (1902), *Grundzüge der Steuerlehre*, Bd. 4, Berlin: Heymann.

Gammie, M. (1991), „Equity for companies: a corporation tax for the 1990s", Commentary 26, Institute for Fiscal Studies, London, report of the Capital Tax Group.

Gerken, L. und G. Schick (2002), „Sind die Abgeltungssteuer und eine ‚goldene Brücke' für den Rückfluss von Fluchtkapital konsensfähig?", *Die Bank* (12), S. 842–846.

Gibbons, R. (1998), „Incentives in Organizations", *NBER Working Paper* (6695).

Godwin, M. (1995), „The Compliance Costs of the United Kingdom Tax System", In: *Tax compliance costs: Measurement and policy*, (Hrsg.) C. Sandford, S. 73–100, London: Fiscal Publications.

Goldstein, M. (2000), „IMF structural programs", Techn. Ber., Institute for International Economics, paper prepared for NBER Conference on 'Economic and Financial Crises in Emerging Market Economies', Woodstock, Vermont, October 19–21.

— (2001), „IMF structural conditionality: how much is too much?", Working Paper 01-4, Institute for International Economics.

Goode, R. (1984), *Government finance in developing countries*, Washington, D.C.: Brookings Institution.

Gordon, R. H. (1986), „Taxation of Investment and Savings in a World Economy“, *American Economic Review* 76 (5), S. 1086–1102.

Gravelle, H. und R. Rees (1992), *Microeconomics*, Harlow: Longman House, 2. Aufl.

Gress, M., M. Rose und R. Wiswesser (1998), *Marktorientierte Einkommensteuer*, München: Vahlen.

Guitian, M. (1995), „Conditionality: past, present, future“, *IMF Staff Papers* 42 (4).

Haig, R. H. (1921), *The federal income tax*, New York: Columbia University Press.

Hall, R. E. und A. Rabushka (1995), *The Flat Tax*, Stanford, CA: Hoover Institution Press, 2. Aufl.

Hammer, M. (2001), „Die Gewerbesteuer ist ungerecht“, *Süddeutsche Zeitung*, Interview mit dem Münchner Stadtkämmerer Klaus Jungfer, Münchner Wirtschaft vom 13. August 2001, S. 48.

Hausman, J. (1985), „Taxes and labor supply“, In: *Handbook of Public Economics*, (Hrsg.) A. J. Auerbach und M. Feldstein, Bd. 1, Kap. 5, Amsterdam: North-Holland.

Heady, C. (1993), „Optimal taxation as a guide to tax policy: a survey“, *Fiscal Studies* 14 (1), S. 15–41.

Henderson, A. (1992), „The IMF in Eastern Europe: Lessons of the 1980s and Prospects for the 1990s“, In: *Development Finance and Policy Reform*, (Hrsg.) P. Mosley, Kap. 11, S. 259–290, New York: St. Martin's Press.

Hodgson, G. M. (1998), „The Approach of Institutional Economics“, *Journal of Economic Literature* 36 (1), S. 166–192.

Hoff, K. und J. E. Stiglitz (2001), „Modern Economic Theory and Development“, In: *Frontiers of Development*, (Hrsg.) G. M. Meier und J. E. Stiglitz, S. 389–459, Oxford: Oxford University Press.

Homburg, S. (2000), *Allgemeine Steuerlehre*, München: Verlag Vahlen, 2. Aufl.

Huber, B. (1996), *Optimale Finanzpolitik und zeitliche Inkonsistenz: eine theoretische Analyse*, Heidelberg: Physica Verlag.

Hussey, M. W. und D. C. Lubick (1992), *Basic World Tax Code*, Arlington, Virginia: Tax Analysts.

IBFD (2001), *European Tax Handbook 2001*, Amsterdam: International Bureau of Fiscal Documentation.

— (2002), *European Tax Handbook 2002*, Amsterdam: International Bureau of Fiscal Documentation.

IMF (1993), „Technical Assistance on Tax Policy - A Review“, *IMF Working Paper* 93 (65).

— (1996), „Annual Report“, Washington, DC.

— (2000a), „Annual Report“, Washington, DC.

— (2000b), „World Economic Outlook 2000“, Techn. Ber. Oktober, International Monetary Fund, Washington, DC.

— (2003), „Annual Report“, Washington, DC.

Jain, A. K. (2001), „Corruption: a review“, *Journal of Economic Surveys* 15 (1), S. 71–121.

Jensen, M. C. und W. H. Meckling (1976), „Theory of the Firm: Managerial Behaviour, Agency Costs and Ownership Structure“, *Journal of Financial Economics* 3 (4), S. 305–360.

Johansson, S.-E. (1961), „Income Taxes and Investment Decisions“, *Swedish Journal of Economics* 71, S. 104–110.

Kaiser, M. (1992), *Konsumorientierte Reform der Unternehmensbesteuerung*, Wissenschaftliche Beiträge ; 72, Heidelberg: Physica-Verlag.

Kaldor, N. (1955), *An Expenditure Tax*, London: Allen & Unwin.

Kaplow, L. (1995), „A fundamental objection to tax equity norms: a call for utilitarism“, *National Tax Journal* 58 (4).

— (2003), „Taxation and Redistribution: Some Clarifications“, Discussion Paper 424, Harvard John M. Olin Center for Law, Economics and Business, Cambridge.

Kaplow, L. und S. Shavell (2000), „Notions of fairness versus the Pareto-Principle: on the role of logical consistency“, Harvard John M. Olin Discussion Paper Series.

— (2001), „Any non-welfarist method of policy assessment violates the Pareto principle“, *Journal of Political Economy* 109 (2), S. 281–286.

Keen, M. (1998), „The Comparison between Destination and Origin Principles under Imperfect Competition“, *Journal of International Economics* 45 (2), S. 323–350.

Keen, M. und J. King (2002), „The Croatian Profit Tax: An ACE in Practice“, *Fiscal Studies* 23 (3), S. 401–418.

Kiesewetter, D. (1999), *Zinsbereinigte Einkommens- und Körperschaftsteuer: die Implementierung im deutschen Steuersystem*, Bd. 22 von *Schriften zum Steuer-, Rechnungs- und Prüfungswesen*, Bielefeld: Erich Schmidt Verlag.

Kirchgässner, G. (1988), „Politik und Politikberatung aus Sicht der Neuen Politischen Ökonomie“, *Liberal* 30 (2), S. 41–49.

— (1996), „Ideologie und Information in der Politikberatung: Einige Bemerkungen und ein Fallbeispiel“, Diskussionspapier 9605, Universität St. Gallen, St. Gallen.

Kirchhof, P. (2002), „Der Karlsruher Entwurf und seine Fortentwicklung zu einer vereinheitlichten Ertragssteuer“, *Steuern und Wirtschaft* (1), S. 3–22.

Kirchhof, P., K. Althöfer, H.-W. Arndt und andere (2001), *Karlsruher Entwurf zur Reform des Einkommensteuergesetzes*, Bd. 116 von *Heidelberger Forum*, Heidelberg: C.F. Müller Verlag.

Klein, B. und K. Leffers (1981), „The Role of Market Forces in Assuring Contractual Performance“, *Journal of Political Economy* 81, S. 615–641.

Kreps, D., P. Milgrom, J. Roberts und R. Wilson (1982), „Rational Cooperation in the Finitely Repeated Prisoner's Dilemma“, *Journal of Economic Theory* 27 (2), S. 245–252.

Krueger, A. O. (1997), „Whither the World Bank and the IMF?“, NBER Working Paper 6327, NBER.

Krupp, H.-J. (1999), „Die Bedeutung der Wirtschaftswissenschaften in der Politikberatung“, *Wirtschaftsdienst* (3), S. 139–143.

Lang, J. (1993), *Entwurf eines Steuergesetzbuchs*, Schriftenreihe des Bundesministeriums der Finanzen; 49, Bonn: Bundesministerium der Finanzen.

Lipsey, R. G. und K. J. Lancaster (1956), „The General Theory of Second-Best“, *Review of Economic Studies* 25, S. 11–32.

Little, A. D. (1988), „Development of Methodology for Estimating the Taxpayer Paperwork Burden“, Final report to the department of treasury, internal revenue service, Department of Treasury, Washington D.C.

Lockwood, B. (1993), „Commodity Tax Competition under Destination and Origin Principles“, *Journal of Public Economics* 52 (2), S. 141–162.

Lockwood, B., D. de Meza und G. Myles (1994), „When are origin and destination regimes equivalent?“, *International Tax and Public Finance* 1 (1), S. 5–24.

Lončarević, B. (2002), *Kroatien, Steuerrecht*, Köln: Bundesagentur für Außenwirtschaft, Bfai.

— (2004), *Die Vermeidung internationaler Doppelbesteuerung von Einkommen und konsumorientierte Steuersystem*, Frankfurt: Verlag Peter Lang.

MacDougall, G. (1960), „The Benefits and Costs of Private Investments from Abroad: A Theoretical Approach“, *Economic Record* 36, S. 13–35.

Mansfield, C. Y. (1988), „Tax administration in developing countries“, *IMF Staff Papers* 35 (1), S. 181–197.

Martinez-Vazquez, J. und R. McNab (2000), „The tax reform experiment in transitional countries“, *National Tax Journal* 53 (2), S. 273–98.

Masson, P. und M. Mussa (1995), „The Role of the IMF: Financing and its Interactions With Adjustment and Surveillance“, *IMF Pamphlet Series* (50).

Matthews, R. C. (1986), „The Economics of Institutions and the Sources of Economic Growth“, *Economic Journal* 96 (4), S. 903–918.

McLure, C. und G. Zodrow (1998), „The Economic Case for Foreign Tax Credits for Cash Flow Taxes“, *National Tax Journal* 51 (1), S. 1–22.

McLure, C. E. (1987), „The Optimal Consumption Tax for the United States“. In: *The consumption tax: A better alternative?*, (Hrsg.) C. E. Walker, S. 265–71, Cambrige, MA: Ballinger.

McLure, C. E. und G. R. Zodrow (1990), „Administrative Advantages of the Individual Tax Prepayment Approach to the Direct Taxation of Consumption“, In: *Heidelberg Congress on Taxing Consumption: Proceedings of the International Congress on Taxing Consumption, Held at Heidelberg, June 28–30, 1989*, (Hrsg.) M. Rose, S. 335–382, Berlin: Springer-Verlag.

Meade-Committee (1978), *The Structure and Reform of Direct Taxation, Report of a Committee chaired by J. E. Meade*, London: George Allen & Unwin.

Mennel, A. und J. Förster (2003), *Steuern in Europa, Amerika und Asien*, Herne, Berlin: Verlag Neue Wirtschafts-Briefe.

Mikesell, R. F. (2001), „The Meltzer Commission Report on International Institutions", *Economic Development and Cultural Change* 49 (4), S. 83–94.

Mill, J. S. (1848), *Principles of Political Economy*, Fairfield, NJ: Augustus M. Kelley, neue Aufl., reprinted 1987.

Mirrlees, J. A. (1971), „An exploration in the theory of optimum income taxation", *The Review of Economic Studies* 38, S. 175–208.

Mueller, D. C. (1976), „Public Choice: A Survey", *Journal of Economic Literature* 14 (2), S. 395–433.

— (2003), *Public Choice III*, Cambridge, New York and Melbourne: Cambridge University Press.

Musgrave, R. A. (1959), *The Theory of Public Finance*, New York: McGrw-Hill Book Company.

Musgrave, R. A., P. B. Musgrave und L. Kullmer (1985), *Die öffentlichen Finanzen in Theorie und Praxis*, Bd. 2, Stuttgart: UTB, 1. Aufl.

Nelson, P. (1970), „Information and Consumer Behaviour", *Journal of Political Economy* 78 (2), S. 311–329.

— (1974), „Advertising as Information", *Journal of Political Economy* 82 (4), S. 729–754.

Newbery, D. M. (1997), „Optimal tax rates and tax design during systemic reform", *Journal of Public Economics* 64, S. 177–206.

Newbery, D. M. und T. Revesz (1998), „The evolution of the tax structure of a reforming transitional economy: Hungary 1988-98", *International Tax and Public Finance* 7, S. 209–240.

Nguyen-Thanh, D. (2004a), „Reform der Gewinnermittlung: Anmerkungen zur Kassenrechnung aus ökonomischer Sicht", *Finanzreform* 5 (2004-13), S. 167–184, www.finanzreform.de.

— (2004b), „'Simplicity' and the Reform of Income Taxation: The case of Bosnia-Herzegovina“, In: *Računo vodstvena i porezna reforma u BiH*, (Hrsg.) Revicon, Bd. 5, S. 822–847, Tuzla: Podružnica Tuzla, erschienen auf bosnisch.

Nguyen-Thanh, D. und M. Rose (2004), „Reforming Income and Profit Taxation: The Case of Bosnia-Herzegovina“, *Bulletin for International Fiscal Documentation* 58 (7), S. 297–303.

Nguyen-Thanh, D., M. Rose und B. Thalmeier (2003), „Die zinsbereinigt modifizierte Kassenrechnung als einheitliche Gewinnermittlungsmethode“, *Steuern und Wirtschaft* (2), S. 169–175.

North, D. C. (1991), „Institutions“, *Journal of Economic Perspectives* 5 (1), S. 97–112.

Oates, W. E. und R. M. Schwab (1988), „Economic Competition among Jurisdictions: Efficiency Enhancing or Distortion Inducing“, *Journal of Public Economics* 35 (3), S. 333–354.

OECD (1991), *Taxing profits in a globalized economy: domestic and international issues*, Paris: OECD.

OECD (1997), *Model Tax Convention on Income and on Capital*, Bd. I, Paris: OECD, oECD Committee on Fiscal Affairs.

OECD (1998), *Value-Added Taxes in Central and Eastern European Countries, A Comparativ Survey and Evaluation*, Paris: OECD Publication.

O'Flaherty, B. und J. Bhagwati (1997), „Will free trade with political science put normative eonomists out of work?“, *Economics and Politics* 9 (3), S. 207–219.

Olson, M. (1965), *The logic of collective action: public goods and the theory of groups*, Cambridge, MA: Harvard University Press.

— (1982), *The rise and decline of nations: economic growth, stagflation, and social rigidities*, New Haven: Yale University Press.

Ott, K. und A. Bajo (2000), *Compliance Costs in Transitional Economies: The Croatian Experience*, Zagreb: Institute of Public Finance.

Pechman, J. A. (1990), „The future of the income tax“, *American Economic Review* 80 (1), S. 1–20.

Persson, T. und G. Tabellini (1994), „Representative democracy and capital taxation“, *Journal of Public Economics* 55 (1), S. 53–70.

— (1995), „Double-edged incentives: Institutions and policy coordination“, In: *Handbook of International Economics*, (Hrsg.) G. Grossman und K. Rogoff, Bd. III, Amsterdam: North-Holland.

Poddar, S. und M. English (1997), „Taxation of Financial Services under a Value-Added Tax: Applying the Cash-Flow Apporach“, *National Tax Journal* 50 (1), S. 89–112.

Prinz, U. (1996), „Grundfragen und Anwendungsbereiche des Veranlassungsprinzips im Ertragsteuerrecht“, *Steuer und Wirtschaft* (3), S. 267–274.

Purohit, M. C. (1997), „Value added tax in a federal structure: a case study of Brazil“, *Economic and Political Weekly* S. 357–362.

Ramsey, F. P. (1927), „A Contribution to the Theory of Taxation“, *Economic Journal* 37, S. 47–61.

Rawls, J. (1971), *A Theory of Justice*, Cambridge, MA: Harvard University Press.

Ray, D. (1998a), *Development Economics*, Princeton, NJ: Princeton University Press.

Ray, R. (1997), „Issues in the design and reform of commodity taxes: analytical results and empirical evidence“, *Journal of Economic Surveys* 11 (4), S. 353–388.

— (1998b), „The Design of Commodity Taxes in the Presence of Tax Evasion with Illustrative Evidence from India“, *Public Finance Review* 26 (5), S. 503–518.

Razin, A. und E. Sadka (1995), „The Status of Capital Income Taxation in the Open Economy“, *Finanzarchiv* 52 (1), S. 21–32.

Razin, A. und J. Slemrod (Hrsg.) (1990), *Taxation in the Global Economy*, NBER Project Report, Chicago: University of Chicago Press.

Richman, P. (1963), *Taxation of Foreign Investment Income*, Baltimore: John Hopkins Press.

Richter, R. und E. Furubotn (1996), *Neue Institutionenökonomik*, Tübingen: J.C.B. Mohr (Paul Siebeck).

Richter, W. F. und W. Wiegard (1993), „Zwanzig Jahre „Neue Finanzwissenschaft“. Teil I: Uberblick und Theorie des Marktversagens / Teil II: Steuern und Staatsverschuldung.“, *Zeitschrift fur Wirtschafts- und Sozialwissenschaften* 113 (2/3), S. 169–224 / 337–400.

Rogers, C. A. (1987), „Expenditure Taxes, Income Taxes and Time-Inconsistency“, *Journal of Public Economics* 32 (2), S. 215–230.

Rose, M. (1991), „Plädoyer für ein konsumbasiertes Steuersystem“, In: *Konsumorientierte Neuordnung des Steuersystems*, (Hrsg.) M. Rose, S. 7–34, Berlin: Springer.

— (1994), „Tax Reform in Eastern Europe: Economic Concept and Administrative Feasibility“, In: *Policy Reform and Structural Adjustment: The Cases of Malaysia, Hungary, China, Peru and Sri Lanka*, (Hrsg.) O. Gans, Heidelberg Studies in applied Economics and rural Institutions, S. 41–62, Heidelberg: Verlag für Entwicklungspolitik, Breitenbach.

— (1998), „Konsumorientierung des Steuersystems - theoretische Konzepte im Lichte empirischer Erfahrungen“, In: *Steuersysteme der Zukunft*, (Hrsg.) G. Krause-Junk, Nr. 256 In: Schriften des Vereins für Socialpolitik, S. 247–278, Berlin: Duncker& Humboldt.

— (1999), „Recommendations on Taxing Income for Countries in Transition to Market Economies“, In: *Tax Reform for Countries in Transition to Market Economies*, (Hrsg.) M. Rose, S. 23–62, Stuttgart: Lucius & Lucius.

— (2000), „Sinn und Unsinn einer Besteuerung von Gewinnen aus der Veräußerung von Anteilen an Unternehmen“, *Betriebs-Berater* 55 (21), S. 1062–1068.

— (2002), *Reform der Einkommensbesteuerung in Deutschland: Konzept, Auswirkungen und Rechtsgrundlagen der Einfachsteuer des Heidelberger Steuerkreises*, Bd. 122 von *Schriften des Betriebs-Beraters*, Heidelberg: Verlag Recht und Wirtschaft.

— (2003), „Einfache, faire und marktorientierte Besteuerung von Unternehmensgewinnen“, In: *Integriertes Steuer- und Sozialsystem*, (Hrsg.) M. Rose, S. 343–382, Heidelberg: Physica-Verlag.

Rose, M. und E. Wenger (1992), „Ein Beitrag zum kroatischen Steuersystem, insbesondere zur Besteuerung von Einkommen und Gewinn“, *Financijska Praska, Zagreb* (Nr.7), S. 381–407.

Rose, M. und R. Wiswesser (1998), „Tax reform in transition economies: experiences from the Croatian Tax Reform Process of the 1990s“, In: *Public Finance in a Changing World*, (Hrsg.) P. B. Soerensen, S. 257–278, London: MacMillan Press.

Ruding-Committee (1992), *Report of the Committee of Independent Experts on Company Taxation*, Luxembourg: Office for Official Publication of the European Communities, report of a committee chaired by O. Ruding.

Sadka, E. (1976), „On income distribution, incentive effects, and optimal income taxation“, *Review of Economic Studies* 46 (2), S. 261–267.

Samuelson, P. (1964), „Tax Deductibility of Economic Depreciation to Insure Invariant Valuations“, *Journal of Political Economy* 82, S. 604–606.

Sandford, C. (1995), *Tax Compliance Costs: Measurement and Policy*, London: Fiscal Publications.

Sandmo, A. (1976), „Optimal Taxation: An Introduction to the Literature“, *Journal of Public Economics* 6 (1-2), S. 37–54.

Schanz, G. v. (1896), „Der Einkommensbegriff und die Einkommensteuergesetze“, *Finanzarchiv* 13, S. 1–87.

Schatz, K.-W. (1999), „Erfolge und Fehlschläge der wirtschaftswissenschaftlichen Politikberatung“, *Wirtschaftsdienst* (3), S. 146–150.

Schelling, T. C. (1960), *The Strategy of Conflict*, Cambridge, MA: Harvard University Press.

Schenk, A. und H. Zee (2001), „Treating Financial Services Under a Value-Added Tax: Conceptual Issues and Country Practices“, *Tax Notes International* S. 3309–3316.

Schmidt, F. (1998a), *Allowance for Corporate Equity, Zinskorrigierte Besteuerung zur Harmonisierung der Steuersysteme in Europa*, Bd. 16 von *Betriebswirtschaft aktuell*, Berlin: S + W Steuer- und Wirtschaftsverlag.

Schmidt, P. (1997), *Die Mehrwertsteuer in Kroatien*, 5, Bundesamt für Außenhandelsinformation.

— (1998b), *Konsumbesteuerung durch Mehrwertsteuer. Zur Konsumorientierten Ausgestaltung mehrwertsteuerlicher Erhebungstechnik*, Dissertation, Universität Tübingen.

Schmidt, P., H. Wissel und M. Stöckler (1996), „The New Croatian Tax System", *Bulletin for International Fiscal Documentation* 50 (4), S. 155–163.

Schneider, D. (1987), *Allgemeine Betriebswirtschaftslehre*, München: R. Oldenbourg Verlag, 3. Aufl.

— (1992), *Investition, Finanzierung und Besteuerung*, Wiesbaden: Gabler, 7. Aufl.

Schneider, F. und D. Enste (2000), „Shadow economies around the world: sizes, causes and consequences", IMF Working Paper 00/26, IMF.

Schremmer, E. (2002), „Warum die württembergischen Ertragsteuern von 1821 und die sächsische Einkommensteuer von 1874/78 so interessant sind", *Abhandlungen der Sächsischen Akademie der Wissenschaften zu Leipzig* 78 (2).

Shapiro, C. (1983), „Premiums for High Quality Products as Rents to Repuation", *Quarterly Journal of Economics* 98 (4), S. 659–679.

Simons, H. C. (1938), *Personal Income Taxation: The Definition of Income as a Problem of Fiscal Policy*, Chicago: University of Chicago Press.

Sinn, H.-W. (1985), *Kapitaleinkommensbesteuerung. Eine Analyse der intertemporalen, internationalen und intersektoralen Allokationswirkungen*, Tübingen: J.C.B. Mohr Siebeck.

— (1990), „Taxation and the cost of capital: the "old" view, the "new" view, and another view", *NBER Working Paper Series* (3501).

— (1997a), „Deutschland im Systemwettbewerb", *CES Working Paper Series* (132).

— (1997b), „The Selection Principle and Market Failure in Systems Competition", *Journal of Public Economics* 66 (2), S. 247–274.

— (1999), „Systemwettbewerb", Yrjö Jahnsson Lecture, mimeo Universität München.

Slemrod, J. (1990), „Optimal taxation and optimal tax systems", *Journal of Economic Perspectives* 4, S. 157–178.

— (1996), „Which is the simplest tax system of them all?", In: *Economic Effects of Fundamental Tax Reform*, (Hrsg.) H. Aaron und W. Gale, Washington, D.C.: The Brookings Institution.

Slemrod, J. und S. Yitzhaki (1996), „The costs of taxation and the marginal efficiency cost of funds“, *IMF Staff Papers* 43 (1).

— (2000), „Tax avoidance, evasion, and administration“, NBER Working Paper 7473, NBER.

Soerensen, P. B. (1995), „Changing views of the corporate income tax“, *National Tax Journal* 47, S. 279–294.

— (1997), „Public finance solutions to the European unemployment problem“, *Economic Policy* 25, S. 223–264.

Stöckler, M. und H. Wissel (1995), „Die Gewinnbesteuerung in der Republik Kroatien“, *Internationale Wirtschaftsbriefe* 2 (11), S. 527–536.

Stiglitz, J. E. (2002), *Globalization and its Discontents*, London, New York: Penguin Books.

Stotsky, J. G. (1995), „Summary of IMF tax policy advice“, In: *Tax policy handbook*, (Hrsg.) P. Shome, S. 279–284, Washington, D.C.: Tax Policy Division, Fiscal Affairs Department, IMF.

Tait, A. A. (1988), *Value added tax: international practice and problems*, Washington, DC: International Monatary Fund.

Tanzi, V. (1987), „Fiscal policy, growth, and the design of stabilization programs“, In: *External debt, savings and growth in Latin America*, S. 121–141, Washington, D. C.: IMF.

— (1990), „The IMF and tax reform“, IMF Working Paper WP/90/39, IMF.

Tanzi, V. und H. H. Zee (1998), „Taxation and the Household Saving Rate: Evidence from OECD Countries“, Working Paper WP/98/36, IMF, Washington, D.C.:.

Telser, L. G. (1980), „A Theory of Self-Enforcing Agreements“, *Journal of Business* 53 (1), S. 27–44.

Thalmeier, B. (2002), *Analyse eines zinsbereinigten Systems der Kapitaleinkommensbesteuerung unter besonderer Berücksichtigung von Risiko*, Dissertation, Universität Heidelberg, Heidelberg, http://www.ub.uni-heidelberg.de/archiv/2959.

Thirsk, W. (1997), *Tax reform in developing countries*, 15, Washington, D.C.: World Bank.

Thuronyi, V. (1998), „Adjusting taxes for inflation", In: *Tax Law Design and Drafting*, (Hrsg.) V. Thuronyi, Bd. 2, S. 434–476, Washington, D.C.: International Monetary Fund.

Tipke, K. (1993), *Die Steuerrechtsordnung*, Köln: Verlag Dr. Otto Schmidt.

— (2002), „Versuch einer steuerjuristischen Würdigung des Karlsruher Entwurfs", *Steuern und Wirtschaft* (2), S. 148–175.

Tipke, K. und J. Lang (2002), *Steuerrecht*, Köln: Verlag Dr. Otto Schmidt, 17. Aufl.

Tirole, J. (1997), *Industrial Organization*, Cambridge, MA: MIT Press, 2. Aufl.

Tullock, G., A. Seldon und G. L. Brady (2002), „Government failure: A primer in public choice", Techn. Ber. 193, Cato Institute, Washington, D.C.

Völkel, D. und H. Karg (2002), *Umsatzsteuer*, Finanz und Steuern, Stuttgart: Schäffer-Poeschel, 12. Aufl.

Wagner, F. W. (1997), „Kann es eine Beseitigung aller steuerlichen Ausnahmen geben, wenn es keine Regel gibt?", *Deutsches Steuerrecht* (14), S. 517–521.

— (1999), „Eine Einkommensteuer muß eine konsumorientierte Steuer sein", In: *Einkommen versus Konsum*, (Hrsg.) C. Smekal, R. Sendlhofer und H. Winner, S. 15–35, Heidelberg: Physica-Verlag.

Wagner, F. W. und E. Wenger (1996), „Theoretische Konzeption und legislative Transformation eines marktwirtschaftlichen Steuersystems in der Republik Kroatien", In: *Regulierung und Unternehmenspolitik*, (Hrsg.) D. Sadowski, S. 399–415, Wiesbaden: Gabler.

Weichenrieder, A. J. (1995), *Besteuerung und Direktinvestition*, Tübingen: J.C.B. Mohr (Paul Siebeck).

Weizsäcker, C. C. v. (1999), „Wissenschaftliche Beratung der Wirtschaftspolitik", *Wirtschaftsdienst* (3), S. 143–146.

Wenger, E. (1983), „Besteuerung und Kapitalbildung als intertemporales Optimierungsproblem", *Finanzarchiv N. F.* 41, S. 207–252.

— (1985), „Einkommensteuerliche Periodisierungsregeln, Unternehmenserhaltung und optimale Einkommensbesteuerung, Teil I", *Zeitschrift für Betriebswirtschaft* (55), S. 279–295.

— (1990), „Das Quellensteuerexperiment von 1987“, *Zeitschrift für Bankrecht und Bankwirtschaft* 2 (4), S. 177–190.

— (1997), „Traditionelle versus zinsbereinigte Einkommens- und Gewinnbesteuerung: Vom Sammelsurium zum System“, In: *Standpunkte zur aktuellen Steuerreform*, (Hrsg.) M. Rose, Bd. 97 von *Schriften des Betriebs-Beraters*, S. 115–140, Heidelberg: Verlag Recht und Wirtschaft.

— (1999), „Warum die Finanzwissenschaft bei der Suche nach einer theoretischen Basis für die Einkommensteuer erfolglos bleiben mußte“, In: *Einkommen versus Konsum*, (Hrsg.) C. Smekal, S. 37–63, Heidelberg: Physica-Verlag.

— (2000), „Die Steuerfreiheit von Veräußerungsgewinnen: Systemwidrigkeiten und systematische Notwendigkeiten“, *Steuern und Wirtschaft* (2), S. 177–181.

— (2001), „Teilhabersteuer, Halbeinkünfteverfahren und zinsbereinigte Gewinnbesteuerung“, In: *Wolfgang Stützel - Moderne Konzepte für Finanzmärkte, Beschäftigung und Wirtschaftsverfassung*, (Hrsg.) H. Schmidt und W. Stützel, S. 525–545, Tübingen: Mohr Siebeck.

Williams, D. (1996), „Value-Added Tax“, In: *Tax Law and Drafting*, (Hrsg.) V. Thuronyi, Bd. 1, Kap. 6, S. 164–230, Washington, D.C.: International Monetary Fund.

Williamson, J. (2000a), „The role of the IMF: a guide to the reports“, International Economics Policy Briefs.

Williamson, O. E. (1985), *The economic institutions of capitalism: firms, markets, relational contracting*, New York: Free Press, 1. Aufl.

— (1990), *Die ökonomischen Institutionen des Kapitalismus: Unternehmen, Märkte, Kooperationen*, Tübingen: Mohr (Paul Siebeck).

— (2000b), „The New Institutional Economics: Taking Stock, Looking Ahead“, *Journal of Economic Literature* 38 (3), S. 595–613.

Wilson, J. D. (1999), „Theories of Tax Competition“, *National Tax Journal* 52 (2), S. 269–304.

Wiswesser, R. (1996), *Einkommens- und Gewinnbesteuerung bei Inflation*, Frankfurt am Main: Peter Lang.

Witte, A. D. und D. F. Woodbury (1985), „The effect of tax laws and tax administration on tax compliance: the case of the US individual income tax“, *National Tax Journal* 38, S. 1–13.

Zecchini, S. (1995), „The role of international financial institutions in the transition process“, *Journal of Comparative Economics* 20 (1), S. 116–138.

Zitzelsberger, G. (2004), „Schlag ins Wasser“, *Süddeutsche Zeitung*, Wirtschaft vom 09. Februar 2004, S. 19.

Schriften zu Ordnungsfragen der Wirtschaft

Lucius&Lucius Verlags-GmbH, Stuttgart, ISSN 1432-9220

(bis Band 51: „Schriften zum Vergleich von Wirtschaftsordnungen“)

Herausgegeben von
Gernot Gutmann, Hannelore Hamel, Helmut Leipold, Alfred Schüller, H. Jörg Thieme

unter Mitwirkung von
Dieter Cassel, Hans-Günter Krüsselberg, Karl-Hans Hartwig, Ulrich Wagner

Band 76: *Rolf Hasse* und *Uwe Vollmer* (Hg.),
Incentives and Economic Behaviour, 2005, X/134 S., 32,00 €, ISBN 3-8282-0308-6.

Band 75: *Martin Leschke* und *Ingo Pies* (Hg.),
Wissenschaftliche Politikberatung: Theorien, Konzepte, Institutionen, 2005, X/432 S., 38,00 €, ISBN 3-8282-0304-3.

Band 74: *Thomas Apolte, Rolf Caspers* und *Paul J.J. Welfens* (Hg.),
Ordnungsökonomische Grundlagen nationaler und internationaler Wirtschaftspolitik, 2004, X/236 S., 34,00 €, ISBN 3-8282-0293-4.

Band 73: *Hubertus Bardt* ,
„Arbeit“ versus „Kapital“ – Zum Wandel eines klassischen Konflikts, 2003, X/177 S., 32,00 €, ISBN 3-8282-0277-2.

Band 72: *Dieter Cassel* und *Paul J.J. Welfens* (Hg.),
Regionale Integration und Osterweiterung der Europäischen Union, 2003, VIII/543 S., 42,00 €, ISBN 3-8282-0278-0.

Band 71: *Alfred Schüller* und *H. Jörg Thieme* (Hg.),
Ordnungsprobleme der Weltwirtschaft, 2002, VIII/524 S., 42,00 €, ISBN 3-8282-0231-4.

Band 70: *Alfred Schüller,*
Marburger Studien zur Ordnungsökonomik, 2002, X/348 S., 32,00 €, ISBN 3-8282-0221-7.

Band 69: *Dirk Wentzel,*
Medien im Systemvergleich, 2002, XVII/268 S., 38,00 €, ISBN 3-8282-0220-9.

Band 68: *Thomas Apolte* und *Uwe Vollmer* (Hg.),
Arbeitsmärkte und soziale Sicherungssysteme unter Reformdruck, 2002, 454 S., 36,00 €, ISBN 3-8282-0204-7.

FSC
www.fsc.org
MIX
Papier | Fördert gute Waldnutzung
FSC® C083411

Kolibri 360 GmbH
Ferdinand-Jühlke-Straße 7
99095 Erfurt, Deutschland
produktsicherheit@kolibri360.de